让 我 们 一 起 追 寻

HEYDAY: BRITAIN AND THE BIRTH
OF
THE MODERN WORLD

by
BEN WILSON

Copyright:© Ben Wilson 2016

First published by Weidenfeld & Nicolson,
a division of
the Orion Publishing Group, London

This edition arranged with THE ORION
PUBLISHING GROUP
through Big Apple Agency, Inc., Labuan,
Malaysia.
Simplified Chinese edition copyright:
2018   SOCIAL SCIENCES ACADEMIC
PRESS (CHINA), CASS

英国与现代世界的诞生

黄金时代

〔英〕本·威尔逊 著
聂永光 译

HeydaY

BRITAIN AND THE BIRTH

OF

THE MODERN WORLD

BY BEN WILSON

社会科学文献出版社
SOCIAL SCIENCES ACADEMIC PRESS (CHINA)

COLEMAN'S
CALIFORNIA LINE FOR SAN FRANCISCO
"Be sure you'r right."   "but go ahead."
Sailing regularly on advertised days.
THE CELEBRATED A-1 EXTREME CLIPPER SHIP
DAVID CROCKETT
SPENCER, Commander, is now rapidly loading at Pier 15, E. R. foot Wall St.

WM. T. COLEMAN & CO., 88 Wall-st.,

Clipper of SATURDAY, March 12

献给在本书构思刚刚成形时出生的

亲爱的阿丽亚娜

在所有的历史年代里，明智的人会选择在19世纪50年代度过他的青春年华。

—— G. M. 扬

不断扩大产品销路的需要，驱使资产阶级奔走于全球各地。它必须到处落户，到处开发，到处建立联系。

——卡尔·马克思和弗里德里希·恩格斯

目　录

插图和地图

插　图

地　图

彩色插图

1. 万国博览会（by J. McNeven，1851）

2. 茶和丹波面包（by Alfred Martin Ebsworth，1883）

3. 墨尔本淘金者的婚礼（by S. T. Gill，1869）

4. 科尔曼飞剪船运输公司的船期通知卡

5. 芝加哥第十二街大桥上的景象（c. 1860）

6.《美国的蓄奴州》（卷一）的扉页图
   （by James Buckingham，1842）

7. 巴特那鸦片加工厂的仓库（by Walter S. Sherwill，1851）

8. 上海外滩（c. 1860）

9. 劳伦斯·奥利芬特（c. 1860）

10. 伊玛目沙米勒（c. 1840）

11. 威廉·沃克（c. 1855）

12. 包令（c. 1862）

13. 赛勒斯·韦斯特·菲尔德（c. 1860）

14. 朱利叶斯·路透（c. 1880）

15. 朱塞佩·加里波第（1860）

16. 第八代额尔金伯爵詹姆斯·布鲁斯（1860）

17. 恭亲王（1860）

18. 约翰·布朗（c. 1856）

19. 吉田松阴

20. 井伊直弼

21. 被画为海兽的美国军舰（c. 1854）

22. 跨大西洋电报电缆抵达纽芬兰（c. 1866）

序　言

当《黄金时代》的构思第一次在我脑海中形成的时候，xvi
我被 19 世纪 50 年代吸引住了。这个年代中充斥着影响世界的
重大事件，包括澳大利亚淘金热、克里米亚战争和印度民族起
义（从英国人的角度出发，又称印度叛乱）。19 世纪的许多重
大技术突破，尤其是国际长途通信时代的到来，也发生在这十
年。在这个时期还发生了不少剧烈的变革，其中最引人注目的
可能是欧洲与中国的移民以令人震惊的速度拥入在维多利亚时
代仍被视为"荒野"的地区定居。这是现代化加速和经济空
前繁荣的十年，也是乐观到难以置信和自信到接近狂傲的十
年。如此之多的重大事件密集发生在短短的十年之内，这让我
相信这个年代值得更加深入的研究。

以前有过很多关于这些事件的研究，但奇怪的是，它们相
互之间似乎没有交集。我想知道在新的技术导致发展明显加速
的过程中，有着怎样的人物故事；我还想将这些故事置于重
塑了世界地缘政治事件的背景之中。我给自己定的任务就是
要抽丝剥茧，阐明地球的这一端与另一端的联系——拆解那
些看起来只属于当地的事件，然后把它们安放在一张全球拼
图之中。

我越沉浸于这个时期，就越倾向于把它看成一个与我们印
象中的"维多利亚时代"迥异的特殊时期。以十年为单位来
划分时间是现代才有的习惯，但在我看来，19 世纪的人显然
已经把 50 年代看成一个与之前或之后都不一样的特殊时代了。

xvii 　　如果你是美国人，那么 19 世纪 50 年代是意义重大的，因为美国就在其间迅速滑向内战。对中国人来说，这是血腥内战的十年，也是外国势力入侵的十年，后一点带来的国家耻辱直到今天才逐渐洗刷。在印度，这一时期具有特别重要的意义，不仅因为反抗英国统治的民族大起义爆发了，也因为铁路和电报出现了。日本、意大利、德国、澳大利亚、新西兰和加拿大等民族国家的诞生也可以追溯到那个年代。

　　但对英国人来说，19 世纪 50 年代好像没有那么重大的意义，没有大的政治纷争或者国内动乱来彰显它的特殊的重要性。在维多利亚时代的人看来，一切都是那么平静，跟往常没有什么区别。我希望接下来的篇章能够改变这样的看法。1851 年到 1862 年间的十一年——也就是本书所述的时间段——代表着英国历史上一个独一无二的时刻，一个常常受到遮盖的时刻。在这段短暂的时间里，英国毫无疑问处于国力的巅峰，影响、决定了无数事件，并在许多国家留下了深刻的印记。在历史上的其他时期，英国从未对人类命运有过如此强大的影响力，也从未有过如此高涨的自信心。

　　这股力量极为短暂，而且难以觉察。英国人很难意识到这股力量的广度和存在，一个原因是它并不是集中或可触的——只有到处涂红的地图、规模庞大的海上舰队和军事上的胜利，才能证明力量的真实存在并引起历史的注意。但英国的影响力完全是另一种情形，对此，当时的官员和历史学家赫尔曼·梅里韦尔（Herman Merivale）在其发表于牛津的系列演讲中有完美的解释。他说："我们所有（英国）人都会自然而然地感觉到，我们的名字和国家的命运并不在这里，不在我们居住的这个狭小岛屿之上。我们也会自然而然地感觉到，英格兰的精神是多变而非固定的。它存在于我们的语言、我们的贸易和我们的工业之中，存在于所有相互连通的航道之中，借此我们得以拥抱和连接世界上无数的国家，无论它们是文明的还是野蛮的。"[1]

梅里韦尔的话帮助我理清了思路，使我明白了为什么英国并没有像其他国家一样，将19世纪50年代当成一个关键的时期。如果大后方相对安宁和太平，即很少发生能够引起后人注意的头条新闻，那么英国人就会积极投身于更广阔的世界。这个国家的利益与地球上其他地区的利益相互结合，其程度之深已经到了空前恐怕也是绝后的地步。这一点在我写作此书的时候显得尤其清晰。打开任何一份当时的报纸，包括地方报纸，人们都会看到大量关于某个遥远地区的令人惊讶的细节报道。我敢打赌，今天我们对这些地区的了解还不如当时的人。 xviii

结果就是，《黄金时代》把我带到了许多异域的、可能非常偏远的地方——一开始我完全没有想到它们会成为本书的一部分。那些通常都不会进入19世纪或者大英帝国历史的地区和事件——说起这个，马上涌现在脑中的是尼加拉瓜（Nicaragua）、明尼苏达（Minnesota）、纽芬兰（Newfoundland）和高加索（Caucasus）——忽然变得无比重要。我在发黄的报纸专栏和早被遗忘的旅行书中梳理线索，随着它们前往这些地区冒险。一起前往这些地区的英国人，常常首先把自己看成世界公民，而不是帝国的步兵。研究和写作本书的一大乐趣，就是在我寻找全球各地的关联或者对比各个地区的时候，看似绝无可能出现的人物和事件却在研究的过程中突然出现在我面前。例如，研究蓄须的历史就有助于我理解形成于那个时代的关于英国国民性和男子气概的理念。

　　本书提到的一些地区和事件并非完全不为人所知。很多时候，随着研究的深入，我发现自己被牵引着向西跨越大西洋并直抵美国。有些事件（我记得它们在我大学读过的美国史论文或者关于其他地方的著作中出现过）如今突然具有了全球性的重要意义。美国在本书中的重要性之所以逐渐凸显，是因为它对于 19 世纪 50 年代的英国人来说也是如此——比大英帝国（不包括 1857 年的印度）之于美国的重要性要大得多。在从美国独立战争到第二次世界大战的期间，19 世纪 50 年代是英美两国关系最紧密，或是相互依赖程度最高的时段了。政治纷争、战争、经济波动、选举，甚至一个国家的天气，都会对另一个国家产生深远的影响。无怪乎美国就像老鹰一样观察着英国的时事和大英帝国，而英国人则享受着来自不久之前他们仍一无所知的地方的资讯，如伊利诺伊和堪萨斯。同样令人毫不奇怪的是，两国的亲密关系很容易就走向了破裂——即使在这段短短的时间里，英国和美国都曾经三次接近战争。

　　我在本书开头描述的 1851 年的英国与在结尾处写的 1862 年的英国，可能只在表面上有些许的分别，但是世界的其他地区并非如此。在这个现代历史中的变革时代，无论结果如何，英国始终活跃在几乎每个地区的事务之中。早在 20 世纪初，在帝国的土地面积扩张到最大之前，英国的力量就已经达到了巅峰，其真正的顶点刚好与此前十年的全球骚动和迅速改变重合。最重要的是，彼时英国在世界舞台上的优势地位根本无人能撼。

　　1851 年《伦敦新闻画报》（*Illustrated London News*）的一篇评论称，衡量英国全球影响力的标准"是我们广泛分布的商业、无休无止的活动和散布世界的财富，是我们航行于四大洋的蒸汽船和抵达地球最偏僻角落的通信线路，是我们的资本、我们的技术，更是我们机器和科学的伟大胜利"。毫无疑问，这是一篇沾沾自喜的报道，但在技术、通信、贸易与权力之间的关联方面，它确实说到点子上了。我在刚开始写作《黄金时代》的时候打算研究的是紧随工业革命而来的技术变革；但我很快就发现，在相互联系日趋紧密的 19 世纪中期，没有什么研究对象是孤立的。[2]

《黄金时代》的副标题是"英国与现代世界的诞生"，但这不是一本英国史，也不是一部大英帝国史，更不是一部全面的全球史。相反，它讲的是英国与世界的各种各样的关联——梅里韦尔和《伦敦新闻画报》的编辑已经揭露了其中的一部分。在我看来，正是这些关联定义了这个时代。简单来说，这是一部将英国放在世界中的英国历史。

■ 大英帝国的统治范围
■ 美国的统治范围

波弗特海

阿拉斯加

大不列颠及
爱尔兰联合王国

利物
伦
巴黎
法

魁北克市
蒙特利尔 纽芬兰岛
罗彻斯特 爱德华王子岛
美国 芝加哥 波士顿 新斯科舍
华盛顿特区 纽约
旧金山
圣路易斯
新奥尔良 查尔斯顿

直布罗陀

大西洋

墨西哥
夏威夷
古巴
牙买加

太平洋

巴拿马城 新格拉纳达

秘鲁
利马

巴西帝国

阿森松岛

里约热内卢

南美洲

圣赫勒拿岛

开普

布宜诺斯艾利斯
智利 乌拉圭

阿根廷邦联

桑给奇群岛

地图1

北冰洋

俄罗斯帝国

白令海

圣彼得堡

莫斯科

士

帝国

奥斯曼帝国

波斯帝国

希瓦　浩罕

布哈拉

阿富汗

德里

印度

孟买

巴林　亚丁

北京

南京

上海

广州

香港

江户

长崎

日本

太平洋

缅甸

暹罗

菲律宾

马尔代夫群岛

塞舌尔群岛

印度洋

苏门答腊

新加坡

毛里求斯岛

纳塔尔

澳大利亚

阿德莱德　悉尼

墨尔本

惠灵顿

奥克兰

南大洋

新西兰

导论 1851 年：时间悬崖

……改变来得如此之快，只有年青一代才能完全领会。

——杰瑟普·W. 斯科特[1]

滴答，滴答，滴答。从胶木属果树躯干钻开的割口中，树液以极其缓慢的速度渗出。马来的伐木工人等待着，等树脂逐渐装满他们的竹碗或椰子壳。他们带上婆罗洲斧和帕兰砍刀，冒险进入热带雨林的深处，毫不畏惧栖息其中的昆虫、老虎和响尾蛇，搜寻巨型的胶木属树木。这些树木高耸入云，能长到 60 英尺甚至更高。[2]

一旦暴露在空气之中，这些树液，也就是古塔波胶（gutta-percha），就马上凝固了。这些坚固而又柔韧的胶乳将会被清洗干净，然后被折叠成块，装进新加坡的货船船舱，开始一段前往伦敦伊斯灵顿区（Islington）码头路（Wharf Road）的高技术工厂的旅程。

"我们走进一个毫不起眼的入口，就在两扇紧关着的大门旁边，贴着'古塔波胶公司'（Gutta Percha Company）几个大字，"一个 1851 年到访此地的记者写道，"我们马上就意识到，里面存在着一个我们到目前为止几乎一无所知的行业。"[3]来访者的记者本能准确地把他带到这个平淡无奇的工厂。直到 1851 年，还没有多少人知道古塔波胶是什么，但人们很快就会知道。很少有材料能够像古塔波胶一样给世界带来革命性的影响，却又迅速地被人遗忘。

xxiv 　　记者刚踏进门，一股异味就扑鼻而来。这个工厂闻起来就像是制革厂，夹杂着奶酪、洗衣房和焦油的气味。然后他发现了一块块看起来十分奇异的、来自马来群岛热带雨林的天然橡胶。我们的这位访客随后观察了净化过程：经开水煮过的古塔波胶由一部拥有两片每分钟转动 200 下的垂直圆盘的先进机器切割成片，再被开水烹煮，然后被放入密炼机中高温揉捏。被另一台机器冷却并碾压成薄片之后，净化好的大批塑胶就可以被卖给任何一个工业化国家的制造商了。

　　早在两个世纪以前，古塔波胶就引起了一个英国旅行家的注意，但这种像橡皮一样的坚韧物质看起来好像没什么实际用途。直到 1832 年，新加坡的助理外科医生威廉·蒙哥马利（William Montgomery）才发现了它的特殊性质。当时，一个马来人向他展示，在加热和再次硬化之后，古塔波胶可以变得十分柔韧。在长达数百年的时间里，马来人一直加热这种胶乳，然后用它来制造皮鞭、瓶子和刀柄等东西。而在现代工业里，古塔波胶拥有近乎无限的可能性。

　　古塔波胶在日常生活中无处不在。你可以找到古塔波胶制成的雨衣、鞋带、靴底和手杖，时装商店用它来做鲸须裙箍的廉价替代品。在亿贝网（eBay）上搜索"古塔波胶"，你可以发现大量维多利亚时代的家庭用品：胸针、耳环、坠子、纽扣、相框、墨台、鼻烟壶和门把手。这种材料到处都是。无论是谁，只要经手处理过一件维多利亚时代的小玩意儿都肯定接触过它，并且他很有可能根本没有留意到这一点。由于对酸、盐分和化学物质都有抗性，古塔波胶在工业中具有无法估量的价值。它在高尔夫球中的应用就改变了这项运动——以其为材料制成的"古塔球"

既便宜又耐用，成功取代了之前的皮革羽毛制球，并使这项运动得到了普及。[4]

但是，助听器、高尔夫球、裙箍或廉价珠宝的用途不足以让古塔波胶改变世界。直到 1851 年 9 月，它的全部潜力才为世人所了解。

古塔波胶不仅可以防水，而且在咸水中不会出现任何变质的迹象，这使它成为最佳的电缆绝缘材料。1851 年夏天，古塔波胶公司给企业家约翰·沃特金斯·布雷特（John Watkins Brett）供应了 100 英里的电报铜缆，铜线全部被包在马来胶乳制成的管子里。布雷特把这批电缆交给了专门生产矿用钢索的 R. S. 纽沃尔公司（R. S. Newall）。纽沃尔公司把电缆切成长度相等的四段，并使用自家庞大的蒸汽机器来把它们和几股大麻纤维缠绕在一起，然后投入另一台机器。每段 25 英里长的电缆都用十股粗大的镀锌铁线编织而成，并包裹着用古塔波胶来绝缘的铜芯。

纽沃尔公司的工人夜以继日地工作了二十天才把 200 吨的铁索生产出来，然后将它们整整齐齐地卷放在工厂的院子里。安装在沃平高街（Wapping High Street）50 英尺高的屋顶上的一组转轮把铁索吊起并把它们送往世界。这条"伟大电缆"在房屋的上空蜿蜒而行，最后抵达泰晤士河边的码头。在那里，电缆被卷起放入皇家海军"开拓者"号（HMS *Blazer*）的船舱中，随后该战舰在 9 月 24 日被拖离泰晤士河口以便前往多佛（Dover）。

当"开拓者"号冒着暴风雨突突地航行于多佛和桑加特（Sangatte）之间的大海上时，电缆也一圈一圈地被人解开并沉入海底。颠簸摇晃的时候，"开拓者"号的速度必须不时调整，以与电缆下放的速度保持一致。有一次，船行驶得太快了，导致电缆被卡在简陋的放索装置中，并因此严重受损。在电缆离开沃平高街五天后，加来（Calais）城门上鸣放了一响礼炮，触发礼炮的正是几秒前从英国出发、通过电缆到达的电脉冲。11 月 13 日，这条海底电缆开始对公众开放。至此，英国的每一个城市都实现了与欧洲数十个城市的即时通信。

一个半世纪以后的我们身处一个被光纤电缆和人造卫星包围的世界，很难理解跨英吉利海峡电报的伟大之处。布雷特对技术一知半解，却一头钻了进去。人们在河底和海港都做过试验，尽管如此，没有人知道电缆在沉入狂暴而不可预测的深海之后会变成什么样子。没有人知道哪一种电缆才适用，也没有人知道怎样才能正确地从一艘正在移动的船上铺设电缆。也就是说，跨英吉利海峡电报其实是一次昂贵的实验。伦敦的《泰晤士报》（The Times）评论称："这场科学对大海的征服将作为有记录以来最伟大的人类成就和壮举被载入史册。"[5]

xxvi

正如《泰晤士报》和其他报纸所说，这条电缆是人类历史上的一座里程碑，因为既然被超过 20 英里宽的波涛汹涌的海峡分隔的陆地能够用电连接起来，那么分隔人类的其他鸿沟又有什么不能克服呢？既然已经取得了一次巨大的飞跃，那么现代技术就应该能够以无限的速度进步，将距离更远的两端连在一起。正如一位作者曾预言："电流将会环绕着整个地球，并随着人类的思想和感情而搏动……这说明对人类来说，没有什么是不可能的。"[6]

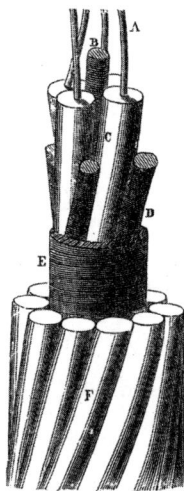

图 1　1851 年的 "大电缆"

　　中间突出的四条金属线是电报铜线，往外一层是古塔波胶，再往外是保护层，最外面是粗厚的镀锌铁线，铁线能够保护电缆，也能增加重量使电缆沉到海底。

　　图片来源：Bill Burns／atlantic - cable. com.

*

　　托马斯·哈代（Thomas Hardy）回忆说，1851 年标志着　xxvii "一个超乎寻常的年代边界和中转线路，在那里出现了所谓的时间悬崖。就像地质学里的'断层'一样，我们一下子把古代与现代的完美相遇展现在自己眼前"。不久之后，英国历史学家 G. M. 扬（1882～1959 年）宣称，"在所有的历史年代里，明智的人会选择在 19 世纪 50 年代度过他的青春年华。"[7]

　　根据哈代所说，19 世纪 50 年代初的转变来得十分突然，让人感到极为震惊。扬的那句话则浓缩了一个时代的兴奋和希望。在扬年轻的时候，许多老人在回首那个短暂的黄金时代时，都充满了怀旧和遗憾之情。在接下来的篇章里，我们将会一再地看到肆无忌惮的自信和非凡的乌托邦思想。在西方，无数人为后者神魂颠倒。在一封写于 1852 年的私人信件中，卡尔·马克思所说的未来可能性让人屏住了呼吸："祝世界的新公民幸福！没有比出世在当代更为美好的了。"[8]

《黄金时代》重现了 19 世纪 50 年代和 60 年代初那如同坐过山车般的欢欣鼓舞的、爆发激烈动乱的岁月，重现了见证现代世界诞生的加速变革。这无疑是一个很大的题目，但看看那些年发生的重大事件吧。美国在大西洋与太平洋之间的土地上不断扩张并在内战中浴火重生。在大海的另一边，克里米亚战争在欧洲旧秩序上剖开了一条裂缝，导致了两个新兴强国——意大利和德国——的诞生。与此同时，亚洲也经历了动荡的十年。1854 年，美国海军闯入日本，给这个与世隔绝了几个世纪的国家带来了社会剧变、政治革命和飞速发展的现代化。现代印度的历史轨迹始于兵变起义引起的猛烈风暴和大英帝国权力的残酷重建。对中国——不久之前的世界头号强国——来说，那是满目疮痍的十年，以浸满鲜血的太平天国起义（1851 年）为开端，以北京上空飘扬起英国和法国国旗（1860年）告终。

然而，在这些相互冲突的重大地缘政治事件背后，世界正在以更为深远、更为激进的方式发生改变。使那个时代成为"年代边界"的，是无数的发明、最新发现的原料、贸易和移民模式以及分布广泛的不同社会之间的交流，而这些也是本书的核心内容。

现代性的标志是对时间的无情进攻。我们所处时代的显著特征无疑就是对移动数据传输的极度不耐烦，稍有延误我们就会气得跺脚。从金融数据的交换过程中刨去几毫秒就能够制造数量惊人的财富。快点，快点，再快点。我们一次次地征服了时间暴君，然而，每一次胜利反而让我们的不耐烦程度变得更加离谱。真的，"我们生活在最好的转型时代……分隔各个国家和地球各个部分的距离正在快速消失……思想正在以闪电一般的速度传播……获取的知识一下子就为一般大众所拥有"。[9]

或许你已经猜到，以上这段话其实出自 19 世纪 50 年代的阿尔伯特亲王（Prince Albert），而不是 21 世纪的某个技术乌托邦空想家。如果我们今天觉得他的话十分耳熟，或者说简直就是乏味的陈词滥调，那是因为即时通信与现代性之间存在着无法分离的关系。电把信息的传播从物质世界的束缚中解放出来，从此彻底改变了我们的日常生活。

曾经改变世界的古塔波胶却不幸被人们遗忘了。1851 年的跨英吉利海峡电报预示着全球即时通信的未来，同时也使阿尔伯特亲王的预言成为一个可实现的成就。曾有记者预言，地球的神经系统中将出现实时的、"永不停歇的新闻交流"。这个世界看起来已经开始换挡提速了。本书研究的时代，其标志如 1851 年的一份报纸所说，就是"空间与时间的实质性泯灭"。[10]

如果说电战胜了时间，那么物理距离则被另一组武器攻克。蒸汽和电使世界变得日益开放，同时也在将其缩小。生活速度的加快在世界历史上非常重要；但它只有跟同期的其他三股力量——巨大黄金矿藏的发现、史无前例的大移民和自由贸易——结合在一起并相互影响的时候，才具有如此爆炸性的意义。随着全球贸易以不可思议的 500% 的增长率扩张，经济繁荣达到了惊人的规模。在此期间，金矿的发现则发挥了催化剂的作用，加快了早已准备就绪的进程。当时的一位作者写道，生活在 19 世纪 50 年代就像"火车在一队令人厌烦的骆驼走过之后开动"。怪不得要说那个年代的发展速度惊人且潜力巨大，既让人喘不过气来，又令人兴奋不已。[11]

对于经历过眩晕的19世纪50年代的人来说，"时间悬崖"或黄金时代的说法很有道理。如果你停下来太久，就很有可能与其失之交臂。美国商人和环球旅行家乔治·特雷恩（George Train）在描述他在墨尔本度过的几个月时说，这段时间代表了"活在这个惊奇年代的一生"。[12]

当特雷恩居住在墨尔本的时候，这座城市正处于疯狂的发展阶段，只用一年就吸纳了6万多人口，且几乎在一夜之间成了世界上最富有的地方。可是，在经历了如此激动人心的发展后，许多满世界搜寻目标的自由淘金者仍然感到疑虑不安，认为还有更大、更好的地方。19世纪50年代和60年代，淘金者对加利福尼亚、美国中西部、加拿大、澳大利亚和新西兰的迅速殖民，无论在当时还是现在，都被认为是一个世纪奇迹。1849年，加利福尼亚只有1.5万外来人口，但在十一年之后就涨到了38万。1851年，澳大利亚的维多利亚殖民地刚刚创立的时候只有7.6万人，在不到十年后其人口就已经飙升至54万。许多城市都在令人目眩的全球贸易增长中受益，如芝加哥、利物浦、孟买、香港、上海和横滨，它们都在以惊人的速度发展。此外，数以百计或者数以千计的城镇和城市崛起在被维多利亚时代之人称为荒野的土地上。这是人类历史上前所未有的人口大爆炸。[13]

在这里，在街道、市场、建筑工地和飞速扩张的城市中心，我们可以感受到19世纪50年代的勃勃生气以及无数人押注未来的坚定信心。旅行作家、学者和诗人威廉·豪伊特（William Howitt）曾经描写过"了不起的墨尔本"，这座永远处在新街道、建筑工地和平等主义的喧嚣中的城市。他可以用这句话来评论涌现在世界上的数百个繁荣城镇："未来如此实在，如此触手可及，没有人会错过它。"[14]

当时的人们都真诚地相信，人类正在经历时代的转变。理解不了这一点，就理解不了那个时代。信心就像蒸汽机、电报和黄金等有形物体一样，推动着大规模的经济增长。值得注意的是，尽管各有专攻领域，许多历史学家都不约而同地使用了"黄金时代"一词来形容 19 世纪 50 年代。我用"黄金时代"来指称这个短暂而拥挤的时期，是因为它能传达出那时候贯穿整个西方社会的思想状态。

19 世纪 40 年代是一个悲惨的年代，处处是经济萧条、食物短缺、农业歉收、饥荒和失败的革命。但到 1851 年的时候，经济繁荣显然已经开足马力。人们之所以觉得日子好过了，不仅仅是因为上涨的工资、新的机遇和唾手可得的金钱。就像哈代所说的，他们相信自己正在跨越"年代边界"，一个建立在即时通信和自由贸易之上的崭新文明正在出现。阿尔伯特亲王认为，现代发明战胜了时间和空间，将会迅速实现所有历史都指向的目标：全人类的统一。[15]

这种今天看来十分天真的信念，在当时却产生了巨大的影响。正是这种信念给了人们豪赌未来的信心，举家迁徙到被时人视为荒野的地方，或者大量投资仍是空中楼阁的工程计划。

*

然而，"黄金时代"的意识可以激励壮举，也容易使人变得糊涂并失去警觉性，从而轻易地掉入空想的泥潭。19 世纪 50 年代高涨的情绪导致很多人相信，困扰其他时代的难题早已在炽烈的现代性中烟消云散了。尽管好时光还在延续，经济学的万有引力定律也暂时失效了，但信贷在四处晃荡，新世界最为繁荣的热门地区经历了历史上最大的地产泡沫。每个阶层的人都被转瞬即逝的时代情绪所感染，因而对高速增长和无限收入充满期待，不惜借钱来加入风险越来越大的投机活动。

与 19 世纪中期的经济繁荣留下的永久伤痕相比，信用紧缩、商业破产和取消抵押品赎回权的到来显得微不足道。超高速的经济增长源于绚烂耀眼的技术进步，当然，也离不开海量黄金的注入和大规模移民产生的新兴市场的推动。但是，还有另一个因素，而且它十分古老：英国、西欧和美国东北部的工业扩张大大增加了棉花的需求量。在 19 世纪 50 年代，这种白色黄金的产量获得了突飞猛进的增长，比之前整整翻了一番。棉花产量的暴增得益于肥料的改善、富饶土地的开发和铁路网络带来的巨额资本投入，不过，最重要的还是成千上万被强制迁移至美国西南部的黑人奴隶，以及能更好（和更残忍）地榨取他们劳力的技术。[16]

奴隶劳工帮助维持了经济繁荣，大片土地的侵夺也起到了相同的作用。人们砍光森林，在土地上筑起围栏，种下欧洲的农作物、葡萄和牧草，还牧养大量的家畜来取代狩猎。不仅如此，铁路横穿而来，割破沿途风景；而电报线一直延伸到了地平线以外，惊醒了无数城镇。设立于伦敦的原住民保护协会（Aborigines Protection Society）表示，迫切需要"给脆弱的人类族群带去保护，每一次现代殖民都伴随着盎格鲁－撒克逊人的扩散，对原住民来说这无异于一场谋杀"。[17]

许多居住在帝国之路上的当地居民都曾经依靠自己的战斗本领和自然壁垒——如沙漠、群山、疾病，或者仅仅是偏僻的位置——来抵抗西方的入侵。虽然一度被疾病阻止，贪婪的白人殖民者还是让原住民部落无力应对。他们挥舞着最新的技术和武器，对资源和土地充满渴求。1851 年，英国曾经"展出"过一群艾奥瓦印第安人（Ioway Indians）。一位作者如此描述他们遭受的侮辱："他们是用锁链拴在征服者车厢里的奴隶，他们是一个古老种族的镜像，这个种族已 xxxii 被胜利和无情的西方文明压扁在了进步的路上。"在 19 世纪 50 年代和 60 年代，随着时间的流逝，殖民浪潮横扫了各个部落，越来越多的名字加入了被征服、被霸占和被灭绝的民族的名单。[18]

发现自己对"冷酷无情的西方文明"的抵抗日渐失效的不只是勇士部落，全世界的物理障碍都遭到了电报、蒸汽船和铁路等的围攻。尽管如此，仍有顽强的人试图阻止毫无约束的全球交流的实现。[19]

印度、缅甸、暹罗、中国和日本的社会都处于西方的强大压力之下。它们与欧洲和美国的相遇造成的影响至今余波未消。19 世纪的那几十年对这些民族的历史记忆和身份认同产生了决定性的影响。最明显的是，西方打着贸易的旗号逼近，威胁着他们的国家独立和传统生活方式。正如卡尔·马克思和弗里德里希·恩格斯写道，大规模的生产和便利的交通横扫了一切工业和习俗，"旧的、靠本国产品来满足的需要，被新的、要靠极其遥远的国家和地带的产品来满足的需要所代替了。过去那种地方的和民族的自给自足和闭关自守状态，被各民族的各方面的互相往来和各方面的互相依赖所代替了……它的商品的低廉价格，是它用来摧毁一切万里长城……的重炮"。[20]

1851 年初，毁灭性的太平天国运动在中国南方爆发。这场运动是西方入侵的直接后果，最终导致了超过 2000 万人死亡。中国这场起义造成的影响遍布全球。它是亚洲正在蓄势的风暴的前沿，预示着即将席卷日本和印度的内战。不仅如此，中国的分裂和混乱使得英国人、法国人、俄国人和美国人有机可乘，他们深入亚洲腹地争夺战利品。在 19 世纪 50 年代的大动乱中，不管中国和日本喜不喜欢，撬开两国的大门、使其融入世界经济的努力都得到了强化。

xxxiii 对于自由贸易及现代技术的变革和更新效应的准宗教信仰，是 19 世纪 50 年代的一大特色，而这种信仰在亚洲发展达到了顶点。在日本的美国人和在中国、印度的英国人都相信，商品和服务的自由流通会创造一个奇迹——古老的社会将在现代性的推动之下，以令人难以置信的速度完成重建。对此，拿破仑三世的声明说得非常清楚。他说，法国想要成为"以中国为舞台的进步、文明和商业扩张运动"的一部分。在亚洲，黄金时代将会达到它的最高点。[21]

毫无疑问，跟在西方一样，1851 年对于远东地区来说也是一个时间"断层线"①。1851 年不仅是太平天国运动的开端，也是电报第一次出现在亚洲的年份，82 英里的线路成功把加尔各答（Calcutta）和凯杰里（Kedgeree）连接起来。两年之后，亚洲大陆的第一条铁路中的 21 英里在孟买隆重开通。普罗米修斯的束缚一旦解除，他的革命就开始飞速前进。到 19 世纪 50 年代末，电报和铁路网络都已经扩展至数千英里之外，抵达了此前不久的国际贸易主流不会涉足的边远地区。

---

① 地理意义上的断层线是断层面与地面的交线，地震总是沿断层线发生。在英语世界中，它的引申义为争端多发的地带，或潜藏问题的薄弱地带。——编者注

电报和铁路比其他任何东西都能更加突出地表明西方的优越感及其有权统治他者的信念。在亚洲的所有国家当中，印度经历过完整的技术革命热潮，并被当成一个展示西方科学更新力量的巨大实验室。但在亚洲其他地区，最新的技术在很多时候被认为是压迫而不是解放的工具。在印度、中国和日本，迅速而彻底地改造社会的尝试最后都导致了无政府主义、叛乱和大屠杀，因为人们想要保卫他们的宗教和生活方式，不希望它们遭受西方侵蚀。

*

本书着眼的迂回曲折的十年被《泰晤士报》称为"一系列的浪漫传奇，后面的每个篇章都因为一些奇异事件或命运反转而与众不同"。为了把握那个时代的精髓，我去到不同的地方冒险，它们有的是人们熟悉的，有的则很陌生。我在世界的此端与彼端之间建立起联系，将看似孤立的事件、思想和人物放到一起。

本书涉及的地理范围是全球性的，时间跨度却是短暂的，只 xxxiv 从 1851 年持续到 1862 年，但这短短的十一年已在更加黑暗和变幻莫测的年代之间形成了一个独一无二的时代。这个转瞬即逝的黄金时代，以其乌托邦主义和关于千禧盛世的愿景，成为人类历史上一个激烈变革的特殊时代。它引起的骚动，无论是好是坏，都给全世界留下了深刻的印记，从而塑造了现代历史。

这趟回到 19 世纪 50 年代的旅行的第一站将是伦敦。就是在那里，在 1851 年，在时代的起点，醒来的希望和梦想开始变得实在。

第一部分

繁荣：黄金时代

第一章　1851年：奇迹之年

伦敦

　　它的伟大并非只是一件事物，而是所有事物的特殊集 3
合。在那儿你可以找到人类工业创造的一切……好像只有
魔术才能从世界各地聚集如此巨大的财富。

　　　　　　　　　　　　　　——夏洛特·勃朗特

　　当埃及金字塔倒塌时，人们仍会记得万国工业博览会。在
1851年夏天英国新闻界满天飞的夸张预言中，这是最实在的一个。

　　金字塔已经存在了上千年，而由玻璃和铁预制组成的水晶
宫（Crystal Palace）作为万国工业博览会（the Great Exhibition
of the Works of Industry of All Nations，简称万国博览会）的展
馆，在海德公园只存在了不到五个月。当时的一份报纸称水晶
宫是人类进步的里程碑，博览会是"人类现代历史上最了不
起的事件"，它不仅代表着一个崭新时代的开端，其本身还意
味着"乌托邦的实现"。《泰晤士报》报道了5月1日的开幕
式，以恰到好处的盛世风格的话语说，这是"自创世以来，
世界各地的人们第一次为同一目的而聚到一起"。[2]

　　水晶宫的外表酷似大教堂，中堂宽广，长度超过半公里。
在耳堂与中堂交叉相接的地方，巨大的筒形玻璃拱顶使它覆盖
之下的榆树相形见绌。这里是博览会的中心。当游客第一次 4

从南门进入的时候，榆树的出现掩盖了水晶宫的高度。步入耳堂后，他们的感官就会受到极大的冲击。一个巨大的喷泉在正中间流水汩汩，同时四周有无数喷泉与之应和，有的在喷发古龙香水，有的在给游客供应无穷无尽的舒味思（Schweppes）矿泉水（博览会泉水的代表，至今仍可在奎宁水的瓶子上看到）。在喷泉和树之间，有许多热带植物和来自世界各地的花草，而散布在耳堂和中堂各处的雕像则进一步增强了观赏性。

博览会的设计使得游客能够在中堂、侧廊和庭院里自由地漫步，还可以往上走到二楼的廊台且无须走回头路。一天的游览只能给你初步的整体印象。博览会精心营造出品种繁多、令人应接不暇的效果。来自世界上几乎所有国家的14000个机构和个人，提供了超过10万件展品。正如一本指南所说，"万国博览会最大的一个特点就是它的包罗万象。再巨大、再罕见、再昂贵的东西，都是它的囊中之物；对博览会来说，并不存在过于微小或明显太过琐碎的东西"。[3]

博览会本身将会变成模糊的记忆，这是不可避免的。怎可能不呢？有那么多的展品和那么多看呆了的游客，一整天的参观意味着感官上的过度负荷。组织者的庞大野心正在于此。万国博览会的本意就是要教育民众，通过比较英国制造和外国制造来点燃创意和竞争意识，刺激国内工业发展，推动世界和平，展示殖民地产品，开发国际市场，等等。

展品分为原材料、机器和机械发明、制成品、艺术品四大类别，下设30个子类。海量的工艺品和材料让参观者眼花缭乱。博览会之所以广博伟大，并非因为个别的展品，而是因为它是一个整体的奇观。这里有绚丽的布料、毛皮和丝绸，精密

的时钟和显微镜，产自世界各地的煤炭、小麦和毛料样品，充 　5
满异域风情的亚洲工艺品和现代风格的西方雕塑，药物和外科
器械，剪刀和谢菲尔德的餐具与瓷器，顶尖的农业机械，园林
设备和超前设计的工具，食品、矿石、化学品、树脂和染料，
消防车和救生艇，家具、家电和装饰品。不管是工业的还是家
用的，艳丽的还是凡俗的，奢华的还是实用的，都一起竞争展
出空间。在极其现代的展品旁边放的就是偏远地区的人们带来
的手工艺品和服饰。一份超长目录能反映的也只不过是沧海一
粟。1851 年在伦敦度过的一周相当于一次"环球旅行"。一个
法国人如此说道："参观者可以说是被魔法裹挟着，从这个国
家去到另一个国家，从东方去到西方，从铁到棉花，从丝绸到
羊毛，从机械到制成品，从工具到农产品。"[4]

　　博览会的核心是一场现代性的狂欢。毫无疑问，博览会中
最受欢迎的就是机械馆，其"标志性的低沉、粗重的声音仿
佛远方急流的咆哮"。总有大批人聚在一起，围观 700 马力的
发动机、蒸汽锤、水压机、打桩机、克兰普顿机车（最高时
速可达 72 英里）和其他同时代的奇观。[5]

　　参观者走进大门之后，最先看到的就是电报设备的大型展
览。人们可以从中了解现代电报的短暂历史——从 1838 年库
克（Cooke）与惠特斯通（Wheatstone）最早研发的电报机，
到近年来更加精密的形态。有钱的参观者还可以通过电报来召
唤马车到指定的出口等待。场馆内有一条专线可直达苏格兰场
（即伦敦警察厅），以防发生骚乱；而且这条专线与全国网络
连在一起，可以让参观者拍发电报给国内数百个办事处中的任
意一个。当时已经有电报网络地图和从英国各地传来的天气报
告。"我们去了博览会，在电报展览中有人为我们做了讲解和

演示，"维多利亚女王在日记中写道，"太奇妙了。负责操作的男孩非常镇定，动作也很快。在电文发送到曼彻斯特、爱丁堡等地仅仅几秒钟之后，回复就传过来了。"[6]

这里的机械、精密仪器、原材料和技术将会使世界发生翻天覆地的改变。在这里，现代科学得到充分展示，博览会响起了蒸汽机和电流的低沉声音。在英国各地预先制成，然后用机械组装起来的铁和玻璃构成的水晶宫，是现代大规模生产的一座里程碑，也是一个时代的奇观。著名的美国记者霍勒斯·格里利（Horace Greeley）说，这座建筑比它容纳的任何东西都更令人印象深刻："它是一个真正的童话奇迹，也是一件启示未来建筑的珍贵作品……有了它，石头和木材将不得不给铁和玻璃让路。"格里利提出在纽约也建一座水晶宫，并极有远见地将之设想成一座大型的购物中心。[7]

万国博览会从未遇到过竞争对手。这一盛会吸引了全世界的注意力，营造出 19 世纪 50 年代独有的热烈气氛。在巨大的筒形玻璃顶棚之下，现代世界被想象和布置成一个微观世界：不同国家的原材料、制成品和发明被摆放到一起，供人们比较和学习。人们称颂博览会为第一次国际"和平会议"。在一个商业、贸易和自由资讯联合起来的世界（水晶宫里被放在一起的展览物是一个典例）里，"收益是所有人的收益……人类智慧的成就是人类的共同财产"。《泰晤士报》在评论开幕式的时候说道，维多利亚女王登上"王座……身处世界各地的战利品之中"，就像一个伟大的征服者；但跟人类历史上其他征服者不一样的是，这些战利品是它们的主人主动地、心甘情愿地送来的。[8]

在过去，国际和平会议意味着血战之后胜出者的耀武扬威；但这一次，人们为进步带来的和平而欢呼。一位法国作家说，博览会在世界历史上"开创了一个新时代"，一个"国家和平竞争的时代"。[9]

全世界的人都在阅读博览会的新闻或者欣赏博览会的照片。正如一个美国记者所说："报纸上每天不断的报道、画报上的木版画、图画和全景画，以及杂志上一长串的系列文章，使得大多数人对博览会的细节极为熟悉，甚至熟悉到了厌烦的地步。"据托马斯·哈代所言，"现在的年青一代不能理解新奇事物对于当时正值壮年的我们意味着什么。为了纪念，博览会甚至从一个名词变成了形容词。有'博览会式'帽子、'博览会式'磨剃刀皮带、'博览会式'手表，甚至还有'博览会式'天气，'博览会式'精神，'博览会式'情人、婴儿和妻子"。[10]

由于历史的偶然性，万国博览会恰好与 19 世纪中叶的长期繁荣重合，成为正在西方兴起的乐观主义的外在展示，并催生出成千上万的文章和书籍，宣告一个和平、繁荣和无限增长的新时代即将到来。考虑到此前长时间的低沉，这股热烈情绪的突然爆发显得尤其令人不可思议。

*

1849 年，瑞典小说家和女权主义者弗雷德里卡·布雷默（Fredrika Bremer）访问了英格兰。"浓厚的沉重气氛就像暴雨将至时的乌云一样笼罩着城镇，"她回忆道，"灵车在街上穿行而过；由于霍乱肆虐，城市荒无人烟……我从未见过如赫尔（Hull）和伦敦一般悲惨的状况。"布雷默到访的时候，英国历史上最为悲惨的十年已经接近尾声。这十年里充斥着失业和霍乱、英国农业歉收和爱尔兰大饥荒、经济萧条和政治动荡，最终以"饥饿的 19 世纪 40 年代"之名被人们永远铭记。[11]

在两年之后的另一次英国之行中，布雷默发现，与此前的末日景象截然不同，这片土地上正弥漫着"春天的气息"。英国已经在 1851 年获得了重生。无论在什么地方，她看到的都是一个兴旺、欢乐、充满活力的国度。弗雷德里卡·布雷默或许对两年之间的反差有所夸大，但她对当时氛围的追忆准确无误。她在解释 1849 年与 1851 年之间的变化时说："自由贸易已经结出它的果实。在它的旗帜之下，商业和工业都焕发了新生。谷物的价格降下来了，面包也变得便宜。"[12]

8　　英国在 19 世纪 40 年代取消了《谷物法》（Corn Laws）。很难说这一大胆的举措引起了多少关注，但它在英国甚至世界范围内都有重大的影响。在英国为了保护其农业、工业、海外贸易和航运而采取的种种措施之中，《谷物法》位于最核心的位置，支撑着整个帝国体系。《谷物法》制定于 1815 年，它推高了进口谷物的价格，让英国农民免于面对来自海外的竞争者。另外，还有 1000 多种类似的关税使进口的外国原材料、粮食和制造品变得非常昂贵。《航海法案》（Navigation Acts）规定，只有英国制造、拥有或船员是英国人的船只，才能参与英国及其殖民地的贸易。这些措施不仅仅是为了保护英国国内的农业和工业；通过给予加勒比地区的食糖生产商和加拿大的木材公司进入英国市场的特许权，它们也增强了大英帝国的凝聚力。

保守党首相罗伯特·皮尔（Robert Peel）于 1842 年废除或降低了 1640 项关税，对原有秩序造成了第一次重大冲击。在接下来的四年里，对羊毛、亚麻布、亚麻和棉花征收的关税被相继废止。从此，用皮尔的话说，"对进口自其他国家的原材料所征收的关税，几乎都得到了减免"。受此鼓舞，皮尔开始了最为大胆的冒险——取消最重要原材料的关税，即取缔《谷物法》。[13]

《谷物法》的取消是持续多年的政治斗争的结果。对于主张废除的人来说，《谷物法》不仅使面包价格上涨，给工人阶级带来痛苦，而且抑制了制造业的发展。工业急需工人，而且需要脱离土地的工人。如果从国外进口廉价食物并降低谷物价格，就能解放更多的工人进入加工厂和制造厂。他们的劳动力将会被世界市场上的面包和糖激发出来。

不过，还有一个比供养工人阶级更加重要的理由。美国、俄国和欧洲的商人只要在英国市场上销售农产品，就要使用英镑结算，然后再用英镑购买英国的制造品。通过给予种植小麦的美国农民不受限制的市场准入权，英国资本家将会赢得新兴的美国市场。更好的消息是，由于进口原材料的价格下降，大规模制造的英国产品的成本将会大幅降低，英国出口商就会像潮水一样涌入其他国家，削弱乃至摧毁他们的竞争对手。在此未来图景之中，英国将会成为世界的车间、金融家和超级城市，同时也使地球上的其他地区都在不同程度上变成它的农场。托马斯·巴宾顿·麦考莱（Thomas Babington Macaulay）支持废除《谷物法》，他说，当"其他国家的人在密西西比河（Mississippi）和维斯瓦河（Vistula）河畔给我们筹备食物"的时候，英国人"供应制造品给全世界，并且几乎垄断了全世界的贸易"。[14]

反《谷物法》运动是工业英国与农业英国、商业势力与土地势力、工人和中产阶级与贵族的斗争。皮尔通过了废除法令，最后却被自己的党派赶下台。尽管如此，对贸易保护的攻击仍在继续，下一个目标是食糖关税。然后，在1850年的第一天，《航海法案》也从法令全书中消失了。现在，任何国家的船只都可以投标大英帝国的贸易了。

庞大的英国市场的开放极大地刺激了世界经济。美国的造船公司最早从《航海法案》的取缔中获益，它们把世界上最好的一些船都卖给了英国及其殖民地的承运商。巴西和古巴的食糖大量流入英国市场。雄心勃勃的希腊商人重返伦敦金融城，开始从兰开夏郡（Lancashire）出口纺织品，然后从多瑙河流域到埃及，并横跨黑海、亚得里亚海和东地中海的广大地区进口谷物。《谷物法》废除七年之后，他们已经赚取了令人咋舌的3000万英镑。《谷物法》的废除适时地促进了人们前往美国中西部定居，因为饥渴的英国市场正在满世界地搜寻面包原料。全世界都享受到了英国经济自由化的成果。[15]

然而，在英国各行业被暴露于令人畏惧的全球竞争后，萧条和失业也发生了。在19世纪50年代，曾经不可一世的英国航运业就陷入了低谷，被大西洋彼岸的竞争对手超越。自由贸易的浪潮不仅吞噬了伦敦金融城，击垮了许多有名望的公司和银行，也淹没了整个大英帝国。加勒比殖民地的制糖业遭到永久性的毁灭。加拿大的木材出口商和小麦种植者曾经依赖于加拿大和英国的特殊殖民关系，如今他们大祸临头，沦为严酷的全球市场中的普通竞争者。把大英帝国连在一起的纽带已经产生了裂痕，整个帝国都面临着分崩离析的危险。

因此，毫不奇怪，当万国博览会的设想刚在1849年提出的时候，其主导者竟为了让它看起来不像是一次自由贸易的盛会而煞费苦心。关于自由贸易的争论已经激烈到了足以分裂国家的地步。博览会只被当作一种向海外消费者宣传英国的机器、制造品及推广帝国各地的原材料的方式。

　　然而时间快进到几年后的 1851 年，低沉的氛围就已经完全消失了，取而代之的是让人目眩神迷的欢乐。万国博览会变成了炫耀式的"自由贸易节"。同时，英国农业并没有如许多人预言的那样走向崩溃。在 19 世纪 50 年代，英国农业正处于连年丰收的黄金时期。尽管如此，千百万英国人仍然以进口粮食为生——价格虽然低了，需求却是无穷无尽的。[16]

　　农民做得很好，但跟英国的工业井喷相比简直微不足道。在刚开始的贸易混乱之后，经济自由化开始显现出它的积极作用。外国粮食和原材料的价格暴跌给工人阶级和整个工业都带来了好处。那些出口大宗商品到门户大开的英国赚钱的国家，也会把利润用来购买英国的制造品。在博览会举行的时候，英国生产了占世界产量 66% 的煤炭、70% 的钢、50% 的铁，还有最重要的 50% 的纺织品。

　　"出现在我眼前的曼彻斯特就像一只巨大的蜘蛛，"弗雷德里卡·布雷默说，"在它的工厂，它的市区、郊区和乡村，所有东西似乎都在吐丝结网，为全世界纺纱织布。"自从皮尔的大胆改革以来，英国的出口总值增长了 51%，进口总值则增长了 34%。《泰晤士报》在报道万国博览会英国展区的文章中，提到许多展品都有出口欧洲大陆、中国、印度、俄国、奥斯曼帝国、南美洲和美国的标记，"这证明我们有满足全世界需求的雄心，而且在每个国家都拥有大量消费者"。英国凭借其大规模的生产体系、廉价的消费品和开放的贸易政策，有能力"通过价格来控制世界市场"。[17]

*

英国人所说的"良性竞争"，多数国家称之为"贸易专制"。当一个国家谈起控制世界市场并抑制外国工业的发展时，这听起来就像在宣布一场经济战争的开打。英国曾经躲在贸易壁垒之后保护其成长中的工业；如今，它却鼓吹自由贸易，把廉价的纺织品和制造品倾销到各个国家的港口，要把外国工业扼杀在摇篮之中。不仅如此，它还抬高商品价格，用经济力量来强迫其他国家放弃发展本国工业，只生产粮食和原材料，然后出口到利物浦。

突如其来的繁荣以及机器和发明的大量涌现都意味着1851 年的英国正趾高气扬地走向世界的顶峰。许多英国作家都对其他国家的贡献嗤之以鼻。正如霍勒斯·格里利所说，"我了解约翰牛①。不管他可能学到什么，都不会从博览会中学到温和"。《泰晤士报》嘲笑说，分配给美国的展览区域就是一片"荒凉草原"，因为来自大西洋对岸的宾客都不够填满展区。人们轻率地以为美国只有丰富的自然资源，工艺水平却十分拙劣。美国的展览只是为了"吸引移民"（的确如此）：当英国和法国的制造商需要更大空间来存放商品时，就会来到这片大草原建立殖民地。[18]

但这种居高临下的腔调没能维持太久。在 1850 年之前，英国人一直在工业发明领域占有优势。但是，他们用来自我宣传的博览会使他们自己受到了猝不及防的打击。仔细观察德国、法国、比利时、荷兰和美国的展览摊位，他们看到的是不

---

① 约翰牛（John Bull）是对英国或作为整体的英国人的拟人化称呼。——译者注

亚于甚至优于英国的产品和工艺流程。许多亚洲的手工制品在 12
质量和受欢迎程度上都比英国的廉价产品要好。更为不妙的
是，正如一份美国报纸指出，美国展区的冷清并非意外——但
凡自视甚高的企业家，有哪个会在国际博览会上把最新发明的
秘密免费泄露给竞争对手呢？这份报纸称："英国人一旦学会
且可以自由使用哪个国家的技术，就会毫无疑问地马上以更低
的价格售出产品，摧毁该国的生意。"所以，令人感到困扰的
问题不是博览会上有什么，而是没有什么。[19]

　　然而，让英国的欢快氛围减色的事例已经足够多了。同年
在怀特岛（Isle of Wight）举行的皇家快艇中队年度比赛中，
纵帆船"美洲"号（America）赢得冠军，这证明了美国人在
造船方面的杰出才能。获胜者的银杯从此改名"美洲杯"
（The America's Cup），成为世界最著名的帆船比赛的奖品，也
是最古老的国际比赛的奖杯。许多美国展品是博览会上的焦
点，比如赛勒斯·麦考密克（Cyrus McCormick）发明的收割
机，它预示着机械耕作和新的农业革命的到来。橡胶制品的展
出进一步突出了美国的技术水平。那是经过硫化之后的产品，
刚刚由查尔斯·古德伊尔（Charles Goodyear）发明出来。

　　最受欢迎、受到最多赞赏和最有影响力的展品来自一位美
国企业家。他的展品与自称"和平盛会"的博览会格格不入，
但注定会对 19 世纪 50 年代的世界产生巨大的冲击。

　　塞缪尔·柯尔特（Samuel Colt）的新式六发左轮手枪引起
了一阵轰动。《泰晤士报》的记者不无挖苦地把柯尔特比作爱
德华·詹纳（Edward Jenner），说在柯尔特的展出摊位，"你
可以切身了解到一种新的种痘方式，就像美国偏远西部地区的
医生对野蛮部落做的那样。而在此之前，这些部族的存在从未

对荒野造成妨害"。这种新式手枪迅速取代了所有其他武器，尤其受到骑兵喜爱。它不用补充弹药，就可以连续射出六发子弹，一个骑兵的射击速率因此能提高三倍。一个美国军官说："装备了柯尔特连发手枪……或者夏普斯步枪（Sharp's Rifle）的骑兵队，将会成为边疆戍役中最令人畏惧的战斗力。尤其当野蛮人出现在大草原、山间小道和峡谷（他们惯常出现的地方）的时候……在这种情况下，少量勇猛而又能熟练运用武器的士兵就足以对抗和驱散任何数量的野蛮人。"[20]

这确实是用于"边疆戍役"的完美武器，而且将会"引发一场军事革命"。无论北美印第安人装备的是滑膛枪、长矛、弓箭、刀还是战斧，他们都是令人畏惧的马上武士。他们能以压倒性的优势击败配备单发枪的敌人。大英帝国的边疆地带与充满杀戮的美国西部几乎一模一样。博览会的新西兰展区里有一个毛利人的"帕"（pa）模型，"帕"是山顶上的一组房子，筑有防御性质的平台和围栏。建造模型的亨利·巴尔尼维斯（Henry Balneavis）上尉想要借此告诉英国人，毛利人并非野蛮人，而是熟练的军事工程师和武士，他们有能力打倒大量的帝国士兵并利用"帕"来使其遭受大量伤亡。英国人还在南非、尼日尔、阿富汗和缅甸等其他地方遭到顽强的抵抗。《泰晤士报》建议，应该为在开普殖民地（Cape Colony）陷入与科萨族（Xhosa）和科伊科伊族（Kohekohe）的边境冲突的英国骑兵，以及印度西北边境的枪骑兵，配备柯尔特左轮手枪。[21]

柯尔特六发左轮手枪在19世纪50年代成为全世界最受认可的品牌，无论在澳大利亚的荒野，还是在巴拿马的热带丛林，抑或是在密西西比河以西的平原和荒漠，白人移民都以此炫耀。柯尔特1851海军型左轮手枪自问世几十年来一直是美国的蛮荒西部的标志性武器，受到"狂野比尔"比尔·希科克（Wild Bill Hickok）、"医生"霍利迪（Doc Holliday）和罗伯特·E. 李（Robert E. Lee）将军等名人的追捧。

柯尔特左轮手枪之所以意义重大，并非因为它在西部边疆的殖民纷争之中被普遍应用，而是因为它的生产方式预示着一场"军事革命"。在仔细研究了水晶宫展出的武器之后，英国专家们被柯尔特展示的手枪技术的进步震惊了。以前并非没有连发手枪，但是柯尔特在 1850～1851 年取得的突破性进展才使其变得安全可靠，而且最重要的是，它很便宜。它的零部件都是大规模生产和动力驱动机械的产物，因而能够相互替换。无须掌握专业技艺，就能修理、更换或重复使用工作部件，这在作战的时候能够给予使用者极大的优势。与之相比，英国却是先由伯明翰的工坊手工制成军用的滑膛枪部件，然后送到伦敦塔（Tower of London）进行质检，再交由另一批工匠来完成组装。这样的枪支制造方法不仅复杂，而且部件制造者不能参与组装，扼杀了产业创新。柯尔特在水晶宫展出之后，英国专家立马前往美国调研武器制造。[22]

调研的结果是进口美国的机器设备，然后引进弗吉尼亚哈珀斯费里（Harpers Ferry）军工厂的一位专家来监督大规模生产在恩菲尔德（Enfield）国有轻武器工厂的推行。恩菲尔德1853 型来复枪是更新生产模式的成果。它的研制受到柯尔特手枪的启发，后来成为那个年代最流行的步枪。该步枪产量达数百万支，在英国军队、印度军队和美国军队乃至拓荒者和猎人中都得到了广泛应用。这就是柯尔特革命的下一阶段。恩菲尔德步枪不仅质量可靠、容易修理（多亏它的可替换部件），而且有难以置信的高精度。它可以让一名普通步兵轻易击中

14

15

THE COLT BREECH-LOADING
REVOLVER.

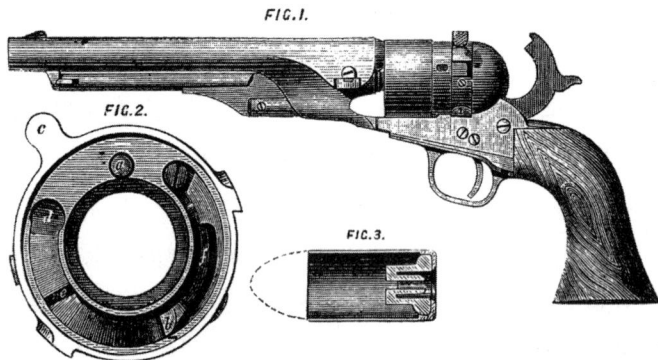

FIG.1.

FIG.2.

FIG.3.

图2 柯尔特后装式左轮手枪

图片来源：World History Archive/fotolibra.

600 码以外的目标，而被它淘汰的英国军队之前使用的滑膛枪——比如从滑铁卢战役起就在军中服役的曾经备受喜爱的褐贝丝（Brown Bess）——顶多只能让一名士兵击中 100 码开外的大型目标。

步枪与滑膛枪的不同之处在于，后者有一个光滑的枪膛，前者却拥有一个刻有膛线或沟槽的枪管使子弹发生旋转，因而具有更强的气动稳定性。膛线的发现已经有好几个世纪了，但它一直没有被应用于军事武器，因为圆柱形子弹的直径必须与枪管一致才能和沟槽啮合。把这样的子弹塞入枪管需要花费的时间太长，而且子弹留下的屑粒会堵塞武器，抵消了射程上的优势。滑膛枪虽然精准度不足，而且速率过低，其球形子弹却能毫不费劲地滚入枪管。只有当新发明的步枪变得跟滑膛枪一样易于清理和重装弹药时，步枪才被步兵采用。

克劳德－艾蒂安·米尼耶（Claude-Étienne Minié）改良制成的尖头圆柱子弹改变了一切。这种子弹被放在防水的纸质弹筒里，并带有必要的火药；士兵需要咬破弹筒，把子弹和火药一并塞入枪管。圆锥形的米尼耶子弹小到可以像滑膛枪子弹一样被装进枪管，但又能适应步枪的用途，因为它在射击的时候会发生膨胀，从而啮合沟槽，旋转着飞向远距离目标。

直到 19 世纪 50 年代，殖民势力一直面对着装备了相同滑膛枪的势均力敌的对手。例如锡克教徒①就拥有精良的武器制造技术。其他地区的人也在适应西方的武器，学习能够战胜敌人的技术。例如北美印第安人和高加索的穆斯林游击队就擅长在高速骑行的时候重装弹药。恩菲尔德步枪重装弹药需要耗费的时间和老式枪支一样，但它出众的射程和精准度，加上米尼耶子弹的速度，能够赋予使用者绝对的优势。无论用于传统战争还是边境行动，它都是完美的武器。

柯尔特手枪让拓荒者在面对当地居民的抵抗时占有优势，成为那个年代最著名的国际品牌。恩菲尔德步枪则一再证明了它在欧洲军队对抗兵力占优的中国、印度或其他地区的军队时的价值。此外还有不少技术进展，比如阿姆斯特朗后装式火炮，其远距离炮轰曾给中国士兵和毛利武士造成致命伤害；又比如加特林机枪能以前所未有的速度扫射从而致人死亡。讽刺的是，1851 年的伟大"和平庆典"最重要的遗产之一，竟是顶级的杀戮机器。

划时代的柯尔特六发左轮手枪、麦考密克的收割机和其他发明一起，证明了一件令博览会东道主感到不安的事情——美

16

---

① 锡克教是 15 世纪诞生于印度的一神教，其教徒主要分布在印度旁遮普邦。——译者注

国正在崛起为重要的工业强国。《经济学人》本来对美国较为冷淡，这次却认为："美国人的迅猛进步和伟大，就跟他们的飞剪船一样，基本都源自他们自己并属于他们自己……他们看起来注定要造就有史以来最伟大和最强大的国家。"[23]

看到美国展现出来的创造力和德国显而易见的潜力，人们痛苦地意识到，英国工业的统治力已经在 1851 年达到了最高点，而这一事实的显现可能会产生重大的影响。

*

有人跨越了 13000 英里来看万国博览会，但觉得它只是有趣，并不激动人心。伦敦的外观——暗淡阴沉而又布满煤烟的建筑物和川流不息的人群——与他刚经过的欢快明亮的欧洲城镇相去甚远。乔治·拉塞尔（George Russell）这个富有而严厉的澳大利亚牧羊人，很少对外界事物感到印象深刻。但是，伦敦吸引了他，使他大唱赞歌：泊满船舶的码头和"巨大宽敞的仓库里……充塞着来自世界各地的商品……这里的重要商业活动和喧闹景象……让人了解到英格兰在商业上有异乎寻常的重要性，远远超过到目前为止我见过的任何其他国家"。[24]

这就是为什么另一个外国人要在 1851 年来到伦敦。朱利叶斯·路透（Julius Reuter）的本领在于，他总能领先于通信科技的发展。在来到伦敦之前，他的信鸽已经往返于布鲁塞尔和亚琛之间。成群的信鸽从巴黎证券交易所带回最新的价格信息，然后电报机将信息拍发给布鲁塞尔，即法国电报线路的终点。而当邮政列车"呜呜"地驶入城镇，带来交易新闻的时候，路透的信鸽早已到达他们位于德国电报网络边界的亚琛的阁楼了。没有耽搁一秒钟，路透就用电报把法国市场上的价格和汇率信息迅速传递给他在柏林和维也纳的订户。对这些订户来说，时间真真正正地就是金钱，早一点收到信息就意味着能大赚一笔。1851 年，电报网络的缺口得到了弥补，路透的信鸽提前退休，他随后也迁往伦敦，刚好赶上了跨英吉利海峡电报的开通。他在皇家交易所（Royal Exchange）大楼设立了海底电报办公室，为伦敦金融城和远至俄罗斯的欧洲地区的客户提供欧洲金融和商品市场的最新信息，利物浦的邮船用电报传来的美国的价格信息也会被及时发给他们。

乔治·拉塞尔和朱利叶斯·路透在 1851 年被吸引到伦敦金融城的原因是显而易见的。在万国博览会的举行期，全球经济正在经历令人目眩的上升势头，伦敦金融城则是全球经济的中心。激动人心的事情触手可及。在博览会举行的夏天，200 名年轻的交易员举行了一场临时组织的无规则足球比赛，让以往看上去优雅的证券交易所陷入了混乱。戴着夹鼻眼镜、穿着黑色衣服、走路沉重缓慢的那种古板银行家显然还存在，但在他们身边，"你会发现自己身处一群充满活力的年轻绅士之间，他们谈论的都是歌剧和城里的其他娱乐活动，而且语气轻松，一副上流生活鉴赏家的样子。他们研究的主要是如何让彩色围巾、艳丽的项链和莫卧儿式的领带别针流行起来"。老牌银行家小心翼翼地依赖于与外国城市经纪人的通信，他们十分惊讶地发现，每天数以百计的国际交易——甚至小额的交易——都可以通过电报来完成。空气污浊、守旧持重的老式银行逐渐走上下坡路，让位于花哨的、有闪闪发光的巨大平板玻璃橱窗和辉煌的枝形吊灯的新式私人银行。伴随着令人陶醉的乐观氛围和由节律性电脉冲指挥的金融业务的拍子，老规矩逐渐消亡了。[25]

跨越英吉利海峡的电报电缆把整个欧洲的金融市场都串联

起来，而且它的开通刚好碰上了世界经济的起飞。资本从伦敦金融城源源不断地流出，在海外寻找大型基建项目、政府债券、农业经营和商业贸易的投资机会。仅仅在几年之前，投资者才受到了一系列贷款违约的重创，先是几个拉丁美洲的共和国，然后是美国的一些州。但在19世纪50年代的头几年，投资者的信心就得到了恢复。俄国政府筹集到了一笔价值550万英镑的贷款，在同一年以及随后几年里，获得类似巨额贷款的还有皮埃蒙特（Piedmont）、澳大利亚、巴西、比利时、加拿大。1851年同样见证了伊利诺伊中央铁路（Illinois Central Railroad）公司的组建，伊利诺伊中央铁路在任何地方都有可能成为最重要的铁路网之一，北美大草原因此向世界市场开放。与此同时，在信用长期受到质疑之后，美国重新成为一个对外国投资具有吸引力的地方。加利福尼亚黄金的注入激发了人们的信心。美国的铁路证券头一次可以在伦敦直接交易，还成为19世纪50年代早期的伦敦金融城的主要业务。从欧洲各地筹募而来的资金都汇集到了伦敦，然后流向大西洋彼岸，为铁路建设热潮提供支持。到19世纪70年代，英国的海外投资总额已高达10亿英镑（50亿美元）[1]。

对于伦敦金融城里那些穿金戴银、盛气凌人的年轻经纪人和银行家来说，19世纪50年代就是他们最好的时光。伦敦金融城正在迅速成为突飞猛进的全球经济的金融中心，提供了无数商品交易、长期贷款、法律和保险的服务。最重要的是，伦敦金融城的金融机构会提供短期贷款来为汇票背书，还会将汇票拿到金融市场上交易。如此一来，经过香港、新加坡、墨尔

19

---

[1]　当时英国政府的年度支出是7000万英镑。——作者注

本、开普敦、布宜诺斯艾利斯、伦敦、纽约和其他中间点的上海和旧金山间的复杂多边贸易成为可能。一个议会委员会带着毫不夸张或造作的民族自豪感说："没有英国的信贷支持，世界贸易就不可能进行下去。"[26]

面对雄心勃勃且资源丰富的竞争对手，英国的工业正在经历一定程度的衰退，但它的金融部门在尽情享受源源不断的暴利。许多精明的观察家都认为，这将是英国作为世界大国的未来。它不应该——也不能——尝试通过漫天要价来维持其工业优势，而应该尽可能刺激其他国家的经济活动，并促进世界范围内的自由贸易。[27]

通过促进国际贸易和劳动力流动，英国在每一个阶段都能分一杯羹。这个国家的地理条件十分优越。它在从哈利法克斯（Halifax）到香港的东西方国际贸易路线上拥有港口和燃料补给站。它的工业化起步早，积累了大量的盈余资金，可以投入从潘帕斯草原（the Pampas）到俄罗斯干草原（the Russian steppe）沿线各地的铁路建设。它还依次向这些项目提供高技术含量的装备，比如动力工具、电报机和机车。这些铁路和电报机意味着更多的粮食和原材料能够进入国际市场。英国商船队（British Merchant Marine）最适合用来运输世界各地的产品并将它们免税存放到大英帝国港口的仓库。在欧洲的资金不断流出伦敦的同时，来自美洲、非洲和亚洲的商品如潮水般涌入利物浦，等着被分发到欧洲各地的市场。

*

如果你只销售布料和剪刀，那么顾客的政治观点是无足轻重的；但如果你输出的是资金，它就非常重要了。因此，让世界变得对投资者安全，而且对商业开放，才符合英国的利益。
在整个 19 世纪 50 年代，英国一直软硬兼施，致力于拆除贸易
的政治壁垒，把依旧封闭的市场并入世界经济。一个国家如果
20 要想引领和指挥全球贸易，就必须创造一个自由贸易体系，使
交易得到最大限度的扩展。本书的后半部分将会讨论英国
"硬"的一面——利用世界上最强大的海军、军事力量和金融
杠杆来达到目的。虽然如此，万国博览会仍然是英国试图说服
世界效仿它的绝佳例子。

万国博览会被认为是一种展示英国工业的方式，因而成为
英国关于新世界的想象的现实表现。最重要的是，它必须宣传
自由贸易在道德和物质上的好处。

其他国家可以从自由贸易中得到什么好处？首先，世界
和平成为可能。盘踞在贸易保护壁垒后面的国家和帝国被认
为更有攻击性、更为好战。它们把贸易税收用于资助庞大的
军队。《泰晤士报》指出，在 19 世纪中期，"我们很少用火
和剑、石笼和榴弹炮来战斗，而更多地使用棉布和剪刀、煤
和铁……贸易如今不仅仅是利润的获得，还是重要的政治引
擎"。在 1851 年，当"时间悬崖"的比喻在哈代脑海中浮
现的时候，他指的显然是万国博览会。人们真诚地相信，这
一年标志着世界历史上一个新纪元的开端，是一个"年代边
界"。当人们在水晶宫的玻璃穹顶之下被世界各地的产品包围
时，其中一些人不禁泪流满面，还有一些人则为眼前所见的通
过贸易实现的和平深深动容。[28]

跨英吉利海峡电报电缆刚好赶在博览会结束之际铺好，这
进一步强化了人类正和平安宁地联合在一起的印象。许多人相
信，借助现代技术，商品和思想的自由交流将会打破分隔人类

社会的障碍，使相互理解得以形成，使战争不再发生。"我们文明的最大特点，"一个法国经济学家谈到博览会的时候说，"就是国与国之间逐渐加深的相互依赖成为和平最可靠的保障。"[29]

其次是自由贸易对全世界普通民众的吸引力。竞争会释放活力和进取心，从而提高生活水平并降低物价。人们相信，交流和贸易会使知识和繁荣得到扩散，让受压迫的人民渴望踢开压制他们创造力的传统、偏见和专制。匈牙利的自由斗士和国际英雄拉约什·科苏特（Lajos Kossuth）在1851年南安普顿的一次会议上说："所有的专制者都害怕自由贸易，因为贸易自由就是实现政治自由的有力手段。"[30]

用来证明这些观点的就是水晶宫中举行的最伟大的博览会。这次博览会的重点不是新技术、艺术品或强力引擎，而是成千上万在夏天走进展馆的人。在此之前，一想到全体民众都拥入海德公园，贤者伟人就感到脊背发凉。工人阶级的集会一向被视为无政府主义者和酗酒者的实践，因此总会在第一时间就遭到阻止或瓦解。大量警告指出，如果价值连城的珍宝首饰放在脆弱的橱窗里展出，流氓无产者就很有可能无法自控。欧洲的君主们都害怕博览会吸引革命分子和社会主义者在警戒不足的伦敦联合起来，从海德公园往外扩散暴动，然后越过英吉利海峡拥向欧洲。

当弗雷德里卡·布雷默从曼彻斯特南下伦敦的时候，路上的交通堵塞十分严重，以致火车被一个车厢紧接着一个车厢地往回拉。她乘坐的火车"在如同喷出怒火的眼睛的红灯的警告下，几次被迫停下等待；其他电报杆上的红灯也发出了警告"。电报信号沿着线路断断续续地传来，以缓解交通压力。这个复杂的交通网络显示，博览会到10月闭幕的时候已经有

600 万人次购票进场。撇开重复参观或来自国外的游客不算，英国有 1/5 ~ 1/4 的人口参观了水晶宫。根据一份旅游指南，"博览会超乎寻常的受欢迎程度最终成为它最大的奇迹"。[31]

历史上从未有如此多的平民被运往同一集会。得益于俱乐部、工人协会、技术工人学会、储蓄银行和其他友好社团帮忙安排行程和住宿，大量工人阶级家庭才能够前往伦敦。铁路公司为他们提供整套服务。旅游经营商托马斯·库克（Thomas Cook）利用他组织戒酒协会远足的经验，护送了 16.5 万人次到万国博览会。

交通运输系统以其令人难忘的业绩巩固了英国作为一个超现代国家的形象。不过，真正让评论者感到兴奋的是普通民众到达海德公园之后的行为举止。在博览会举行的五个月里，只发生了 25 起违法行为——9 起扒窃、6 起扒窃未遂和 10 起摊位偷窃。维多利亚女王在 6 位未携带武器的警察的护卫下，穿行于 5 万人（每天挤满水晶宫的游客数量）中，"就像走在自家的客厅一样"，《泰晤士报》如是说。一个作家会十分愉快地"观察社会等级差异如何暂时完全被化解在了对水晶宫展出的奇妙科技和劳动成果的自豪与钦佩之情中"。[32]

工业化的结果，正如英国人所说，并不是贫困化和革命。废除《谷物法》意味着国家机构开始聆听和回应民众的吁求。当欧洲陷入 1848 年革命引起的动荡不安时，英国仍然保持着和平安宁。生活成本因为自由政策而得到降低。事实上，水晶宫能够以低于预算的成本建成，就是因为此前不久对玻璃的征税被取消了。博览会本身就是自由放任经济政策的一则巨大广告——是人民，而不是政府，使这一壮观的展览成为可能。它是一盘生意，追求的是利润而不是国家权势的扩张，不乞求纳税人的金钱。根据博览会的主导人物亨利·科尔（Henry Cole）所说，"英国人为他们自己所做的远远好于政府能为他们做的"。政府撤退出经济领域以及国家开放国际竞争的事实，释放了人们的商业热情，并带来了水晶宫那样的成功。[33]

正如一位记者指出，博览会显示，英国社会的各个阶层"都兼具不屈不挠的活力、对秩序的根深蒂固的热爱和对他们自己制度的尊敬"。与之相反，据说欧洲大陆正饱受工业落后、竞争力不足、阶级关系紧张和权力专制的困扰。[34]

巨大的玻璃穹顶、大规模制造的机械设备、高速火车、高科技机器、科学发现，以及和平聚集的心满意足的民众——海德公园展现给世界的是一种全新的文明，一个其他国家将会接纳的模型。根据1851年的人口普查，英国已经拥有历史上城市化和工业化程度最高的社会：大部分人口在城镇而不是农场里工作。也就是说，如果你想见识未来，那就去英国吧。

博览会的布局体现了英国人眼中的国际新秩序，展览的分类则反映了人类社会相互开放，通过互通有无、自由交流、和平竞争联合起来。在水晶宫的理想世界中，西区占总面积的整整一半，全都用来展示英国的制造品和发明。在中殿的另一边，也就是东道主的华丽展区对面，是英国的工业竞争对手的展区，其中绝大部分空间被法国、德国和美国占据。位于耳堂的是印度和英国在亚洲的其他殖民地的展区。正对它们的则是中国、巴西、土耳其、波斯和埃及，它们"聚集在一起……有点像热带"。如果我们把巴西看作拉丁美洲的代表，那么这些国家就是英国眼中的未来会有利可图的市场，它们的社会可以用自由主义加以塑造和重建，其潜力却遭到腐败而软弱的精英和限制性的条条框框的压抑。"用我们无处不在的商业影响力来试验和改良这些国家，"博览会举行期间的外交大臣巴麦尊勋爵（Lord Palmerston）说，"但要避免其变成征服运动。"[35]

人们相信，自由贸易的新生气息将会吹遍世界，推翻专制君主，以自由交流取代封闭帝国。在水晶宫的玻璃屋顶下，一个新的地球被创造出来了，来访的游客会被邀请去比较这个地球上的国家。这里是古老而陈腐的亚洲社会，它们的生命力遭到专制和迷信的遏制；那里是欧洲，大部分人都受到专制君主的军事压迫，他们独立建国和实现现代化的梦想被俄国、奥匈帝国和奥斯曼帝国扼杀。同年年末，法国总统路易·拿破仑（Louis Napoléon，拿破仑·波拿巴的侄子）在第二任期行将结束的时候发动了野蛮的政变，法国就此落入新头衔为拿破仑三世的独裁者的统治之下。欧洲在上一个拿破仑最终战败之后，享受了数十年的和平，如今却再次面临战争的威胁。

在地球各处，共和主义、民主、社会主义和民族主义的梦想都已经或者正在走向破灭。当然，只有一个地方是明显的例外。只要敢于进入美国的展位，你就会发现 19 世纪人类可走的另一条道路。霍勒斯·格里利说，英国和欧洲的统治阶级"害怕我们作为榜样的感染力；随着我们国家的力量、人口和财富迅速增长，这种感染力吸引了更多世人的关注，他们的害怕肯定会升级且四处扩散"。欧洲大陆收到美国内陆的消息——多数都与"印第安人的斗争与屠杀、灾难性的蒸汽轮船爆炸或银行破产"有关——已经是六十天之后的事情了，共和平等主义的感染力因为距离而受到隔离。但现在，多亏新一代的快速蒸汽班轮和陆上电报技术，这种时间间隔被大幅削减到了十天，而且所有迹象都表明，技术发展还会使它进一步缩短。美国已经做好了影响世界事务的准备。[36]

美国正享有加利福尼亚丰富的黄金矿藏，受到"昭昭天命"梦想的刺激，并处于铁路革命的顶点，其活力通过其在博览会上展示的发明得到了很好的体现。但最重要的是，对于一个想在人类文明史中留下印记的国家来说，它也展现了自己的文化实力。在水晶宫的艺术展品中，人们讨论得最多的一件是海勒姆·鲍尔斯（Hiram Powers）的大理石雕像，它刻画了一个裸体的、锁链束缚下的希腊奴隶。

这座本应受到广泛赞赏的雕像竟引来了许多尖刻的批评。由于它一直处于旋转之中，因而可以被全方位地展现给围观人群。操作转动的男人让人想起弗吉尼亚奴隶市场上展示、叫卖活人的商人。讽刺杂志《笨拙》（Punch）创作了一幅漫画，把鲍尔斯的雕像画成一个被星条旗束缚的黑人奴隶。一天，曾为奴隶的"木箱"亨利·布朗（Henry "Box" Brown，为了逃脱奴役，他将自己装进大木箱里寄到自由州）把《笨拙》的漫画放在雕像旁边，大声宣称："我是一个逃亡的美国奴隶，这幅《弗吉尼亚奴隶》最适合陪伴着《希腊奴隶》，因此我要把它们放到一起。"[37]

在举行博览会的时候，美国的刊物《国家时代》（The National Era）正在连载哈丽叶特·比切·斯托（Harriet Beecher Stowe）感人肺腑的反奴隶制小说《汤姆叔叔的小屋》。它出版成书后在美国卖出了30万册，在英国出版的头一年就卖出了超过100万册，其中暴露出来的奴隶制的现实让英国人感到十分震惊。他们十分得意地相信，自己已经耗费了多年的时间和大笔的金钱来阻止公海上的奴隶贸易。这场漫长的斗争在1851年发展到了高潮，这一年英国海军在最后一个非洲奴隶进口大国巴西的海面上组织了巡逻行动。出于道德上的优越感，超过 50 万英国妇女联署请愿，敦促大西洋对岸的姐妹们行动起来，反对奴隶制。

对于英国人来说，1851 年的世界看来好像处在奴隶制和农奴制、专制和迷信、贫穷和落后的支配之下。在博览会举行的前一年，加利福尼亚获准作为自由州加入合众国，这引发了一场严重的政治危机。自由州的数量第一次超过了蓄奴州。为了避免合众国的分裂，必须有让步做出来安抚南方。此刻，美国内在的脆弱性暴露无遗。在英国人眼中，无论在欧洲还是在美国，到处都是注定失败的共和与民主实验的残破废墟。水晶宫远不止是一个军事装备与高新技术的博览会；它是英国价值观的一次展示，其持久的影响力也来源于这个事实。

图 3a 《希腊奴隶》
（海勒姆·鲍尔斯作品，1844 年）

图片来源：Cocoran Collection.

图 3b 《弗吉尼亚奴隶》
（《笨拙》的回应）

图片来源：Punch Ltd.

在那个夏天的几个月里，新闻界和许多民众为英国是新文明的火炬手这一信念迷醉不已，这种迷醉甚至到了极度夸张的地步。只有自由主义能够保障世界重生的可能性。自由市场资本主义是当时最根本的理念——通过信息和商品的自由交流，它将无声无形地推翻世界各地的古老权力结构，从而使世界得到重生。"我们的责任，我们的天职，并不是奴役，而是解放，"巴麦尊勋爵宣称，"我不是在炫耀吹嘘，也不想得罪任何人。可以说，我们站到了道德、社会和政治文明的前列。我们的任务就是带路，向世界各国指引行进的方向。"[38]

　　26

　　27

回顾过去，这样的话很容易成为讽刺的对象。费奥多尔·陀思妥耶夫斯基曾嘲笑说："新的经济关系，即一种完全现成且以数学的精确度构思出来的经济关系，将建立起来，就好像这样一来，每一个潜在的问题都会在眨眼之间消失不见。"《纽约每日论坛报》（*New York Daily Tribune*）以相似的嘲讽语气说，英国人以为一旦曼彻斯特的纺织品和伯明翰的制造品流入世界各地的港口，"旧社会里最野蛮的罪行就都会消失不见，就像舞台上落入陷阱的小丑一样"。但是，这一类不可思议的观点正是万国博览会变得如此重要的原因。不可阻挡的进步力量将会横扫人类面临的一切古老难题，这种想法在 1851 年乃至以后都有重大的影响。处于这种设想之下的世界，一个由电报与贸易路线连接的世界，一个各国开放贸易并通过友好交流实现和平共处的世界，仍然遥不可及。水晶宫推销的是梦想，而不是现实。[39]

而且无论在英国还是在全世界，它的推销方式都极为激进。关于人类正处于一种全新文明的开端的意识，是万国博览会最重要的成果。我们会在本书中多次遇到这种看法。乌托邦主义是经济蓬勃发展最重要的动力之一，它在 1851 年的海德公园找到了表现自己的最完美方式。

*

在世界各地，尤其是在盎格鲁－美洲地区，乐观情绪激励着人们勇敢面对长途迁徙的艰辛，去荒凉的地区开拓定居，投资诸如长途海底电报线路、挑战重力的山区铁路或者苏伊士运河等不切实际的计划。殖民者怀着西方的资本主义和科学将统治万物的傲慢设想，深入遥远之地。身处新文明前沿的信念（它在美国人和英国人间表现尤为明显）使他们坚信自己侵占当地居民土地的做法拥有道德上的正当性。

28　　19 世纪 50 年代的超高速增长大多建立在刺激和投机之上，对于利润的预期往往远超经济现实。万国博览会并没有生产那样的信心，但它真实地体现了时代的进步力量，同时促成了描写自由放任资本主义好处的国际文学作品的大量涌现。

与实在、可触的东西相比，乌托邦主义和夸张的宣传能在更大程度上改变世界。来自瑞典的弗雷德里卡·布雷默思索了英国在"世界历史中的使命"，她相信这个国家"注定要将其文明推广到世界的绝大部分地区"。万国博览会的效应之一，就是在英国借自由市场重塑世界的道德运动中植入了狂热的信念。就像一个作家所说，英国应该感谢上帝，因为"对我们这一代人来说，带领人民在和平事业和工业成就的征途上前进，已经成为一种恩赐"。[40]

在 19 世纪 50 年代，决定英国与世界其他地区的关系的，不是它的财富，而是这种乌托邦主义和机会主义的结合。这个国家试图通过游说和武力来拓展自由贸易的边界，并被深深地卷入了国际事务。在英国把注意力和精力转向更广阔的世界的同时，其国内却明显缺乏社会和政治上的改革。在查尔斯·狄更斯的《荒凉山庄》（*Bleak House*，1852）中，著名的杰利比太太对自己的孩子不闻不问，因为她已把所有精力都投入了非洲的慈善项目。与杰利比太太相似，英国对于恢复世界活力的兴趣似乎远远大于解决国内问题，尤其是穷苦工人的问题。另一部揭破万国博览会光明图景下的真相的作品是《伦敦的劳工和穷人》（*London Labour and the London Poor*，1851）。作者亨利·梅休（Henry Mayhew）揭示，作为世界贸易首都的这座城市，其底部竟是一条污水沟，妓女和瘾君子、血汗工厂的工人和行乞者、扒手和江湖骗子、拾荒者和铲狗屎者，都在这里艰难谋生，朝不保夕。这些作品出版于博览会举行期间，调门与博览会相反，但还不足以压下欢庆的声响。

有报纸称伦敦"不仅是世界物质文明的首都，也是进步精神理念的首都"。19 世纪 50 年代的英国雄心勃勃，要在放任的自由市场资本主义的基础上催生世界新秩序。万国博览会有力地促使公众把注意力朝外转向世界。它给了英国人一次清晰表达自己抱负的机会，并灌输给他们以武力去实现理想的信心。未来似乎就属于作为地球上头号军事和贸易大国的英国。[41]

1851 年 5 月 10 日的《伦敦新闻画报》十分古怪。在一篇文章中它歌颂了万国博览会，称其为"现代历史上最了不起的事情"，是一件"道德和宗教作品"。另一篇名为《爱尔兰的人口骤降》的文章却描述了前往美国和加拿大的爱尔兰移民的悲惨境地。他们在利物浦和科克（Cork）挤上"棺材船"，逃离"饥荒和瘟疫的蹂躏"，因为英国——尽管拥有所谓的财富和自由——对他们置之不理，任这些灾祸肆虐他们的家乡。现代交通运输的奇迹并没有发生在他们的身上——每年跨越大西洋的 25 万移民可能都要花费很多个星期的时间挤在颠来簸去的船里，就像"集市上的猪一样"。这期报纸就是1851 年精神的缩影：在资本主义奇迹般的重生力量之中混杂着所有的虚伪、矛盾和信仰。

同一期的另一个更为积极的故事冲淡了移民的黑暗一面。据画报报道，正准备去澳大利亚开始"艰难殖民工作"的一群男女，获得了一次参观万国博览会的私人旅游机会。这些移民（他们来自"非同一般的上层阶级"家庭，而不是挨饿的爱尔兰人）正在把他们"国家的改良精神"输出到世界另一头的遥远海岸。当他们抵达墨尔本的时候，人们都赞成，应该让他们去证明"英国文明的光荣行动"。

在他们到来之后是否有人愿意聆听他们的故事仍然是一个未知数。如果说万国博览会提供了一种未来的图景，那么1851 年的澳大利亚人——直到当时仍不为世人所知——就正在经历速度惊人的进步和喧闹的骚动。

第二章　大胡子贵族

墨尔本

在萨克拉门托河（Sacramento River）的支流上建立
的一个锯木厂，将会成为影响世界命运的众多意外之一。

　　　　　　　　　　　　——D. T. 库尔顿（D. T. Coulton）[1]

约翰·亨特·克尔（John Hunter Kerr）的绵羊牧场曾经是地球上最偏僻的一个角落。在墨尔本以北约 160 英里的洛登河（River Loddon）附近，"大自然难以形容的壮阔和自由"把他吸引到了那里。去往牧场的路简直不能被称为路，需要穿过一大片森林、翻山穿谷，还要渡过无数没有桥梁的溪流。这是一个"所有特征都非常澳大利亚"的地区：广阔的平原朝着四方不断延伸，直到地平线。在冬天，平原呈现为"一片翠绿欲滴、鲜艳明亮的田野"；在春天，成千上万的小花铺满地面，画面转为粉红、蓝色和金色；无情的夏天烤焦万物，使它变成"黄褐色的大海"。仅有的少量殖民者稀疏地分布在这片广阔的区域中，其"生活方式非常原始，几乎就像田园诗一样简单"。[2]

1851 年的剪羊毛季节过去之后，克尔冒险前往墨尔本，恰好见证了 19 世纪最主要剧变之一的首次震动。这一年在任何人看来都是多事之秋。夏天的酷热把乡村地区烤成了巨大的

干草地。2月6日（黑色星期四），最猛烈和最具毁灭性的一
31　场野火呼啸着席卷了大地，把它变成"冒烟的荒野"。就在几
个月之前的1850年7月1日，这块烧焦的土地刚刚获得了一
个新的名字和政治身份。在1834年建立之初，它被命名为新
南威尔士菲利普港区（Port Phillip District of New South Wales）。
自此之后，它的欧洲移民数量从一只手数得过来增长到了7.6
万人，该地成为世界上最繁荣兴旺和最有发展前景的地区，其
经济的发展得益于羊毛、动物脂油和鲸油的出口。在我们现在
所处的1851年，它更名为维多利亚，"这块殖民者自行建立的
殖民地"急切地想把自己跟玷污澳大利亚名声的罪犯流放地
区分开来。[3]

　　曾经寂寥的小路被交通运输的重量拓宽了，路上布满了
车辙。在许多古树遭到砍伐后，地上出现了无数的土墩和帐
篷，"昔日森林的骄傲只留下了低矮黝黑的树桩作为唯一遗
迹"。在"荒凉崎岖的路上"，克尔发现50辆大篷车或更多
的板车同时穿行于泥泞中。这位强壮、留着大胡子的男人紧
随其后，推着手推车，肩上挎着枪，各种各样的狗一路小
跑，追在他后面。

　　克尔中途停留的小酒馆一度是殖民地的务农乡绅常去的优
雅之地，如今却像是一个庞大的临时集市。板车和大篷车停靠
在这里，帐篷搭起，烈火燃烧，人群在节日氛围中喧闹。空气
中飘满了醉醺醺的歌声、污秽的咒骂声和飞扬的尘土。男人们
在不戴拳击手套的拳击手周围围成一圈，脸被火光照亮。其中
一人懒洋洋地抱着一箱香槟，斜倚在一根圆木上。没有足够
多的食物提供给这群突然出现在荒野之中的人。克尔只好凑
合着把白兰地浇在一罐鲱鱼上点燃了吃，又开了两瓶香槟。

荒野中的原始寂静和殖民地生活田园牧歌式的简朴永远消失了。[4]

殖民地陷入了骚动，始作俑者名叫爱德华·哈格雷夫斯（Edward Hargraves）。詹姆斯·马歇尔（James Marshall）为瑞士拓荒者约翰·萨特（John Sutter）在加利福尼亚的亚美利加河（the American River）河岸建了一间锯木厂，1848 年 1 月，他在该厂的退水道中发现了金子。当美国总统詹姆斯·波尔克（James Polk）于当年 12 月宣布这则消息的时候，来自整个太平洋地区——包括俄勒冈州、桑威奇群岛、墨西哥、秘鲁、智利、新西兰和澳大利亚——的移民已经乘船蜂拥来到旧金山，并进而前往内华达山脉（the Sierra Navada Mountains）。哈格雷夫斯就是其中一员。

这位淘金客发现，他的家乡新南威尔士的地貌与内华达山脉的金矿区有不少相似之处。受此启发，他回到澳大利亚并在巴瑟斯特（Bathurst）附近找到了金子。这条新闻在其他殖民地引发了类似的搜寻行动。1851 年 8 月，人们率先于维多利亚的巴宁扬（Buninyong）发现了黄金，随后在巴拉瑞特（Ballarat）也有发现。克尔在路上遇到的狂欢表明，维多利亚正在经历淘金热潮，就像此前不久的加利福尼亚一样。发现黄金的好消息开始占据澳大利亚报纸的头条。城市和农场都荒废了，淘金者像潮水一样涌入发现黄金的地区。

成为巨富的传说在全世界流传。有淘金者形容 1851 年 12 月本迪戈（Bendigo）的情形说："你可以看到金子在一堆堆泥土中闪闪发光。每个人都整夜地坐在自己那堆土上，手上握着手枪或者其他武器。我觉得金子会出现在我们的镐子和铲子

下，因为实在是有太多了。"据保守估计，挖出的黄金价值
18000～55200英镑，足够让某人过上一辈子的贵族生活。报
纸上充斥着一夜暴富的故事。[5]

诸如此类的新闻在1851年底1852年初传到了英国。由于
邮政服务的两个月间隔，亚历山大山（Mount Alexander）发现
惊人财富的消息在1852年4月才传到英国。几个星期之后，8
吨维多利亚的黄金抵达英国，证实了令人蠢蠢欲动的关于无穷
财富的传闻。随之而来的还有淘金者吃的三明治中塞满了10
英镑钞票，且他们用香槟洗澡的故事，还有传言称他们坐骑的
马蹄铁都是黄金打造的。[6]

当然，这都是玩笑，但这些传闻确实刺激了移民前往地球
的另一端。查尔斯·狄更斯如此描述伦敦各航运公司的情形：
"大批银行家的办事员、商人的马夫、刚开始工作的秘书和出
纳员，所有人都行色匆匆，但对自己要去的地方和要做的事
情，他们只有模糊的认识。"报刊上满是奇事："无穷的财富、
不断的繁荣以及空前的进步，诸如此类的神奇故事读起来简直
就像是《一千零一夜》里面的魔法故事，但它们全是真的。"[7]

克尔小心翼翼地穿过这一片喧哗，继续他从大荒野到墨尔
本的长途旅行。抵达墨尔本后，他发现那里几乎空无一人。直
到圣诞节时，成千上万的淘金客方才满载而归，拥入城市里庆
祝他们横财到手。这些男人行为粗暴，污秽的脸上留着大胡
子，穿的衣服是最好的细平布，手指上戴满了戒指。他们身边
的女人都光着脚，头发披散着，打扮入时，身上挂满了昂贵而
沉重的珠宝首饰。在淘金客间用奢华的婚礼来庆祝他们的暴富
十分流行。他们给马戴上炫耀式的巨大羽饰，然后坐在马车
上，在穿制服的仆人的陪同下，游行穿过各条街道。这在

1851 年和 1852 年成为最引人注目的一道风景线。"他们来了，"一个名叫埃伦·克拉西（Ellen Clacy）的英国移民写道，"新郎一手搂着新娘的腰，一手拿起香槟瓶子对着嘴。跟在后面的马车喜气洋洋，上面的同伴们更加恣意不羁，他们传出更加欢乐、吵闹的游行声。"他们大声嘲笑路过的殖民地绅士："现在轮到我们做主了，你们马上就要沦为我们的仆人。"[8]

*

先是在加利福尼亚和维多利亚，然后是在科罗拉多和新西兰，黄金的发现加快了 19 世纪的变革速度，其重要性怎样夸大都不为过。到 1851 年时，加利福尼亚的财富已经使全球经济激增。澳大利亚的最新发现使全球贵金属产量几乎翻了一番，为世界经济注入了更多的能量。1851 年维多利亚的淘金热比不上加利福尼亚的有名，但在很多方面，它对 19 世纪中期的繁荣和困扰世界的变革具有同样重大的意义。最起码澳大利亚和新西兰的第二次黄金大发现在太平洋形成了一个闭环。在此之前，加利福尼亚和澳大利亚都是世界上的偏远之地。它们的宝藏把人们的注意力吸引到了整个太平洋地区，包括岛屿、亚洲沿海地区以及从温哥华到火地群岛（Tierra del Fuego）的美洲海岸线。它们创造了繁忙的贸易新路线，这些路线在地球上纵横交错，从此把孤立的地区接入全球体系。 34

黄金对于世界的影响是下一章的主题。本章关注的是前所未有的暴富对于新的共同体的影响。澳大利亚的淘金热同加利福尼亚的几乎有相同的轨迹。它们都吸引了不远千里而来的无数移民，在此过程中，早期拓荒者的个人经验迅速让步于资本主义组织。美国西海岸和维多利亚一样见证了震撼时代的现象：繁荣城市的兴起、无法无天的人们、生态的破坏，以及迅猛的发展。如果说有什么区别的话，那就是维多利亚重演甚至放大了不久前加利福尼亚发生过的一切。

淘金热就像龙卷风席卷了殖民地。菲利普港区在最初二十年里已经增长得够快了。当克尔在 1839 年抵达墨尔本时，那里只是一个由抹灰篱笆墙单层住宅组成的小小殖民地，位于"寂静荒野之上、茂盛的桉树林里、浓密的白千层灌木丛"之间。1851 年，墨尔本兴旺起来，在维多利亚的 7.6 万名殖民者里有 2.3 万人定居在这里。加利福尼亚在发现黄金的时候，刚刚成为美国的一部分，其人口和经济的发展比起澳大利亚还要落后，而且与距离最近的美国州隔着上千英里的荒凉地带。而当发现黄金的消息传到悉尼、阿德莱德和墨尔本的时候，澳大利亚能够加入淘金热潮的人更多，当地的发展也因此更为迅猛。早期淘金热造成的混乱尤为严重，因为它冲击的是一个更为繁荣、人口更为稠密的共同体。9

维多利亚的大法官威廉·阿·贝克特（William à Beckett）说，"这些有道德感的完全英式的人群曾经每天都在增加和变强，发誓要和我们光荣的母国保持一样的制度、风俗和品位"，如今他们却被黄金腐蚀了。对于像贝克特那样的人来说，他们的殖民地刚刚获准独立，有望成为澳大利亚版的英国。然而，墨尔本的人口实际上正在流失，他们眼中的澳大利亚"渣滓"成群地涌入他们的土地。殖民地进入了一种无政府的状态。一个观察者如此描述林溪镇（Forest Creek）的淘金热："瘦高的售货员、肥胖如猪的管家、政府职员、医生、律师、逃走的水手、开小差的士兵、自封的牧师和穿着灯笼裤的坚强女人，就像绕着糖蜜桶的苍蝇一样，成群进入林溪镇。"[10]

那些女人穿的"灯笼裤"是到脚踝才收拢的过分宽松的裤子。这种松垂的灯笼裤套装源于 1851 年的新英格兰，是"理性服饰"运动（the rational dress movement）——试图把女性从束身时尚中解放出来的早期女权运动——的一部分。穿上实用服装的女性同打扮成逃亡无赖水手的公务员一起劳作的情景，成为这次突如其来而又令人不安的黄金热潮的象征。城镇无人保护，因为警察全体辞职了。精神病院的看守罢工离去，留下被收容者自我管理。拥有土地的精英发现他们的牧场被牧羊人和营地看守抛弃了。澳大利亚其他地方的经济生活陷入了停顿，因为成千上万的工人和职员已经拥向维多利亚。

淘金热早期的情形与消息传遍世界之后的情形完全不一样。为了开发土地和建立功能完善的政治社会，澳大利亚殖民地一直需要各阶层的移民。他们出钱雇用了推广员并投放了大量广告，许诺会为想要移民的人提供一块"除了气候和贫穷，其他都和英格兰一样的"土地。墨尔本是一座完全英式的美好城市，有板球俱乐部、社团、报纸和学校。一个澳大利亚的推广员说，那里的市区和郊区"拥有一块老式英国领地的安谧宁静的吸引力"。然而，跟英国不一样的是，工人能在发展迅猛的维多利亚享受自由和惊人的高工资。所有人都受到欢迎，"即使整个英格兰的人口一起拥入我们的地方，我们仍然有足够的空间和工作机会"。[11]

在 1851 年之前，澳大利亚人（有充分的理由）感到苦恼，人们总是把他们的大陆看成"一所荒野之中的大监狱、一间位于对跖点的刑事麻风病院、一个就跟西伯利亚或者伏尔加河中游一样可怕的旅游目的地"。那个时代的一个特色是

"热心支持者"（booster），即以吸引移民和资本为目的，自发
或受雇以优美的文辞描述新兴的英国殖民地或美国领土的人。
现在，黄金能做到1000个热心支持者才能做到的事情，让澳
大利亚沐浴在灿烂迷人的光芒之中。澳大利亚成了国际新闻界
最感兴趣的主题。维多利亚有贵金属，也有板球俱乐部，这意
味着它跟加利福尼亚不一样：它不仅是财富之地，还明显地属
于英国文化的辐射范围；而加利福尼亚则通常被指责为无法无
天的鬼地方。在这里，移民受到"大量唾手可得的贵金属"
的诱惑。传说金子就埋藏在地表附近，用小折刀就可以将其挖
出来。据称淘金者每个月至少能赚2000镑，有时甚至超过
5000镑，连远离金矿的工人每年都能拿到1200镑。[12]

　　高薪水、大量黄金和绝佳的机会点燃了人们的热情，在美
国、英国、爱尔兰、其他欧洲国家和中国，成千上万人准备背
井离乡。福特·马多克斯·布朗（Ford Madox Brown）有一幅
备受英国人民喜爱的画作，其名字为《最后的英格兰》（*The
Last of England*）。这幅画的创作受到画家的朋友雕塑家托马
斯·伍尔纳（Thomas Woolner）的启发，他在淘金热的高潮前
往澳大利亚，一心要寻找财富。画中描绘了一对在1851年离
开英格兰的夫妇，他们神情严肃而决绝，双手紧扣，坚毅地背
向多佛白崖，向着未来行进。

　　随着无数急切的淘金客乘船来到澳大利亚，维多利亚进
入了痛苦的调整适应期。经济和政治危机开始浮现。主人与
仆人、雇主和雇员的关系崩坏了，这是因为劳动力价格飞涨，
且每个人都想立马发家致富。副总督查尔斯·拉特罗贝
（Charles La Trobe）强迫淘金客每个月花1英镑购买许可证，
但遭到了激烈的反抗，而且小小的殖民地根本没有足够的警力

或军队来执法。1851年到1852年夏，维多利亚正在走向失控。"这里曾经是一个舒适安静的地方，"一个维多利亚的妇人说道，"现在全完了。"[13]

"不久之前，码头看起来还是那么安静且富有田园气息，"克尔写道，"现在却是一片喧闹混乱。"英国作家威廉·豪伊特乘着载满急切寻宝者的船到达当地，成为一位新来的移民。为了把行李运到1.3万英里以外的世界彼端，乘客们得付每吨3英镑的运费。在抵达墨尔本后，他们又要以差不多的价钱把行李从船上搬到7英里之外的市区。有人为这趟旅行花光了一生的积蓄，有人在船上的赌博中失去了所有。他们都没有为登陆之后的花销做好准备。[14]

在很多年里，墨尔本周围的海滩上都堆积着移民船上的人弃置的褥垫，因为他们根本付不起行李上岸的运费。那些付了钱把行李搬到码头的人发现，墨尔本已经挤满了移民，能够在旅店拥挤的房间里租到一个位置已属幸运，大部分人在最初的几个晚上只能露宿在自己的行李上。当发现把行李运到矿区有多么昂贵的时候，他们只能把它扔在码头或者以极低的价钱卖掉。然后，他们不得不睡在帐篷城，即墨尔本市郊的巨大的帐篷区，然后思考接下来该怎样做才能脱身前往"黄金国"寻找财富。

移民很快发现澳大利亚并非想象中的伊甸园。豪伊特描绘了潟湖、桉树和灌木丛构成的荒凉地貌。埃伦·克拉西在刚抵达的时候写道："首先让我感到郁闷的是：'这就是澳大利亚的美景吗？'到处都是淤泥和沼泽、沼泽和淤泥，只有少量树木，它们看起来就像我们一样饥饿和悲惨。"墨尔本也令人感到失望。豪伊特发现它不仅格局混乱，而且没有完工。尚未铺设好的棋盘式街道泥泞不堪，挤满了四处游走的山羊、鸡和狗，两侧的单层木屋都只是半成品。郊区还算值得一看，"小人国尺寸的木制棚屋在荒野中"绵延不绝。最让人恼火的是，在这些数不清的棚户区里，土地价格十分高昂，比伦敦或纽约的贵6倍。[15]

欢迎来到这座新兴城市。墨尔本就是一片巨大的、每天都在扩张的露宿营地。最新到来的移民发现它不仅令人困惑，而且非常危险。威廉·豪伊特描述位于墨尔本中心、经常有成功的淘金者骑着新买的马前后奔驰的伯克街（Bourke Street）说："整条街上都是淘金的男女。男人留着乱糟糟的长头发和长胡子，衣着打扮如同苦工一般，无精打采却时刻保持警惕。有些人手上拿着沉重的马鞭，心照不宣地盯着马背上的其他淘金客的收获。另一些人在酒馆门口附近咒骂，其他人则不停地喝酒抽烟。"豪伊特给这些神气十足、留着胡须的淘金者取了个"大胡子贵族"的绰号，因为他们似乎统治着墨尔本。[16]

许多移民都是受人尊敬的中产阶级甚至贵族。他们在离开英国的时候抱有很高的期待，希望尽快赚一笔钱，然后回到适合他们生活的社会环境。如今，他们却面临尴尬的处境。他们只能适应新的环境。查尔斯·斯特雷顿（Charles Stretton）出身上流社会，到达墨尔本的时候口袋空空，戴着一顶大礼帽，仿佛在摄政街（Regent Street）兜风。他说："我可以十分肯定地说，我在第一天听到的咒骂……比我一辈子听到的都多。"人们都针对他，他和同伴赶紧把燕尾服卖掉，然后买了淘金者群体能够接受的全套服装：一顶破旧的低顶宽边软毡帽、一条耐用的斜纹棉布或灯芯绒裤子、一件蓝色或者红色的厚衬衫和一双结实的靴子。除了服饰，还要加一支左轮手枪

（可能就是一把柯尔特）和一把鲍伊刀，它们非常显眼地插在腰带和行囊上。行囊里面放着被子、厨具和食物，它们被毛毯卷住挂在肩膀上。一把浓密粗硬的胡子也是必需的。旅行作家记述了给粗野的淘金者记录台球分数和擦鞋子的牛津大学、剑桥大学毕业生，在路上艰难跋涉的讼务律师，从事木工的贵族，以及在荒野中当起羊倌以消遣人生的年轻绅士。[17]

诸如此类的故事传回英国之后，令人大为错愕。英国人很快就相信了人间童话的破灭，相信了上层阶级沦落到为淘金"新贵族"打工一事。斯特雷顿在金矿区一事无成，在维多利亚度过了极不安定的六年。为了糊口，他当过小贩、理发师、商店经理、渔民、制砖工、羊倌、演员和监狱看守。维多利亚到处都是期盼着事情会好起来的米考伯先生（Mr. Micawber）。狄更斯笔下的这个人物成为整个垮掉和迷茫的上层阶级的代名词。

尽管如此，享受殖民地生活的仍然大有人在。豪伊特曾遇到一个绅士，他买了一辆马车，靠运送移民和货物每年能赚1000英镑。当被问到家里的朋友会怎样看待他屈尊的新境况时，他回答说："你知道的，在这里每个人都能做他喜欢做的事情。"斯特雷顿第一次尝试淘金的时候，认识了一个高大粗犷的男人，他说话喝酒跟"土匪"似的，且他身边的两个同伴"是我见过长相最狰狞的流氓"。结果这个令人害怕的男人居然是一个贵族世家的继承人，他很容易地就跟淘金者打成一片，赤手空拳就开始干活。他也很轻易地就回归了上流社会的生活：多年以后斯特雷顿在英格兰偶遇了他，发现他从头到尾都是一个斯文绅士。[18]

"对那些跟我一样性别的想要移民澳大利亚的人来说，"

埃伦·克拉西写道，"如果你们到来的时候能受到良好的保护，拥有健康的身体，不过分讲究或摆贵妇架子，而且能挤牛奶、搅制黄油、烘面包以及做布丁，那么我肯定会说快来吧。"那些为冒险生活做好准备而没有想着不劳而获的人，到了澳大利亚之后即使没有发家，也能够更好地适应环境并生存下来。其中就有一位名叫哈丽雅特（Harriet）的年轻小姐，"从小就在都柏林过着奢华的生活"，和她的兄弟一起带着300英镑的遗产移民澳大利亚。她痛快地抛弃了此前由华尔兹、艺术创作和华丽服饰构成的生活，剪去长发，穿上粗犷的男士服装。哈丽雅特通过售卖布丁和修补衣服赚了大钱，这在男人占绝对主导地位的淘金营地是令人钦佩的成就。"当然，生活很疯狂，"她给家里写信说，"但也充满刺激和希望。虽然这样的生活很奇特，但我想大胆地跟你说，我并不希望它结束。"[19]

克拉西称为"吉卜赛式生活"的浪漫传奇和因陋就简地生活于野外的兴奋吸引了那些坚强到足以克服失望和贫苦的人。威廉·豪伊特离开维多利亚的时候已经60多岁。他描述了独自欣赏澳大利亚葱郁美景时的情形："在我旁边是一堆被油布遮盖的食物，我的牛排正在锅里煎着，或许一片腌肉正在肉扦上吱吱作响，茶在夸脱罐里沸腾……看起来总是那么可怕。为了防备丛林土匪①，折凳上总是放着一支左轮手枪，我的腰带上则一直插着鲍伊刀。"[20]

＊

拥入墨尔本的移民都必须具备这种韧性才能活下去。虽然

---

① 丛林土匪即逃脱的罪犯，他们生活在澳大利亚的灌木丛里，以抢劫淘金者为生。——作者注

新的生活是粗野、严酷和无法无天的，但在这里人人平等并为此而自豪。最重要的是，这些机会无穷无尽的地方青睐那些身体和精神都坚韧得足以征服它们的人。

赚取足够多的钱然后逃离帐篷城是第一道难关。任何时候都有2万多人受雇于殖民地去修路，他们当中的每一个都希望存下足够多的钱以便前往矿区。墨尔本外面的路简直不能称为路。男人、女人和小孩带上能带的所有东西，在泥沼和车辙中艰难行进。给得起钱的就把他们的挖掘设备和帐篷都装上板车和马车，这些车由8头或10头阉牛拉着，人们则跟在车后，背着行囊挎着枪。豪伊特注意到一个穿着讲究、戴着遮阳帽的女人，她一肩扛着步枪，另一肩挎着篮子，她的男伴则抱着他们的孩子。[21]

去往矿区的路上挤满了板车。人们不得不把车拖出泥沼，然后把它们推上陡峭的山坡或者帮它们过河。在几个月的路程中，每一步都意味着持续的艰苦劳动。路的两旁布满报废的车辆，马和阉牛的骸骨扔得到处都是。晚上露营的时候，人们还得担心丛林土匪，他们经常侵扰道路，持枪劫掠一群群的移民。

没有人会忘记第一次看见金矿时的情形。"每一棵树都被砍倒，每一个自然特征都被毁灭。"豪伊特如此描述墨尔本东北方250英里处的比奇沃思（Beechworth）附近的欧文斯（Ovens）金矿。树桩孤零零地立在荒野之中，上面满是孔眼和沙砾。"看起来就像是一片沙原，"埃伦·克拉西写道，"或者是绵延不绝的砾石坑，泥土被翻得到处都是。"[22]

豪伊特发现河流已经改道了，人们一直在挖掘之前的河床。淘金者在这里挖了很多坑，有的深达30英尺，而且它们

41

密密麻麻地挤在一起。每一个淘金团队都专门雇人舀空或者抽出坑里的恶臭脏水，其他人则徒手或者用桶和滑轮搬走泥土和砾石。"在这些坑、泥石堆和恶臭中，淘金者像蚁丘里的蚂蚁一样挤在一起，不停地工作。"泥块被打碎成沙砾，然后被放进搅拌桶、洗矿槽和锡碟里洗刷。河道远处是"干砂矿床"。在那里，每一寸地面都被深挖 10~40 英尺。淘金者没有被水淹没的危险，但得在高温之下挖掘坚硬的地面。

人们把破布和树皮做成的帐篷安置在还没有翻过的土地上，帐篷群绵延数英里。没有带帐篷的人就裹着毛毯睡觉。帐篷和工场之间是一堆堆垃圾、扔掉的瓶子、苍蝇卵、腐烂的羊头牛脚。风湿病、痢疾和坏血病在营地里极为常见。

"淘金者似乎有两个特殊癖好——开枪和砍树。"豪伊特写道。营地是吵闹而危险的地方。在白天，矿区里回荡着镐和铲的响声，以及分离沙砾和金砂的洗矿槽的嘈杂声。在夜晚，淘金者怒气冲冲地抡起斧头砍向剩下的树木。"但在矿区，夜晚是一个特殊的时间，"克拉西写道，"想象一下，几百支左轮手枪几乎同时开火——声音在广阔的森林里回荡，四面八方都传来回声。人们连续不断地开火，直到最后的回声消失在远方。然后就有上百堆火突然出现在眼前，它们周围聚集着粗野的淘金者们，红光照亮了他们被头发遮盖的晒伤的脸庞。粗野的歌曲和更加粗野的笑声响起，直到火光慢慢黯淡并消失，令人感到压抑的宁静随之而来……只有半夜饮酒作乐的人徒劳地想要找回帐篷时，宁静才会被打破。"[23]

虽然有大量的黄金被挖掘，但只有少数人能够赚大钱。因为物价离谱，大部分人挖到的黄金仅够抵消成本。为什么一个正常人愿意忍受淘金过程中的贫困、劳苦和收益的不确定性？来自英国的移民商人亨利·布朗（Henry Brown）回答说："成为自己的主人的感觉，以及想工作的时候才工作，想不干的时候就不干的感觉具有强大的吸引力。"从小生长在旧世界过度拥挤的贫民窟或者贫困的农村地区的人，以及在高度分化、迷恋等级的社会感到压抑的人，都在新世界里得到了解脱。不管怎样，淘金热潮中的澳大利亚或加利福尼亚是一个独立、平等的地方。"现在的殖民地里没有绅士，"一位旅行指南编写者说，"所有的社会壁垒都被消除了。只有富人和穷人，但后者可能在一个星期之内就会变得富有，所以人们相互间保持着友好的关系。"[24]

因此，营地的吵闹其实是个人自由的欢庆。"他们享受到……一种新的自由，一种他们之前从未梦想过的自由，"1853 年曾在维多利亚当工人的豪伊特回忆说，"这与以前的状况完全不同。在故乡，他们是衣着奢华、穿上制服的仆人，在主人每次说话的时候都站着碰一下帽子。现在则情况相反，他们脱离了此前习惯的程度不同的各种控制，变成了最粗野、最无礼和最放纵的人。"[25]

尽管绝大多数淘金者从来没有发财，但大部分人还是能够依靠淘到的金砂购买肉、烈酒、马匹、狗和左轮手枪，这些是他们在旧世界买不起的东西。在英国农村，安保严格的私人领地和以严峻闻名的《狩猎法》使大部分人与娱乐和消遣无缘。无怪乎淘金者只喜爱攻击野生动物和朝着夜空开枪了。

任何打扰他们乐趣的官方行为都会遭到深深的怨恨。在淘金者和政府官员之间发生过很多矛盾冲突。酒精在矿区是被禁止的，但"私酒贩卖者"的非法生意十分兴旺。他们把烈酒藏在马轭或马鞍里偷偷运进营地。印度朗姆酒的非法贸易给

43　了当局去彻底搜查帐篷和店铺的借口。不过，最主要的抱怨针对的是淘金者必须从政府手中购买许可证的做法。这不只是钱的问题，尽管钱也是一个重要的因素；关键在于许可证制度这一政策的本质。淘金者经常受到金矿专员的盘查，金矿专员要求他们出示许可证。他们如果在坑里劳作的时候把许可证落在了帐篷里，或者因为别的原因没有出示许可证，就会被罚款或监禁。

图 4　维多利亚的淘金者
（约 1855 年）

图片来源：State Library of Victoria.

威廉·豪伊特说，金矿的管理当局仿佛在实行军事管制。治安官同时扮演着法官和陪审团的角色，还拥有武装警察的支持。官员们把淘金者视为社会渣滓，对其采取非常强硬的态度。在淘金热的最初疯狂之后，他们尽可能严苛地强制推行命令。豪伊特评论称，淘金者有真实而深刻的不满，但此处没有任何公正或调整措施可言，"对诸如此类的事情，没有英国人能够忍受或者长时间忍耐下去"。

然而，无论当局多么强势，都不可能完全控制不受任何法律制约的维多利亚。营地里盗窃成风。淘金者在睡觉的时候都把金子放在枕头底下。小偷常常在帐篷上切开一个口子，从睡着的人的脑袋下面取走金子。亨利·布朗说，在淘金热中保全钱财是"自己与小偷之间的一场技巧游戏"。随身携带上膛的左轮手枪，甚至学会在睡觉的时候手上也拿一支，这种做法"制造了一种残忍和漠视人命的氛围。这是生活安定的人们所难以理解的，我现在回想起来也感到羞耻和惧怕"。[26]

维多利亚不适合胆怯的人。查尔斯·弗格森（Charles Ferguson）是美国俄亥俄州人，曾经历过血腥、暴力的加州淘金热。他评论通往维多利亚金矿的路上的一家酒馆说："我们没有在里面逗留。我们去过很多险恶之地，但这里有点太野蛮了。"英国人和维多利亚人都认为他们的殖民地跟加州比起来要更加守法和文明，他们也因此感到自豪。但现实恰好相反。弗格森说，本迪戈"是1852～1853年的世界中最糟糕的地方。任何人在天黑之后走到帐篷之外都是不安全的，因为他可能会被射杀，或者落入埋伏然后被抢劫……他们会盗窃金砂和掠夺他人已申请的矿产，杀人之后也不会感到良心不安"。[27]

难怪回墨尔本的路上到处是逃离矿区的前办事员和小店店主。这些移民受到金块多得能绊倒人的故事的诱惑，横跨大半个地球来到这里，却发现现实完全不同。这是苦力活，而且报酬也是苦力的报酬。正如豪伊特评论的，如果一个年轻人告诉你他想冒险去矿区发财，你应该先让他到煤矿和采石场工作，然后在他能够找到的最潮湿的地方挖井，再在沼泽中清理出一个占地 16 平方英尺、深 20 英尺的空间。"如果在经历了这些之后，他还幻想着要去金矿，那就让他去吧。"[28]

*

威廉·豪伊特和他的同伴迅速决定逃离粗野混乱且前景渺茫的欧文斯金矿，朝着金矿上游从未有人探索的山涧迅速前进。这是他们第一次前往人迹罕至的地方。"我们一直往前走，上山岗，下山谷，蹚过溪流，走啊走，艰难地穿过数不尽的灌木丛。看起来之前没有人穿越过这个国家。"但事实上，早在千年之前，人类就穿过了这个国家。在豪伊特和同伴进入澳大利亚的这片偏僻地区的时候，原住民刚好赶在牧场主和淘金者的袭击之前离开了这里。第一批英国囚犯抵达博特尼湾（Botany Bay）的时候，这片后来成为维多利亚的地区有原住民 6 万人。就像一本万国博览会的流行指南所说："在我们占领（澳大利亚）的四十年里，我们肆无忌惮地恃强凌弱，最终以前所未有的残忍镇压彻底摧毁了他们。"[29]

原住民遭到天花的荼毒，受到入侵者的威胁或杀害，并因 600 万只绵羊侵占该地区的草原长达十六年之久而被迫离开家园的时候，也是淘金热兴起的时候，那时他们只剩下了 2000 人。黄金的开采破坏了他们剩余的祖先土地，污染了河流。19 世纪 50 年代的移民浪潮和伴随而来的道路、酒馆、营地、新兴城镇和竞争，迫使剩余的原住民往更荒凉的地区转移，而那些留下来的少数人也已经士气全无了。一个淘金者这样说道："烈酒有效地使他们从世界上消失了。"[30]

因此，豪伊特和其同伴在 1853 年初进入的是一块空旷和明显未经开发的地方。经过多次探查之后，他们在亚肯丹达

（Yackandandah）的溪流附近找到了一个很有发展前景的地方，在当时，它看起来像是世界上最孤独、最美丽的地方之一。他们在搭起帐篷后的第二天早上于溪水浸过之地发现了大量的金子。这些金子是如此接近地表，以至于在他们拔起灌木的时候竟发现其根部就有金砂。

"我们享受宁静和翠绿，"豪伊特回忆道，"还有最鲜美的冷水，它既甘甜又清澈。"这就是吸引无数人来到澳大利亚的世外桃源。"然而，"他继续说道，"这片宁静和翠绿没能维持下去。"

豪伊特的同伴首先毁掉了这里的所有光彩。溪流不再清澈，树木被砍倒，沙砾和烂泥堆得到处都是。然后，水流变得浑浊，空气中弥漫着烟尘。暗中搜寻开采权的淘金者学会了如何寻找金矿的迹象。他们成群结队地来到营地。白千层和金合欢遭到彻底的清除，山谷里散布着各式帐篷。豪伊特一伙在未开发过的草地、灌木丛和森林中清理出来的小路，如今变成了牛拉板车往来不绝的繁忙道路。豪伊特和同伴是第一批到达这条偏僻小溪的欧洲人，但在短短几天之内，这里就开始出现商店、简陋肉铺、医生和政府的营地。"这些巨大的变化，"豪伊特思忖，"就像剧院的换幕一样迅速。"[31]

如果你想见证未来的诞生，19世纪50年代的澳大利亚或者加利福尼亚就是你该去的地方。生态的破坏、原住民的驱逐、一夜之间出现的城市以及不同阶层和民族的混合，这些因素使它们成为即将席卷世界其他地区的规模毫不逊色的变革的先驱。

与加利福尼亚一样，在淘金热退去之后，维多利亚主要的吸引力和谈论焦点变成了它的发展速度。一次淘金的浪潮看起来至关重要。1852年到1853年，随着淘金者数量的增加，暴富的机会减少了，人们开始变得绝望，单是谣言就能使他们一窝蜂地拥向新的金矿。小商店主、马贩子、拍卖商、黄金买家、理发师、医生、妓女和其他提供商品和服务的人都跟他们一起赛跑。荒野上的树木清除干净之后，一个拥有1.5万或2万人口的城镇以惊人的速度出现在世上。以维多利亚西南部的亚拉腊（Ararat）为例，就在淘金热兴起的十天内，一座城镇"像施展了魔法一样"拔地而起：在灌木丛中的长达1英里的街道上，商店、酒馆、拍卖商、剧场、音乐厅、拳击台、妓院和银行一字排开。[32]

淘金热见证了许多城镇突然兴起，它们成为"美丽的巴别塔，四处都是令人欢欣的混乱和奢侈"，它们充满生机、娱乐和危险，然后逐渐衰败，变成鬼城。但在持续开采到大量黄金的地区，营地小镇会经历令人惊讶的转变。本迪戈的名字来自该地最早的棚屋居民——一个昵称为"本迪戈"的爱好拳击的水手。他改行放羊之后，根据著名拳击手威廉·亚伯尼歌·汤普森（William Abednego Thompson）的名字为自己取了这个昵称。更南边的巴拉瑞特本来是一个大牧羊场。这两个地方所在的地区都一度葱翠繁茂，如今却是"一片泥土灰白的广阔荒地"。[33]

两个城镇的规模膨胀起来，它们在发展到顶峰的时候人口数量都有6万。这意味着荒野地区中发生了前所未有的人口爆炸。而几年之前的墨尔本还只有2.3万人口，旧金山的人口也比鼎盛时期的本迪戈和巴拉瑞特要少。早期的人口数量变化不定，淘金者和他们的家庭在冒险的征途中来了又去。本迪戈和巴拉瑞特就是棚户区，里面有数不清的帐篷、棚屋和牛皮盖的小木屋。每一次发现金矿的谣言传来，男人们都会蜂拥而去，留下女人和小孩在后方。与男人们相比，女人们的穿着更漂亮：1853 年的本迪戈流行带有宽丝带的白色低顶宽边软毡帽、骑马夹克和其他漂亮的衣服。她们每天早上走出帐篷和木屋去洗衣、做饭和挥舞斧头，那时她们都穿上了这些衣物。[34]

在短短几年之内，巴拉瑞特和本迪戈已经转变成为大城市。前者建立于网状系统之上，市中心的主道极为宽阔，主道两侧分布着宏伟的石筑建筑，它们是银行、高级旅馆、商店、邮局、教堂等公共建筑。巴拉瑞特的街道和其他通往市区的道路上都铺有石英，居民"小心围住和悉心照顾"的树木在道路两边排列成行。位于文雅而繁忙的市郊的，则是配有装饰性阳台和漂亮花园的整洁村舍。

直到 19 世纪 50 年代末，这些金矿城市仍然依赖于黄金的开采，但与狂热的早期相比，依赖程度已经有所减轻。因淘金而遭到破坏的土地被重新开垦为农场和葡萄园。1854 年，这些淘金热催生的城市与墨尔本和悉尼建立了电报联系，在 1862 年前往墨尔本的铁路又开通了。从棚户区到繁华内陆城市的飞跃确实就是这个时代的特色。

*

然后是墨尔本。

《悉尼帝国报》（*The Sydney Empire*）的一名记者曾经写道，他在 1852 年的时候逃离了这座"令人感到严重不适的"城市。两年之后，他重返故地，被宽阔的街道、漂亮的店铺、大量豪华旅馆、"络绎不绝的人流"和壮丽的建筑震惊。"此时此刻的墨尔本展现了前所未见的、最了不起的人类力量与进取心。"[35]

　　无论人们在 19 世纪 50 年代的哪个时间点来到"了不起的墨尔本"，他们在几个月后离开该地的时候，都会为其发生的剧烈改变而感到惊奇。这座城市的人口在一年之内就从 2.3 万增长到了 8 万。无数人在淘金热中发达了，但其中淘金者很少。牧场主做了一笔好生意，他们拿羊肉跟饥饿的淘金者交换黄金。不仅如此，在 1851 年之后的十年里，出口羊毛的价值增加了一倍。矿区的商人和店主通过销售进口商品大发横财。路上的酒馆老板在无数饥渴的淘金者身上赚取了可观的钱财，有些人在短期内就攒到了 2 万英镑，于是便退休了。在繁荣时期，企业家找到许多方法来充分利用淘金热：有人收集了成千上万死在本迪戈路上的牛马骸骨，然后建立了一个骨磨坊，从此发家致富。从事运输生意的人通过载人载货到矿区也收益很多。律师、银行家和地产投机商也一如既往地赚了钱。

　　"墨尔本人……已经证明了他们是……最精明的人，是世界上最疯狂的投机者，"威廉·豪伊特写道，"只摸到繁荣的一点皮毛，他们就能飞上天。如果他们在飞行中遇到月亮上的人，这个人永远都不可能说服他们再次向下，除非他们自己跌了下去。"这种富裕和自信的氛围使得墨尔本成为 19 世纪 50 年代的"劳工天堂"。1851 年尚显不足的码头和港口设施已经得到极大的改善，而在 1854 年铁路开通之后，进口商品和移民再也不用经历从港口到城市的曲折旅程了。桑德里奇（Sandridge）和翡翠山（Emerald Hill）的郊区曾经遍布帐篷，到 1857 年它们已经拥有大量砖石结构的房子、绝佳的酒馆和商店。

　　墨尔本变得越来越富丽堂皇，石头取代木材被用来建起了拥有玻璃橱窗的商店、高级银行、大厦、剧院、公园、酒馆和旅馆，它们足以与维也纳的景象媲美。伦敦和孟买的商人、金

图5 墨尔本柯林斯大街
（1857 年）

图片来源：State Library of Victoria.

融家安东尼奥·加布里埃利（Antonio Gabrielli）在伦敦金融城筹集了 100 万英镑的借款，把其都用于墨尔本的公共工程，比如铺设街道和发展排水系统。1856 年，这座首府城市第一次亮起了煤气灯。植物园、机械研究院、哲学学会和新的学校也齐备了。淘金热为墨尔本留下了维多利亚时代最好的那部分公共建筑，其中就有州立图书馆、墨尔本大学和国会大厦。当局在铁路和道路建设上投入了 1000 万英镑后，这种内部完善之举也促进了经济的繁荣。

一个美国人说，连那些见识过旧金山的人都会为墨尔本的发展感到吃惊。到 19 世纪 50 年代中期，1851～1852 年的粗陋已经消失不见。维多利亚购买了英国出口的 1/3 的书籍，跟美国一样多，而且它自己的周期性出版物也有一定发行规模。街道依然和淘金热热度最高的时候一样喧闹，但骚乱以及淘金者临时举行的赛马和奢华婚礼已经一去不返。大胡子贵族不复存在。眼前所见就跟高峰时段的伦敦一样：穿着体面的职员坐上公共汽车或者步行返回他们漂亮的城郊住宅。[36] 在 50 年代行将结束的时候，维多利亚的一份报纸缅怀说："啊，淘金者还是淘金者，而那些快活、吵闹、鲁莽的家伙去哪儿了？"这块殖民地已经完成了快速的中产阶级化，就像 21 世纪西方城市中的那些后工业化地区一样。[37]

19 世纪 50 年代初的墨尔本看起来陷入了黄金引发的灾难，因为太容易得来的财富会令人头脑发昏，把生产性的劳动力都投入投机性的黄金开采。然而，50 年代中期的墨尔本有点儿接近想象中的帝国理想。根据英国方面的说法，开拓殖民地的目标是，在遥远的海洋、大陆和通过"自由盟约"联合起来的独立州里形成英国式的制度和价值观，将这些地方复制为"英格兰乐土"。"英格兰的伟大，"有政治家宣称，"并不存在于她的地理疆域，而存在于可激活居住其内的人们的精神。"在边疆地区，男子气概和坚毅的个人主义蓬勃发展，延续了人们所谓的祖国的古老特征。边疆是形形色色的人们融合成为同一民族的地方，也是西方文明得到新生的地方。[38]

正如一个墨尔本的牧师指出的，生活的目标是培养一种"高尚的品格"，"活力、自我牺牲和进取心"最终会使人成为"自己命运的创造者"。理想主义者认为，在殖民地取得成功需要顽强、节俭和持续的积累。澳大利亚移民的推广员之一乔治·厄普（George Earp）认为澳大利亚和新西兰是培养人和形成品格的最适合的地方。与特权根深蒂固且分布不均的英国不同，它们是公平的竞技场。一个勤奋、节约、建立了声望的穷人能够"通过品质来获取资本"，在旧世界这是不可能的事情，这一点也意味着独立和自由。[39]

大胡子贵族渴望独立和自由，但那只是一种不完善的自由意志论。它在某种程度上是不被雇用的自由，也是顺从的义务，但他们也做好了反抗矿工许可证和专横的矿区警察的准备。在 1854 年的春天和初夏，1.2 万名心怀不满的矿工组成了巴拉瑞特改革联盟（Ballarat Reform League），提出"无代表，不纳税"，称如果自己的要求无法得到满足，就会脱离英国。矿工们召开大规模的露天会议，向他们的南十字星旗——新兴澳大利亚民族主义的象征——宣誓效忠。抗议演变成为叛乱：矿工焚毁了他们的许可证，并在巴拉瑞特东部的尤里卡金矿建立了防御栅栏。

殖民地当局必然会介入以重建秩序。同年 12 月 3 日凌晨 3 点，骑警联合萨福克（Suffolk）和萨默塞特（Somerset）步兵团的士兵对栅栏发起猛攻。十分钟之内一切都结束了，至少 27 人死亡，受伤的人数更多。金矿的秩序得到了恢复，管理体系却因此丧失了信誉。

叛乱反映了对殖民地生活的不同设想间的冲突。个人主义和男子气概只在与主流设想保持一致的时候，才会在特定环境里受到推崇。反对权威、主张平等主义的粗鲁矿工，并不是英国预想的将在荒凉地区创造"新英格兰"的那类殖民者，英国也不会允许他们扰乱帝国的梦想。不过，就算没有尤里卡叛乱，私人采矿的黄金时代及当时的生活方式都在走向消亡。到 19 世纪 50 年代中期，大部分地表的金砂都已被开采殆尽。和加利福尼亚一样，采矿现在需要能凿深井的马力搅炼机和石英

51

粉碎机，也就是说，需要长期投资和企业组织。

人们仍然可以采矿，但现在他们这么做只是为了工资，而且会有老板监督他。原来的淘金者不喜欢这样。一个淘金者说"他自己来自英格兰，那里的工人跟奴隶似的，而使他们变成那样的就是资本"。现在的维多利亚金矿变得越来越像欧洲的资本主义。另一个拓荒者表示："除非我……沦落到饿死的地步，否则我不会为资本家工作。"无论在优点还是缺点上，维多利亚都跟它的母国越来越相似，它不再是白纸一张的伊甸园。尽管如此，决定社会形态的仍然是受淘金热驱动的拓荒者。今天，对早期矿工粗犷、有男子气概和光荣独立的作风的怀念，在以金矿发家的地区仍然具有强大的影响力。[40]

第三章　财富之源

纽芬兰

祝世界的新公民幸福！没有比出世在当代更为美好的了……而澳大利亚、加利福尼亚和太平洋呢！世界的新公民们将不能理解，我们的世界曾经是多么小。

——卡尔·马克思，私人信件，1852年3月25日[1]

当"马可·波罗"号（*Marco Polo*）帆船于1852年抵达墨尔本的菲利普港海角时，没有人相信船长詹姆斯·尼科尔·福布斯（James Nicol Forbes）的话，他说自己七十四天之前才从英国出发。仅在两年之前，快船仍需一百二十天的航行时间。但作为证据的英国报纸只能回溯到十一个星期之前，证实了这位瘦小的苏格兰船长的狂言。

载着930名移民的"马可·波罗"号前往维多利亚的时候正值淘金热的高潮。他们到达墨尔本之后都因为旅途颠簸而头晕目眩。像"恶汉"福布斯这样的年轻帆船船长是19世纪50年代的超级巨星，他们做好了牺牲一切来打破世界纪录的准备。淘金热促进了远洋航行帆船的技术发展，这种发展在19世纪50年代达到了顶峰：人们进入了美国飞剪船环航全球的短暂黄金时代。那是一种光滑、狭小的船，是为了用当时最快的速度（有时候达到400英里一天）运输价值高、体积小的货物而设计的。建造这种飞剪船是为了追求速度，而非舒适度。在 19 世纪 40 年代，飞剪船在全世界的既有航线上飞速航行——把鸦片运往中国，然后把中国的茶运往需求旺盛的欧洲和美国市场。打败竞争对手，把新一季的第一批茶叶运到纽约和伦敦市场的飞剪船能够赚取惊人的利润，全体船员都可以拿到一笔可观的奖金。黄金的发现则给了他们新的目的地和新的货物。

福布斯和其他船长一样，把飞剪船的航行优点和最新的航海知识结合在了一起。光看世界地图，你的眼睛会告诉你从开普敦到墨尔本的最快航线是一条直线。但平面的世界地图具有欺骗性。先循着圆弧绕行至巴西的东北端，然后到南极，即走一条大环线，这样，航行到澳大利亚的路程就会减少 1000 英里。美国海军的马修·莫里（Matthew Maury）将此航海知识发扬光大。他和他在华盛顿海军气象天文台的团队分析了上千艘船的航海日志，积累了大量世界洋流和海风的数据。一个航海家如果能够消化吸收莫里的《航海图与航行指南》（*Charts and Sailing Directions*），就能用他的成就节省航行时间。

新的航海知识对前往菲利普港海角的飞剪船船长尤其重要。当"恶汉"福布斯驾驶"马可·波罗"号沿着大环线前进时，一旦低于南纬 50 度，他就会遇上地球上风速最快的风带：咆哮四十度（Roaring Forties）和狂暴五十度（Furious Fifties）。乘客此时会意识到，这是一趟地狱之旅：暴风呼啸着掠过帆索，海浪在越过桅杆后轰隆着砸向甲板，帆船颠簸起伏并在压力下扭曲变形。

许多传闻称，福布斯用挂锁把船帆锁了起来以防被暴风雨吓坏的船员收帆；它们还说他满脸怒容地站在后甲板，双手持枪，逼迫人们服从他的疯狂命令。这些很有可能都是假的：相同的传闻也发生在其他受到追捧的英国和美国飞剪船船长身上，他们就像磁石一样引来传说。

但可以肯定的是，狂热的福布斯为了打破世界纪录，不惜将乘客和船员置于险境，他专横跋扈的个性让异议者噤声，同时，他对乘客穿越未知领域时的恐惧视而不见。只有完全无视安全才有可能达到破纪录的速度。飞剪船越往南去以追求更大的风力，就越有可能撞上福布斯拼命追赶的风暴掩盖下的冰山。"要么下地狱，要么到墨尔本"是福布斯吓人却恰当的战斗口号。[2]

55

*

"金矿消除了海洋的距离。"有作家如此说道。超过 100 万人动身前往金矿区，而纽约和伦敦的居民都习惯了旧金山和墨尔本船只的定期到达，它们每次都带来价值 100 万英镑的黄金。截至 1856 年，共有价值 6000 万英镑（3 亿美元）的加州财富和数量相似的墨尔本财富被投入世界市场。"大量黄金被发现，"一个经济学家写道，"……是现代最重要的事件。"[3]

发现黄金的重要性并不能用它带给世界的财富衡量，它造成的影响远远超过其本身的价值。如一位当代经济学家所言，"这些发现的间接效应怎么高估"都不为过。它们为世界各地爆发的一系列事件奠定了基础。另一位作家指出，黄金之所以作用巨大，是因为它"开启了新的产业、新的发现和偏僻地区的建设，那里的人们充满活力和智慧，正处在一个伟大社会的起步阶段"。[4]

"由于加利福尼亚的发展，"马克思和恩格斯在《新莱茵报》（*Neue Rheinische Zeitung Revue*）中写道，"必须建立全新的世界交通线，将来这些交通线的作用很快就会超过所有其他交通线。"把维多利亚纳入其中后，整个国际贸易的模式都会得到改观。以加利福尼亚淘金热为开端，加上澳大利亚淘金热的推动，世界的相互依存达到了前所未有的程度。[5]

这类船之所以得名飞剪船，是因为它们能够"剪去"旅行时间。"马可·波罗"号隶属于利物浦的詹姆斯·贝恩斯（James Baines）建立的黑球（Black Ball）航运公司。"恶汉"福布斯到达墨尔本之后绕道合恩角（Cape Horn），只花了七十六天就驾船回到家乡，还带着价值 10 万英镑的金砂和金块。整个城市都为之震惊。福布斯破纪录的环球航行使航运公司一夜成名，"马可·波罗"号也因此得到"世界上最快的船"的传奇称号。

这是一场年轻人的游戏：贝恩斯和福布斯在黄金发现的时候都只有 30 岁。无论身处海上还是利物浦的办公桌后面，要获得高速度就必须冒险。詹姆斯·贝恩斯弄到的船过于巨大，大部分老手都认为它们的尝试会失败。"马可·波罗"号建造于新布朗斯维克（New Brunswick），起初只是一艘贩运木材的普通船，"前后跟砖头一样方方正正，船头活像一条凶猛的斗牛犬"。贝恩斯对快船显然有敏锐的洞察力，知道"马可·波罗"号欺骗性的外表掩盖了它的速度。贝恩斯对速度的强烈渴望把他带到了唐纳德·麦凯（Donald McKay）在波士顿的庄园。麦凯向黑球航运公司［及其竞争对手白星航运公司（White Star Line）］提供了截至当时的最大和最快的"超级"飞剪船。"海上君王"号（*Sovereign of the Seas*）在 1854 年创造了帆船航行的最快纪录。同一年，黑球航运的"海上冠军"号（*Champion of the Seas*）在二十四小时内航行了465海里，刷新了该纪录并将其保持了一百三十年，而"闪电"号（*Lightning*）和"詹姆斯·贝恩斯"号都在六十五天之内就完成了从默西河（Mersey）到墨尔本的行程。两年之后，随着"皇家宪章"号（*Royal Charter*）的抵达，纪录被再次重写，它是一艘通过螺旋桨来增强帆力的豪华飞剪船。[6]

　　黄金确实拉近了海上的距离。定期抵达墨尔本港口的外表光滑的破纪录飞剪船让当地人感到吃惊，同时到来的还有大量移民，以及食物、机械、葡萄酒、制造品和烟草等物品。最重要的是，至少从心理学的角度来看，这些了不起的船只带来了信件和报纸，上面的新鲜消息永久性地摧毁了澳大利亚人从最初移民的时候就开始体会的那种隔离和囚禁之感，许多移民曾因此畏惧前往地球另一端冒险。

图6　飞剪船"和平之星"号

该船由阿伯丁白星航运公司建于1855年。达夫蒂绘。

图片来源：State Library of Victoria.

车轮不停地碾过粗糙的地面，最终会被磨损、毁坏，或是深陷烂泥和积雪之中。而船只滑过波涛只会产生微不足道的摩擦，因而效率更高，而且便宜。在陆地上能够与航运革命相提并论的只有少数地方的铁路和运河。除此之外，人与货物仍然以同从前相同的方式移动——步行、用骡子和马运载、用大公牛和阉牛拉。这些移动方式既缓慢又昂贵。海上距离已经大大地缩短，但在大海之外，一切照旧。

这使人们的时间观念和距离观念发生了变形。我们需要重新调整我们看待世界地图的方式，需要以一个活在 1850 年的人的目光看待它。

在利物浦与墨尔本之间，隔着 13000 英里的海洋旋涡，快速走完全程只需六十天到八十天。与威廉·豪伊特在淘金热早期从墨尔本到金矿区的 200 英里陆上行程相比，这更加平稳、舒适和迅速，也更为便宜。乌鸦从纽约飞到旧金山只需 2900 英里，但在 1850 年，没有公路穿越密苏里河（Missouri River）以西的大草原、荒漠、峡谷和山脉，更不用说铁路了。货物只能走海运，海运航程长达 16000 英里，中途还要克服合恩角附近海域的险恶。飞剪式帆船通常需要一百一十天才能走完全程，其他船只则需要更长的时间。从香港坐船到纽约或者从纽约到墨尔本，比从纽约到旧金山快。就时间而言，英国的康沃尔郡（Cornwall）比密歇根更接近加利福尼亚：该郡的锡矿工人（淘金热的积极参与者）得知淘金热消息的时间要远远早于美国的一些内陆地区。[7]

这些相对距离的远近在淘金热引起的世界贸易洗牌中至关重要。加利福尼亚和维多利亚根本没有足够的食物资源可提供给蜂拥而至的移民，只能通过海运满足他们。淘金热和人口暴增的消息刚从加利福尼亚和维多利亚传来，全世界的商业报刊上就都出现了"大短缺""高价钱""巨大消耗""额外需求"之类的广告。

矿工和淘金者自然需要镐、铲、锤子、钉子、步枪和左轮手枪，但他们也需要漱口水、乐器、书籍、婴儿服装、靴子和烟草。除了这些基本的必需品，他们对炫丽的珠宝、最新的时装、银质餐具、扑克牌、香水、蕾丝、手杖，以及任何企业家能够想到的东西都有需求。来自世界各地——包括利物浦、伦敦、瑟堡（Cherbourg）、汉堡（Hamburg）、瓦尔帕莱索（Valparaiso）、利马（Lima）、广州、上海、香港、新加坡、悉尼、奥克兰（Auckland）、檀香山（Honolulu）、波士顿、纽约、新奥尔良——的船只云集旧金山，带来高薪移民和贵重商品。英国迅速敲定了一笔价值数百万美元的出口贸易，把制造品和预制波形钢材卖到加利福尼亚。法国的葡萄酒商人以最快的速度装满了他们的货船。旧金山第一栋石头建筑的材料就进口自中国，其中花岗石由香港供应，而砖块和木材则来自新西兰和范迪门斯地（Van Diemen's Land）。糖、土豆、咖啡和水果的出口贸易给夏威夷带去经济繁荣。事实上，太平洋的大部分主要国家都像俄勒冈等地一样大发横财，墨西哥、智利、中国、秘鲁、新西兰和澳大利亚向加利福尼亚供应了大量物资，如食物、马匹和煤炭等。[8]

美国东海岸的商人和投资者因此必须与全球市场争夺加利福尼亚的战利品。为了赢得竞争，他们需要把速度作为武器收入他们的军火库。新闻的传播速度比货物快，经过巴拿马地峡一路往东到达新奥尔良或者纽约只需要几个星期而非几个月的时间。传回的消息说一桶猪肉、牛肉或面粉卖 60 美元，一双

59

鞋卖 45 美元——显然，加利福尼亚真正的财富并不在山里，而是在店铺里。光是木材的利润率就高达 1000%。航运商人甚至在满载之前就已经收回造船成本。不过，最抢眼的利润属于那些能够通过时效性强的市场信息获利，并在生意最兴旺的时候卖出商品的人。困在船舱里的货物会随着时钟的滴答声而逐渐失去价值。

1851 年，唐纳德·麦凯建造的飞剪船"飞云"号（*Flying Cloud*）把纽约到旧金山的最快航行纪录缩短到八十九天，比其他大部分飞剪船都快二十天，比传统船只则快了超过三个月。如此一来，时间距离被克服了。与使用慢船的竞争对手相比，东海岸的商人能够对需求做出反应，设定更为有利的价格。他们还能够给现金充裕的受淘金热驱使的市场，提供容易腐坏但在新的州里没有的珍贵食品，如罐装牡蛎、火腿、鸡蛋和黄油。有鉴于此，出现以下现象也就不足为奇了：原本为中国贸易准备的飞剪船被迅速调去加利福尼亚，波士顿的船厂中夜以继日地回响着清脆的敲锤声和刺耳的锯木声，以满足对飞剪船的旺盛需求。赢得竞争的利润是如此之高，以至于一次航行就能够赚回一艘飞剪船的高昂建造成本，而且绰绰有余。

这些船经常遇到一艘小艇，上面的人朝着它们挥舞他的宽边草帽。他就是科利斯·P. 亨廷顿（Collis P. Huntington），淘金热中涌现的企业家中最精明的一个。他从拦下的船上以最划算的价格购买最优质的商品，从而击败了那些等候在旧金山长码头（Long Wharf）的竞争对手，并以最快的速度把商品运到他在萨克拉门托的店铺。那些在 19 世纪 50 年代发家致富的人比其他任何人都更懂得"时间就是金钱"这句老话的真谛。亨廷顿于 1821 年出生于康涅狄格州，16 岁

就开始当流动小贩，不久后成为他哥哥在奥尼昂塔（Oneonta） 60
的店铺合伙人。淘金热把他带到萨克拉门托，他在那里开设
了一个出售采矿装备、食物和奢侈品的商店。科利斯·亨廷
顿滴酒不沾，杜绝一切恶习与享乐，全身心地投入大起大落
的市场。

　　他发现自己与"叔叔"马克·霍普金斯（Mark Hopkins）
有着共同语言。后者是一个简朴的素食主义工作狂，能够仔细
分析账目并且"从每1美元中榨取出106美分"。两人结成了
搭档。信息对于亨廷顿这样的人来说至关重要：他擅长预估需
求，与位于后方奥尼昂塔的哥哥保持长期的书信往来，以给出
需立即发往西部的货物详细要求。

　　亨廷顿和霍普金斯拥有的那种能力与决心为19世纪50年
代积累的巨额财富奠定了基础。卖鹤嘴锄和铲子给矿工是一回
事，赚到令人惊叹的利润则是另一回事，后者的实现需要韧性
和协调东西部市场的能力。金色的西部是财富生成且以闪电般
的速度生成的地方。今天人们能够立即认出的公司都诞生于
19世纪50年代的经济繁荣：李维斯（Levi Strauss）、富国银
行（Wells Fargo）、斯普雷克尔斯糖果（Spreckels Sugar）、福
爵咖啡（Folgers Coffee）、斯蒂庞克汽车（Studebaker）和吉尔
德利巧克力（Ghirardelli Chocolate）。

　　加利福尼亚的出口引发的财运迅速被维多利亚的黄金发现
导致的投机热取代。如果说有什么不一样的话，那就是澳大利
亚淘金热的狂热程度更加极端。1851年，维多利亚的进口额
只有875828英镑，两年之后就增至1600万英镑。维多利亚的
市场价值几乎在一夜之间就超越了英国的某些主要贸易伙伴，
如西班牙和俄罗斯，占英国海外贸易总额的1/7。尽管如此，

英国出口品在其黄金殖民地的进口商品中的比重仍然从 70%
下降到了 52%。其他国家抓住了这个南方"黄金国"里令
人梦寐以求的成倍增长的利润。印度、中国和智利竞相满足
其需求。

　　但最快把握维多利亚淘金热带来的机遇的是美国商人。
61　1851 年，美国的出口贸易额只有微不足道的 3670 美元，在两
年之后就变为 850 万美元。澳大利亚一度是加利福尼亚的供应
方，如今加利福尼亚却在为维多利亚提供基本食品，且因此获
得了丰厚的利润。开发热潮达到顶点时，对木材的需求也大幅
上升了，很多木材供应商就来自美国。就时间距离而言，美国
的太平洋海岸更接近澳大利亚，波士顿和纽约在航行时间上却
更接近维多利亚：一家美国的贸易商行在澳大利亚可以赚取的
利润比在萨克拉门托更高。

　　当乔治·特雷恩离开纽约前往墨尔本的时候，他描述了东
河（East River）上的情景，在那里单在一个季度就至少有 134
艘货船启程前往维多利亚，"板车和手推车从早到晚都在运载
货物，突堤和码头上到处都是包裹……放满了各式各样的货
品"。[9]墨尔本和纽约一样喧嚷嘈杂。林立于港口的船桅象征着
一支国际化的船队。"码头附近全是灰尘，板车和马车急匆匆
地来来往往，箱子、行李、包袱和挖掘工具堆积如山。"这些
货物将被运至矿区里的 80000 个甚至更多的矿工手里，他们用
来之不易的金砂交换基本的必需品。"需要一班固定的火车为
他们供应大量且沉重的物资。你可以看到大堆货品被置放在
笨重的板车上，由 10~16 头阉牛拉着，它们艰难地在深深的
泥沼和淤泥之中前进。"[10]

　　美国企业家在每个淘金小镇里开设店铺，拍卖商以虚高的

价格叫卖从美国进口的火腿、培根、腌制食物、黄油、奶酪、家具、采矿设备、耐磨衣物和火器。美国的工具、炉子和马车被认为是最好的，柯尔特左轮手枪当然也是必备的流行之物。快速而结实的美国马车比其竞争对手更加适合澳大利亚的粗糙路面。一个由加利福尼亚人建立的公司经营着一条去往本迪戈的客运快线，它使用的装有弹簧的马车就产自康科德（Concord）和新罕布什尔州。其他国家的商人同样提供了人们在繁荣时期渴求的奢侈品。乔治·特雷恩通过进口波士顿的冰块赚到了不少钱，同时也做一些别的生意。美国人在墨尔本创立了第一家像样的饭店，它供应法国菜。[11]

成百上千艘船进入菲利普港海角或者驶过金门海峡（Golden Gate），它们中的很多再也没有离开。船员受暴富的可能性吸引，抛弃了平常的薪水和海上的生活，集体开小差。埃伦·克拉西曾经描述道："（菲利普港）港湾内的完美景色……无数艘船停泊着……一半已经被抛弃，毫无用处……这是凄美的一幕。这里有很好的东印度商船、移民船、美式飞剪船、蒸汽轮船、（外国和英国的）商船、捕鲸船等。它们静候着水手的召唤。"当"恶汉"福布斯抵达墨尔本的时候，他发现港湾被船员抛弃的四五十条船堵住了（福布斯的解决方法是以"违抗命令"为由，给"马可·波罗"号的船员戴上镣铐，于是他们在三个星期之内就做好了返回利物浦的准备）。同样的一幕也发生在旧金山，黄金的发现一度阻滞了全球贸易。[12]

商船队的大量减员产生了重大的影响。贸易的混乱增加了对新式快速飞剪船的需求，因为人们需用其填补运力缺口并弥补时间损失。花费在顶尖船只上的钱至少有 6.5 万美元，如此大量的投资又意味着每一次航行都必须实现利润最大化。然而

62

说易行难。前往旧金山或者墨尔本的船只满载移民和货物，在回程的时候却没载多少东西。很少有人愿意离开，黄金的体积又很小：即使把整个 19 世纪 50 年代在维多利亚挖掘到的黄金——大概 1000 吨——合在一起运往英格兰银行，也只需一艘船就够了。甚至维多利亚的主要出口品羊毛也占据不了多少船舱空间。

但船队仍然需要带上一些回程货。许多飞剪船在绕道合恩角并把移民和货物运到旧金山之后，都会穿越太平洋，前往中国的通商口岸。在香港、上海、广州和澳门，这种光滑漂亮的船一下子就打败了所有其他类型的船只。英国商人为船舱空间争吵，飞剪船船长可以开出三倍于英国船的价钱来运出茶叶和丝绸。他们没有令人失望。飞剪船以破纪录的速度飞驰到伦敦，全世界都为之震惊。被落下的东印度公司的商船在中国港口拼命地拉货。还有一些船前往菲律宾和印度冒险，那里的货物运费不亚于（甚至还高于）中国茶叶。1851 年，麦凯花费 10 万美元，只用一百天就建造了庞大的"猎鹿犬"号（*Stag Hound*），以响应急剧增长的全球贸易。它的处女航是从纽约到旧金山，然后在货物售罄之后驶向广州和马尼拉。它在出发十一个月之后返航纽约，那时它不仅赚回了造船和经营的费用，还有 8 万美元的盈利。[13]

类似的，许多超级飞剪船运送移民到墨尔本之后，在回程途中都会经过一个或多个构成全球贸易链条的繁荣港口。有的先经过加尔各答、孟买和（或）开普敦，然后前往利物浦；还有许多船为了茶叶和生丝驶向中国，然后将它们运往英国或者回到澳大利亚（澳大利亚在 19 世纪 50 年代成为世界第四大茶叶消费国）。

　　飞剪船的伟大时代是由几个因素共同促成的。1840 年爆发的中英鸦片战争导致了 5 个中国口岸对国际贸易开放，形成了最初的推动力。然后，《航海法案》在 1850 年第一天的终止使美国航运商获得了在香港与伦敦间进行贸易的权利。所以，在淘金热极大地促进了对快船的需求之时，航运商能够从更自由的全球贸易中获利。"猎鹿犬"号的所有者赚到的利润也鼓舞了更多人加入创造财富的世界进程。

*

　　黄金加快了国际贸易的步伐——由于快速绕行地球的超级飞剪船和装有辅助蒸汽机的飞剪船确实变快了，因此这句话可以照字面理解。黄金还开辟了新的贸易路线，打开了远离金矿的市场。黄金就像鸦片一样，是引诱与世隔绝已久的亚洲地区进入世界贸易的手段。在那里，黄金异常珍贵。正如法国经济学家莱昂·费雪（Léon Faucher）所说，"它同道路、运河或者其他的交通方式一样，开辟了抵达市场的道路，从而拓展了贸易的半径"。[14]贸易的体量和金砂的洒落让这些贸易路线上的港口富裕了起来。这些港口中的"女王"是利物浦。淘金热完全改变了这座城市，使其成为黄金时代的全球交易中心。

　　利物浦可能从未以美丽或壮观给人留下深刻的印象。"我确信头顶之上有阳光，但尘雾和煤烟包围了利物浦，"美国小说家纳撒尼尔·霍桑（Nathaniel Hawthorne）写道，"默西河的颜色就像泥水坑一样，而且据我所知，没有大气效应能够赋予它更为宜人的色调。"1852 年，霍桑到利物浦接任美国领事职位的时候，这个港口刚开始奇迹般地崛起，飞剪船革命方兴未艾。只要从旅馆的客厅凸窗望出去，他就能够近距离地俯瞰世界上最繁忙的港口。奇怪的是，默西河并没有自己的航运业，反倒是来自世界各个地区的"数量庞大的船只""安稳地停泊在港区，桅杆在利物浦海岸构成了一片枝叶繁杂的森林"。利物浦港拥有世界上最为复杂的泊船系统，能够让船只并排停靠，然后直接从仓库里装货和卸货。[15]

一份利物浦报纸解释了这座城市突然崛起并赶超了伦敦和格拉斯哥的原因。与其竞争对手不同，利物浦拥有"所有的贸易要素，而且它们全都近在咫尺"。在它身后是世界的工业腹地——兰开夏郡和约克郡的大工业区；在它前面是大西洋，全世界的贸易都从这里走向欧洲市场。它就位于"三个王国（英格兰、苏格兰和爱尔兰）的人口交会点上，人口和货物都能在运输过程中找到通往世界上最偏僻地区的路"。[16]

霍桑的窗前成天都有"令人不安地喷着烟的黑色小轮船驶过"，它们像是不断前进的巡游队伍。它们用缆绳拖动载着从仓库带来或者正运往仓库的货品的狭小内河船，（通过河流和运河）定期往返于英国工业腹地与利物浦的码头。霍桑偶尔会看到一艘在海上风暴中幸存下来的船，其船身受到重创，桅杆只剩下残桩。丘纳德（Cunard）公司的蒸汽轮船每个星期都会在一声炮响之后准时从纽约前来此地，"它红色的烟囱已被溅起的海水漂白"。它一在霍桑客厅窗前100码的巨大铁制浮标处下锚，一艘小轮船就会喷着烟向它驶来，迫不及待地把最值钱的货物——含有纽约和新奥尔良的金融与商品市场最新资讯的邮包——搬上岸去。几分钟不到，消息就会通过电报传向全欧洲的报社和金融机构。[17]

几代人以来，利物浦的命运一直跟英国与美国的贸易有着密切的关联。但在19世纪50年代，利物浦成了世界商品的目的地港口，而不仅仅是美国的。在 50 年代末，整整 1/3 的全球输出品进入了英国的港口，其中进入利物浦的占据了最大份额。来自世界各地的货船载着货物来到利物浦，然后货物被存入仓库，等待着被分发到欧洲市场。

利物浦占据世界市场的时代，也是其第二次成为伟大之城的时代，始于 1851 年的澳大利亚贸易热。最有利可图的输出品是人。新的航运公司，例如黑球和白星，纷纷建立起来，运送成千上万移民和贵重货物前往地球另一端的"黄金国"。单在 1852 年就有 37 万人从大不列颠及爱尔兰的港口离境。他们前往的目的地不仅有太平洋地区的淘金国度，还有新西兰、开普敦或者美国和加拿大的大草原。为这些大规模移民提供便利是 19 世纪 50 年代最大宗的生意之一。

查尔斯·狄更斯描写过一群利欲熏心的人：当淘金热达到顶点的时候，他们在移民船上叫嚷着赶紧开船，而这些移民船"刚打完广告，由柚木制造，有尾楼甲板与铜质船底，十分牢固且航行迅速，船上配有医生"。淘金热开始之后，速度变成一种重要的商品。人们为必然能够赚到的上百万钱财感到欣喜若狂，因而准备花钱把自己尽快运到某个偏僻的未知之地，如内华达山脉或者本迪戈，然后打败竞争对手——在你憔悴度过海上的几个月时，他们正在拣金块，这想想都是一种折磨。[18]

淘金热冷却后，对速度的需求可能也有所减退，但对速度的渴望有增无减。淘金热潮之后有人口热潮，经济也因此由快速发展转为持续增长。"黄金国"成了伊甸园。在整个 19 世纪 50 年代，无数人移民到加利福尼亚、俄勒冈和澳大利亚，他们并不是为了黄金，而是想寻找适合耕种的土地，或者找到高薪的工作，例如去当用人、技术工人、木匠、手工艺人、锯

66

工、鞍匠、裁缝、园丁、厨师、司机、警察、机修工、工程师、办事员、教师、建筑师、公务员、律师、银行家、商人、医生，以及从事任何快速发展的社会需要的其他工作。

他们并不担心错过金子，因此不需要匆忙地赶往墨尔本或旧金山；他们想要快速、舒服和安全地到达那里。黑球和白星的大型飞剪船就是航行在 19 世纪 50 年代的大海上的远洋班轮，为那些有支付能力的人提供了奢侈的头等客舱和装饰着红木镶板的豪华舱室。随着时间的推移，飞剪船变得越来越舒服。当然，由于技术进步，飞剪船也变得更快了。

纳撒尼尔·霍桑喜欢观察停泊在旅馆不远处的由布鲁内尔（Brunel）设计的世界上最大的铁制轮船"大不列颠"号（*Great Britain*）。它即将开始三十年的服役生涯，运送成千上万的移民到澳大利亚。这艘最近刚修理过的船是一座"水上皇宫"，具有航图、螺旋桨和豪华大厅。它在 1852 年的处女航中搭载了 630 名乘客和用来提供鲜肉、牛奶和鸡蛋的大量活禽活畜，花了八十天时间从利物浦驶抵墨尔本。乘客都已经做好了为奢侈生活和安全买单的准备，希望以此抵消路途的漫长和危险。黄金使人口流出成为 19 世纪 50 年代最兴旺的行业，长途移民因此变得迅捷，成为奢华的体验，吸引了大量中上阶层人口首次加入移民浪潮，从而改变了新开拓地区的性质。[19]

"大不列颠"号离开默西河的时候，成千上万的利物浦人成排地站在岸上或无数小蒸汽船中，向它挥手告别。它抵达墨尔本时引起了轰动，有超过 4000 人为参观这艘宫殿般的蒸汽船花费 1 先令。根据澳大利亚农夫约翰·亨特·克尔的观察，随着最先进的飞剪船和蒸汽船的定期到来，墨尔本人眨眼间就把他们远离"其他文明中心"的感觉忘记得一干二净了。[20]

黄金引发了激荡世界的连锁反应。人们不仅在利物浦，也在广州——世界另一边的港口大城——感受到了震荡。1852 年，2万名中国人抵达旧金山，开启了一场移民浪潮。还有更多的人奔向维多利亚，以至于到19世纪50年代末时，当地8%的人口是中国人。这些新来移民都是以勤劳著称的劳工，与那些喜欢一有新发现就撂下工作、放弃产权的随性的白人淘金者截然不同。不过，他们受人憎恶，很容易成为暴力虐待和剥削的对象。

"输入中国人已经成为这个殖民地的贸易体系的一部分。"维多利亚总督查尔斯·霍瑟姆（Charles Hotham）爵士抱怨说。他没说错：中国人被人像商品一样对待和交易。这个问题缘起于1852年的航运热，当时全世界的商船都赶到了维多利亚。到1852年，供应加利福尼亚带来的惊人收益早已大为减少，进口商品的疯狂价格也在下降，殖民地开始自己解决温饱问题。航运商必须找到其他方法来让航行变得有利可图。搜罗回程货的船是如此之多，以至于所有中国茶叶都被运走了，大量的空舱飞剪船被留在中国港口，急切地盼望生意的到来。为此，美国的航运公司开始在广东省靠近华南茶叶港口的地方散播加利福尼亚淘金热的消息。这些地区饱受太平天国起义的破坏，因此有成千上万人渴望逃到西方，以躲避这场由西方触发的政治动乱。[21]

正如查尔斯·霍瑟姆爵士所说，商人"把他们的船开到香港或者其他中国港口，毫无顾忌地接收一批活人货物，就像运输成捆的纺织品一样"。美国飞剪船"向西去啊！"号（*Westward Ho!*）和"海王之车"号（*Neptune's Car*）在旧金山到香港的太平洋海面上展开竞逐，这场比赛的奖品价值甚至高

67

于荣誉和大笔的个人赌注。胜出的"海王之车"号获得了一船发往伦敦的茶叶。"向西去啊！"号的船长一无所得，只能装载人口。他带着800个中国人穿越太平洋往回航行。这些中国人的目的地不是加利福尼亚的金矿，而是秘鲁本土附近的钦查群岛（Chincha Islands）的鸟粪矿。在那里，他们将会作为契约劳工开采有毒的鸟类粪便，度过短暂而劳累的一生。"向西去啊！"号装满鸟粪，将其带回美国南部，给棉田施肥。

68　　　"向西去啊！"号是一艘以最大速度设计的"极其出色的船"，有镀金的雕饰、桃花心木的镶板、奢华的舱房和彩色的玻璃窗，建造成本高昂，最初并不是为运输苦力或把鸟屎灌进船舱而建的。它的经历在19世纪50年代中期非常普遍。在短暂而辉煌的全盛时期之后，美国飞剪船不得不在亚洲贸易中面对重新活跃的英国商船的激烈竞争。阿伯丁和克莱德河（Clyde）的造船商效仿他们的波士顿竞争对手，在1855年迅速打造并推出了更快、更大的飞剪船，把美国人赶出了茶叶贸易。淘金热留给世界一支庞大的飞剪船舰队，但这些具有诱惑力的船数量太多，导致运费急剧下降，对有利可图的商品的竞争也变得激烈。飞剪船不得不满世界地搜寻价格相对低廉的货物：阿拉斯加的冰、毛里求斯的糖、檀香山的鲸油、加利福尼亚的小麦、印度的黄麻和亚麻籽、巴西的咖啡。[22]

　　　大部分中国劳工乘坐的不是飞剪船，而是摇摇欲坠的老爷船。对于活人货物来说，船上的条件堪比地狱，无数过度拥挤的船沉没大海，造成大量人员伤亡。劳工们向本地的中间人借钱支付旅费，即所谓的"信用票"制度。作为回报，他们必须服从于监工，直至债务还清。幸运的人能够顺利到达加利福尼亚或者维多利亚，但更多的人被运往秘鲁、夏威夷或古巴的甘蔗园辛苦劳作。这就是野蛮残忍的资本主义——把人降格为资产负债表上的数字或是全球市场上的贸易商品。

太平洋在 19 世纪 50 年代成为国际贸易中最重要的交通要道，它的周边环绕着出产黄金、诱人的中国茶叶、鸦片和劳工的地区。加利福尼亚的快速发展和太平洋航运的崛起使美国和亚洲的联系变得前所未有的紧密。从亚洲和澳大拉西亚①到加利福尼亚的旅行时间毕竟比到美国东海岸短得多。《上加利福尼亚日报》（*Daily Alta California*）在 1851 年说出了全体加利福尼亚人的心声："我们站立并注视着眼前的浩瀚水域、它的绿色岛屿和人口众多的各民族……焦急地盼望着把它的各色财富和贸易占为己有……我们正处于……必须派出大型商船队的时间点，去做把大洋洲的财富、印度的金羊毛、热带地区的水果和北极的鲸蜡运回来的生意。"

不过，《上加利福尼亚日报》编辑最感兴趣的还是日本。这个神秘而孤立的帝国提供给美国无尽的财富。加利福尼亚的急速扩张和其在美国经济中的超凡地位，使得美国的注意力不可避免地转向日本。《伦敦新闻画报》在评论淘金热引起的欧洲与亚洲文明的"冲突"时，称"美国佬有远见，其闯入长期闭关锁国的日本的决定"将会让全世界获益。[23]

*

日本与美国发生"冲突"的时间并不远。但在 19 世纪 50 年代初，也就是在太平洋地区欣欣向荣的时候，突然成

---

①　澳大拉西亚（Australasia）一般指澳大利亚、新西兰及附近的南太平洋诸岛，有时也泛指大洋洲和太平洋岛屿。——译者注

为国际贸易焦点的却是另一个久被遗忘的地区。"以修建公路、铁路和运河的办法来开辟经过［巴拿马］地峡的通道，"马克思和恩格斯发现，"对世界贸易来说现在已成为最迫切的需要。"[24]

但在当时，运输货物穿过巴拿马的丛林、沼泽和群山并不划算。另一桩生意———一桩有利可图的生意———突然在巴拿马兴旺起来。毫无疑问，从东海岸或者欧洲到加利福尼亚的最快方式就是穿过60英里的巴拿马地峡。在1849年穿过该地峡的人都很乐意修建一条铁路，因为尽管穿越地峡是前往"黄金国"最快、最贵的方法，但它十分危险且令人不快。

来自美国东部和南部港口的蒸汽轮船携带着无数货物，来到巴拿马地峡东边的港口查格雷斯（Chagres）。英国移民 J. D. 博思威克（J. D. Borthwick）说，1851年的查格雷斯只有"一些低劣的甘蔗泥小屋"。那是一个危险的地方。人寿保险公司规定，如果一个移民因为"查格雷斯热"———疟疾和霍乱———在港口上岸住宿，保险单就会失效。当务之急是尽快离开查格雷斯，这意味着要雇用当地人，坐船溯流而上到戈尔戈纳（Gorgona）。[25]

想快点走的人可以租用独木舟，但移民背负着沉重的行李，只能乘坐大一点的船。尽管湍急的水流及交替出现的酷热阳光和滂沱大雨使得旅程极为难熬，但沿途的风景仍然令人愉悦。"漂亮的叶子种类繁多，"博思威克回忆道，"许多树木上都垂挂着蔓生植物，它们被色彩最为绚丽的大朵鲜花覆盖。"在任何时候沿河而上都会遇到各色各样的船只，靠近另一岸高速顺流而下的是回程的空船。在艰难度过的日日夜夜里，移民用他们的柯尔特手枪射杀鹦鹉、猴子和短吻鳄以作为消遣。路上所谓的"旅馆"其实是小木屋或帐篷，它们能提供拥挤的集体宿舍和火腿豆子，其主人是遄遢的美国人，凭借"极有说服力的柯尔特左轮手枪"打败了巴拿马的竞争对手。[26]

在戈尔戈纳，旅客开启了前往巴拿马城（Panama City）的陆上征程。为了穿过热带丛林和陡峭的沟壑，他们不得不再次雇用戴着帽子、嚼着雪茄的巴拿马人，让其提供驮骡和搬运工。这条路径就像传输带一样，上面有连串的骡子、移民和搬运工，他们背负着看上去就沉重得难以搬运的行李奋力向南跋涉。空载的骡子和搬运工从旁经过，反向朝戈尔戈纳攀行，以与络绎不绝地穿越大陆分水岭的移民碰头。

这是一条古老的黄金和白银之路，从 16 世纪到 19 世纪早期，西班牙人一直用它把从安第斯山脉掠夺的财富运回欧洲金库。如今黄金再度被人载着穿越丛林，于这些陡峭湿滑的沟壑中上下起伏。英国旅者弗兰克·马里亚特（Frank Marryat）遇到过一支装饰华丽的骡队从对面朝他走来，他们要前往大西洋海岸。队伍里的 20 只牲畜都毫无遮掩地满载金条，路过的人都能看到并充满敬意地抚摸这些金子。6 个拖着脚走路、配备了生锈滑膛枪的新格拉纳达共和国（即今天的哥伦比亚，当时巴拿马是它的一个省）士兵负责安保。骑着一头西班牙小马漫步在队伍后面的是一位外表高贵的老爷。他懒洋洋地抽着雪茄，穿着平纹细布衬衫和带有特大银质马刺的锃亮长筒靴，装饰华美的手枪从他的枪套中伸出。这位着装奇异的老爷其实是一个英国职员，受雇于巴拿马城的一家英国公司，负责护送黄金登上银行的专用轮船，然后轮船会迅速把黄金运到旧世界的银行金库。[27]

这位冷漠的、衣着华丽的英国职员带领的这支骡队只是运送加利福尼亚的财富穿过巴拿马地峡的诸多队伍中的一支。总共有价值超过 7.5 亿美元的黄金从此地被运往东部。1856 年是运送量最大的一年，共有价值 6000 万美元的黄金通过。在 19 世纪 50 年代早期，地峡路线十分适合被用来运送贵金属和信件。只有优先处理的货物才会被带着一起跋山涉水。

在经历了艰苦的攀登之后，"阿尔戈英雄"① 离开潮湿得令人窒息的丛林，向南走入空旷的原野地区，吹着海风，享受到达巴拿马城之前的短暂逗留。"此前从未有任何一处曾经辉煌的残破遗址发生过如此突然和如此有效的现代改造。"马里亚特如此写道。破旧的西班牙殖民建筑被粉刷一新，街道上满是巨大的广告牌和拥有星条旗标志的美国店铺、旅馆、饭店、酒馆和赌场。旅客在这里等候蒸汽轮船的到来，以完成他们的旧金山之旅。[23]

巴拿马地峡被推动着从一个几乎无关紧要的地区变成全球贸易的要地。连接大西洋和太平洋、美国东海岸和加利福尼亚的路线是世界上最赚钱的路线。黄金朝着一个方向流动，海量的邮件每月两次双向传递。1849 年到 1857 年，以旧金山为起点或终点的航行一共发生了 520109 次，每名移民支付的费用为 150 美元到 400 美元不等。如果你想在 19 世纪 50 年代成为巨富，这就是你应该从事的行业。

就这样，阻碍顺畅往来的因素被一点一点地消除了。汽轮取代了查格雷斯河上的独木舟和各式小船。1851 年，大亨科尼利厄斯·范德比尔特（Cornelius Vanderbilt）缩短了巴拿马

---

① 阿尔戈英雄（Argonauts）是希腊神话中以伊阿宋为首的一群英雄。他们乘"阿尔戈"号到科尔基斯寻找金羊毛。——译者注

路线：他在尼加拉瓜（Nicaragua）开辟了一条新的通道，从而 72
将路程缩减了 400 英里，并避开了巴拿马的致命热病。轮船把
乘客带到圣胡安河（San Juan River），在那里更小的轮船搭载他
们沿河而上穿过尼加拉瓜湖。太平洋边上的南圣胡安（San Juan
del Sur）是轮船的始发点，可以乘坐驿站马车到达此地。在接
下来的四年里，选用范德比尔特路线的移民数量——156000
人——跟选用巴拿马路线的一样多。[29]

　　但是，在 1855 年，铁路到来了。从牙买加、爱尔兰、印
度、中国和其他地方招募而来的大批工人在看似深不见底的沼
泽上铺设路基，与短吻鳄、热病、热带的酷热和暴雨做斗争，
在如此辛苦劳作五年之后，他们才完成了巴拿马铁路的建设。
其中的头 23 英里就耗费了超过两年的时间，修建成本高达
100 万美元。他们总计建设了 300 座桥梁和涵洞，包括跨越查
格雷斯河的巨大铁桥，以及在大陆分水岭挖掘的一条深沟。最
终的成本高达 800 万美元，数千人在修建过程中丧生。

　　高昂的成本并未让人感到担忧，因为巴拿马铁路迅速成为
世界经济最重要的枢纽之一。人们现在可以利用蒸汽动力把货
物从大西洋运到太平洋，与经过合恩角的路线相比，巴拿马路
线使金钱成本和时间成本都得到了节省。它连接了美国东海岸
的出口商和加利福尼亚，同时促进了英国与拉丁美洲的暴利贸
易。一边是英国制造的商品，另一边则是鸟粪、鲸油、哥斯
达黎加咖啡和银币。市场信息的传送也因为铁路开通而大大
加快了。最重要的是，它对人们的距离观念造成了强烈的心
理冲击。

　　现在你可以完全依靠蒸汽动力旅行于纽约和旧金山之间。
如果支付得起费用，你还可以全程搭乘头等舱。穿越巴拿马地

峡现在只需要四个小时，之前则需要在独木舟和骡背上度过令
人精疲力竭的八天。曾经充满危险和奇遇的旅程变得相对安全
和平凡。跨洋铁路加快并鼓励了美国东西海岸之间的双向人员
流动。去加利福尼亚一度被认为是前往世界尽头的单程旅行，
但在 1855 年之后，有钱人只需二十一天就能迅速往返于东西
海岸之间，连外套和裙子都不会弄脏。又一个距离上的鸿沟被
征服了。

73

*

"自加利福尼亚和澳大利亚发现黄金以来，世界看起来好
像十分繁荣，"巴林银行的一位合伙人评论称，"蒸汽动力驱
动的铁路运输和航运的扩张正在世界范围内造成巨变。"[30]请注
意"看起来好像"和"正在"这两个表述：黄金产生了乐观
主义的情绪，蒸汽动力则带来了实际上的变化。同样值得注意
的是黄金和现代技术的双生关系。19 世纪 50 年代早期的人比
后来的历史学家更加清楚黄金是如何因为其与其他正在冲击世
界的巨变间的相互影响而升值的。

黄金本身不足以使世界变得更加富裕。法国经济学家米歇
尔·舍瓦利耶（Michel Chevalier）在 1852 年发现，"虽然世界
的黄金总量十分庞大，但与其他工业部门的产品总量相比它就
显得微不足道了"。根据另一个评论员所说，在 19 世纪 50 年
代，不断增长的棉花、鸦片和粮食产量，以及铁路网、电报网
和工业的持续扩张，产生了巨额财富，让加利福尼亚和维多利
亚的大量黄金显得"微不足道"。伦敦金融城和华尔街都擅长
通过复杂的金融工具来以钱生钱："金融机构创造的财富在数
量上远远超过世界上所有金矿在同时期内的产出。"[31]

但黄金具有的力量远超其账面价值。黄金凭借其对人类想象力和情感的永恒影响，加速了已经启动的新事物的发展。例如飞剪船早已被发明出来满足亚洲贸易的需求，但淘金热使其数量倍增、制造工艺得到改进、航程得以增加，最后这些"良种马"成了大海上的"驮马"。移民是另一个例子。对闪亮金属的渴望诱使数量更多的人拓殖地球上的不同地区。黄金是诱饵，人们被它引着打开了19世纪50年代的真正的百宝箱——人口爆炸、新的城市、原材料的开发、铁路和贸易路线的激增。

在一个急剧变化的世界里，黄金就是力量的倍增器。当时的人都十分清楚，黄金、技术、移民和贸易相互结合、密不可分。对他们来说，黄金的发现既是现代化加速的结果，又是其原因。这种金属之所以能被发现，是因为精力充沛的殖民者在开发土地，他们四处搜寻新的财富形态；它的开采数量之所以如此惊人，是因为最新的交通运输方式能够迅速地把大量人口运送到金矿，并且克服令人畏惧的距离给他们提供食物和装备。"科学与资本的结合"，也就是机器与商业组织，使贵金属的开采量得到成倍的增长。[32]

淘金热、增长中的世界生产力和19世纪50年代的技术革命的同时出现并非巧合。没有现代技术，就没有金矿的高产量。同样，繁荣的经济放大了黄金的价值。在过去，黄金的增产会导致货币贬值、通货膨胀和其自身的贬值，但是国际商业与贸易的扩张速度比黄金的供应速度更快。伦敦和纽约的金融机构都更中意能快速盈利的流动资本，如铁路股票、棉花债券、政府债券、汇票和股份，而不是大量流动性较差的金条。它们非常乐意把金条出口到需求无限和增长能受到刺激的地方——亚洲和非洲、东欧的粮食生产者和"文明"边界上的社会。加利福尼亚和维多利亚的发现迅速被世界吸收，并被用来购买商品、原材料，也被用来投资大型基建项目。

因此，淘金热本身没有创造出这个黄金时代，点燃其繁荣之火的是许多易燃物质的松散结合，它们在相互作用的时候引发了剧烈的爆炸。"一个奇迹似乎产生了另一个奇迹。"《泰晤士报》在思考那些交织着重塑了世界的力量时如此评论说。[33]

不过，黄金最大的影响是心理层面的。就像巴林银行的高级职员所说，充裕的黄金制造了神奇的光环。它是世界日趋繁荣的显著象征，是流动时代里的实体财富。万国博览会表达了理想主义、新技术对时间距离的征服、荒野地区的殖民活动，它们同淘金热一起，把具有时代特色的极度乐观的情绪和划时代的变革推高到了电离层。黄金还意味着高速增长的最重要因素——无所顾忌的自信。

最重要的是，无尽财富和高速发展的前景鼓励人们把金钱和精力投向更大、更宏伟的工程。由于利率处于历史低点，银行里又装满了金条，资金的借贷成本变得非常低廉。从华尔街和伦敦金融城流出的大量资金在快速发展的地区寻求高额回报。黄金发现的一个最为显著且令人意想不到的结果是黄金与速度联系在了一起。空间与时间距离的消失给企业家和投资者带来巨大的收益。海上的飞剪船和铁路一起缩小了地图上的间隔距离，世界因此变得更快，也变得更小。没什么看起来是不可能的。连通大西洋和太平洋的中美洲运河以及连接纽约和旧金山的铁路都在计划之中，但最超前的方案提议把阻隔世人的距离缩短到短短的几秒钟。

赛勒斯·韦斯特·菲尔德（Cyrus West Field）是马萨诸塞州斯托克布里奇（Stockbridge）的一个牧师的儿子。他从15

岁开始工作，在纽约干跑腿的活儿。19 世纪 50 年代时，他已经靠造纸业赚了一大笔钱。到三十岁出头的时候，他已经在纽约市的格拉梅西公园（Gramercy Park）过上了退休生活。但是，菲尔德这样的人不会真的退休，他感到无聊并寻求冒险。

在这个自信与野心溢出的时代，菲尔德被介绍给一个名叫弗里德里克·牛顿·吉斯伯恩（Frederic Newton Gisborne）的年轻英国工程师。在 1851 年跨英吉利海峡电报电缆铺设之时，吉斯伯恩才二十岁出头，正在新斯科舍（Nova Scotia）当电报工程师。那一次成功的冒险使他开始梦想能有一条连接欧洲和美国的电缆。

跨越大西洋的最短路线是从爱尔兰的西端到纽芬兰东北海岸的圣约翰斯（St John's）。爱尔兰已经被连入欧洲网络，所以吉斯伯恩的第一个挑战就是连接圣约翰斯和纽约。他跑到伦敦买了一条古塔波胶公司和 R. S. 纽沃尔公司制造的海底电缆，将其铺设在分隔纽芬兰和北美大陆的卡伯特海峡（Cabot Strait）。"我的朋友都说我是空想家，我的亲戚都认为我是个傻子。"吉斯伯恩后来回忆说。[34]

两年之后，吉斯伯恩已经负债 5 万美元，面临诈骗的指控。他的宝贵电缆在海底断开，只有 40 英里的陆上电缆还架设在纽芬兰的荒凉之地上。绝望的吉斯伯恩只能寻求投资。

他找到了合适的人。凭借财富和政治人脉，年轻的百万富翁赛勒斯·韦斯特·菲尔德是比默默无闻的工程师更适合铺设跨大西洋电报电缆的人选。菲尔德这样做不是为了钱。跟今天的硅谷企业家一样，他想要的是改变世界。他预测地球将被电缆环绕，人类的想法将在电缆中传递。在那样的美好新世界里，战争将不复存在，因为自由畅通的信息将会拆掉分隔人类

76

的障碍。

他的第一步是就计划的可行性征求马修·莫里上尉的意见。莫里说，大西洋的大多数地方很深且海底崎岖不平，布满了海脊，因此很容易钩住、撕裂电缆。不过，十分幸运的是，美国海军刚刚完成了一次对大西洋的勘测，发现纽芬兰到爱尔兰间的海底是一片高原，用莫里的话来说，"看起来就像是专门为了放置一条海底电缆而设的"。但莫里警告菲尔德说，完成冒险还需面临更大的障碍：还需要一片平静的大海、世界从未有过的最长电缆和一艘能够完成铺设工作的船。即使这些障碍都得到克服，将电子信息传输到如此遥远的地方又是否可能呢？但莫里马上打消了这些疑虑。他的话浓缩了 19 世纪 50 年代对进步的神奇力量的显著信仰："我无所畏惧，无论在什么时候遇上这些困难，这个时代的进取心和创造力都已经准备好了满意而实用的解决方案。"[35]

图 7　计划中的跨大西洋电报电缆地图（约 1858 年）

图片来源：Bill Burns/atlantic–cable.com.

建立跨大西洋纽带的先驱者是一群美国公民，他们提议用英国发明的技术连接大英帝国的两点。但这种政治问题对菲尔德在 1854 年头几个月遇到的五个纽约富商来说并不重要。五人中的一人是摩西·泰勒（Moses Taylor），他即将成为纽约城市银行（即如今为人熟知的花旗银行）的行长，也是 19 世纪最富有的人之一。跟他一起加入的还有罗伯特·马歇尔（Robert Marshall）和彼得·库珀（Peter Cooper）。前者的财富来源于联通纽约和查格雷斯、巴拿马城和旧金山的一支轮船船队，后者是美国最成功的实业家和铁路企业家之一。

这些精明务实的商人一开始充满疑虑，与其说他们被赛勒斯·菲尔德的商业理由说服了，不如说菲尔德通过弥赛亚式热诚赢得了他们的支持。"对我来说，"彼得·库珀回忆与菲尔德的会面时说，"那仿佛是伟大预言的实现，即'知识应该遍及全球，就像水充满海洋一样'。因为这种感觉，我加入了他的计划。对于大多数人来说，他的计划是疯狂而不切实际的，参加的人都应该被送入精神病院……但我确信，这有可能为世界的福祉提供强大的力量，所以我开始了这项计划。"[36]

这项计划的动力正好来自这种不切实际的自信，否则它根本不可能起步，或者更确切地说，根本不可能离开陆地。没有人试过在如此深的地方铺设如此长的电缆，其中的科学知识也没有被完全掌握。整个计划中没有一样事情是简单的。它比任何其他东西都更能体现黄金时代的蓬勃自信：先动工，再提问。

菲尔德的第一个挑战是连接纽芬兰和纽约。"纸面上的计划很好，"菲尔德说，"如果忽略坐落在路上的森林、山峦、沼泽、河流和海湾，在两点之间画一条线就非常容易。"在情况不利的纽芬兰，原计划只需几个月的工程最后却耗费了好几年的努力和费用。爆破花岗岩、填充沼泽和跨越峡谷都是要做

78

的事情。纽芬兰的土地被冰冻得十分结实坚硬，以致无法在其
上挖坑以安放电报线杆，只能用土石堆把它们支撑起来。[37]

直到 1856 年，圣约翰斯才通过陆地线路和两条海底电缆
跟纽约连起来，这样做的成本高达 100 万美元。在纽芬兰以外
的汹涌大海中铺设 60 英里的海底电缆已经够艰难了，现在的
挑战则是制造 2500 英里长的电缆，然后找一艘能够运载其重
量的船，以及开发可靠的自动放索装置，以将电缆投放到波浪
滔天的大西洋的海底。

然而，不确定的因素还不足以破坏乌托邦式的愿景。赛
勒斯·菲尔德带着满腔热情抵达英国。他在利物浦交易所的
承销商房间里告诉一群棉花经纪人，他们很快就可以把欧洲
电报网同北美地区 45000 英里长的电报线路连在一起了。只
要一条电缆就可以使之成为现实，而且成本仅需 35 万英镑，
铺设时间不过一个星期而已。菲尔德演讲的地方是世界经济
的中心，每年都有上亿万磅的棉花到达这座城市的先进港
口，它们最终会被运往棉花之都曼彻斯特。在那里，棉花先
被纺成织物，然后被出口到世界市场。棉花的定价地点就是
菲尔德演讲的房间。

他提醒利物浦的经纪人说，如果利用现代通信技术在利物
浦向新奥尔良发送棉花订单，那么从下单到收货只需要四十
天。如果电缆投入使用，他们的信息的到达时间实际上会比发
送时间还早，因为利物浦和美国之间有五个小时的时差。当菲
尔德在人群中传递一段样品电缆时，一个经纪人惊呼："现
在，决定棉花价格的就是这个东西！"[38]

菲尔德许诺的是一个崭新的世界。没有做任何广告，新成
立的大西洋电报公司（Atlantic Telegraph Company）就卖出了

300 股股份，每股价值 1000 英镑。人们因对人类有史以来最伟大工程的期待而产生了无比兴奋的情绪，所有质疑因此一扫而空。《泰晤士报》指出："我们已经习惯了自然科学的奇迹，即使面对那些在不久之前仍被理性之人斥为异想天开的成果，我们都不会感到或表示一丝惊讶……我们甚至已经开始考虑对时间和空间实施更为伟大的征服。很快，印度和澳大利亚就会被纳入电流的流动网络。"[39]

随着黄金的搅动、贸易的繁荣和自信心的高涨，资金四处流动，等待着人们的使用。没有比跨大西洋电报电缆更好的机会了。这项关于未来的计划将带来难以想象的利润，因为即时的电通信已经改变了全球经济。

*

菲尔德之伟大计划的命运属于这段历史的另一部分。在高潮到来之时，我们必须先把它放下，稍后再重拾这股电缆。简单来说，跨大西洋电报电缆是时代的产物。在这个时代，人们都坚定地相信，那些"现在看起来无法克服的难题都能……借助环境的力量和思想的进步得到解决"。[40]

一个由航线与海底电缆连接起来的世界，其运作方式将会引发重大的变革，它将产生财富、削减成本并建立新的社会。但在很多方面，这些发展只是换汤不换药。大部分伟大的世界城市都是港口，而大多富饶的土地都水运便利。在 19 世纪 50 年代，更具有革命性的一点是打开世界内陆地区的方式。这一点并不是靠令人目眩的新技术做到的，它凭借的是人类最古老的运输工具之一——毫不起眼的大公牛。

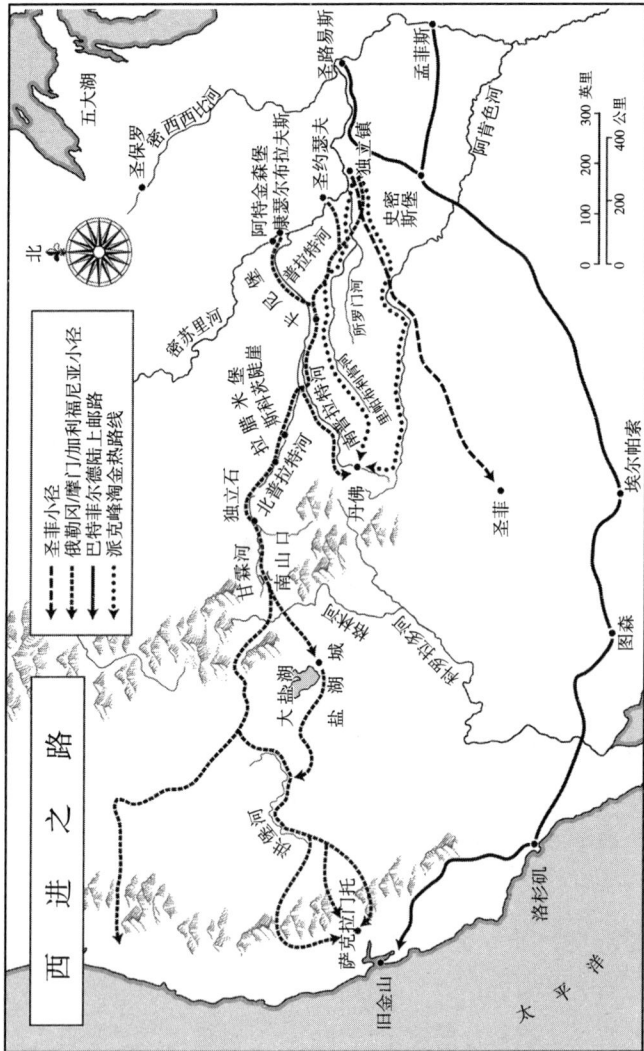

地图 2

第四章　在路上

内布拉斯加

嘚——出发去加利福尼亚！我们终于上路了……幸运
的话，终有一天会达到"应许之地"。

————海伦·卡彭特，《穿越大平原之旅》[1]

走开！你们杀死了我们的猎物，焚烧了我们的树林，
毁坏了我们的草地。

————左手，阿拉帕霍酋长[2]

"他们来到离我们大约 400 码的地方，"查尔斯·弗格森
回忆，"然后突然转向，骑着马在我们周围跑了两三圈，同时
摆出很多他们的战斗姿态，还拉开弓，作势要射。"这个俄亥
俄的青年是去往加利福尼亚的大篷车队中的一员。他们的队伍
刚刚离开烟囱岩（Chimney Rock），一个戳在如今的内布拉斯
加（Nebraska）西部大草原上的惊人柱状物，当时 80 名克劳
族（Crow）的印第安武士骑着马从山上全速向他们冲过去。

有些武士直奔马车而去，直到最后一刻才转向。在这样做
的时候他们都骑着马，装作要射箭，让弗格森的同伴们十分害
怕。"我们预计会发生一次袭击，于是紧紧地挨在一起，但仍
然保持移动。男人们都在检查他们的步枪和手枪。"克劳人的

挑衅持续了半个小时，只有在马喘息的时候他们才会停下。

82　　当一个年轻的武士与车队太过接近时，弗格森和一个朋友突然追了上去把他拦住并关了起来。克劳人马上做出了反应。他们下了马，过来拜访移民。两群人相互传吸和睦烟斗①，互相寒暄，然后开始交易。弗格森用白兰地和食糖交换了一匹好马，又用他的羊毛衫交换了一件鹿皮外衣。[3]

一支孤单的大篷车队行走在远离家乡的烟囱岩的阴影之下，一群猛扑而来的印第安人，以及头发灰白、拥有钢铁意志的手持柯尔特左轮手枪和夏普斯步枪的无畏移民——这些都是浪漫文学和传奇故事中常有的东西，而且可能至今仍是人们对19世纪50年代以加利福尼亚为目的地的穿越大陆之行的主流印象。它们掩藏了原住民和他们的生活环境曾经遭受的灾难性影响。这个时期的大迁徙是美国梦的一个关键组成部分。我们之所以可以生动地描述查尔斯·弗格森与克劳人的相遇，是因为它就跟无数电影中表现的情形一模一样。

在19世纪50年代，记录拓荒者在美国内陆长途跋涉的日记、回忆录和信件风靡世界。"3万人走上2000英里的行程，穿过人们了解极少的蛮荒地带，跨越两条与阿尔卑斯山一样高、一样恶劣的山脉，还经过了大片炎热的沙漠和近乎废墟的平原，小块矮小的灌木丛和味道难闻的泉水是他们唯一的依靠，"《淘金客》（Forty-niners）的作者贝亚德·泰勒（Bayard Taylor）写道，"这样的故事充满了英雄主义、勇气和令人敬佩的坚韧，我们不禁开始在其他时代的记录中寻找相似的精

---

① 北美印第安人在与人商谈时用一个烟斗轮流吸烟，以表示和平、友善与亲善。——译者注

神，结果却是徒劳。"[4]

这些就是在 1849 ~ 1850 年穿行大陆的移民的传说。仅在数年之后，曾经激动人心的英雄故事就在很大程度上被现实冲淡了，开始变得乏味。在 1852 年，通往加利福尼亚的道路被一份报纸描述为"比较易行"，成千上万的移民走过，无数商人在路上提供服务，使其成为"通衢大道"。不久之前还"令人怀疑、困难、辛劳和危险无休无止的旅程，现在只能被称为厌倦与匮乏之旅"。[5]

在 19 世纪 50 年代，让人们感到惊异的不是旅途上的传奇故事（那早已成为历史和传说的陈迹），而是蛮荒小径变成坚实大路的速度。同样的情节正在世界各地发生。通过连接大西洋海岸和太平洋海岸，美国正在以不可思议的速度成为一个庞大的帝国。美国人修建的道路贯通了他们的大陆，同时在全球交通网络中创造出另一条关键的纽带，为拓殖者在地图上打开了一个辽阔的空白区域。也许最重要的是，他们做到这点的方法和在路上开发的技术装备给西方大国上了一课，让其懂得了如何以相似的方式侵入其他大陆尚不为人所知的内地。

19 世纪 50 年代的报纸和书籍的读者几乎知道旅途上每英里的细节，信息量实在太大了。简单描述一下这条将近 30 万人走过的路线很有必要。穿行大陆的移民利用联结美国各地的河道、运河和铁路的网络，乘坐轮船到密苏里河边的主要"出发"点和舾装小镇：密苏里州的圣约瑟夫（St Joseph）和独立镇（Independence），或者艾奥瓦州的康瑟尔布拉夫斯（Council Bluffs）。从那里，他们跨过边界，进入当时只知道名字叫内布拉斯加的广阔土地。

沿途尽是河谷——曲折盘绕的移民通道穿过大陆，路上有水、木柴、猎物和草料可提供给穿越大陆者和他们的役畜。他们沿着普拉特河（Platte）、北普拉特河（North Platte）、甘霖河（Sweetwater）和格林河（Green）的河谷走了数百英里，这些地方后来分别成为内布拉斯加州、怀俄明州、爱达荷州和犹他州。在通往加利福尼亚的路上，时不时会有壮丽的远景打破沿途的单调。令人吃惊的岩石构造，如烟囱岩和独立石（Independence Rock），突然出现在平坦的大草原上。当移民和他们的牲畜从一个河谷的生命带飞奔到下一个时，他们不停渡过蜿蜒曲折的河流，偶尔还会进入带来考验的多石、缺水的荒凉地带。

蹚过甘霖河之后，移民们到达了大陆分水岭，然后在南山口（South Pass，为一处重要的里程碑）越过落基山脉。就像贝亚德·泰勒在描述路途的浪漫时说的那样，任何期待壮丽山色的人都会感到失望：南山口只是山脉之中一个长满杂草的普通山隘。

走以盐湖城（Salt Lake City）为目的地的路线的人需要爬上陡峭的山坡，穿过大峡谷，回报他们的则是令人目瞪口呆的美景。查尔斯·弗格森回忆从 8000 英尺的高度往下看的风景，写道："（盐湖城）在阳光中闪闪发亮……眺望南方，目光所及之处是一片广阔美丽的平原，上面覆盖着……一张深绿色的地毯。这些湖光山色以积雪盖顶的山峦为边界和框架，银色的峰顶看起来就要触到蓝色的天穹。"弗格森后来去了很多地方旅游，其他地方的景色都不能超越他记忆中这道"地球上最美的风景"。[6]

穿行大陆的人们知道，在盐湖城地区及附近河谷短暂休息之后，就是最艰难的路程了。位于后来的内华达州的洪堡河

（Humboldt River）以沿岸 300 英里的艰难路程而著称。洪堡河是一条令人生厌的河流，它水浅而且河道弯曲，但它是荒漠中的一条狭窄的生命带，足以支撑人和牲畜走完前 150 英里。后 150 英里荒凉得可怕，只有少数的植被，木柴十分匮乏。这段路对于移民来说是一次考验。在经历了几个月的超过 1500 英里的奋力前行后，他们已经筋疲力尽了。生活在死气沉沉的荒凉河谷中的印第安人被称为"掘食族印第安人"（Digger Indians），他们以植物根茎和昆虫维生。由于非常渴求肉类，因而他们对穿行大陆者的大公牛和牲口虎视眈眈。掘食族在晚上或者遮蔽物后向牲畜射箭，然后等到移民动身继续前行，就宰杀因伤被弃的家畜。

然后，在 300 英里的煎熬之后，移民们发现这条浑浊的小河消失在沙漠之中的洪堡地堑。移民的大篷车队面对的是一片缺水、撒满白盐的盐碱荒地，其荒芜程度把马匹逼到了忍耐的极限和饿死的边缘。"我以为我曾经见识过不毛之地，"描写过洪堡河河谷和荒漠的霍勒斯·格里利说，但在那里，"饥荒是王座上的国王，向着专门为他设的领土挥舞权杖。"盐碱荒地的路边都是坟墓、被遗弃的大篷车，以及被太阳晒得泛白的马、大公牛和牲口的骨架。[7]

到达荒漠的尽头是值得回味的时刻。"沙层逐渐变得没那么厚了，"海伦·卡彭特（Helen Carpenter）在日记中写道，"当我们第一次感觉到特拉基河（Truckee River）就在不远处的时候，家畜都开始嚎叫，还有力气跑动的人都飞奔到大篷车前面，朝着河流的方向冲下陡峭的河岸，跳进水里。"特拉基河的凉爽河水和树荫都是几百英里以来的头一回。这只是一次短暂的缓解，考验还远没有结束，在前面内华达山脉的狭路上，人们还需穿过峡谷并翻越陡峭且布满岩石的山坡。许多移民都对唐纳大队（Donner Party）的悲剧熟记于心：在 1846～1847 年，一群拓荒者整个冬天都被一场提前到来的大雪困在了山脉中，最后靠吃人肉才活了下来。[8]

唐纳大队的惨况让走在这段路上的移民心神不宁。虽然再也没有移民队伍遇到那样的灾难，但即便在正常情况下，这段路也是整段旅程中最为严峻的挑战之一。几个月来经受了渡口、山峦和荒漠考验的大篷车常被遗弃在陡坡上，移民的行李也是如此。但在此时，疲劳、沮丧且深受挫败的移民终于到达了峰顶。在经历了路上的五个月之后，他们看见萨克拉门托河河谷在眼前延展开来。始于密苏里州边界的长达 2000 多英里的旅程接近终点。他们已经抵达黄金之地。[9]

*

1852 年前往西部的移民数量极为庞大，夏天的时候就有 7 万人走在路上。"那是一个壮观的场面，我们在来的时候第一次看到大规模的移民在广阔的平原上缓缓蜿蜒西行，"玛格丽特·弗林克（Margaret Frink）写道，"这一带非常平坦，我们可以看到数英里长的白顶大篷车队……我从前从来没有见过这么多人。"在淘金热之前，平均每年都有 2000 人前往加利福尼亚、俄勒冈和犹他。在 19 世纪 50 年代的头四年，每年的移民都接近 4 万人。[10]

在 1852 年，从圣约瑟夫出发的大篷车是如此之多，以至于它们得 12 辆并排前行。沿途还有往回走的大篷车，使这条路看起来不是一条拓荒者的孤独小径，而是一条拥堵的大道。在有些地方，道路足有 45 步宽。巨大交通量造成的车辙到今

图 8　准备渡河的移民大篷车（1852 年）

图中为在卡内斯维尔（Kanesville）渡口等待渡过密苏里河的移民大篷车。威廉·亨利·杰克逊（William Henry Jackson）绘。

图片来源：L. Tom Perry Special Collections, Brigham Young University.

天依然清晰可见。交通拥堵导致了频繁的路怒。父亲和儿子在人群中失散，直到几个月之后才在加利福尼亚相聚，这样的故事并非罕见。被驱赶的牛群和羊群在路上与大篷车争夺空间，单在 1853 年就有 30 万头牲畜跟随移民横跨了大陆。它们通常是 500~2000 头的牛群，或最高可达 10000 头的羊群。你得走5 英里或者更远，才能追上其中一些庞大畜群。[11]

山人、毛皮猎人和偶尔出现的移民队伍走过的路线，如今成了世界上最繁忙、最重要的道路。没人期待在完全的与世隔绝中享受内地的奇观景色。明智的大陆穿行者戴上护目镜来保护眼睛，以免其因大量人员和动物行进扬起的灰尘而受到伤害。人、大篷车和牲畜带来的压力是如此之大，以至于平原印第安人考虑往东迁徙到密苏里之外，那里当时肯定是人烟稀少的地方。

87   这片土地因大量移民而遭受伤害。从怀俄明的普拉特河上游渡口（位于密苏里与加利福尼亚之间）开始，移民每天都会闻到沿途死去的马、骡子、大公牛、家牛和绵羊尸体的腐臭。成千上万的移民把他们的名字刻在独立石上。在密苏里河到萨克拉门托河河谷间出现了一条垃圾带——一旦役畜筋疲力尽，移民们就会从大篷车上抛下各种物品。什么垃圾都有，包括锅碗瓢盆、炉子和采矿工具；更令人称奇的是，竟然还有一个巨大的金属保险箱、一个潜水钟及其配套设备。四十英里沙漠①就像战场一样，数以千计的役畜和家畜尸体、被遗弃的大篷车、破碎的枪支和个人物品，都散落在这块盐碱荒地上。许多经过的人都愁闷地看着这些过量的遗弃物，他们心里明白，只要有办法把它们运走，自己就能成为百万富翁。

19世纪50年代的移民高潮与之前的完全不一样。每年走在路上的大量移民对企业家极具诱惑力。企业家们从东边和西边赶来，有的此前曾经体验过长途跋涉之苦，知道从饥饿移民的口袋中能够赚到比金矿产出更多的黄金。于是他们从加利福尼亚向东往回走，在路上开设店铺。在移民数量极其庞大的1852年，从圣约瑟夫到萨克拉门托的2000英里道路两边就布满了各种各样的服务提供者。有魄力的人建造了跨越河流的桥梁，然后收取高昂的过桥费。在没有桥的地方就会有人提供摆渡服务，其价格常常高得离谱。有些摆渡人和桥梁所有人一天就能赚1000美元。每当个人的进取心克服了一个障碍，完成

---

①　四十英里沙漠（Forty Mile Desert）是淘金热期间拉洪坦河谷（Lahontan Valley）及其附近区域的别称。——编者注

这段艰难的旅程就会变得更容易、更快，并同时变得更加昂贵。

1852 年，数不清的铁匠铺在路上提供服务，小酒馆到处都是，旅行者可以在赌场和妓院挥霍钱财。此外，拓荒者在之前的十年里受够了物资匮乏，让他们难以想象的是，现在路上竟然有出售食物的贸易站。海伦·卡彭特于 1857 年西行的时候，就能在路上买到桃肉罐头。牡蛎罐头让疲惫的旅行者大快朵颐。三年之后，英国探险家理查德·伯顿（Richard Burton）上尉旅行时还可以在常规休息点买到威士忌。在去往加利福尼亚的路上，总有方法可以买到烈酒；但在 19 世纪 50 年代末，让人感到新奇的是，烈酒会跟冰块一起供应。在周游世界者看来，这明显是文明的标志。只要一个人想，他可以在普拉特河边的一家商店中买到从针到香槟的各种东西。药贩子和江湖郎中以极高的价格售卖奎宁丸、鸦片和专利药品，有了这些，移民才能免遭从密西西比河水系尾随而来的瘟疫的侵扰。[12]

摩门教（Mormon）的"歇脚点"盐湖城在 1852 年的时候已经成为一个中心城市，城中生活便利，可提供役畜、新鲜食物、洗浴服务、理发服务，还设有法庭。这里是进入大盆地之前的一个绿洲，大盆地里有洪堡河、荒漠和内华达山脉。但即使是这些一度令人背心发凉的险阻，其艰苦都得到了一定程度的缓解。卡彭特夫人能够在洪堡河河谷买到咖啡、黄油、面粉、醋、糖浆和蔬菜等东西，尽管它们价格极高。弗朗西斯·索耶（Frances Sawyer）注意到，在 1852 年，四十英里沙漠"变得前所未有的容易通过。路上有七八个贸易站，售卖小吃和补给品"。

　　私人企业改变了旅行的体验，联邦政府也做到了这点。1853 年 3 月 3 日，国会授权战争部长"查明密西西比河到太平洋之间最现实、最经济的铁路路线"。在接下来的八年里，多组陆军工程师勘测了 40 万平方英里的土地。他们的发现被编成 12 册书，出版成本达 120 万美元，其中包含了大量关于西部风景、人种、历史、地理、动物、植物和地质的书面材料，以及彩色印刷画和版画形式的丰富图像。这 12 册书是信息的宝库，完成了战争部长杰弗逊·戴维斯（Jefferson Davis）最初给陆军工程师下达的命令，即"发现、打开美国西部，让其变得容易进入"。

89　　在 19 世纪 50 年代，有时候 90% 的美国军队都驻扎在密苏里以西的地区，许多卫戍部队的骑兵负责保卫道路的安全。他们驻扎的要塞成为至关重要的移民补给站，提供食物售卖、打铁和医疗服务。在军队的庇护之下，商业城镇得以兴起。为了保护移民之路免遭印第安人侵扰，也为了控制犹他州的摩门教徒，美国军队一路向西。得益于美国政府的勘测，当伯顿去往西部的时候，穿越大陆的路线已经缩短了数百英里。军队使得难行的路段变成了贸易之路。在一条穿越犹他南部和内华达的去往卡森市（Carson City）的军用道路开通后，荒凉危险的洪堡河河谷和四十英里沙漠已经完全可以通行了。

　　然后在 1859 年，位于南普拉特河流域的科罗拉多派克峰（Pike's Peak）发现了黄金，点燃了新一轮的淘金热潮。当年，超过 10 万人带着牲畜，跟随加利福尼亚的"阿尔戈英雄"的足迹，沿着普拉特河河谷和其他穿越大平原的河谷上的新道路，前往落基山脉的弗朗特岭（Front Range）冒险。与加利福尼亚不同的是，科罗拉多没法通过海运来获得供给。对拥有大量黄金的矿工和丹佛（Denver）之类的新兴城市的居民来说，他们所需的必需品和奢侈品只能通过陆上运输来供应。出发前往落基山脉的庞大的货运大篷车队是当时的一大奇观。近26辆超载马车组成的车队——每一辆车都被 3.5 吨的货物塞满了——就像一群笨重的大象，缓缓走在北美大平原上。[13]

向新的"黄金国"供应所需物品成为一大产业。霍勒斯·格里利惊奇地描述了拉塞尔、梅杰斯和沃德尔运输公司（the Russell，Majors and Waddell）在莱文沃思堡（Fort Leavenworth）附近的总部："那么多的马车！一堆一堆的备用车轴！那么多的大公牛！大批大批的司机！没有亲眼见过的人根本不能理解这里的产业是多么的庞大。"这家市值数百万美元的企业雇用了6000 名司机，拥有 45000 头大公牛，为大平原上的军队和落基山脉河谷中增长的人口供应物品。[14]

*

在 19 世纪中叶成千上万乘大篷车西行的旅客中，很少有人能够展现如理查德·伯顿上尉一样的开阔视角。他以一个经验丰富的世界环游者的眼光来看待美国内地。他关于美国西部的记述出类拔萃。他从驿站马车的窗口注视或者观察原住民的时候，不只在观察美国，也在观察整个世界。

几乎所有的经历都会让伯顿上尉想起在世界其他地方看到的一些东西。比如，在游历北美大草原的时候，他会想起阿拉伯的沙漠、印度的丛林或者非洲的荒野。他把大草原上的河网同印度西北部的陡峭峡谷和阿拉伯半岛的干涸河床做比较。怀俄明中部的地理特点让伯顿想起了东非，独立石就跟乌尼扬韦齐（Unyamwezi，即今天的坦桑尼亚）

90

的姆科亚石（Jiwe la Mkoa）一模一样。犹他"像是赤道非洲中部的绵延山区中的洼地"，气候跟"中亚高地上的鞑靼平原"相似。[15]

这种比较性的旅游文学使西部显得不再那么特殊，同时还提高了这条路线在世界范围内的重要性。伯顿煞费苦心地指出，硬件方面的重大创新缩短了密苏里河与萨克拉门托河之间的距离。这些长途穿行的公共马车、货车和大篷车在舒适度和结实度方面，远胜于用来穿行苏伊士沙漠的交通工具和印度或者中国使用的交通工具。伯顿以鉴赏家的眼光来检视这些运输工具的设计和装备详情（缰绳马鞍、马镫、鞭子和其他部件），并解释了该如何把这些创新应用于印度或者非洲。在一个拥有飞剪船、电报和蒸汽机的技术水平高超的世界，这些新的运输工具看起来十分普通，但实际上为打开广阔的内陆提供了重要方法。

除了地形之外，伯顿对"美洲荒野"的其他方面也十分熟悉。伯顿发现如果放空大脑，那么当他走进路上的一个要塞时，会以为自己走进了古吉拉特（Gujarat）、阿尔及利亚（Algeria）、南非或者澳大利亚的军营。操场上建有用石灰水粉刷过的有走廊的平房、低层的营房、仓库、办公室，同英属印度或者法属北非的前哨站简直一样，而且美国军队在西部的任务和行动也跟印度的英军几乎相同。两支军队都分散在离家万里之遥的偏远军营中，负责保卫道路安全和发动针对当地居民的征讨。[16]

伯顿很容易就能发现，和世界上的其他许多道路一样，移民之路是一条帝国之路。他把西进之路描述为"一条伟大的要道，就跟欧洲的收费公路或罗马帝国的军用道路一样宽阔，

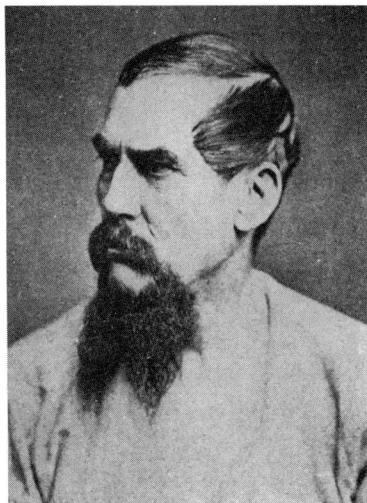

图 9 理查德·伯顿
（1870 年）

英国探险家理查德·伯顿上尉的
疤面、长髭和络腮胡使他轻轻松松就
融入了 19 世纪 50 年代的美国西部。

图片来源：Getty.

而且绝对是世界上最好、最长的公路"。美国公路与其他国家
的长距离公路几乎同时发展。格鲁吉亚军用道路（Georgian
Military Road）耗费 400 万英镑，由俄国军队建设而成，它穿
过高加索山区把弗拉季高加索（Vladikavkaz）和梯弗里斯
[Tiflis，现在称第比利斯（Tbilisi）]连在一起。它的修建目的
是镇压该地区目无法纪的穆斯林部落，同时把俄国与其边远省
份格鲁吉亚连接起来。与此同时，在 1849 年征服旁遮普
（Punjab）之后，英国开始整修古老的大干道（Grand Trunk
Road）中连接德里（Delhi）、拉合尔（Lahore）和白沙瓦

（Peshawar）的一段，该部分长达 568 英里。修筑这些道路的目的兼具战略性和商业性，它们可以加快军队、人员和商品通过不利地区的速度。

伯顿对比美国公路与罗马道路的做法是恰当的。从地图上看，向西的路线是一些穿越广阔空白地带的虚线，其重要性不高。它们是连接地理上相互隔离的美国各地区的堤道，穿过的是当时被认为不适合居住的荒野地区。在 19 世纪 50 年代早期，很少人考虑在大平原上定居，或者将之视为适宜居住的地方。"整片辽阔的内陆地区都被冠以一个笼统的名字，即内布拉斯加，"查尔斯·弗格森写道，"……（它）只是印第安人的栖居地和北美野牛的分布区。"旅行者一直把在大平原上旅行比作在大海中漂流，他们的大篷车被叫作"大草原上的纵帆船"是有原因的。[17]

不过，道路总会形成它们自己的势力：通过连接一个帝国里相隔遥远的地区，它们最终凭借自己的力量构成了帝国。就像凝聚海洋帝国的海上航线，或者在世界其他地区穿过荒野、山峦或沙漠的长距离公路一样，西进之路也必须由一连串军队前哨和武装巡逻卫队保护。道路和航线不仅仅是脆弱的交通脉络，它们的影响力遍及整个地区。

理查德·伯顿在普拉特河河谷一边颠簸行进，一边欣赏野花和羽扇豆，在这一过程中，他提出了另一个深刻的见解：支配 19 世纪中期的帝国主义的并不是某个国家的权力欲望，而是不可阻挡的移民浪潮。如果说道路一向是帝国主义的触手，那么在 19 世纪，它们也是开疆殖民者和拓荒者的希望与野心的具体表现。除了桥梁和隧道之外，少有事物能够如此粗陋地象征它们面对自然取得的胜利，或预示它们在未来的繁荣。从新西兰的惠灵顿（Wellington）出发通往怀拉拉帕（Wairarapa）的道路就是一个例子，它在陡峭和土墙一般的瑞姆塔卡山脉（Rimutaka Ranges）中起伏。它的开凿始于19世纪40年代，但其完工因毛利人的骚乱、地震和险恶地形而一度延期。在1856年完工之后，这条蜿蜒的瑞姆塔卡山路使拓荒者得以乘坐大篷车进入内陆去出口那里的主要产品。 93

凌驾于自然之上的权力通常是凌驾于他人之上的权力的委婉说法。道路是扩张中的西部的前驱，随之而来的是城市和铁路。领地遭到侵略的人们往往因此感到十分愤恨。早在美国拓荒者西进探险、穿越大陆的几年前，开普殖民地的布尔人（Boers）已经开始了进入南非内地的征途，英国殖民者很快跟在了他们大篷车队的后面。到19世纪50年代时，大公牛拉动的篷车走过的小路已经变成公路，克服了德拉肯斯堡山脉（Drakensberg Mountains）那样的艰难险阻，贸易、大象捕猎和传教活动因此进入内陆地区。这些移民活动搅动了整个区域，激起了自由殖民者和因被殖民者逼迫而离开家园的班图人（Bantu）间的冲突，以及班图人与班图人之间的冲突，因为他们都要争夺土地和资源。尽管并不情愿，英国政府已经被卷入与科萨族、巴索托族（Basotho）、恩德贝勒族（Ndebele）和祖鲁族（Zulu）的一系列边疆战争和（或）条约谈判中。相似的，北美大平原上的大规模移民也迫使美国政府进入该地区，拿起新的责任和新的权力。

北美大陆移民浪潮的历史在很多方面就是19世纪50年代的世界经历的故事，也是在短短几年之内就导致大量生物灭绝的生态灾难的故事。

在这十年里，成千上万名旅行者走过该地区，他们留下的足迹是不可消除的。地图显示，这些狭窄的运输之路只是广阔平原上的羊肠小道，就局部而言不太方便，且在地区之内可以忽略不计。但是地图给人的印象是具有欺骗性的。北美大平原并非许多人想象中的那样从未与历史发生接触。从远古时代开始，它就是移民和竞争的舞台。就在白人大规模移民之前，那里的人口数量刚刚翻了一番，人们为了这片地区展开了激烈争夺。在最近几代人的时间里，夏延族（Cheyenne）和苏族（Sioux）都在向这一地区搬迁。在连续的战争之后，苏族控制了大平原北方，夏延部落则在中部和南部取得了绝对优势。这些令人畏惧的部落在普拉特河、北普拉特河与南普拉特河流域的势力范围重合了。普拉特河河谷是北美大陆上树木最繁茂葱郁的地区，对拉科塔族（Lakota）、苏族和其他实力稍逊的部落至关重要，没有人能够完全控制它。每逢夏季，美洲原住民在山地里捕猎野牛；而冬天一到，他们就返回河谷，享受足够的遮蔽和食物。

在年景好的时候，河谷也只能"基本上稳定地供应食物"。即便是在 19 世纪 40 年代，陆续出现的小股拓荒者开发了河谷后，印第安人也会抱怨拓荒者们给野生动物和植物造成的破坏。当这一小股细流变为湍急怒潮时（在 19 世纪 50 年代的最初几年，有 14.5 万人以及无数军事货运车队经过此地），原住民部落每年冬天回来后都只能看到一片一成不变的废墟。数千辆铁框大篷车碾坏了植被，在地上轧出一条比大多数道路都要宽十倍的主道。随移民一起穿越大陆的役畜和家畜啃光了道路两旁 4 英里以内的青草；树木也消失了，大批野牛、麋鹿、羚羊和鹿受到惊吓，都跑得远远的。除此之外，还有堆积如山的垃圾、腐烂的尸体和受到污染的河流。到 50 年代中期，曾经青翠的普拉特河河谷已经变成一位军官口中的"没有生命、没有树木、没有青草的荒漠"。污染迫使原住民部落寻找新的冬日庇护所，而且他们还要跟其他人展开竞争。[18]

考虑到他们的生活方式遭遇的突变，平原印第安人跟穿越大陆的移民打交道时的克制态度是了不起的。据估计，被原住民杀害的 400 名移民大部分是在南山口以西受到袭击的，那里已经超出了大平原的范围。尽管如此，他们仍然责怪白人带来的破坏并要求得到赔偿。有些原住民因此选择向大篷车发动突袭，另一些则向途经他们领地的移民索要过路费或贡品。萨拉·罗伊斯（Sarah Royce）在前往加利福尼亚的路上，就曾被不少印第安人拦下索取贡品。罗伊斯怒气勃发，坚持称："这是无理的要求！我们正在通过的这片土地属于美国。这些印第安人没有权利拦阻我们。"印第安人的回应是拿出火枪。问题不在于金钱，而在于原则：许多穿越大陆的移民满腔都是爱国主义热情，并不认为这些原住民拥有任何土地权利。这些移民是受"昭昭天命"（Manifest Destiny）驱使的步兵队伍。[19]

从离开密苏里河河岸的那一刻开始，移民就防备着报纸上写过的那些危险而凶残的美洲原住民。詹姆斯·甘布尔（James Gamble）曾经到加利福尼亚铺设当地的第一条电报线路，他说："我记得我第一次穿越大陆的旅行，那时我的手随时随刻都放在腰带里的左轮手枪上。每天有二十多次，我都准备好了把枪拔出来，对准距离最近的潜在目标，将子弹射向第一个质疑我们通行权的生物。"人们建议旅行者把左轮手枪放在腰带的右手边，让枪托突出，以便迅速把枪拔出来，然后从髋部进行射击，毕竟"快一秒钟就能救命"。疾病是死在路上的最大原因，其后就是武器操作不当——炫耀新枪却又缺乏经

95

验的新手特别多。[20]

大多数人从没见过印第安人，也没有用过柯尔特手枪去威吓他们，但这些武器还有别的用途。"今天下午有人在不太远的地方看到一群野牛，"海伦·卡彭特在其穿越大陆之行的日记中写道，"这引起了一阵骚动。有十个或八个同伴追了上去，他们有的步行，有的骑马，但都带着步枪、左轮手枪和刀。"即使胡乱开枪的移民不会导致1500万野牛的明显减少，割裂大平原的道路也会把兽群分成两半，并将它们驱赶到更远的地方，使得狩猎难度进一步增加。[21]

印第安人埋怨移民使他们的土地变得裸露光秃，移民则回应以敌意与挑衅；与此同时，部落之间争夺资源的暴力冲突也在不断升级，联邦政府被迫介入其中。史上最大规模的平原印第安人集会在1851年举行，来自拉科塔族、阿拉帕霍族（Arapahos）、夏延族、阿西尼博因族（Assiniboine）、肖松尼族（Shoshone）、阿里克拉族（Arikara）、希多特萨族（Hidatsa）、曼丹族（Mandan）和克劳族的12000多名印第安人在拉腊米堡（Fort Laramie）与美国政府的代表会面。印第安人部落同意确定边界和建造要塞，作为交换，美国政府须每年提供给他们价值5万美元的物品和粮食。两年之后，双方在阿特金森堡（Fort Atkinson）又签订了一份相似的协议，以保护阿肯色河（Arkansas River）沿岸的圣菲小径（Santa Fe Trail）。

协议扩大了平原上的军事范围，就本质而言，这反而使问题恶化了。"所有野蛮部落的印第安人都对建立在他们当中的军事据点感到极为厌恶，"经验丰富的皮毛猎人、贸易商、拓荒者和印第安人的代表托马斯·菲茨帕特里克（Thomas Fitzpatrick）写道，"他们认为移民摧毁了树木，赶走了猎物，打乱了他们的势力范围，还激起了敌对情绪。"协议注定会失败，因为游牧的武士部落靠狩猎维持生活，他们不可能被限制在指定区域。"你已经分裂了这片地区，而我不喜欢这样，"苏族的拉科塔部落酋长黑鹰（Black Hawk）如此评论《拉腊米堡条约》，"我们靠狩猎过活，我们的狩猎范围从普拉特到阿肯色，从这里上及红山和甘霖河（包括今天的科罗拉多、堪萨斯、内布拉斯加和怀俄明的大部分）……这些土地曾经属于基奥瓦族（Kiowas）和克劳族，但我们把他们赶了出去。我们在这方面的做法，和白人索要印第安人土地时的做法一样"。[22]

在菲茨帕特里克看来，用礼品来贿赂印第安人和用薄弱的军事力量威慑他们注定会失败。"我们与大草原和山区里的野蛮部落的关系留给他们一个简单的选择：要么军队，要么年金……任何折中做法都只会产生伤害，并可能导致悲惨的失败。"在1853年，对越冬地的破坏变得更为严重。菲茨帕特里克报告称，夏延、阿拉帕霍和拉科塔等部落"实际上正在挨饿。他们的妇女深受物资匮乏之苦，孩子常常饿得嗷嗷大哭"。[23]

情况一年年恶化，变得越来越危险。事态在1854年发展到了高潮。当时有4000名布吕莱苏族人（Brulé Sioux）扎营在拉腊米堡附近，等待1851年协议规定的年金发放，但当年的联邦政府代表迟到了（这实在是一件很常见的事情）。印第安人在挨饿，武士们的怀疑越来越深，氛围开始变得紧张。

8月17日，西行的摩门教徒的一头母牛误入印第安人的营地并被迅速屠宰。伏熊酋长（Chief Conquering Bear）提议赔偿一匹马或者一头奶牛，要塞的司令官休·弗莱明（Hugh Fleming）却想要逮捕相关的印第安人。涉事的武士高额（High Forehead）是来自另一个部落的访客，伏熊酋长无权命令他，也不想有违好客之道，因此拒绝将他交出。第二天，蔑视印第安人的年轻骑兵军官约翰·格拉顿（John Grattan）少尉带了28人到苏族营地。他们没有谈判的打算。

格拉顿让手下站成一排，把两门大炮瞄向布吕莱人的营地。他那醉醺醺的翻译官高声叫喊着军队要杀光苏族人。伏熊酋长重申了赔偿马匹的提议，但这同样遭到醉酒翻译官的曲解。在混乱之际，有人开了数枪，但是伏熊酋长仍然力劝苏族的武士保持冷静。当格拉顿的手下射出第二批子弹时，酋长因为后背中弹而倒下。一切克制都失效了，格拉顿及其小队的全部队员都被杀死分尸。布吕莱的武士袭击了贸易站，然后将其付之一炬。

这场报纸所称的格拉顿大屠杀激起了人们的愤慨之情，负责印第安人事务的长官却相信，这起悲剧不是事先预谋的，而且称赞了苏族人事后的良好举止。但这不够。民众和政界都要求复仇。1855年，威廉·S.哈尼（William S. Harney）准将带领600名士兵从莱文沃思堡出发去严惩苏族人，同时向其他平原印第安人展示武力。9月3日，哈尼在普拉特河河畔的阿什霍洛（Ash Hollow）——一个雪松和悬崖包围下的美丽地方——碰到了一处有250名布吕莱苏族人的营地。随后发生的战斗导致86名布吕莱人——包括妇女和儿童——陈尸于野生的铁线莲丛中。两年之后，埃德温·萨姆纳（Edwin Sumner）上校带领第一骑兵团发起了一次大范围的惩罚性征讨，对象是曾经袭击移民车队的夏延部落。

一半人负责搜索北普拉特河一带，然后沿着弗朗特岭朝南普 98
拉特河行进，其他人则经阿肯色河向同样的目标进发。部队
在绕过大平原并实现会师之后，开始进入中央大平原，一路
沿里帕布利肯河（Republican River）和所罗门河（Solomon
River）行走。在途中，他们与一群夏延人发生了战斗。萨姆
纳的队伍摧毁了 171 间住房和大量用来过冬的野牛肉储备。
这些事件标志着与平原印第安人的间歇性战争打响了，而且
这些战争将会一直持续到 19 世纪结束时。

*

伯顿同情美洲原住民，他在穿越大陆的道路上颠簸行进时
写道，"这些作困兽斗的可怜民族曾经是北美地区的主人"，
然而"现在仅能为生存奋斗"。尽管十分赞赏平原印第安人，
但他仍以他从大英帝国边疆得来的经验为基，为征服他们出言
献策。他把英国在印度、美国在大平原都应用的驻地分散的不
利前哨系统，跟法国在阿尔及利亚的中央集权式军事策略做了
对比。法国建立了人员与弹药的大型补给站，"并使之成为远
征部队的中枢，因此无论哪个地方发生袭击或是叛乱……大量
部队都能通过完善的军事道路体系来投放"。托马斯·菲茨帕
特里克肯定同意这种说法。尽管他跟印第安人一起生活了很长
时间，而且对他们的命运深表同情，但他仍然认为，用最少的
重骑兵连队巡逻 40 万平方英里会引发"一种白人虚弱无能的
想法"。永久性地慑服印第安人需要有一支规模庞大的军队提
供支持。[24]

并不是菲茨帕特里克们对平原上的原住民失去了耐心，他
们的同情也没有消减。相反，他们被一种宿命论影响。他们认

为，19 世纪 50 年代的进步力量"超出了人类的控制，不可阻挡"，强者——凭借武器、农业技术、机器和绝对数量——将会取代弱者，这是自然规律。[25]

造成这种情形的另一个因素是恐惧：夏延族、苏族和科曼奇族（Comanche）都是世界上最令人畏惧的马上武士，都能组织强力的反抗，而且他们已经被逼到崩溃的边缘。"印第安人变得愈发绝望，像野兽一样被东西包抄的敌人围住，而且这种包围越来越紧，"伯顿写道，"这些部落如要变换驻地，就不得不侵犯邻居刚刚占领的土地，这自然也会引起邻居们的敌意；他们因此被逼到了绝境。"伯顿写下以上文字的时候，平原印第安人常去的庇护之地，如青翠的里帕布利肯河河谷、所罗门河河谷和大雾山（Smoky Hill），都已经被新一代的"阿尔戈英雄"和庞大的货运车队变成了繁忙的道路。更糟糕的是，位于落基山脉弗朗特岭的肥沃河谷曾经是至关重要的越冬之地，如今却突然变成了城市和大牧场的所在地。在 1859 年的秋天，威廉·本特（William Bent）在阿肯色的大本德（Great Bend）与基奥瓦族和科曼奇族的领袖会面。他们语气平静，但本特相信，"这些印第安人暗中被复仇的激情点燃了"。原因很明显："他们面对的是粮食歉收、白人的侵蚀与包围，以及因衰亡、灭绝近在眼前而生的愤怒感。"[26]

"灭绝近在眼前"的感受同时在世界各地弥漫。原住民保护协会——一个成员都是福音派教徒和反奴隶制运动元老的压力集团——每年都发布报告，详细说明原住民人口的急剧减少。无论是澳大利亚的原住民、新西兰的毛利人、南非的科萨人和祖鲁人，还是加拿大和美国的印第安人，无论在马达加斯加或巴西，还是在太平洋岛屿或潘帕斯草原，故事都相似得令人绝望：地方当局和帝国政府都不愿意限制海水般涌入的殖民者。澳大利亚是原住民人口灾难性减少的最好例子：在 1788 年，原住民还有 70 万人；到 19 世纪 50 年代末时就只剩 18 万人了。美国的表演家和探险家乔治·卡特林（George Catlin）曾经和许多人一起警告世界，称无数原住民部族的灭绝都已近在眼前。在伦敦皮卡迪利大街的埃及大厅（Egyptian Hall），他展示了美国原住民的手工制品（与来自世界各地的其他奇异珍品一起），以及加拿大奥吉布瓦族（Ojibwas）与美国艾奥瓦族的族人。在伦敦皇家研究所（Royal Institution）的一次出席者众多的演讲中，他呼吁建立一个人类博物馆（Museum of Mankind），为后人记录正在被忘却的民族。他提醒伟人贤者："大不列颠拥有超过 30 个殖民地，它们分布在地球上的不同 100 地区，其中文明人的数量正在上升，原住民部落则日渐衰弱；文明的进程无处不在，就像在美国一样，这是一场灭绝战争，也是我们的种族战争。"[27]

卡特林和其他人的话在可以原谅的范围内有所夸大，但对原住民来说，他们害怕快速殖民带来的间接影响大于殖民者的种族灭绝行为（虽然后者也相当可怕）。在南非，在殖民者的屠杀和持续前移的疆界的压力下，科伊科伊人［当时被称为霍屯督人（Hottentots）］进入新的地区，因而与其他民族发生冲突，其人口从 20 多万降至 3.2 万。根据威廉·本特所说，在大平原，"人口众多而且十分好战的印第安人"正在遭受来自四面八方的殖民者的压力，他们"被迫挤在一小块领地里，不仅缺乏食物，而且被移民常用的行进路线分开了"。在 19 世纪 50 年代中期，人们注意到，在南方的夏延族、阿拉帕霍族和科曼奇族当中，女性与男性的比例为 3∶2，这是武士竞夺残存资源导致战斗日趋激烈的明显迹象。不仅如此，死亡还以另一副伪装隐伏在这片土地上。[28]

道路是病菌散播的媒介。在聚集于密西西比河支流沿岸的准备旅行的人群当中，霍乱和痢疾十分流行。他们在向西进入大平原的同时，也把病菌带到了那里。流行病导致超过 3 万名移民死亡，而且这些疾病跟天花、支气管炎和梅毒一起毁灭了美国原住民，就跟它们对澳大利亚原住民所做的一样。有些部落损失了 1/4～1/3 的人口。在北美和其他地区，疾病导致的死亡人数远多于战争和屠杀。科萨人尽管在众多边界冲突中损失了土地和战士，但仍然保持独立，没有受到西方人疾病的侵袭。然而在 1853 年，一头感染了致命牛肺病的欧洲奶牛被进口到开普殖民地的西南部。两年之后，这种病毒就不受阻挡地沿着公牛大篷车的路线传播，直至 1855 年到达科萨人的地盘。牛是科萨人的财富和权力的基础，因此牛群的毁灭将会威胁其民族生存。

101　　　　就像科萨人依赖于牛群一样，平原印第安人依靠野牛。先是道路，然后是迅速扩张的放牧边界，它们搅乱了大规模的野牛群，迫使狩猎队伍走得更远，马匹因而筋疲力尽，能够维持部落生存的食物也减少了。科萨人和平原印第安人并不是仅有的因为 19 世纪 50 年代的骚动而生活遭到颠覆的民族。新西兰的毛利人是另一个例子，他们的人口数量在 1856 年被欧洲移民超越。人口数量并不是主要问题：白人大多在沿海的殖民地城镇群落中活动，大片的内陆地区都没有受到波及。然而，绵羊的数量从几千只激增至数百万只。这些大量增加的美利奴绵羊需要广阔的牧场来轮牧。在新西兰南岛，大面积的草地、欧洲蕨林和湿地都被烧掉，原生景观变成了欧式田园，里边都是进口的牧草和封闭式的饲养场。移民使用土地的方式及其与土地的关系都跟原住民截然不同。他们想用栅栏把土地围起来，他们想拥有自己的地盘并驯化它，而且方法通常是粗放的和压榨式的。

质疑毛利人、科萨人、科曼奇人、苏族或夏延人等民族的反击和抵抗能力是轻率的举动，但是，他们赖以生存的生态环境要脆弱得多。游牧的放牧者、猎人和武士都需要大片可自由驰骋的土地以寻觅分散而有限的资源。土地面积的缩减、农场的侵蚀、外来疾病的肆虐和道路带来的环境冲击，都使得定义这些民族的生活方式而不是这些民族本身必然走向灭亡。

在1850年，很少有人会预测这些改变要多久才能结束。当所有信号都已经明确的时候，再去阻止势头就已经太晚了。"衰亡、灭绝近在眼前的愤怒感"激起了末日将至的焦虑。原住民社会的普遍反应是重新发掘古老的传统和向神灵求助。在1857年的所罗门河河畔，当萨姆纳上校准备攻击夏延人的营地时，两位分别名叫艾斯（Ice）和达克（Dark）的武士告诉他们的族人，造物主马西欧（Maheo）会奖励大家的勇气和忠诚。艾斯和达克给予武士们能够阻止第一骑兵团的步枪开火的药物，并让他们沐浴可使身体变得刀枪不入的圣水。但骑兵拔出马刀开始冲锋，说明马西欧正在惩罚夏延族，于是武士们逃之夭夭。到后来，矿工和殖民者的推进越来越难以阻挡，好战的部落拼命坚守传统的生活方式，退入更偏远的空地，避免与白人接触或者向其妥协，坚持着他们最后的抵抗。[29]

西方的推进、生态的崩坏和灾难性的疾病给原住民造成了严重的精神创伤。抵抗白人入侵长达八十年之久的科萨人经历了军事挫败，接着又遭受了牛肺病的肆虐，灭绝已经近在眼前。在他们看来，他们因为缺乏信仰而受到了惩罚：他们的土地被污染，恶灵蛊惑了他们。在 1856 年，一个名叫农卡鲁斯（Nongqawuse）的少女先知命令科萨人杀光剩余的 40 万头牛并烧掉农作物。对于一个面临毁灭的民族来说，她的预言混合了古老的创世信仰和新近传入的基督复活思想。他们深信，只要按照农卡鲁斯所说的去做，他们就会得到净化，祖先就会把数不尽的牛还给他们，白人就会被大海吞没，天国就会降临人间。结局可想而知：40000 个科萨人死于饥饿（当时其总共只有 107000 人），另外有 40000 人逃到开普殖民地成了难民，他们的土地被白人殖民者占领了。[30]

理查德·伯顿把 19 世纪 50 年代的美国边疆视为世界的西部边疆的一部分。如果说在这十年里，白人感觉世界正在加速发展，各地间的距离正在缩小，那么无数其他人也感受到了正在逼近的全面变革。在美国，白人已经把原住民排挤出了密西西比河以东的地区，并且令北美野牛在该地区消失了两个世纪之久。辽阔的北美大平原本应是最后的避难所，但在 19 世纪 50 年代，变革的迅猛步伐使该地居民惊恐不已，他们以为他们的生活方式永远消失了。

1859 年，一个拉科塔的苏族人告诉普拉特河上游印第安人事务局的托马斯·特威斯（Thomas Twiss）：三十年前当他自己还是一个青年的时候，他曾经从普拉特河一路走到明尼通卡（Minne Tonkah，位于密西西比河流域）。接着，他进入了温尼贝戈人（Winnebago）的领地（那里后来成了威斯康星），然后抵达了大湖（Great Lake，即密歇根湖）。他回家的时候经过了伊拉拉瀑布（Irara Falls），也就是白人口中的明尼苏达的圣安东尼瀑布（St Anthony Falls）。在他穿越的辽阔土地之上（他的旅途往返距离长达 2000 英里），他只在今天的伊利诺伊或者威斯康星的密歇根湖湖畔瞥见过白人，他们是一小撮与世隔绝的殖民者。

"我们的'长老'告诉我们，白人永远不会在我们的土地上定居，也不会杀戮我们的猎物，"他说，"然而看吧！白人已经占领了我刚才描述的这些地方。"侵略者足足有 100 万人。特威斯写道，19 世纪 50 年代"大大加快"的移民进程意味着"上百万人"很快也会定居在大平原，而且会带来农业并驱散猎物。大群的北美野牛曾经聚在一起，使当时的大草原看上去一片黑，一直黑到地平线的尽头；如今，野牛群却被分散为逐渐变小的群落，不断逃离"白人的步枪"和道路。正如特威斯所写，声势浩大的移民浪潮使"原始部落的灭绝"变成必然。无怪乎当时的气氛仿佛末日来临，"我们的国家变得越来越小，"拉科塔族的领袖说，"而且，在我们的孩子长大之前，我们就已没有猎物了。"[31]

*

海上的飞剪船使旅行时间缩短了几个星期，陆地上的情形也一样。就在离开密苏里河河岸的五个星期之后，理查德·伯顿已经身在加勒比海的一艘前往英国的船上了。他还不慌不忙地在盐湖城停留了一个月，在弗吉尼亚市（Virginia City）和旧金山到处闲逛，还去了墨西哥观光游览。尽管如此，他这趟漫游耗费的时间，就跟几年前穿越大陆的人从圣约瑟夫出发到萨克拉门托花的时间一样长。贯穿大陆的道路、城市和定居点、轮船航线以及巴拿马地峡铁路彻底改变了北美和中美地区。如果伯顿赶路，只需花之前所花时间中的一点儿，就可以抵达加勒比海。他把他旅行的便捷归功于克服时间距离而不是空间距离的需要；归功于对信息的重视，而不是人员运输的重要性。

104　　　在19世纪50年代，加利福尼亚一直孤立于联邦其他地区之外，与连接其他州的电报网、铁路、运河和天然水系都相距甚远。绝大多数寄往或发自加利福尼亚的信件和报纸由经过巴拿马地峡的轮船运送。信件被送达旧金山的消息会通过吊在电报山（Telegraph Hill）上的大黑球告知人们。轮船到达的日子被称为"轮船日"（Steamer Day）；在每月两次的"轮船日"，整个旧金山都会陷入疯狂。新闻与重要的商业信件一起，像久旱之后的倾盆大雨一样到达，并在商业、贸易、新闻、政治等领域引发了一连串的疯狂活动。它们中有国会的新闻、来自华尔街的最新股票数据、最近的商品价格和世界经济局势的关键信息。人们提前几天就排着队——或者雇男童排队——等在邮局外。信件发出的时候也非常疯狂。商人和银行家匆匆忙忙地写好发给联邦各地的代理人的汇票和指令，记者也迅速敲定将要分发到美国和欧洲各大城市的稿件。

　　这种管理事务的方式很难令人满意。一方面，无价的信息在国外传递的时候，随时可能受到干扰破坏；另一方面，信息服务太少，而且价格昂贵，这令人恼火。美国政府的目标是建立由其控制且不受干扰的横贯大陆的通信渠道。

　　1857年，国会授权美国邮政部长阿伦·布朗（Aaron Brown）把密苏里与加利福尼亚之间的贯穿大陆的邮政服务外包出去。布朗来自南方，他确定了一条从圣路易斯、密苏里、孟菲斯、田纳西出发，经过史密斯堡（阿肯色）、埃尔帕索（得克萨斯）、图森（亚利桑那）和洛杉矶，最后到达旧金山的超长弧形路线。巴特菲尔德陆上邮政公司（Butterfield Overland Mail Company，由包括美国运通和富国银行在内的四家公司控制）拿下了价值60万美元的政府合同，每周都有两辆驿站马车从圣路易斯出发前往旧金山，相反的方向也一样。

　　邮车每天能走二十四小时，每20英里就到有喷泉和水源的驿站换马。穿过印第安人的领地及得克萨斯和新墨西哥的干旱地区会非常艰苦，康科德马车气势腾腾地沿这条路线从圣路易斯前往旧金山，全程一共2800英里长，耗费的时间比合同规定的二十五天还少。加利福尼亚人现在可以享受每周两次的邮政投递服务了，这对于快速增长的经济来说是一个重大的进展。

　　每天走超过100英里，这样的步程足够快，但也非常疯狂。根据伯顿所说，"乘客因为威士忌而发狂，加上缺乏睡眠，他们经常被强制性地绑在座位上；他们在中途停歇的十分钟里吃完伙食，那味道简直令人作呕；天气太热，臭气弥漫"。《纽约先驱报》（*New York Herald*）的记者沃特曼·奥姆斯比（Waterman Ormsby）作为走巴特菲尔德路线的第一辆马车的乘客，如此写道："我现在知道地狱是什么样的了。我已经在地狱中度过了二十四天。"[32]

　　在伯顿横穿大陆的时候，送信的驿站马车走的是中央陆上路线（Central Overland Route），在该路线上，近来跑得最快的是拉着移民大篷车的公牛队，它们每天都沿满是车辙的小径跑上令人疲倦的几英里。伯顿一屁股坐在康科德镇制造的豪华弹

105

簧马车的皮革座椅上，抽鸦片排遣无聊，马车则在状况良好的路上猛冲。这是一辆新规划的每周一趟的邮车，从密苏里河出发，到终点盐湖城之后与来自加利福尼亚的邮车交接；在到达盐湖城之前，这辆马车还会在道路上不时出现的许多站点换骡子。旧金山发出的信件到达密苏里边界上的城镇只需要令人吃惊的十九天，然后信件会被装上火车，或者通过电报发往东部。

然而，当伯顿坐上这些便捷的马车时，它们已经落伍了。此时，小马快递（Pony Express）从加利福尼亚电报系统的终点运送信件到圣约瑟夫只需要花费令人难以置信的十天。这些年轻、大胆的骑手因勇猛、瘦削的体形而被选中，不分昼夜地在他们熟知的中央陆上路线上接力。他们每隔 25 英里左右就要换马，而每个站点之间相隔 50 ~ 75 英里。这种信息传递的方法无须中途停留，速度能够达到每二十四小时 250 英里。骑手把信件放入他们的马鞍袋（一种轻便的墨西哥式小袋），对每半盎司收费 5 美元。令人毫不奇怪的是，时效性要求高的商业、政治和报纸通信构成了小马快递的主要信件来源。人们用极小的字体在"金叶一样轻薄的纸上"书写信件，它们就如同另一个时代的航空信件。

关于道路的故事放大了美国和世界在 19 世纪 50 年代的特有主题：大规模移民、通信、原住民的流散和对速度的渴求。这种故事不仅展示了缩短长途距离的方式，也暗示了世界力量的重大变更。

就像赛勒斯·菲尔德梦想用电缆来连接欧洲和美国，其他企业家很快就意识到，西进的道路不仅有可能成为加利福尼亚的财富之路，还有可能成为进入太平洋和亚洲的入口。根据参议员威廉·H. 苏厄德（William H. Seward）的演讲，一条贯穿内华达山脉到旧金山的铁路作为"火爆的路线"将会"在全世界引起新的轰动"。英国的全球商业力量即将瓦解，理由很简单："就像磁石之于铁一样，大陆（铁路）在东部的大站将会吸引货运列车运货到联邦各州，其流入的规模是（英国东）印度公司从来没有见过的，它们包括北部的皮毛，南部的药材和香料，中国的茶叶、丝织品和绉布，西藏的山羊绒，印度和婆罗洲的钻石，日本列岛、满洲、澳大利亚和波利尼西亚（Polynesia）的各色产品……还有想象不到的商业元素都会从海洋深处被带入现实之中。"作为回报，美国将会出口肉类、面包的原材料、棉花、"《圣经》、印刷机、投票箱和蒸汽机"到迄今"仍未得救的广阔区域"。[33]

正如美国道路史展示的，新的发展在短短一段时间内就把旅行时间从几个月大幅削减到了几天。尽管高速的驿站马车和小马快递的骑手已经令人印象深刻，但他们仍然渴望追上人类的雄心。梦想中的图景是铁路轨道铺设在横穿大陆的路线之上，电报线路与之齐头并进，直到地平线的尽头。这对双生儿拥有的变革力量足以改变世界。它们将会加快货物和信息在地球上的传递，使未经开发的处女地获得开发。

人们很容易就能注意到那样的未来。土地被不断勘测，需求业已存在，金融体系也建立起来了。没错，沙漠、峡谷和内华达山脉都是障碍，然而，最大、最难以克服的障碍是政治上的。横贯大陆的铁路方案多次因为困扰美国政治界的地方主义而濒于失败。北方不会批准一条从新奥尔良到旧金山的铁路，南方则否决了以芝加哥为起点的路线。

这条铁路的命运引起了欧洲与亚洲民众的热切关注。

他们不得不等待美国政治解开"戈耳狄俄斯之结"①。但与此同时，美国朝着大陆核心区域的无情推进包含着深长的意味。在 19 世纪 50 年代，有一点越来越明显：世界的力量均衡正在从伟大的港口和海上航线转移到广阔的内陆地区。

---

① 戈耳狄俄斯是希腊神话中的弗里吉亚国王，曾在牛车上打了一个复杂难解的结，神谕说解开这个结的人就可以成为亚细亚之王。相传亚历山大大帝在见到这个绳结之后，拿出剑将其劈为两半，解开了这个难题。戈耳狄俄斯之结后来的引申义为用非常手段才能解决的复杂问题。——译者注

第五章 帝国恒星

明尼苏达

大陆和岛屿、荒野和丛林、森林和草原，它们在短短数年之前仍是野人出没和动物潜行的荒凉之地，现在却拥有繁忙的商业……几年之前，这片植被茂密的大平原上除了孤零零的野人棚屋放出的炊烟外，毫无人类的痕迹；现在你却能看到成群的牛羊和金黄的庄稼环绕着繁忙的城镇，"文明世界的居民们"在此间熙熙攘攘。

——查尔斯·赫斯特豪斯[1]

难道大不列颠的荣耀已经到达顶峰和终点，然后开始暗淡了吗？英国是不是正在衰退？

1855 年，安东尼·特罗洛普（Anthony Trollope）把这些问题放在一份直到 20 世纪才发表的小册子的开头。他问道："新西兰人取代英国人在世界文明历史中的地位的时间马上就要到来了吗？"在特罗洛普心中，新西兰人早应获得目标读者的认可。在一篇发表于 1840 年的文章中，伟大的历史学家托马斯·巴宾顿·麦考莱曾经描述了未来的某个时刻：一个来自新西兰的游客站在伦敦桥的遗址之上，为其残存的穹顶和昔日伟大都市的文物古迹画下素描，就像现代旅客在他们的脑海中想象古罗马帝国首都的光辉并沉思历史的无情循环一样。[2]

109 麦考莱并不是说新西兰有一天会超越大不列颠。但是，不管有意还是无意，以鼓吹新盎格鲁－撒克逊世界为业的人总会歪曲历史学家的观点以达到自己的目的。澳大利亚和新西兰的乔治·巴特勒·厄普公司（George Butler Earp）的推销员孜孜不倦地说："澳大利亚和新西兰正在迅速成为盎格鲁－撒克逊族群的最高点……成为新帝国的缔造者之一是了不起的成就，可以影响人类的命运——那样的帝国正在南半球崛起，到那时，北半球的旧帝国只能存在于传统时代。"[3]

  如果说英国的民族特征正在转移到南半球，在美国，文明的钟摆则在向着西部摇动。"权力、数值、政治、经济和社会的中心，都在……不可避免地、一步一步地从大西洋沿岸走向大陆的深处，"西进运动的鼓吹者杰瑟普·斯科特（Jesup Scott）写道，"这个中心将在辽阔的内陆平原上找到一个栖息之所，这就像地球绕着地轴不停地运转一样，看起来是不可避免的。"帝国的恒星，也是进步与大规模移民的恒星，其轨道朝着西北方。[4]

  在未来，大西洋沿岸的繁忙都市将走向衰落，新共和国的摇篮会迁移到地理意义上位于美国心脏地带的临河大城，我们今天说的中西部当时还是西部边疆。当时仍默默无闻的莱文沃思、明尼阿波利斯（Minneapolis）、奥马哈（Omaha）、堪萨斯城、圣路易斯，或是还在萌芽阶段的其他边疆城市，很快就会成为以五大湖和密西西比河系为基的崭新帝国中的大都市，使纽约、波士顿、巴尔的摩（Baltimore）、费城、查尔斯顿和新奥尔良都黯然失色。芝加哥、辛辛那提（Cincinnati）和底特律已经开始崛起，而且正在以脱离地心引力的速度发展。人们预测，中西部将会成为地球上人口最密集的地区，而且该地的铁路网、河流和运河相互连接，其肥沃的农业用地和丰富的矿藏资源能够为多个工商业城市提供支持，吸引了 1000 万来自世界各地的人口。克服了地理障碍的铁路、缩短了时间距离的电报、城市化的迅猛推进及大规模的移民将会决定性地将文明的中心从海港转移到内陆。[5]

在某种程度上，这类观点就像鲜血流向手脚一样自然。未来属于盎格鲁－撒克逊世界现在的边地，也就是美国西部与澳大利亚及新西兰，看起来是自然而然的事情。19 世纪 50 年代的经济繁荣带来的兴奋激发了这些预测，而且这种狂热的兴奋与黄金或贸易一样（或者更加）有力地推动了移民进程和经济发展。

＊

如果说在 19 世纪 50 年代，新西兰逐渐被部分人视为未来的英国价值观储藏室，那么其在美国的对应地区就是刚刚开放的明尼苏达，人们普遍认为这里预示着美国未来的方向。两地都是新近获得的边远地区：欧洲人曾经在新西兰的海岸建立捕鲸站点，与此对应的明尼苏达则是远离"文明边界"的皮毛贸易站点。前者于 1840 年被并入英国，后者则在九年后被划入美国领土。在 19 世纪 50 年代初，新西兰的人口中有 22000 名白人和数量远超于此的 65000 名毛利人；明尼苏达拥有 6000 名白人和 30000 名美国原住民。《怀唐伊条约》（Treaty of Waitangi）规定：毛利人将主权让与维多利亚女王；他们拥有处置地产的权利，但如果要出售，就只能卖给英国王室。英国王室到 1853 年已经抢先买下 3200 万英亩土地，包括新西兰南岛的大部分，这些土地的总价不过是微不足道的 61847 英镑。

1851 年，通过《苏族水道条约》（Treaty of Traverse des Sioux）和《门多塔条约》 （Treaty of Mendota），美国政府支付了166.5 万美元，从达科他（Dakota）苏族手中换来 2400 万英亩土地，其中大部分在明尼苏达。[6]

这些条约没有一份令人满意。把诸如"主权"之类的概念翻译成毛利语是几乎不可能的。突然变成大英帝国的一员及这种转变的所有内涵对新西兰的原住民并没有产生实质性的影响。他们仍需面对不断出现的现实难题。规模小但人口过多的欧裔新西兰人（Pakeha）的定居点（人们这样看待殖民社会）能够提供贸易和土地买卖的机会，对此毛利人十分乐意接受。那些土地虽然已经售出，但大多数实际上没有发生任何改变。只有 10% 的毛利人住在南岛，而且那里的大多数土地已经卖出。不管怎样，拥有数量优势和战斗技能的毛利人一直让欧裔新西兰人感到害怕。移民和军队在新西兰与明尼苏达的大量拥入将会使那些条约的意义逐渐显露。

新西兰和明尼苏达都曾被视为"最遥远的图勒"（Ultima Thule），中世纪的地理学家用这个词组来表示位于已知世界之外的地区。不久之前，新西兰仍作为一个食人族的岛屿受到轻视，它是一个对于白人移民来说既偏远又危险的地方，其土壤因过于荒凉而不适合耕种。在 19 世纪 40 年代，白人移民与强大的毛利人部落曾经发生了一连串的战争，但这并没有给白人带来至高无上的权力。明尼苏达则被称为"美洲的西伯利亚"，其气候和地貌都被认为因太过严酷、荒凉而不可能建立欧洲人的定居点。然而，到 19 世纪 50 年代，两个地区的土地都被火热出售给来自母国的民众，成为他们远离家乡的成熟定居点。它们不再是文明边界外的荒凉地区：忘了维多利亚和加利福尼亚吧，新西兰和明尼苏达才是 19 世纪 50 年代的真正的"黄金国"。

出售新的土地给潜在的移民并不是什么新鲜事。这种往往被人称为"热心拥护"（boosterism）的现象在新西兰和明尼苏达已经发展到了夸张的地步。热心的拥护者不得不发起长期的活动以克服人们对这些地区存在已久的偏见。潜在的移民就像自由市场中的消费者，他们可以从一系列世界各地的目的地中进行挑选。英国人热切盼望移民前来他们的殖民地，但也十分坚持自由放任主义。无论是去美国、澳大利亚、加拿大，还是开普殖民地、纳塔尔（Natal）或新西兰，移民都拥有同样的自由。事实上，美国离英国更近，路费更便宜，而且土地也不贵。因此，新西兰与明尼苏达同其他无数美国目的地形成了直接的竞争关系，就和它们同产金矿的澳大利亚、加拿大的大草原和前途光明的开普殖民地的关系一样。移民市场十分广阔，强行推销因此显得很有必要。归根结底，既然澳大利亚黄金满地，为什么还要去新西兰呢？有什么使明尼苏达比加利福尼亚显得更有吸引力呢？

*

根据新西兰最热心的拥护者查尔斯·赫斯特豪斯（Charles Hursthouse）所言，这块殖民地"勇敢而美丽"，拥有"世界上可能最好的未开发的农业用地"。萨拉·塔克（Sarah Tucker）描述说，"花园里种满了中欧和南欧的水果和鲜花"，不仅如此，"平原上现在或荡漾着金色的麦浪，或布满觅食的牛群"。明尼苏达的支持者同样强调他们土地上的葱郁之美，将之描述成最有农业潜力的地方。它的西部对手——艾奥瓦、俄亥俄、密歇根、印第安纳、伊利诺伊和威斯康星成长迅速，它们可能拥有不错的农业和富饶的草原黑土，但这些明尼苏达

112

也有。不仅如此，它还拥有丰富的水力和木材资源。除此之外，明尼苏达"位于（一条）绝佳的自然水道的源头，这在全世界都是独一无二的"。密西西比河发源于明尼苏达，苏必利尔湖（Lake Superior）与明尼苏达北部接壤。"她因此……成为辐射整个大陆的最大河道的中心"，而这条河道是通过密西西比河、五大湖、伊利运河（Erie Canal）和圣劳伦斯河（St Lawrence River）连接墨西哥湾和大西洋的运输带。明尼苏达并不是与世隔绝的拉普兰①，而是一个潜在的世界贸易中枢。这片土地难道不可能成为杰瑟普·斯科特所说的美国经济力量在内地的最终"栖息之地"吗？它难道不能成为未来伟大都市的所在地吗？[7]

因此，在美国和欧洲进行的公关活动中，无数书籍、小册子和报纸文章都把"美洲的西伯利亚"描述成伊甸园。除了邻近的自然奇观和无可比拟的肥沃土地，气候也是宣传策略的一个重点。明尼苏达在这方面很难吸引人，因为它冬天严寒，夏天酷热。新西兰的支持者可以夸耀他们国家的温和气候，并拿此来跟庞大移民生意中的竞争对手做对比：美国和加拿大的气候极端，而澳大利亚和南非又太炎热；新西兰的温和气候则拥有不可思议的特性——它不会太热，也不会太冷。沉浸于此的一位牧师说："病人会因此恢复健康，健康的人会因此变得强壮。"其他作家声称，那里的庄稼长得更快，水果的个头更大，动物也变得更肥壮——真真正正是个伊甸园。[8]

明尼苏达的一个策略是淡化寒冷程度，并使用类似"清

---

① 拉普兰（Lapland）位于欧洲最北部，现在是芬兰的一个行政区，其大部分区域都在北极圈内。——译者注

新凉爽"的委婉说法。不过，支持者更倾向于强硬地面对挑

战，将气候变为他们的优势。人们宣称，明尼苏达的气候可以 113

助人抵挡疾病的困扰，其"凛冽而纯净的"空气还能够治疗

慢性病。总有一天，医生会把长期病患送到那里而不是马德拉

群岛（Madeira）去休养。更好的消息是，盎格鲁－斯堪的纳

维亚人（Anglo-Scandinavians）在耐寒的气候里发展得最好。

温和的天气令人倦怠，与恶劣的天气斗争反而让他们勤劳、聪

明，具有共和国的美德。一个活跃的支持者声称，一个可证的

事实是，人和动物在明尼苏达比在其他任何西部州都要更勤奋地

工作。"似乎存在一个气候区域，在那里人们能达到肉体力量和精

神力量的最高水平。"此人激昂地说道。这个想象中的"区域"

曾经存在于古代罗马，罗马当时的天气显然也是"清新凉爽"

的，连台伯河（Tiber）都结了冰，但人们过得非常愉快。此后，

这种天气往北移动，给撒克逊人带去活力。"这是一笔宝贵的财

富……〔明尼苏达〕不仅坐落在这个区域之内，而且刚好处在巅

峰期。"这真的就是对天气的充分利用了。[9]

　　"我这么说不是出于吹嘘或者自负，总体而言，明尼苏达

拥有更多的与众不同之处……比我们的共和国大家庭里任何一

个西部的旧成员都要多。"另一个支持者如此说道。气候、健

康和土地都可能是福祉，也可能是祸端，它们汇聚到一起就是

所谓的与众不同。维多利亚和加利福尼亚也许能够一直提供诱

人的黄金，但像新西兰和明尼苏达一样的严酷而充满活力的地

区可以使人们有更多的收获。"强健、自立和目标唯一"都是

拓荒者应具备的首要美德，它们对于塑造伟大的维多利亚时代

的理想人格至关重要。[10]

　　几乎所有新西兰的支持者都会提到创造一个由自耕农自治

的国家，在荒野中复制和完善英国平均地权的观念。相比之下，维多利亚代表的是英国人最坏的行为——贪婪、粗鲁而又无法无天。支持者们声称，如果你突然迁居到一个新西兰城市，你会发觉它不是一个英国市镇，理由只有一个，那就是长髭和大胡子的流行。

对于成功的热情拥护者来说，许诺一个简化版的英国是不够的；还必须让他们渴求的健壮而又精力充沛的移民相信，迁居之地将比母国更好。对于英国来说，这里就像"一种全新生活的象征"，年轻的理想主义贵族托马斯·乔姆利（Thomas Cholmondeley）在新西兰短暂逗留后写道："我们可以在那里重新开始……我们可以获得新的能力；新鲜的能量从一个具有创造力和建设天赋的年轻社会散发出来，该社会迄今没有受到传统的压制，也没有被过火损害。"在 19 世纪 50 年代，人们提议重新给新西兰取一个名字，例如不列颠尼亚（Britannia）、南部不列颠（Austral-Britain）或者南不列颠（South Britain）。赫斯特豪斯说，一个移民到那里的英国人会发现，"他拥有同一位女王、同一种法律风俗、同一种语言、同一种学校、同一种教堂、同一种报纸、同一种社会机构；除了这里的树是常绿的，且没有冬天，没有歌剧，没有贵族，没有所得税，没有贫民，没有乞丐，没有棉纺织厂外，实际上，他就生活在青年期的英格兰"。人们同样宣称明尼苏达为新英格兰，一种具有北方特色且热爱自由和勤奋劳动的盎格鲁－斯堪的纳维亚文化在那里蓬勃发展，而且最终将超越其发源地的文化。[11]

赫斯特豪斯指出，"敢去荒凉地区开垦的都是强壮且大胆的人"。他写道，移民活动"唤起了勇气、耐力、干劲、进取心甚至所有的男性美德。意志薄弱、缺乏男子气概、过分讲究和害羞的人，都不会移民"。这些就是新西兰变成"新不列颠"的原因——拓荒者那代人的努力和品格取自英国价值观里最好的成分，并拒绝了最坏的。赫斯特豪斯和厄普等作者描述的扼杀英国人真正品格的社会专制，没有在这些殖民地出现。新西兰的民主程度更高，选举权更为广泛，政治体制也相对更为开放。在这个自由贸易和市场开放的时代，英国的帝国观念正在经历一次转变，目标是让其被白人定居的殖民地尽快做好独立的准备。这个过程的第一步就是实现可靠的自治，新西兰已经在 1853 年做到了这一点。新西兰和明尼苏达这样的地方没有历史的包袱，就像一张白纸，19 世纪的人在此诞生，西方文明也在这里获得新生。[12]

拥护者们必须让他们的目标听众迷恋未来，因为所有的美好事物都在未来。

*

在 1851 年水晶宫的无数展品之中，有博伊德（Boyd）的专利两用自动调整大镰刀。与传统的镰刀不同，它拥有可以调整的刀刃和手柄，因此不需要铁匠就可以调试好。它的销售对象是移民，他们将不得不割去原始的草地以辟出他们的宅地，然后在遥远大陆的偏僻地区里缔造一个微型英国。

无论在美国西部还是在英国人开拓的殖民地，这一幕与我们认知中的 19 世纪的边疆生活一模一样——偏远之地的以农业为主的生活方式，以及一间"坐落于大草原上的小房子"。但是，正如评论家所说，19 世纪 50 年代的拓荒者完全不同于他们的前辈。一位美国作家敏锐地注意到，在不久前的过去，首先定居在新土地上的都是猎人，然后是农民，之后陆续会有贸易商、零售商、律师、银行家、资本家和投机者，"文明的等级……一层一层（地进步）"。但在19世纪50年代，"所有人都一拥而入"，而且他们想定居在城市，而不是偏远地区。[13]

结果就是城市的超速发展，以及大量想尽方法要在未来成为大城市的城镇。在万国博览会和跨大西洋电报之后，"城市边疆运动"（urban frontier）是最能够体现19世纪50年代的自信与野心的标志。[14]

出于对这股狂热的兴趣，年轻的英国旅行者劳伦斯·奥利芬特（Laurence Oliphant）在1854年开始了他的旅程。他从缅因州的波特兰（Portland）出发，向西进入加拿大，然后穿越五大湖，途中使用了火车和轮船等交通工具，还坐独木舟穿过了湍流。他的目的地是明尼苏达，在那里人们可以目睹城市边疆运动最令人吃惊的场面。

劳伦斯·奥利芬特属于最好的那批导游。他是维多利亚女王治下的全盛时期的最令人着迷且阅历广泛的人。他出生于开普敦，父母都是苏格兰人。他在1851年定居伦敦时才22岁，但是已经在锡兰（今斯里兰卡）、巴黎、德国、意大利（他在那不勒斯目睹了1848年的革命）、希腊和尼泊尔等地生活、旅行过了，且还在锡兰当过讼务律师，参与了22宗谋杀案的审判。在学习英格兰和苏格兰法律的时候，他出版了第一本游记，讲的是他的加德满都之旅。

就在同一年（1852年），他从莫斯科前往下诺夫哥罗德（Nizhny Novgorod）游历，一路上告诉所有人他要前往里海。那只是他为甩掉俄国间谍而耍的花招。他真正的目的地其实是塞瓦斯托波尔（Sevastopol），那里是俄国在黑海的海军基地，从不对外国人开放。他利用伪装成功到达那里，偷偷绘制了该地的防御工事图。

当英国准备与俄国开战的时候，奥利芬特的《俄国的黑海海岸》（*The Russian Shores of the Black Sea*）成为必读材料，他的专业知识也满足了政治家和民众的需要。在下一个十年里，他将周游世界，从高加索到中美洲，从北京到巴黎公社。他是一个见证者，也是一名外交官、一位战地记者。他参与了克里米亚战争、第二次鸦片战争、日本开国、意大利统一和普法战争等重大事件。

但是，在所有这些发生之前的 19 世纪 50 年代初，他结束了记者生涯，转而接受任命，成为詹姆斯·布鲁斯（James Bruce）的秘书，詹姆斯·布鲁斯是第八代额尔金伯爵（Earl of Elgin）和英属北美总督（Governor-in-chief of British North America）。此时的英国氛围十分紧张。自由贸易将加拿大的制造商暴露于全球竞争的寒风之中，许多人呼吁英属殖民地加入美国。作为对此危机的回应，英国派额尔金伯爵到华盛顿就加拿大与美国互惠自由贸易协定的签订进行谈判。英国也会为创立一个庞大的交通网络提供资金支持，把多伦多、蒙特利尔、魁北克市同底特律、水牛城、波特兰（缅因州）连接起来。随着加拿大的未来与美国联系更加紧密，劳伦斯·奥利芬特在明尼苏达奇迹的吸引下跨过边界也就不足为奇了。

奥利芬特中途曾在密歇根苏必利尔湖畔的昂托纳贡（Ontonagon）停留。一座建到一半的旅馆耸立在简陋木屋的包围之中，与利物浦最奢华的阿德尔菲（Adelphi）酒店相比，它以后"肯定会更加舒适和富丽堂皇"。这一幕能够为广告宣传增色，能吸引投资者，而且最重要的是，移民会以最快的速度买下这里的土地和商品，然后扩大这里的城镇。影响力第二

117

重要的是一份（或者两份）向世界宣传这座新生城市之美的报纸。正如一位作家指出的，在 19 世纪 50 年代，"资本［走］在人口之前"：投机者率先到达，然后才是实际意义上的经济发展。昂托纳贡对于奥利芬特来说，是"一个位于正在形成的州里的偏远小镇的完美样本"。树桩被扔得到处都是，"看起来古老的森林仍在与定居者争夺土地"。[15]

忘记淘金热吧：在 19 世纪 50 年代，真正精明的人都在投机城市的未来。窍门是去荒凉之地购买土地，建设一个城镇，等候 19 世纪赶上你的步伐：铁路、工坊、电报、轮船、碎石路、学校和必然到来的移民浪潮，这些事物会把你的新生城市变成功能齐全的巨人。任何见识过新"新世界"城市的爆发式出现的人都会告诉你，未来很快就要到来。[16]

昂托纳贡的拓荒者的商业模式"就是在有人居住的地区的外围购买地产……为不久之后必然到来的移民潮做好准备"。几年之后，城镇已经繁荣起来，到那时他们就开始清盘，然后前往下一个尚处于萌芽阶段的边疆城市重新开始。他们穿着普通，装备简单，就跟 19 世纪 50 年代世界各地的不安分守己和漂泊不定的人一样。从巴拉瑞特到堪萨斯，从奥克兰到萨克拉门托，他们的身影随处可见：头戴宽檐帽，身穿红色法兰绒衬衫和牛仔裤或者斜纹棉布裤，腰带上插着鲍伊刀和柯尔特手枪。他们几乎清一色地留着大胡子。[17]

查尔斯·赫斯特豪斯在新西兰写了不少东西来诱惑早期的移民，他说他只是在一个新出现的城市周边买了 100 英亩土地，从未在其上耕种，就发了财："我之所以能够发达，靠的是……自然法则，它跟重力一样可靠。'黄金人口'来到了我的周围，附近的每英亩耕地都翻倍升值了。"[18]

*

"热心拥护"运动在 19 世纪 50 年代达到顶点并不令人意外。土地投机者不能说他们的新城镇只有普通的发展前景，他们必须把它吹捧成一个未来的大都市。你只需把目光放远，就会越过原木小屋、树桩和广阔的森林看到未来：喧闹的街道、火车头的尖锐笛声、冒烟的烟囱、交错的高架电报线以及堆积成山的出口谷物和木材。

在大多数情况下，那里甚至连能令你产生幻想的木屋都没有。在美国西部，皮包公司买下了数以千计的城镇选址。吸引"黄金人口"拥入的街道规划和宏伟的城市建筑随着出版物广为传播，但其实也只存在于纸面上。有时候，这些未来城市只划了地界，街道、广场、公园、市政厅、教堂、学校、工厂和房屋只存在于神秘的印刷品之中，等待未来赋予它们生命，使它们突然涌现在荒野之上。[19]

劳伦斯·奥利芬特参观了其中的一个未来大都市，它就在苏必利尔湖边，而且与该湖同名。那里的居民口气很大：苏必利尔市将来会成为一个大城市，成为航线、运河与铁路网络的中心，通过它们这里的居民不仅可以到达中西部，还可穿过大陆抵达太平洋边上。奥利芬特表达了在这个未来大城市购买土地的兴趣，他选择了中心商业区的一块地皮，那里前临广场，与银行相隔两个门面，离大酒店也很近，而且就在码头对面。

一个狡猾、语速极快的地产经纪人刚从纽约过来，带他去看地："我们首先用长柄钩刀在浓密的森林里砍出一条路来（他把这称为第三大道，或者时尚区），然后一直走到一条小河的河床。在那里我们绕过杂乱的灌木丛（名叫西街），直到它消失在将要成为主要广场的沼泽之中……我们都不认为一路砍树开路前来这个商业区是值得的。"那时，苏必利尔市只有一间被乐观地包装为大酒店的简陋大屋以及挤在一起的帐篷。[20]

作为一个冷静的周游世界者，奥利芬特饶有兴趣地记下如此滑稽的一幕。但是，这阵吸引了整个西部的狂热具有很强的传染性，只有小部分人才能不受其影响。奥利芬特买下了那个城镇的地皮，地产经纪人因此非常高兴。他说，如果你能够忍受一个西部城镇兴起阶段的艰苦，你就会看到你的"光明未来……在短得不可思议的时间后出现"。[21]

这听起来似乎十分牵强，但其实不是——或者说，至少在当时的背景下，这种看法是可以理解的。芝加哥在 1833 年只有 200 个居民，到 1850 年已经激增至 29963 人。但它在 19 世纪 50 年代才实现了真正的大发展：只用十年时间，其人口数就上升到了 112172 人。芝加哥的发展是疯狂的，但这种发展还跟不上移民前来的速度；在 1855 年 9 月的一天，人们发现尽管有超过 2700 栋建筑正在施工，但居住空间仍然严重不足。芝加哥的成功建立在从西北地区转运到美国东海岸和英国的谷物、木材和腌肉之上。在短短二十年内，它就成了美国的交通枢纽，是五大湖地区由运河、航路以及 50 年代以后修建的铁路所构成的网络的中心。

19 世纪 50 年代见证了美国铁路发展的大加速。例如，伊利诺伊州的铁路长度就从 110 英里增长到了 2867 英里；整个美国的总长度从 8571 英里增长到了 28820 英里。四条主要的东西线路连接了东海岸和中西部；从 1851 年开始，又有八条线路继续朝着密西西比河河岸推进；铁路支线已经延伸至密苏里和艾奥瓦的平原地区，直指远西地区的出发点——圣约瑟夫、康瑟尔布拉夫斯、独立城和堪萨斯城。在 1856 年，第一条跨越密西西比河的铁路桥在罗克艾兰（Rock Island）动工，为艾奥瓦的农民提供了进入芝加哥的通道。

19 世纪 50 年代最伟大的铁路是 1851 年特许修建的伊利诺伊中央铁路。它是当时世界上最长的铁路，连接了芝加哥与伊利诺伊南部的开罗市（Cairo）。从开罗出发的线路又连接了孟菲斯、莫比尔（Mobile）和新奥尔良。它的建造成本估计为 1650 万美元（330 万英镑），资金是通过发放债券的方式筹集的（其中超过 3/4 被卖给了英国的银行和投资者），作为抵押担保的则是州政府和联邦政府批给伊利诺伊中央铁路的 260 英亩土地。[22]

铁路不只是殖民地化进程的组成部分；它们本身就是殖民地化的推动力。也就是说，在大部分地区，铁路在新的移民已经建立起稳定的经济基础时到来。在内战即将爆发之前，美国西部的铁路修建常常先于定居点的建设，为殖民地化和经济发展创造了条件。

伊利诺伊中央铁路公司的历史就是最好的例子。它拥有 260 万英亩可供处置的偏远空地，而且需要尽快以最高的价钱将地卖出，才能支付利息给英国的债券所有者。它同样需要大量的移民来把大草原变成肥沃的农场。移民们会买下公司的土地，而且当铁路完建的时候，他们还会变成公司客户，通过铁路出口草原上的农业资源，进口制造品和农业机械。公司因而斥巨资在美国、加拿大和北欧的报刊上推广伊利诺伊，做了许多宣传册、布告、传单和海报，上面的内容自然夸大了事实。除此之外，它还在东部一些州、欧洲诸国和纽约码头招了很多代理人来为移民带路。它还卖木材给新兴城镇，涉足了按揭贷款业务，给城市和乡村的移民提供长期信贷。[23]

由于伊利诺伊中央铁路公司的殖民活动，伊利诺伊在19世纪50年代爆发了土地开发热潮，该州的人口增加了一倍多，达到1711951人。伊利诺伊中央铁路的影响力是全球性的。地球上许多最为肥沃的广阔地区在此前不久仍被视为无利可图，因为它们过于偏远，但现在它们已经对外开放，定居点像野火一样四处蔓延。铁路使得大草原上的拓荒农民能够进入全球市场。他们的产品通过一系列的现代技术被运往遥远的市场。

大自然为这些土地的开发设置了许多障碍。草原上的高秆草极为密集，泥土又很硬，传统的铸铁木犁很容易用坏。为了满足大草原上拓荒农民的需求，许多发明家和企业家从东部迁到了西部。约翰·迪尔（John Deere）在伊利诺伊的莫林（Moline）建立工厂，大批量生产可以"插入大平原的犁"。这是第一种取得商业成功的钢犁，它的硬度足以应付大草原上的农业耕作。芝加哥的赛勒斯·麦考密克、伊利诺伊洛克福特（Rockford）的约翰·曼尼（John Manny）和俄亥俄辛辛那提的奥贝德·赫西（Obed Hussey）发明、生产了收割机。他们相互竞争，使收割工作得以机械化。这些发明在19世纪50年代中期得到普及，而且变得更加耐用，农业因此经历了一轮新的革命。几乎在同一时间，市场信息开始通过新的电报线路传播，降低了出口农产品的风险和成本。

谷物对人类来说是最重要的一样商品，是一种近乎神圣的东西。利用最新的机器来获得大丰收并且与千里之外的潜在顾客建立联系固然很棒，但把谷物运到与你隔着一个海湾和无数自然屏障的市场就是另一回事了。

谷物在被打包成袋后就变成了物理重量，需要成千上万的工人将其从农场背到大篷车上，从大篷车背到码头上，然后再利用滑轮组送其上船。这是一个昂贵、劳动强度极高而且十分费时的过程。

一个巨大飞跃是把大块固体变成某种类似于水的东西。在伊利诺伊、印第安纳、艾奥瓦和威斯康星的铁路沿线，产自草原的谷物经由农场车站的谷物传送机被送入敞开的火车车厢，然后被运到芝加哥的船厂。在那里，谷物被著名的巨型蒸汽斗式皮带输送机舀出来，再被放入高塔里面。在重力的作用下，活板门一打开，谷物就会顺着管道倾泻而下，流入正在等候的船只的舱内。

在纽约州的水牛城，丰收的谷物经过同样的流程从湖区船只转移到运河船只上，然后运河船只沿着伊利运河和哈德逊河（Hudson River）顺流直下，直抵拥有更多斗式皮带输送机的布鲁克林和纽约市的仓库。蒸汽斗式皮带输送机于 1843 年在水牛城问世，但相互连接的斗式皮带输送机网络直到 19 世纪 50 年代才形成，它将西部的谷物运往亚特兰大的港口。谷物永远不会知道袋子里面是怎样的景象，因为它将像液体一样淌过漫长的距离。[24]

芝加哥共有 12 台谷物斗式皮带输送机，当它们都被投入使用后，只需 10 个小时就能接收和装运 50 万蒲式耳①谷物，相当于芝加哥在 19 世纪 40 年代末期一整年的谷物出口量。蒸汽斗式皮带输送机在 19 世纪 50 年代得到普及，在此之

① 1 蒲式耳约等于 36.37 升。——编者注

前，一组码头工人可能需要一个星期才能装载或卸载完一整船的谷物（大概 3000 蒲式耳）。在 50 年代，每年有 2600 万蒲式耳的谷物像一条大河一样流经芝加哥。在收获的季节，每天都有 120 列火车抵达或者离开这座城市，其中一些牵引着 40 节满载的货车车厢。在 1857 年 9 月的一天，《草原农场主》（Prairie Farmer）报道称，港口有 272 艘船正在装货或者卸货。[25]

这些丑陋、巨大的斗式皮带输送机和布满灰尘的空荡谷仓改变了世界。在 1846 年关于是否废除《谷物法》的讨论中，托马斯·巴宾顿·麦考莱设想了未来的图景：获得世界粮食供应的英国集中精力将其制造品铺货到世界各地，赢得了"世界贸易中的垄断性地位"，与此同时，"其他国家正在密西西比河与维斯瓦河的岸边为我们供应充足的粮食"。[26]

在废除《谷物法》的余波中，境外粮食生产的梦想最终只是一个梦想。即使关税已被废除，但跨越半个地球进口粮食的巨大成本仍意味着英国农民能够保持他们的商业优势。但到 19 世纪 50 年代末，农业机械化、铁路、电报、螺旋桨推进船，当然还有斗式皮带输送机，大大削减了草原谷物的生产成本。这些谷物流经芝加哥和水牛城之后，继续向前流向纽约市和利物浦的贪婪市场。在那里，人们以极具竞争力的价格将其卖掉，再将用所得支持北美和北欧地区的工业革命。芝加哥的经验宣告了一种全新的、更有效率的贸易方式，它使商品克服了距离的阻碍，在世界范围内交易。

这也意味着加利福尼亚的黄金流入迅猛崛起的西部。例如，华尔街在 1855 年的一天收到消息，法国农业发生了局部歉收，于是仅在周六一天，交易额就创下了新纪录——共交易了45万蒲式耳的小麦、12.5万蒲式耳的黑麦、10万蒲式耳的玉米和7.5万桶的面粉。曾用铁路和轮船经由巴拿马运到纽约城的加利福尼亚黄金，现在被送往西部，以购买大量谷物。黄金开始大量流通，降低了借贷成本，意味着更多的铁路建设、更快的城市化和狂热的地产投机。

伦敦的《泰晤士报》告诫读者要警惕这些发展。英国的债券持有人手持价值4亿美元的美国铁路债券，实际上已经控制了像伊利诺伊中央铁路这样的铁路公司。不仅如此，他们同样向西部各州借出大量资金。来自欧洲的需求意味着更多流向西部的黄金、更多被开垦的土地和更多的移民。反过来说，铁路公司拥有的土地也在升值，铁路旅客人数和货运量也在增长。在纽约市，一天的交易就可揭示一个相互关联的世界：无论在北美大草原、芝加哥、亚特兰大港的码头、利物浦的码头，还是在伦敦证券交易所，人们都能感受到法国的恶劣天气造成的影响。[27]

粮食生产的全球化预示着一场革命的开始。一旦细水变成奔流，一旦冷藏运输船载着冻肉跨越海洋，欧洲的经济和社会结构就会在根本上得到改变。到19世纪70年代，英国的农业收入开始下降，逐渐削弱了贵族阶级的财富。许多贵族世家转向美国的另一样输出品：富有的新娘。

*

为什么不把19世纪50年代改变芝加哥和伊利诺伊的魔法以更快的速度传播到其他地方？如果坐轮船穿越五大湖，苏必利尔市到水牛城与芝加哥到水牛城的距离大致相同。随着铁路和斗式皮带输送机在明尼苏达和威斯康星出现（这毫无疑问将很快发生），一个伟大的都市（可能是苏必利尔市）将会在这一带崛起，跟随或是超越芝加哥的轨迹，成为这块新近开放的肥沃农业生产区的商业中心。据劳伦斯·奥利芬特估计，他的投资会使他变得富有得令人难以想象。

许多人也抱有跟他一样的梦想。明尼苏达的人口从1850年的6000人暴增（这种增幅只能用该词形容）到1855年的53000人。两年之后，又有10万人加入。这是可以与加利福尼亚相提并论的增长率。其他的西部地区都没能实现如此快速的发展。这可解释为什么奥利芬特在1854年被吸引到这里，见证了令人难以置信的转变。

124　从苏必利尔市出发，他坐上印第安人的树皮独木舟，在原住民的引导下游览了明尼苏达北部鲜为人知的河流和湖泊。密西西比河上游离发源地不远，他们从这里被水流带往南方。他们坐在独木舟里，穿过湍流，划桨顺流而下，向着明尼苏达州内的城市新中心——它也是文明世界的边界地带——进发。奥利芬特看着眼前仍居住着印第安人部落的土地，脑海里构想着锯木厂、运河、轮船、铁路和延伸至地平线的小麦地——它们将把他在苏必利尔市的投资变为财富。

随后他来到了圣安东尼瀑布，那里有位于密西西比河上游的第一座新兴城市。圣安东尼与下游几英里处的圣保罗（St Paul）在十年之内就建起来了。就在奥利芬特旅行的那年，明尼阿波利斯诞生在附近地区。水资源和旅游业是这些定居点的主要依靠：密西西比河上游拥有"世界上最美丽的河流景观"，在这里它穿过了看起来"像巨大堡垒的断壁残垣"和长满树木的悬崖，它蕴藏的水力足够为大量的锯木厂提供动力。美丽的河边别墅坐落在锯木厂和铸造厂边上，"永不停歇的嘈杂声音"从这里发出，奥利芬特将之形容为进步的"愉快音乐"。在这个十年中，美国有4000万英亩的森林——相当于英国的国土面积——遭到砍伐。[28]

有人曾说，木材"是殖民地发展的基本要素"。贪婪地消耗木材的新型城镇遍及盎格鲁世界，包括澳大利亚、加拿大、新西兰、加利福尼亚和广阔的美国西部。没有树林的大草原和大平原尤其需要输入木材以建造房屋和栅栏，铁路枕木、电报线杆、桥梁以及火车头和轮船发动机的燃料也都需要木材。箍桶匠需要用木材制造木桶，以便装运供应给殖民地的粮食。明尼苏达的参天大树（最有价值的北方木材）"可能构成了世界上最为广阔的"北美乔松林。这片土地上有许多河流，这使得木材能够轻易得手。[29]

整个冬天，来自缅因州（木材行业的传统大本营）、英国、爱尔兰、魁北克、斯堪的纳维亚和德国等地的伐木工人，冒着严寒，克服了原始的生活条件，成群结队地前来砍伐巨大的北美乔松。这是一份冬天才能进行的工作，到那时沼泽会结冰，地面也会变硬，马队和大公牛队就能把树干拖到河岸边的滑道。漂泊不定的伐木工人队伍居住在文明边境之外的艰苦的、法律不及的环境里，他们无疑跟后来的牛仔一样，是荒凉西部的缩影。

当这些结冰的河流重新开始流淌时，当冬日冰雪的融化导致水面上涨时，河道就会被无数的原木塞满——危险而喧闹的木材奔涌而下，在流向下游的过程中相互磕碰撞击。有时候，在离河流几英里远的地方都能听到可怕的轰响声。这些声音来

图 10　明尼苏达的伐木工人
（约 1865 年）

在明尼苏达，伐木工人正在解决漂浮原木
造成的河道堵塞。
图片来源：Minnesota Historical Society.

自原木的互相碾轧，缠到一起的一大堆木头有时候会在水上堆
到 30 英尺高，造成好几英里的堵塞。这种堵塞只能由大胆的
人去解决，他们冒着生命危险爬上狂暴的、隆隆作响且正在移
动的木山，移开造成堵塞的原木或者在里边放炸药。然后，在
原木突然获得自由并在喧闹与混乱之中再次下移之前，他们必
须迅速地走回来。

最终，潮水般的乔松会在新兴城镇中汇集，原木——上
面的商标表明了它们的所有者——在分类之后会被送到合适

的锯木厂。1857 年，单在圣克罗伊河（St Croix River）就聚集了 1.4 亿板英尺的原木。河流把北美乔松带入了繁荣的经济发展，同样的力量又使得它们变成某种有用的东西。圣安东尼的锯木厂和明尼苏达河河畔的其他城镇把木材转变为厚板材、屋顶板和木板条，然后用木筏把它们运往位于密西西比河流域下游的市场。[30]

圣保罗是明尼苏达的首府，它位于圣安东尼下游方向不远处的高耸的悬崖之上，俯视着密西西比河，城中的"漂亮房屋和教堂占据了天际线，一队轮船停泊在这些建筑物的底部"。圣保罗只有五年的历史，在奥利芬特看来，它对于"城镇仍处于成型阶段的、即将迎来伟大命运的美国，是一份最好的标本"。这座城市拥有 4 份日报和 4 份周报，比曼彻斯特和利物浦加起来还要多。砖石建筑取代了木制房屋，有些有三层或四层楼高。码头上有数不清的仓库和跟美国其他地方一样好的精选店铺。圣保罗正在快速发展，因为它控制着可通航的密西西比河的起点。明尼苏达的产品从那里通过河道被出口到南方或快速兴起的边疆城镇，又或者从迪比克（Dubuque）通过铁路被运往芝加哥。[31]

圣保罗的地产价格持续暴涨。一个拥护者谈到，他有朋友在地产市场投资了 3000 美元，几年后就以 60000 美元的价格卖出了其中的一半。一个来自匹兹堡的记者记录道："我的耳朵里总是充斥着永恒不变的关于土地的话题！土地！金钱！投机！锯木厂！土地许可证！城镇地皮！等等。早餐时聊土地，午餐时聊土地，晚餐时聊土地，一直到晚上 11 点仍在聊土地；然后上了床还在聊土地，直到他们喉咙嘶哑；甚至在做梦的时候，他们也嘟囔着'土地，土地'！"[32]

图 11　明尼阿波利斯的地产经纪人

在 1856 年，也就是明尼苏达的繁荣期，一位明尼阿波利斯的地产经纪人开门营业，等待顾客上门。在美国西部和澳大拉西亚的边疆地区，这种油嘴滑舌、衣着光鲜的地产经纪人很常见。

图片来源：Minnesota Historical Society.

他见证了地产市场历史上最为疯狂的一次繁荣。1854 年，128
投机者迫使国会出售密西西比河以西的土地储备。圣保罗获得
了其中的 4500 英亩，明尼阿波利斯获得了 20000 英亩，投资
者为每英亩付出的代价仅为 1.25 美元。明尼阿波利斯因此迅
速发展，实现了工业化的起步，投机者也大发横财。看起来每
个人都参与其中。例如哈丽雅特·毕晓普（Harriet Bishop）来到
明尼苏达教书，同样也被这股狂热感染。她无数次回到东部，带
回了大把可供销售的地契，并热情洋溢地介绍了明尼苏达。在
这次惊人的建筑热潮中，一个圣安东尼的锯木厂一天就能卖出
20000 块屋顶板、25000 块木板条和 50000 板英尺的木材。[33]

造成土地价格飙升的不仅仅是移民的到来。人们认为圣保
罗会在短时间内成为西部的铁路枢纽，铁路线路将北至五大湖
地区的苏必利尔市，东到芝加哥和纽约，南至新奥尔良，并且
把中西部的丰富物产运往遥远的市场。1853 年开始的第一次
太平洋铁路勘测就按照圣保罗到普吉特海湾（Puget Sound）
的路线进行。这座城市很有可能成为美国贸易的十字路口和通
往西部大城市的门户。可能就是因为这样的未来图景，奥利芬
特才会认为圣保罗的各色人等"都开心地期待着赚大钱"。[34]

证据显示，圣保罗的"富裕和奢侈"结合了新兴边疆拓
殖地的典型粗野。奥利芬特体验了圣保罗酒吧的冰镇鸡尾酒，
他一边用吸管啜饮，一边跟明尼苏达的公务员、政客和富商聊
天。他还访问了一家"全西部最粗野的人"经常出没的保龄
球馆。在那里，刺耳的大笑、充满想象力的咒骂和"大碗的
碰撞声"从早到晚响个不停。"你出来的时候会被吵闹声震
聋，还会被烟草的烟雾熏得半瞎。"一个记者把圣保罗称为
"密西西比河上最富活力的城镇……永远挤满了游客、投机者、

赌徒乃至更坏的人，所有人都挥金如土"。这座城市的 4 家旅馆在一年内就招待了 28000 名客人。在街上，奥利芬特听到了各种语言和方言，包括新英格兰方言、苏格兰方言、爱尔兰语、英语、法语、齐佩瓦族语（Chippewa）、苏族语、德语、荷兰语和挪威语。[35]

129

*

这些城市给人带来的反差感很好地说明了进步是怎样的体验。奥利芬特注意到，圣保罗的周边地区仍然"完全是荒野"。他说"邻近地区仍然处于原始的自然状态"，这是该城超速发展的最好证据。食物与杂货、家庭日用品和衣服、奢侈品和必需品都由数以百计的轮船从密西西比河逆流而上送来。这些城市看起来就像是被空投到荒野空地中的文明孤岛，它们处在真正的边疆，依靠已从开发地区延伸出来的"脐带"生存。[36]

但是，令游客印象深刻的正是现代性与原住民的并存。一个明尼苏达的拥护者把圣保罗称为"文明生活与原始生活的分界线"。他说，你看向河的对岸，就能"看到印第安人居住在他们自己的土地上。人们发现他们的独木舟在密西西比河上漂行，来回于原始与文明的领地之间"。亨利·沃兹沃思·朗费罗（Henry Wadsworth Longfellow）出版于 1855 年的《海华沙之歌》（*The Song of Hiawatha*）被明尼苏达的拥护者用来宣传该地，该地被其赋予了奇妙的魅力。[37]

在圣保罗的建成初期，印第安人部落与城市拓荒者之间有非常活跃且无可替代的贸易活动。毛毯和枪支被用来交换食物、木材和皮毛。就在奥利芬特抵达圣保罗前不久，一队齐佩瓦族的武士骑马来到镇上进行贸易，然后他们立即踏上了征途。这些城镇的游客最热衷于看到美洲原住民和身穿超现代的印第安服饰的皮毛商人一起出现的场面。无数的画作和印刷品都以此为主题。没有什么能比它更有力地强调进步的残酷本质。

*

世界的另一头出现了类似的城市化现象。澳大利亚和新西兰都没有经历爆炸式的城镇发展。英国人倾向于更为慎重、可控的殖民主义。换言之，美国经验体现了毫无约束的自由放任主义政策，一般被认作自由市场价值观发源地的英国却紧紧地把市场力量的运作抓在手里。让想要（像在美国一样）获得便宜土地的人感到恼火的是，王室土地的售价极高，正因如此，殖民地才能吸引自耕农阶层。澳大利亚和新西兰出售土地时的税很高，这一方面是为了筹集税收以补贴贫困移民的旅行费用，另一方面是为了把美国式的"地产大鳄"拒之门外。在这类政策的鼓励下，人口集中在少数几个大城市，如阿德莱德、墨尔本和悉尼。这些大都市至少吸纳了殖民地总人口中的1/3，甚至可能多达一半。小城镇和小农场的数量很少。

在新西兰，大部分拓殖者经历的都是城市而不是乡村生活。19世纪50年代的情况是，"一大堆居民区分布在沿海地带，彼此间隔着数百英里宽的大海和漫长无止境的陆上小道"。这些城市都是由移民协会建立和规划的。新西兰公司（New Zealand Company）建成了惠灵顿、新普利茅斯（New Plymouth）和尼尔森（Nelson），代表苏格兰自由教会（Free Church of Scotland）的奥塔戈协会（Otago Association）建立了南岛的达尼丁（Dunedin）。达尼丁就是爱丁堡（Edinburgh）在盖尔语中的说法，这个名字反映了在太平洋建设一个理想化的、虔诚的苏格兰大城的用意。英国国教通过坎特伯雷协会（Canterbury Association）建立了克赖斯特彻奇（Christchurch）。新西兰的第一个首都奥克兰的所在地是由总督选定的。这是一次自上而下的系统性的殖民运动：拓殖地迟早会从事先确定的城市中心往外扩张，使荒野地区都殖民地化。[38]

在新西兰建立拓殖地的初期，与毛利人的经济联系对生存至关重要。这跟澳大利亚的情况不一样，在那里，原住民部落因西方扩张带来的强大压力而发生了崩溃。于毛利人而言，为欧裔新西兰人的新生城市供应粮食是一桩有利可图的生意。他们尽心尽力地促进这些城市中心的发展。在 19 世纪 50 年代初，无数毛利人驾着独木舟，把土豆、玉米、小麦、面粉、绿色蔬菜、水果、鱼、牡蛎和肉类，还有燃料、建筑材料和稻草供应给奥克兰。他们也带来了许多可供出口的物品，如考里松的树脂（用作清漆）、亚麻和鲸类产品，在某种程度上，加利福尼亚和维多利亚的淘金热都倚仗毛利人种植或生产的食物。一些毛利人开始发展农耕业，或者开设面粉磨坊；另一些人则购置海船，在殖民地港口城镇间做起了生意。毛利人取得成功的一项证据是他们支付了北岛 60% 的进口关税。1852 年，总督写道，欧洲人和毛利人"在商业和农业活动中形成了一个和谐的共同体"。[39]

这句话反映的是戴着玫瑰色的眼镜时才能看到的景象。但毫无疑问，19 世纪 50 年代新西兰与明尼苏达的殖民进程都从本质上创造了一个特殊的局面。与后来农业、伐木业或者采矿业的扩张不一样，城市扩张没有把祖先的土地侵蚀到彻底毁坏的地步。相反，聚居的欧裔新西兰人的生计问题创造了许多有利可图的贸易机会。在明尼苏达，原住民走在城市的街道上，这一幕曾引起许多争论，成为那个年代的特色。萨拉·塔克自豪地描述了热闹繁忙的新西兰城市，描绘了当地英式房屋的轮廓、塞满英国商品的店铺和新哥特式的宏伟建筑。她写道，让这些景象更加具有吸引力的是"那些肤色较深的外表高贵的人"跟欧洲的移民自由自在地往来，而且在她看来，他们已经融为一体。让她印象深刻的是，在短短几年之前，这些非常英国化的殖民地还是流血之地；但在当前，帝国与教会庇护之下的多族合作与互惠互利似乎给这些地方带来了繁荣兴盛。[40]

*

在 19 世纪 50 年代，成千上万的和奥利芬特一样经过圣保罗的人，都会被城市扩张的兴奋、激动之情感染：这是完全属于 19 世纪的城市，没有任何历史负担；在这里，未来就在你眼前书写。就像墨尔本或旧金山，圣保罗、明尼阿波利斯和圣安东尼能够体现（甚至更能体现）这个时代的激动不安和勃勃生气。世界各地的人们来到这里，定居在这里，不是为了像金子那样摸得着的东西，而是因为他们深信自己站在充满活力的进步前沿。圣保罗既有高视阔步与目中无人的自信，又结合了边疆的粗野与都市的优雅，是黄金时代的一个缩影。

132

第六章　西方的哈希什[*]

堪萨斯

　　只有经历过"繁荣时代"的人才懂得它们是什么。从富有的资本家到卑微的劳动者，每个人都像得了躁狂症一样。

　　　　　　　　　　　　　　　　——F. 弗莱彻·威廉姆斯[1]

　　如果没有奴隶劳工的产出，美国的发展将会落后一百年。奴隶劳工在美国和欧洲的荒野地区建立了城镇，为全世界的商业、贸易和文明注入了能量。

　　　　　　　　　　　　　　　　——《纽约先驱报》[2]

　　"时间就是金钱，时间就是金钱！"一个男人一边咕哝着，一边在轮船上不安地踱步。他身材高瘦，不合身的衣服下藏着一把巨大的匕首。在赶回得克萨斯东部监督家里的奴隶为棉花生长季做准备前，他几乎没有时间打理亚拉巴马的生意。他的疲惫和不耐烦，以及其妻子"苍白的脸色和疲倦的"举止可以反映19世纪50年代疯狂的棉花热支配下的生活节奏。他的棉花装货晚了，船在中途又经常靠岸，这让他恼怒不已。他低

---

　　* 哈希什是从印度大麻中提取的可供吸食或咀嚼的麻醉品。——译者注

声吼道："对我来说，时间比金钱还珍贵，百分之百比金钱还贵。"[3]

这对忧心忡忡的夫妻和成千上万的白人奴隶主都可以证明，南方各州拥有跟北方各州完全一样的活力和生气。世界上生机勃勃的边远地区，如澳大利亚、美国加利福尼亚或者中西部，都能在美国南方州迅速扩张的棉花种植业中找到自己的阴暗面。在美丽的黄金西部，25 万自由白人长途跋涉，横穿大陆去寻找新的机会；同样数量的非裔美国人也穿行美国，向西迁移。他们被迫背井离乡，妻离子散，被当成奴隶押送到各地，只为把美国的西南角变为经济最繁荣的地区。[4]

跟北部和中西部一样，美国西南地区随着铁路网络的不断扩张也有大量的土地可供开发。在之前的十年中，北方各州铺设了7000 英里铁路，南方只有 1479 英里。但在 19 世纪 50 年代，蓄奴州铺设了整整 10000 英里的铁路。"在地球的表面，"一位得意扬扬的南方记者宣称，"没有比这更大的萌芽阶段的铁路网了，它环绕了整个南方，最终将会使每一寸土地都获得开发。"[5]

在现代性的面前，奴隶制并没有像许多人相信（他们至今仍相信）的那样走向衰落；它反而在 19 世纪 50 年代到达了可怕的顶点。那是棉花需求爆发的十年，到最后，超过 10 亿磅原棉从新奥尔良、莫比尔和查尔斯顿出发，被运往集中分布在英国兰开夏郡的 2500 家纺织工厂。即便如此，世界范围内的棉花需求仍然没有餍足。这样的增长只有靠压迫和鞭打成千上万的黑人男女才能维持下去。19 世纪 50 年代的奴隶摘棉花的速度要比他们祖父那一代快三倍，而自由劳工无论拿多少工资，都不可能忍受如此可怕的生产速度。《经济学人》指出，美国南方的种植园主是世界上最有企业家才能和竞争力最强的资本家。[6]

但是，《经济学人》式的直言不讳非常罕见。根据亚拉巴马的医生和种族主义者乔赛亚·诺特（Josiah Nott）所说，西方人很少承认，在19世纪50年代支撑盛世的"财富与权力的庞大上层建筑"和北美与欧洲正在酝酿的"巨大工业结构"，都是"建立在（美国奴隶制的）基础之上"的。[7]

135　　诺特指出，200万美国黑人奴隶推动了资本主义齿轮的转动，进而刺激了重工业的发展，在北美和兰开夏郡解决了700万自由工人的就业问题，为利物浦的经纪人和船主、曼彻斯特的工业大亨、伦敦与纽约市的金融家创造了财富。廉价而高产的美国棉花首先使英国迅速实现工业化，然后是美国、法国、低地国家①和德国。"使利物浦和曼彻斯特从乡村小镇变成大城市的是什么？""是什么维持着他们现在活跃的工业和快速的财富积累？"英国公务员和牛津大学历史学家赫尔曼·梅里韦尔问道。他的答案很简单：奴隶制。利物浦和曼彻斯特"如今的繁荣归功于黑人的辛劳与痛苦，黑人相当于用自己的双手帮他们挖出了码头并制造了蒸汽机"。[8]

棉花的不断进口促成了西方在19世纪50年代的富裕；这十年的蓬勃发展对数以百万计的非裔美国人也有直接的影响。这些沦为奴隶的人用自己的身体为华尔街和伦敦金融城的信贷提供了担保。在这波繁荣中，世界金融市场创造了复杂的金融工具，把南方在40年代的相对颓势转变为50年代的迅猛增长：大量信贷流入南方之后，棉花种植业开始扩张，土地被清理，道路获得铺设，棉花产量翻倍至400万包。不仅如此，世界市场的需求每一年都在增长。"奴隶制已经开始在北美大陆

---

① 低地国家指荷兰、比利时、卢森堡。——编者注

上扩张，它正在扩张并且还将继续扩张。"伦敦的《泰晤士报》判断说。[9]

在那个年代，无论直接还是间接，投资奴隶都是明智的。纽约或者伦敦的大多数投资者都不会因为给奴隶贷款而感到愧疚；他们的投资会被重新包装，然后顺着产业链条向下传递，直到信贷抵达路易斯安那或得克萨斯。由于有如此之多的资金被投资到棉花期货，再加上偿还利息的压力，每一寸土地的潜力都因此必须得到彻底的释放。对于那些被卷入19世纪50年代的现代资本主义旋涡的人来说，时间真的就是金钱。对于成千上万非裔美国人来说，结果是可怕的：强制迁徙拆散了家庭，棉花种植业前线的疾病夺去了无数生命，而且为了使巨额投资得到回报，对奴隶体力的剥削必须越来越严酷。"英国市场的（棉花）价格一上涨，"逃脱的奴隶约翰·布朗在1854年写道，"可怜的奴隶马上就能感受其影响，因为他们会受到更严厉的驱迫，鞭子经常落在他们身上。"[10]

19世纪50年代的大规模发展并不完全依靠盎格鲁－撒克逊白人的进取心和新技术的出现实现。乔赛亚·诺特以其令人害怕的坦率态度指出，存在着"一条永恒的绳索，将黑人（奴隶）……与人类的进步绑在了一起"。他说，如果废除奴隶制，棉花庄园就会崩溃，世界经济也会因此而遭殃。[11]

诺特想一下子提高美国奴隶制在全球的重要性，并提醒人们干预奴隶制的严重后果。他的话揭露了黄金时代的一些重要事实。毫无疑问，新的技术、长距离移民、黄金的发现和领土的扩张都是高速前进的原因。但是，向上的增长轨迹很容易遭受突如其来的破坏：在相互依赖度日渐升高的世界里，某一个地区发生的危机有可能对全球造成重大影响。英格兰北部的投资者、经纪

136

人和制造商紧张地关注着美国国内动荡不安的政局。同样，美国经济的健康依赖于其主要出口市场的活力。（后来回过头看）1854年是出现转折的一年，是从19世纪50年代早期无拘无束的自信过渡到一个渐趋黑暗和充满未知的时代的一年。美国和欧洲发生的一系列事件都预示了一个美好时代的突然终结。

*

1854年，当劳伦斯·奥利芬特在圣保罗坐下品尝鸡尾酒，或者走入烟雾弥漫的保龄球馆时，他听到并加入了关于美国未来的热烈但两极分化严重的讨论。人们热烈讨论的对象主要是一个特别的地方：堪萨斯。

美国西部的繁荣依赖于持续的扩张、铁路建设和城市建设。这跟南方情况相似，因为棉花种植业必须以同样迅猛的速度扩张其疆域，否则就会面临衰退。和乔赛亚·诺特一样，许多南方人把自己看成19世纪50年代令人兴奋的世界经济发展的发动机。诗人约翰·格林利夫·惠蒂埃（John Greenleaf Whittier）在1854年指出，棉花已经变成了"西方的哈希什"，一种能够制造幻觉的植物，让人幻想南方的光荣使命。棉花种植业以空前的速度发展，"此前从未有哪个时代像现在一样让南方充满希望，让奴隶制的维持和扩张充满希望"。《蒙哥马利邮报》（Montgomery Mail）指出。[12]

然而，在该产业实现爆发式增长的同时，不安分的棉花帝国发现自己被困住了，不仅发展受到遏制，而且在政治上被北方压过一头。这一问题要追溯到上一代人，追溯到1820年的《密苏里妥协案》（Missouri Compromise）。根据该妥协案，密西西比河以西、北纬36°30′以北的任何新领土和新州都禁止蓄奴，但在该线南侧可以。

　　密苏里妥协线存在了三十多年。每创建一个新的自由州，就会有一个奴隶州加入联邦，这样北方和南方才能在参议院和总统选举团中保持平衡。但是，19 世纪 50 年代发生的改变的速率与之前完全不同。第一个考验是 1850 年加利福尼亚作为自由州获准加入联邦，该事件导致南方在政治平衡中失势。为了在批准下一个新州时获得南方的支持，国会规定奴隶制可以在新获得的领土新墨西哥和犹他合法存在。为了进一步安抚南方，国会又通过了严厉的《逃亡奴隶法案》（Fugitive Slave Act）。19世纪 50 年代涌向西部的移民浪潮清晰表明，密苏里妥协线的北侧将会有大量新州创立。华盛顿会有越来越多的来自这些新州的参议员和众议员。而且在南方人看来，这些地方的议员会把他们的废奴言论一起带来。南方如果在政治上成为少数派，就会无力捍卫自己的利益。就像《蒙哥马利邮报》所说，南方早已成为 19 世纪 50 年代美国经济增长的发动机，而且这是头一回。"但也是头一回，"这份报纸继续说道，"［南方］发现她疯狂的敌人获得了绝对权力，在美国众议院为所欲为。"[13]

　　考验在 1854 年到来，当时密苏里州西边的广阔地区被开拓成两块，即人们熟知的内布拉斯加和堪萨斯。考虑到移民增长的速度，它们很快就会满足成为美国州的人口要求；由于整个地区都位于密苏里妥协线以北，它们将会自动成为自由州。南方或许拥有经济上的优势，但西北地区的人口增长却是最迅猛的。在密苏里妥协线以南，没有哪一块土地上的人口多到足以建立起北部和西部那样的新州。南方于是面临着失去它曾小心巩固且极其强大的国家政治权力的可能性，并可能因此沦为联邦中无足轻重的一部分。密苏里州（一个临近堪萨斯的蓄奴州）的参议员大卫·艾奇逊（David Atchison）说，他宁愿看到整个地区"沉沦地狱"，也不愿意看到它成为北方帝国扩张的前哨基地。南方的参议员否决了规划这些领土的任何尝试。

然而，堪萨斯和内布拉斯加不可能被置于不确定的中间状态。横贯大陆的太平洋铁路将会穿过该地区，在此之前，必须把它安排好。伊利诺伊州的参议员斯蒂芬·道格拉斯（Stephen Douglas）对太平洋铁路做了大量的金融和政治上的投资，他知道只有废除旧的妥协案，南方的参议员们才会同意开发密苏里以西的地区。1854 年通过的《堪萨斯－内布拉斯加法案》（Kansas-Nebraska Act）则规定，在所有新的领土上，奴隶制的问题将由民众自己解决，即当地移民可以投票决定他们的州将成为自由州还是蓄奴州。这个法案事实上终结了《密苏里妥协案》，在 19 世纪 50 年代的动乱局面出现前，该法案已经使美国得以维持政治稳定长达三十年之久。南方得到了它想要的允许奴隶制再次向西部扩张的规定。

《堪萨斯－内布拉斯加法案》激起了北方的愤慨。反对奴隶制的人在面对显示蓄奴州和潜在蓄奴州的地图时，只看到令人气馁的一幕：奴隶主的势力也就是南方的政治主导势力自 1850 年以来已经突破了上一代定下的界限，向西部和北部渗透，而且占领了占比极大的地区，把东北部和太平洋海岸变成了两个属于自由州势力的孤岛。尽管堪萨斯和内布拉斯加不适合种植棉花，但是在争夺这片辽阔地区的未来的战争中，棉花政治影响力很大。奴隶是否会去那里并不是重点，重点是要巩固蓄奴的南方在国会中的政治力量。由于奴隶制的未来被交给民主决策，成千上万的密苏里人在艾奇逊参议员的带领下越过边界，进入堪萨斯。支持奴隶制的"边境暴徒"（Border Ruffian）在波尼（Pawnee）成立了一个立法机构。

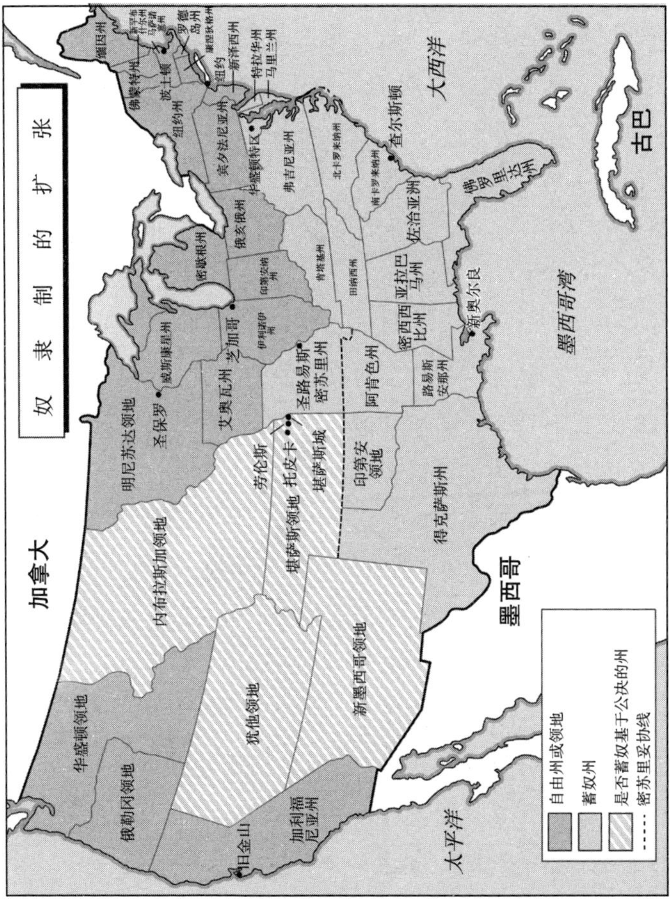
奴隶制的扩张
加拿大
明尼苏达领地
内布拉斯加领地
华盛顿领地
俄勒冈领地
犹他领地
新墨西哥领地
堪萨斯领地
劳伦斯
托皮卡
堪萨斯城
圣保罗
威斯康星州
艾奥瓦州
芝加哥
伊利诺伊州
印第安纳州
密歇根州
俄亥俄州
宾夕法尼亚州
纽约州
佛蒙特州
缅因州
新罕布什尔州
马萨诸塞州
波士顿
罗德岛州
康涅狄格州
纽约
新泽西州
特拉华州
马里兰州
华盛顿特区
弗吉尼亚州
北卡罗来纳州
南卡罗来纳州
查尔斯顿
佐治亚州
佛罗里达州
大西洋
古巴
墨西哥湾
新奥尔良
路易斯安那州
密西西比州
亚拉巴马州
田纳西州
肯塔基州
圣路易斯
密苏里州
阿肯色州
印第安领地
得克萨斯州
墨西哥
加利福尼亚州
旧金山
太平洋
自由州或领地
蓄奴州
是否蓄奴基于公决的州
密苏里妥协线

地图 3

　　不过，移民随后开始抵达堪萨斯。1856 年 5 月，超过 10万人从芝加哥搭乘火车前往该地，堪萨斯的人口增长规模跟同时期的明尼苏达一样大。移民不断前来，每天有多达 1000 人。他们显然是被堪萨斯肥沃的农业用地吸引来的，不过在这片地区投机的时机已经成熟。将这片地区跟美国的主要交通网络、太平洋和墨西哥湾连在一起的铁路正在组建。与伊利诺伊相似，堪萨斯的铁路图将会像老旧油画上的龟裂纹一样，而这些线路会使这一地区向全球经济打开大门。更妙的是，这些铁路很快就会朝太平洋延伸。土地投机就像一头凶猛的野兽：如果一块城镇地皮或者一个农场被认为位于规划的铁路路线边上，那么在两个月的时间里，它可能会被转手 12 次，而且每转一次手其价格都要猛涨。各阶层的人都借了巨额的资金投身于投机热，以求发家致富；美国其他地区和英国的投资也在流入。

140

　　与大量边疆地区的投机者和农场主一起到来的，是狂热的废奴主义者，他们到堪萨斯的旅费由新英格兰的反奴隶制协会赞助。在移民群体中，9/10 的人反对奴隶制。但是，大多数移民主要不是出于道德上的考虑才厌恶奴隶制的，而是因为它是一种落后的经济模式，一种劳动力市场的干扰因素，还是一种腐朽和受阴谋左右的政治体系。废奴主义者不惜一切代价也要把奴隶制的污染排除在新领土之外，否则它就会成为经济上的累赘。自由的含义是白人可以不受妨碍地在没有奴隶制传统的西部赚钱，而不是黑人奴隶的解放。一个"边境暴徒"在移民到来之前舞弊选举的立法机关的条例为什么会有约束力？"我们没有义务忠于或者服从于这些毫无根据的立法机关的专制法规。"他们如此宣称。他们没有接受"被窃取的选举"结果，而是另行起草宪法，将奴隶制定性为非法，而且在托皮卡

（Topeka）选举了自己的立法机关。[14]

从 1855 年底开始，堪萨斯人分成了两个完全对立的好战派别。新英格兰的废奴主义者开始将步枪和大炮送往那里，以保护反对扩大奴隶制的人；南方的团体则组织支持奴隶制的狂热志愿者前往堪萨斯，以增强地区政府的权威。暴力点燃了整个堪萨斯。

1856 年 5 月 22 日，伦敦《泰晤士报》的记者托马斯·格拉德斯通（Thomas Gladstone）在密苏里州西部边界的一家旅馆的酒吧中过了一晚。"我刚来到堪萨斯城，"他写道，"可能永远都不会忘记那些拥入城里的无法无天的暴徒，他们全都喝得满脸通红……大多身材高大，穿着红色法兰绒衬衫和阔大的靴子，把裤脚插在靴子里面，没有洗脸也没有刮胡子……他们有最野蛮的外观，叫嚷出最可怕的诅咒和亵渎上帝的话；更恐怖的是，他们用步枪、手枪、短弯刀和鲍伊刀把自己武装到牙齿——这就是我周围的人的模样。"[15]

这些聚集在格拉德斯通周围大声叫嚷着讨要威士忌的"喝醉的、咆哮的、嗜血的恶魔"，就是刚刚从堪萨斯的劳伦斯（Lawrence）回来的密苏里"边境暴徒"。这些"边境暴徒"去劳伦斯是为了重申亲奴隶制的立法机关的权威。他们被烟熏黑的脸和衣服说明了他们实现目的的手段。这个密苏里团伙捣毁了劳伦斯的印刷厂，用炮弹轰坏了自由州旅馆（Free State Hotel），然后把它付之一炬。

在劳伦斯被洗劫的第二天，众议员普雷斯顿·布鲁克斯（Preston Brooks）来到参议院找马萨诸塞州的参议员查尔斯·萨姆纳（Charles Sumner）。萨姆纳前不久才做了题为"对堪萨斯的犯罪"的演讲，质疑了南卡罗来纳州老参议员安德鲁·巴特勒（Andrew Butler）的正义感，把巴特勒支持堪萨斯奴隶制的态度比

141

作对处女的强暴。布鲁克斯是巴特勒的外甥，他操起他的古塔波胶手杖冲着萨姆纳的头狠狠地打了下去，为他舅舅报仇。

几天之后，狂热的废奴主义者约翰·布朗（John Brown，他把自己看作耶和华的代理人）攻击了波特瓦托米溪（Pottawatomie Creek）的亲奴隶制移民。布朗及其追随者用大砍刀砍死了 5 个移民。8 月，数百名"边境暴徒"出发前去攻击和烧毁包括托皮卡和劳伦斯在内的反奴隶制城镇。他们的袭击始于奥萨沃托米（Osawatomie），在那里他们遭到了约翰·布朗和他的大约 40 名追随者的顽强抵抗。尽管如此，奥萨沃托米还是被焚毁并被洗劫一空。

*

在堪萨斯发生流血事件的夏天，明尼苏达草原上的太阳被遮住了，天空变黑，一朵闪着电光的庞大云团像风一样飞快移动，发出可怕而刺耳的声音。那些不幸暴露在云下的人感觉到一阵雨点般的东西重重击打他们的头部：那不是水或雪或冰雹，而是一些恐怖的、庞大的、褐色的、猛烈颤动的东西。

这朵云是一群正在移动的数以百万计的落基山岩蝗。空气中仿佛布满了这些可恨的昆虫。它们袭向建筑物和人群，渗入窗户与墙壁之间的空隙。小麦地被其吞噬一空，草地像刚被割过一样光秃，树木的叶子都被它们吃干净了。它们的排泄物把水变成了褐色，再也不适合人与动物饮用。庄稼都被啃光了，牲畜因为没有饲料而被饿死。更糟糕的是，蝗虫产下无数虫卵，下一年就会孵化。

蝗虫灾害总是预示着黑暗的年代，这在 1856 年的明尼苏达已经是板上钉钉的事情。如果说在 1854 年的圣保罗，奥利芬特认为他正在见证繁荣的顶点，那么他会为 1856 年的情况感到吃惊。"只有经历过'繁荣时代'的人才知道那意味着什么，"圣保罗早期历史的记录者弗莱彻·威廉姆斯（Fletcher Williams）写道，"农场主、修理工、劳工甚至抛弃了他们的工作去经营地产，然后就像预期中的一样一夜暴富。"他们用过高的利率借贷。这些花言巧语的地产商人"没有办公室，就在人行道上办公；没有资本，只有一册镇上的选址地图和一包空白的契约"。他们通过出售仍是一纸空文的城市中的地皮迅速赚到了大钱，但又很快将其花在"骏马和荡妇、醇酒与赌博"上。那是一个"激动、疯狂和不顾后果的"时代。[16]

进步无止境的概念本身已经成为经济活动的焦点。在圣安东尼那样的地方，锯木厂切割出来的木材足以建设数以千计的新兴城镇，布满堪萨斯在内的西部地区。1856 年，在夹在寒冷季节之间的长达一百九十八天的密西西比河通航期里，有多达 1026 艘轮船抵达圣保罗的码头。许多新来的人不想从事清理土地、建设农场的繁重工作。他们在活跃着旅客和投机者的喧闹旅馆中当起了服务员；或在码头、仓库当起了高价劳工，把被轮船运到上游的大量货物搬上岸；或是成为大篷车司机；或是将体力贡献给建设热潮。能读书写字的人接受了办事员和出纳员一类的工作，或者在零售业、银行业、法律领域、保险业、铁路部门或者地产业等从事一些专业工作。也就是说，移民一般都会在城市中的产业里寻找就业机会，而且偏爱热闹的新兴城镇而不是劳动力密集型的僻远农场。地方的经济繁荣建立在进口和商业活动之上。对资金的需求是如此之大，以至于投资成为一件十拿九稳的事情。《纽约每日论坛报》推荐明尼苏达，说那里是"一个穷人借钱的好地方"。威廉姆斯写道："或许没有一个美国城市的地产热、轻率贸易和投机能比圣保

143

罗更加疯狂和极端了。"[17]

只有很少的声音表达了担忧，它们认为投机不一定等同于经济进步。棉花可能是南方的哈希什，地产价格在其他地方也制造了类似的迷人幻觉。圣安东尼的一家报纸说："我们必须有一个（出口）通道和一个铁路通道，而且一定要尽快，不然我们就哪儿都去不了了。"1857 年，明尼苏达立法机关发放了 27 张铁路许可证，其中一张就是发给圣保罗和太平洋间的铁路的。这条铁路通过特批获得了 250 万英亩（全美面积最大）的免税土地，发行了 500 万美元的公债。整个地区都陷入了极度的兴奋。相关区域的地图大卖，上面"给每一条潜在的线路都用线做了标记，一条线代表一条铁路；还标记了每一条线路上的城镇"。很快，明尼苏达的铁轨就会变得纵横交错，繁荣即将来临，投机也会获得成功。[18]

明尼苏达和堪萨斯这类地方的繁荣非常依赖民众的信心。它们需要持续的移民浪潮，需要移民口袋里的现金，以维持高昂的土地价格。"流血的堪萨斯"和蝗虫盛宴暗示了这次繁荣在本质上是不稳定的：自然界和政界都给疯狂加速的扩张突然施加了无法预测的限制。如果信心开始回落了，这两处该怎么办？

劳伦斯·奥利芬特还在明尼苏达的时候，一个得克萨斯人告诉他说，在《堪萨斯 - 内布拉斯加法案》颁布后，奴隶制的"美好习俗""很快就会遍及我们美丽的领地，奴隶种植的玉米将在我们的山边晃动"。尽管这不太可能发生，但人们确实担心奴隶制会蔓延到西部的大部分地方，这是美国其他地方在发展过程中曾经历的情形。如果奴隶劳工比自由劳动者更便宜，那么为何要不嫌麻烦地花那么多钱从英国或者东部州引入移民呢（更何况这门生意一直风险很高）？又为什么要移居到这些被奴隶制反对者和奴役者间的内战破坏过的地方呢？在1856年之后，受恐怖活动影响，移民到堪萨斯的人口数量逐渐减少到接近零的水平。

这不仅是美国的事情，还是世界的事情。在19世纪50年代的堪萨斯，美国的两股力量——大规模移民与棉花帝国——碰撞在一起，发出巨大的声响。英国的金融机构此时有8000万英镑（4亿美元）的资金套牢在美国铁路上。它们同样直接或间接地贷款给明尼苏达那样的偏远地区。从1850年到1854年，英国的出口总额增长了三倍，达到9730万英镑；在英国的出口目的地中，美国市场和澳大利亚市场增长最快，也最为重要。如果美国繁荣，英国也会繁荣。

美国的发展和日益繁荣是19世纪50年代的主要增长驱动力。但是，明尼苏达和堪萨斯的例子清楚表明，增长是建立在对繁荣未来的信心之上的，它有赖于倒金字塔式的债务。只需一眨眼的工夫，令人忘乎所以的信心就会变成无法控制的恐慌。发生于1856年的困厄早有凶兆。由于奴隶制在未来的推广和暴力事件的发生都充满不确定性，前往西部的移民大为减少，铁路公司的收入遭到重创。

任何信心开始动摇或者美国被暴力吞噬的可能前景都会对全球经济造成冲击。随着北方和南方的关系日益紧张，投机活动的风险越来越大，后果已经近在眼前。19世纪50年代的黄金时代就要到达极限了吗？

然而，当世界仍在繁荣发展的时候，预示灾难的信号并不强烈；纸面财富在不断积累，乐观主义才是主流。外界明显对《堪萨斯－内布拉斯加法案》带来的政治动荡感到更加担忧。该法案的附带后果是第二党系（the second-party system）遭到破坏，一个公然反对奴隶制的党派共和党在北方诞生。因为支持《堪萨斯－内布拉斯加法案》，民主党被彻底赶出反对奴隶制的州，成为一个南方党派。

145　　英国新闻界以犀利的目光注视着堪萨斯的事件和美国国会中的暴力行为。"从美国吹来我们这里的每一阵风都带着党派斗争的咆哮，"《爱丁堡评论》的一位投稿人评论说，"……这些激烈言辞与听起来更为不祥的声音——杖击的响声、被打中的参议员的叫喊声……还有共和国僻远边疆传来的武装冲突和内战骚乱的声音——混杂在一起。它们不是一个自由州里正常政治冲突的伴奏声。"[19]

美国政局崩盘的可能性以及可能与之一同发生的棉花帝国的瓦解，会造成全球性的影响。曼彻斯特工厂的进口原棉有77%来自美国，在1854年，美国原棉的单日进口量就能达到惊人的200万磅。一家德国报纸指出，"欧洲的物质繁荣系在棉线上"；如果奴隶制废除或者美国陷入内战，棉花产量将大幅下跌75%，"棉花产业将会遭到彻底毁灭"。工业化世界对美国棉花的高依赖度是众所周知的事；堪萨斯事件和冲突的后果揭示了这种依赖的危险程度。奴隶制可能是棉花便宜和高产的原因；但到19世纪50年代中期，强制劳动因其本身的政治毒性和以扩张为目的的不计后果的投资，对棉花的供应量造成了威胁。许多国际贸易的观察者都认为，在《堪萨斯－内布拉斯加法案》后，问题已经不再是奴隶制会不会被废除，而是该何时解放奴隶。不难想象在那一天到来之时全球经济会刮起怎样的飓风。[20]

伦敦的金融市场堪称可以预测将至的风暴的灵敏气压计；南部各州和铁路公司都发现，与北方相比，他们要付更高的借款利息。"过于精明地估算一个以不公与暴力为基的社会所面临的风险（不管是道德风险还是现实风险），"《威斯敏斯特评论》（*Westminster Review*）说，"是这种不信任的源头。"堪萨斯流血事件发生后，曼彻斯特的工厂主开始了戒除对南方棉花——他们的哈希什——的完全依赖的漫长过程。他们说，相对而言，美国在棉花供应中占统治地位的历史并不长久，他们想回到原材料来源多样化的状态。他们还建立了棉花供应协会（Cotton Supply Association），"旨在获得更加丰富和广泛的供应"。[21]

曼彻斯特棉花供应协会向外派出了实地调查代表团，他们带着棉花种子、轧棉机和培植建议，满世界地寻找潜在的生产商。他们从阿尔及利亚、摩洛哥、马耳他、西西里、希腊诸岛、土耳其、埃及、巴勒斯坦、西非、西印度群岛、布宜诺斯艾利斯和蒙得维的亚的腹地、秘鲁、塔希提岛（Tahiti）搜集棉花样本，最后发现印度最有可能取代美国南方，成为原棉的供应地。但在此之前，必须找到把印度的"白色黄金"运到工业化世界的经济实惠的方式。英国已经开始在印度次大陆修建铁路、道路、桥梁、隧道和港口，把印度的生产者跟世界市场连接起来。伦敦《广告晨报》（*Morning Advertise*）说，希望"能够大大降低我们（对美国棉花）的依赖度，这样我们就可以留给奴隶监工一个对他们的产品需求量很低的市场，然后他们的行业会因此受到破坏，奴隶贸易也会变成一桩无利可图的买卖"。美国南方感受到了威胁，南卡罗来纳州州长詹姆斯·H. 亚当斯（James H. Adams）的反应最为强烈："一旦英格兰和欧洲大陆能够从其他地方而不只是我们这里获取原材料，一旦产棉州的市场局限在本土，我们就在劫难逃了。奴隶劳工的价值被消除之后，他们的解放就是自然而然的事了。我们的商业对手英格兰显然看到了这一点，因此她很有计划地积极刺激东方（印度）的棉花生产。"[22]

《堪萨斯－内布拉斯加法案》以及由此引发的暴力冲突促使工业化世界试图摆脱与美国奴隶主的浮士德式交易①。但是，从他处得到可靠的大规模原棉（19世纪中期的工业命脉）供应需要在许多年后才能实现。而且即使其他地方成功引进了棉花种植业，即使新建的基础设施能够将棉花带到地球上的工业地带，南方人仍然保持着绝对的优势。因为价格低廉，美国棉花在最近几十年里垄断了世界市场；其价格之所以便宜，则是因为生产者拥有极大的政治权力，能够完全控制劳动力，可获得无限的信贷储备。世界上没有其他地区能够享有这三个巨大的优势。就像一个南方人所说："人们会发现，只有美国才能控制强制劳动力，才能进而实现棉花大量而持续的供应。"一个英国的统计学家表示赞同："不使用奴隶，最终却获得更多原棉供应的可能性，仍然……很小。"[23]

美国南方完全没有因为世界对以奴隶制为基的产棉业的明显厌恶而感到恐慌，反而坚信奴隶制之于文明的重要性和自身的不可战胜性。许多南方人都认为，发达世界应该清醒地认识到，它的许多必需品——不仅是棉花，还包括咖啡、糖、烟草和大米——都是奴隶劳工生产出来的，而且不可能通过其他方式得到。"英格兰的政策应该是鼓励美国产棉业的发展，"《纽约先驱报》宣称，"而不是白白浪费金钱和精力去其他地方尝试不切实际的种植。"工业化世界每年都在寻求更多的棉花；但是要想迅速实现这一点，就必须付出代价。对棉花的需求

---

① 浮士德是欧洲中世纪传说中的一位人物，为了追求知识和权力与魔鬼交易，出卖了自己的灵魂。后人用浮士德式交易来比喻与邪恶集团的合作。——译者注

量开始超过其供应量，这是因为南方奴隶劳工数量的自然增长跟不上需求量的增长。如果其人口不能得到补充，棉花和糖的价格就会上涨，欧洲的工业扩张就会减速；而一个沦为奴隶的非裔美国人的价格已经开始上升。也就是说，跨大西洋的奴隶贸易——在19世纪之初它已经被宣布为非法——必须重新开放，只有这样，棉花种植业才能获得劳动力，才能进而避免衰落。[24]

南方确信自己可以提出这个要求，因为全世界都听从它的摆布。"英国人很快就会索求每年200万包的棉花供应量，而且对此志在必得。"《纽约先驱报》声称。"她的工人需要面包和衣服。她的船需要找到业务。为了满足这些需求，她必须得到我们的棉花。"詹姆斯·哈蒙德（James Hammond），一个来自南卡罗来纳州的参议员这样告诉参议院。他还说，南方拥有的丰富资源足以"建立帝国"，足以令其通过棉花的力量"统治世界"。北方可能会尝试阻止奴隶制在堪萨斯的发展，他继续说，但"你能够限制（像南方）这样的地区吗？……这简直是荒谬……不开枪，不拔剑……我们就可以征服全世界"。[25]

在1854~1856年于堪萨斯受阻之后，南方开始寻求新的土地来扩张庞大的棉花帝国。19世纪50年代的繁荣有很多难以预料的后果，其中很重要的一个是它怂恿南方扩张势力的方式。南方对美国在准州遏制奴隶制的回应，就是打算建立一个将加勒比地区和中美洲包括在内的热带大帝国。它因此不慎被卷入了一场遥远的战争，一场另一块大陆上的战争。

*

通过直接和许多令人意外的间接方式，克里米亚战争

（1853～1856 年）对整个世界造成了巨大的影响。澳大利亚的繁荣停顿了，因为为它送来移民、新闻和商品的飞剪船和轮船都被征调去参加战争了。在南非，千禧年引发的兴奋在科萨人中间弥漫开来，因为有谣言说俄国人将要前来解放他们。北美大草原上的小麦种植者（还有未来的农场主）可能模糊地感知到了这场战争，但也只是因为英国和法国在此前的 1854 年对俄宣战一事导致小麦出口的价格和数量都大幅上升。波罗的海和黑海的港口遭到封锁之后，这两个欧洲强国转而从大西洋上获取平时需从波兰、乌克兰和多瑙河三角洲取得的谷物。美国在 1853 年出口到英国的小麦只有 3600 万蒲式耳，第二年就因为英国对俄开战而涨到了 5300 万蒲式耳。在 1854 年，美国出口了 31848 桶面粉到英国，2096 桶到欧洲大陆；第二年它们就分别增至 391734 桶和 423021 桶。随着其国内成千上万的农民离开自己的土地到克里米亚半岛参战，法国对北美大草原生产的面包原料的需求甚至比英国还大。在美国西部，大多数人沉醉于亢奋情绪与产品需求的大增之中，很少人有停下来问这个局面是不是会永远持续下去，因为他们都忙着去建立农场和建造铁路，以便把收成运到遥远的市场。黑海上的冲突跟黄金一样刺激了繁荣。

　　克里米亚战争的全球意义和它影响 19 世纪 50 年代进步力量的方式，是本书第二部分的核心内容。本书对其的叙述始于战争的中心，然后将逐渐讲到没有明显受到战争波及的地方，包括日本、中国满洲地区、中国香港、波斯、印度、古巴和尼加拉瓜。堪萨斯的暴力动乱与克里米亚半岛的战争同时发生。战争产生的一个鲜为人知的连带影响是加勒比地区激进棉花奴隶与大英帝国的冲突（详见第八章）。这样的连锁反应清晰地表明，19 世纪时，世界的相互联系正在变得越来越紧密，欧洲发生的事件会影响到北美大草原上的小麦种植者、澳大利亚的商人和南非的部落。

但是，欧洲西部与太平洋群岛之间的数百万人能更深刻、更长期地感受到克里米亚战争的影响。在战争发生后的十五年里，欧洲版图几次被重新划定。同样意义重大的是，亚洲也被卷入这股浪潮。克里米亚战争的余波遍及中东地区、广阔的中亚地区、印度、中国和日本。世界政治的板块在 19 世纪 50 年代中期发生了决定性的位移。

第二部分

"断层线"：白银时代

第七章 自由的堡垒
高加索

七个内海和七条大河

从尼罗河到涅瓦河，从易北河到中国，

从伏尔加河到幼发拉底河，从恒河到多瑙河

这就是俄罗斯帝国，它永不消亡。

——费奥多尔·秋切夫（Fyodor Tyutchev）[1]

在一艘英国军舰上隔海观察了"世上最美的海岸风景"几个星期之后，一度沮丧的劳伦斯·奥利芬特终于可以上岸了。"我们登陆的地方位于齐金齐尔（Zikinzir）古堡爬满常春藤的城垛之下……这片地区处处都被最为丰茂的植被覆盖着。到处都是山坡，尽头是突兀陡峭的石壁，繁茂的长草迎风招摇。"城堡后面是长满树林的群山，更远处则是一排令人望而生畏的雪峰。"这里的风景美得如同童话一般。"

刚离开明尼苏达的奥利芬特现在在高加索山这个世界上最浪漫（对于西方人来说）和最杳无人迹的地区。奥利芬特在英国皇家海军的明轮护卫舰"独眼龙"号（Cyclops）上瞥到的令人印象深刻的一幕，"使他产生了洞悉它们幽暗深处的秘密的欲望"。很快他就得到了攀登这些山峰的机会。他登高俯瞰，写下：

154 　在我们的左边巍然屹立着高加索山脉的壮丽雪峰，它
们奇特的轮廓上镶有大量金光。往下一点，冰川与深绿色
的松树林相接……愤怒的水流从这里喷薄而出，在狭隘的
峡谷里强行开路，一直从我们脚下流向迂回的山谷……小
村庄被水果树与果园包围；溪流就像银线一样，它不再在
凸出的岩石底下四处流动，而是在低垂到水面的树叶下泛
起涟漪。[2]

自有历史记载以来，高加索山的壮丽风景及其难以捉摸的
神秘性一直激发着人们的想象。对古代希腊人来说，山脉标志
着已知世界的尽头，是真正属于自然的边界。普罗米修斯因为
把火种送给人类而受到惩罚，被锁在高加索的石壁上，每天都
被一只鹰啄食肝脏，直到时间尽头。伊阿宋冒险前往高加索山
中的城堡，从国王埃厄忒斯手中夺取了金羊毛。神出鬼没的亚
马孙女族的勇士们就栖息在这里的某个地方。根据《古兰
经》，高加索山的另一边居住着歌革和玛各的邪恶部落，一旦
山里的巨大铁墙倒塌，他们就会打破屏障，如洪水般涌向全世
界，宣布末世的到来。这座山还阻止了亚历山大大帝征服世界
的步伐。

19 世纪时，高加索山仍未失去其浪漫魅力和异域之感。它是
世界上最为辽阔的边远地带，是欧洲与亚洲之间、基督教世界与
伊斯兰世界之间的屏障。它的一侧是俄罗斯帝国，另一侧则是波
斯和再远一点的被称为"鞑靼"的延伸到了中国和太平洋海岸的
鲜为人知的广阔地区。高加索山就是"东方的门户"。[3]

住在山里的信奉伊斯兰教的部落同样吸引着人们。高加索
山中有好几个截然不同的部落。在东边接近里海海岸的地方，

有车臣人（Chechens）和达吉斯坦人（Dagestan）的部落。山脉的西部则属于明格列尔（Mingrelia）、阿布哈兹（Abkhazia）以及名气最大的切尔克西亚（Circassia）。对欧洲人来说，高加索山脉的众多部落都是切尔克斯人，无论他们是否来自切尔克西亚。

西方的作家对高加索山的民族做了浪漫化的描述，把他们塑造为坚强、高贵的高山人，过着简朴的生活，男人都是具有骑士精神的山中武士。他们在没有防御工事的石头村庄［通常被称为阿乌尔（auls）］过着平静的生活，这些村子背靠宏伟的山脉南坡。

劳伦斯·奥利芬特在高加索山的西边第一次见到传说中的切尔克斯山中武士时，感到兴奋不已。他们的衣着跟无数的书面描写和版画形象一模一样，可识度很高。他们的皮帽十分别致，跟皇家近卫军的皮帽一样高；除皮帽外，引人瞩目的还有丘卡（chokha），这是一种紧身、高领的及膝羊绒大袍，胸前缝着两排乳白色的弹夹。他们的手枪和匕首（kindjals，又被称为高加索双刃刀）上镶有银质的装饰，腰带上则挂着被称为恰西克（shashka）的马刀。他们穿着红色或者黄色的裤子和类似于印第安软皮鞋的红皮便鞋。传言称他们个个都是神枪手，是世界上最善于战斗的马上民族。据说，一个切尔克斯武士从小就学会了半人马一般的骑术，能在陡峭的悬崖上下飞奔，"跳过峡谷并游过湍流"。他们被要求在骑马全速前进的情况下解下步枪，击中遥远的目标然后把枪放回背后，所有动作必须一气呵成。一个马上的切尔克斯人可以把自己挂在马鞍之下，以避开敌人的射击；他还可以突然俯身，捡起地上的一样东西而不需要减速。[4]

155

奥利芬特在 1855 年的秋天来到这片偏远地区旅行，但他的身份不是观光客，而是克里米亚战争打得最火热时的间谍。这场地球上的超级大国间的战争爆发于 1854 年 3 月 28 日。在英国，人们普遍把它当成一场属于 19 世纪 50 年代的战争，当成自由贸易对独裁、现代对落后的生死存亡之战。英国有开放的贸易政策、工业优势、蒸汽动力、通信技术、铁路、步枪和左轮手枪，相信自己正在与一个属于过去的残骸、一个阻碍世界进步的顽固势力展开较量。英俄两个帝国争夺一条从西欧到北美、从波罗的海到太平洋的东向"断层线"，为一连串的帝国——奥斯曼、波斯、清王朝治下的中国和日本——以及其间无数国家的控制权而大打出手。它们都相信自己扮演着特殊角色，是这些欧洲与亚洲社会的改革者；且都认为对方与自己的世界图景格格不入。战争爆发的原因是具体的（我们后面将会谈到），但对双方来说，它们在投身战争的时候，都考虑到了这些全球性的甚至具有划时代意义的因素。

156

奥利芬特之所以到高加索旅游，是因为在伦敦和圣彼得堡的战略家看来，这里是英国与俄国的全球性斗争的关键所在。占据高加索山——一位作家称之为"自由的石墙"——的民族的命运在一个短暂而辉煌的时间段内，与 19 世纪 50 年代的地缘政治紧密相连。而对我们来说，如果回顾俄国与英国的这场争斗，我们就会发现高加索山（它控制着欧洲与亚洲的交接处）提供了一个将战争置于世界背景中评估的绝佳位置。对我来说，高加索山就像是一个不同背景下的明尼苏达，是一个不太真实的高点，从这里能够更加清晰地描述 19 世纪 50 年代的发展。[5]

劳伦斯·奥利芬特到高加索山与一个游击队员碰头，后者后来成为 19 世纪 50 年代人们谈论最多也最尊敬的人，他就是伊玛目沙米勒（Schamyl）。沙米勒身材矮小，留着红色的大胡子，外界称他为"达吉斯坦雄狮"和 19 世纪的"先知武士"，视他为活在当代的穆罕默德。

*

在 19 世纪 50 年代席卷世界的突破性剧变中，人们的注意力很自然地聚焦于那些火花最绚烂的地方——美国西部、西欧、英国、澳大利亚、新西兰。不过，与其他大国一样，俄国也享受着属于它自己的与众不同的黄金时代，也在重新发现自己，并在用文明教化边疆地区。

19 世纪的俄国以惊人的速度扩张。在该世纪的头几十年里，它的国界向西推进了 800 英里，朝着君士坦丁堡的方向前移了 450 英里，朝瑞典和印度的方向分别前移了 300 英里和 1000 英里，还占领了波兰的大部分土地。在数千英里以外的另一块大陆，俄国牢牢控制着后来被称为阿拉斯加的土地。在中国因鸦片战争陷入混乱之际，俄国在东西伯利亚的军队开始估量可以在这场混乱之中得到多少东亚的土地。俄国对千岛群岛（Kuril Islands）提出主权主张，视该地为其与日本的边界线，该主张至今仍在制造紧张局势。该群岛提供给俄国一个进入世界最广阔大洋的跳板。1853 年，东西伯利亚总督尼古拉·穆拉维约夫（Nicolai Muravev）将军宣称："理所当然的是……如果俄罗斯不能统治整个东亚，至少要统治整个亚洲的太平洋沿海地区。"[6]

不过，理解 19 世纪俄国的关键是它与伊斯兰世界的"断层线"。俄国的身份认同与其对边疆地区，也就是东正教与伊

俄国的扩张

阿拉斯加

北 冰 洋

白令海

北海

巴伦支海

拉普捷夫海

太

平

洋

圣彼得堡

华沙

郭霍次克海

莫斯科

俄罗斯帝国

黑龙江

黑海

高加索山脉

日本帝国

江户

特拉布宗

里海

咸海

日本海

奥斯曼帝国

希瓦

布哈拉 塔什干

北京

朝鲜

巴格达

德黑兰

撒马尔罕 喀什

波斯帝国

喀布尔

阿富汗

白沙瓦

中 国

东海

波斯湾

印度

地图 4

斯兰教的边界区的征战紧密相关。在 18 世纪和 19 世纪，俄罗斯帝国不断向衰弱的奥斯曼帝国施压，后者在 19 世纪仍然是

158 大国，其占地包括从巴尔干半岛到罗马尼亚、保加利亚、土耳其、中东、埃及和利比亚的半圆形。在叶卡捷琳娜大帝统治期间，俄国从奥斯曼帝国手中夺取了克里米亚汗国的宗主权，诺沃西比尔斯克（Novorossiya，即新俄罗斯）就此诞生。俄国已经成为黑海边上的大国。叶卡捷琳娜大帝鼓励俄罗斯人、德国人、乌克兰人、罗马尼亚人、保加利亚人、塞尔维亚人、希腊人、波兰人和意大利人等移居到这块辽阔而极具战略意义的征

服地。为了庆祝胜利（在她看来，这是基督教文明对伊斯兰文明的胜利），叶卡捷琳娜建设了许多洛可可和新古典主义风格的城市。敖德萨（Odessa）是这些新城市中最杰出的一个；塞瓦斯托波尔成为俄国在黑海的海军基地。比萨拉比亚（Bessarabia，在如今的摩尔多瓦和乌克兰）于 1812 年夺取自奥斯曼帝国。1829 年，俄国控制了多瑙河三角洲，确立了其在黑海的统治地位。

俄国在世界历史中的职责——正如它自己认为的那样——就是拯救被围困的基督教世界，把文明带到欧亚大陆上的蒙昧地区。高加索山是这个神圣使命的世界中心：它正好处于欧洲与亚洲的交界处，居住于此的基督徒四面受敌，附近信奉伊斯兰教的部落则好斗而狂热。

高加索地区由数不清的各式部落、汗国、公国、宗教、语言、种族和社会结构拼凑而成。几个世纪以来，这块土地一直附属于波斯帝国和奥斯曼帝国，但在 19 世纪初它们被俄国占领了。山脉两端低地上的已有国王、可汗和君主都毫不反抗地加入了俄罗斯帝国。格鲁吉亚和亚美尼亚信奉基督教，因此基本上欢迎俄国东正教来取代伊斯兰教的统治。只有在高加索山的高海拔地区和茂密的森林里，俄国才遇到了强有力的抵抗。

1797 年，沙米勒出生于阿瓦尔（Avar）部落；30 多岁时，他正式成为伊玛目并被视作"真主安拉的第二个先知"。他用伊斯兰律法统一了家乡达吉斯坦的部落和车臣地区的部落，并宣布对俄国入侵者发动圣战。成千上万的哥萨克移民和俄国军队发起了一系列残酷的战役，他们烧毁村子，破坏庄稼，以打败沙米勒并巩固对该地区的控制。但高加索的游击队武士是骑术高超的骑手和神枪手，他们在森林和山中把俄罗斯帝国逼入

159

了困境。前来讨伐的俄军可能会听到滑膛枪的爆破声和子弹飞过头顶的吓人的咝咝声；他们有时候看到狼烟升起，但很少看到躲在树林里或者山石后面的游击队员，尽管这些游击队武士可能已经认出了他们并且杀死了他们的同伴。

1845 年，俄国发动了另一次入侵北高加索山区的行动，它由高加索副总督、杰出的陆军元帅米哈伊尔·谢苗诺维奇·沃龙佐夫（Mikhail Semyonovich Vorontsov）带领。这是一支 10000 人的装备精良、制服华丽的军队；大量任职军中的贵族带来了文明所需的一切奢侈品和嗜酒的贵族能喝下的所有香槟。但这不是户外派对：沙皇最精锐的一些部队也被编入了这支军队。

俄国人的进军基本上没有遇到抵抗。沙米勒的山区游击队员无影无踪，他们的阿乌尔早已被抛弃并被焚毁在胜利的入侵者面前。但在胜利的喜悦中，俄国军队行进到了补给线够不着的地方。当沃龙佐夫准备攻击他的主要目标，也就是沙米勒的根据地达戈（Dargo）的阿乌尔时，他不得不分派一支纵队回头走几英里以便为主力部队护送军粮。这支纵队轻松抵达了大篷车和驮骡的所在之处。

这支队伍返回达戈后的遭遇成了传奇。迄今为止一直不见踪影的敌人从山谷和森林的暗处发动袭击，逐个瞄准并干掉俄国士兵，然后冲入混乱茫然的纵队，用恰西克马刀和高加索双刃刀大开杀戒。用于运输的大篷车从悬崖上摔下，或者被争先恐后逃去跟大部队会合的士兵抛弃。他们可以安全离开的路线被沙米勒手下砍倒的树木和自己同伴的尸体堵住。在一天一夜的战斗里，有 556 人（包括 2 名将军）在树林中被杀，800 人受伤，3 门野战炮被掳走。

由于粮食在山里丢失了，人员也受到重创，沃龙佐夫不得

不退出达戈。这场征伐（如果称得上征伐的话）持续了六个
痛苦的日夜。俄军一直忍受着车臣人的伏击和路障的威胁；伤
亡人数令人沮丧不已：刚开始是 1100 人，之后不断上升。撤
退速度慢到令人崩溃，每天只能走 4 英里，而且士兵们在途中
还有可能被四处发动袭击的车臣人无情杀害。俄军分裂成一群
群迷茫又饥饿的士兵。更加可怕的是，给他们发出行动命令的
俄国军乐其实是车臣人在缴获的军鼓和乐器上嘲弄地演奏出来
的。就在俄军即将弹尽粮绝之际，一支救援部队拯救了这支溃
败并遭到围困的军队。俄国人损失了 195 名军官（包括 3 位将
军），伤亡人数达到 3433 人。[7]

　　沙米勒为俄国人送去了几场轻松的胜利，诱使他们进入深
山。当俄军为这些虚假的胜利兴高采烈地拉长战线时，等候已
久的沙米勒切断了他们的供给线，然后毫不留情地痛击他们。
在达戈战役之后，沙米勒带领数千名达吉斯坦和车臣武士深入
俄国领土。一位俄国将军写道，沙米勒的国家已经培养出一种
"宗教军队的特质，在伊斯兰教刚诞生的时候，穆罕默德就是
凭借着这样的特质震撼了世界上四分之三的地区"。[8]

　　高加索山作为一个充满神秘之美和难以想象的残忍的地
方，一个充满高尚冒险和野蛮争斗的地方，时常出现在亚历山
大·普希金（Alexander Pushkin）、米哈伊尔·莱蒙托夫
（Mikhail Lermontov）和列夫·托尔斯泰（Leo Tolstoy）的笔
下。与穆斯林游击队的战争已经持续了 1/4 个世纪。在托尔斯
泰的生动描述中，成千上万的士兵常年忍受着物资匮乏、无聊
和看不见的恐惧，守卫着漫长的军事防线和偏远的哨站。他们
多数追随了父亲、叔伯和祖父的步伐。几代贵族都被卷入这场
战争；贵族成员到山里寻求冒险和荣誉，回来的时候却经受了

游击战残酷现实的创伤。就像后来的越南战争之于美国一样，永无尽头的高加索战争在俄国人的想象中留下了深刻烙印。壮丽的山峰、英勇抗敌的武士和帝国之敌伊玛目沙米勒，这些都让人既厌恶又着迷。

这不仅是针对伊斯兰教的战争，也是实现一个非常重要的目标的手段。沙米勒的顽强抵抗和灵敏突击牵制了俄国大量的军力，战争陷入僵局。高加索山这座"世界上最伟大的堡垒"仍然限制着俄国建立世界帝国的野心。一旦伊玛目战败，俄罗斯帝国就可以朝着波斯、中亚汗国前进，直抵阿富汗和中国。但那样的未来看起来还远得很。9

1851 年，当托尔斯泰作为一名年轻的军官到达高加索的时候，俄国人比以往任何时候都更加急切地想要结束这轮浸满鲜血的冒险。在陆军元帅沃龙佐夫的指挥下，俄国开始控制、整顿这一地区。沃龙佐夫在担任新俄罗斯总督期间已经使当地成功实现了快速现代化。他把同样的热忱带到了高加索：设立学校，然后将之并入帝国系统；建立图书馆和博物馆；创立新的行政体制。

边疆文明化进程的中心是格鲁吉亚的首都梯弗里斯〔Tiflis，现在称为第比利斯（Tbilisi）〕。大量经过重建的林荫大道和鲁斯塔韦利大街（Rustaveli Avenue）上的欧式建筑把梯弗里斯从原来的前哨要塞改造成了一个繁荣的城市中心。其中最具象征意义的是众多东正教的文化中心和礼拜之地，它们彰显了俄国在启蒙和宗教方面的决心。锡奥尼大教堂（Sioni Cathedral）在 19 世纪 50 年代开始翻修内部，有了新的壁画和一个石制的圣像屏帏。著名的第比利斯歌剧和芭蕾舞剧院于 1851 年落成开放，首场演出是多尼采蒂（Donizetti）的《拉美莫尔的露琪亚》（*Lucia di Lammermoor*）。国家图书馆于同一年落成开放。根据托尔斯泰的形容，当时的第比利斯是"一座非常文明的城市，在很大程度上模仿了圣彼得堡，而且模仿得非常成功"。[10]

沃龙佐夫在达戈遭到沙米勒重创。稳固战线然后每年发动惩罚性袭击的战略对这些难以驯服的山民显然无效。此时需要一种新的策略，而沃龙佐夫恰好就有一个能够胜任这份工作的人选：被其穆斯林敌人称为"俄罗斯恶魔"的亚历山大·伊万诺维奇·巴米亚京斯基（Alexander Ivanovich Baryatinsky）被任命为高加索左路军司令。

巴米亚京斯基身材魁梧，走路的时候一瘸一拐。差不多在二十年前，当他还只是一个男孩的时候，他带领着手下对抗一个高加索部落，成为唯一的生还者，但腿上也因此留下了明显的残疾。1851 年时他只有 36 岁，他的疤痕、浓密的短发和挂满勋章绶带的破旧制服显示出这是一位专注的、简朴的武士。不过，他是最近才变成这样的。在年轻时做出英勇行为之后，他又以另一种方式声名远扬，这一次他是著名的放荡贵族和猎艳高手，圣彼得堡的丈夫和父亲都讨厌他。这位贵族是尼古拉一世（Nicholas Ⅰ）宫廷中的焦点人物。他与皇太子亚历山大和皇后极为亲密。在三十来岁的时候，他渴望军事上而不是婚姻上的成就。镇压高加索并平息穆斯林叛乱，这对沙皇来说不仅事关荣誉或政治现实，也是一项宗教义务。如果说沙米勒正在发动圣战，那么尼古拉则是在发起十字军东征。巴米亚京斯基开始明白主人的想法；他如饥似渴地阅读每一本关于高加索战争的书，不知疲倦地跟军事人员一起工作。他对这项事业的奉献精神和新近习得的军人风度，都反映了他不惜一切代价去争取胜利的决心。[11]

162

巴米亚京斯基知道，胜利来自一次又一次的战斗。拿下高加索就是围攻一个巨大的堡垒，只有这样做才能逐步靠近它，这就像一场耐心与意志的游戏。无论如何，他应该避免与沙米勒的穆斯林游击队正面对抗，否则他将面临流血和失败。

这位新的司令说服了对先知武士心存不满的部落首领。但凡投靠俄国人的都被给予厚待；他们的阿乌尔会得到重建，农场也会受到保护。戏剧性最强的是，巴米亚京斯基策动了沙米勒的传奇副手哈吉·穆拉特（Hadji Murad）在 1851 年的叛变。托尔斯泰对此事做了生动的描述。

这是作为诱饵的"胡萝卜"，是攻心之术。巴米亚京斯基策略的第二部分是重塑战场的地形——现实意义上的重塑。俄国的工兵和征募而来的十万士兵在高加索地区砍伐林地，山谷中回响着富有韵律的斧头的闷响。如果山毛榉因过于茂密而无法砍伐，他们就用炸药将其炸飞。焚烧树枝的浓烟弥漫在山上广阔的割刈地带，原本树木盘根错节的地方现在变成一片荒地，只剩树桩和裸露的土壤。在短篇小说《伐木》（*The Wood-Felling*）中，托尔斯泰描述了面目全非的地貌："森林边缘的茂密树木已经不见了，你眼前看到的是一片烟火弥漫的大平原，骑兵和步兵正在向营地行军。"

参与这场以自然为对手的战争的部队获得了炮兵和骑兵的环绕护卫。每倒下一棵树，就意味着车臣的狙击手少了一重掩护。沙米勒的森林堡垒开始在他的眼前后退。他如果想跟入侵者战斗，就只能在没有森林的平原上像割草一样被正规军撂倒。

在征服自然后，巴米亚京斯基终于可以部署他的全部战略了。新的军用道路连接起获得巩固的堡垒和前哨站，并深深地插入了沙米勒的领地。桥梁在山谷间修建起来。有些地方甚至还有隧道。俄军如今已经成为一支机动部队，森林的砍伐使他们得以逃脱游击队连续不断、削弱士气的狙击。与俄国人结盟的居民集体搬迁到原本是森林的空地上以保护该区域，并在这些新的道路上来回穿梭，为军队供应粮食。

策略成功了。沙米勒没能牢牢地控制住里海到黑海之间的整个高加索山脊地区；沃龙佐夫和巴米亚京斯基在他与他想结交的切尔克西亚盟友之间打进了一个楔子。归顺之人会得到妥善安置，继续反抗者则会遭到屠杀，或者被彻底赶出当地。这种手段就是我们今天所说的种族清洗。托尔斯泰在其日记中写道，这样的战争是如此的"丑陋和不公，任何发起者都得昧着自己的良心"。[12]

＊

沙米勒仍然活在他的据点中。但由于森林的萎缩和敌人的围困，他能继续抵抗的日子已经屈指可数。1853 年，沃龙佐夫在高加索的成功已经十分明朗。为免遭种族清洗，车臣人的村庄一个接一个地抛弃沙米勒的独立运动。尼古拉一世因而得以撤出高加索的军队，将其调到多瑙河流域的前线，从而发动一场针对伊斯兰势力的新十字军远征。

同年 6 月，8 万俄国军队越过普鲁特河（Pruth River），进入奥斯曼帝国的附属公国摩尔达维亚（Moldavia）和瓦拉几亚（Wallachia，今罗马尼亚）。尼古拉一世相信，他是在代表他眼中遭受信奉伊斯兰教的奥斯曼帝国之专制压迫的 1200 万基督徒行动。用更直接的话说，他是在回应之前的一系列事件。奥斯曼帝国的苏丹在法国海军的威胁之下，已经把耶路撒冷圣

164

诞教堂①的钥匙从东正教会转给了天主教会，这是对东正教的极大侮辱。"我不会推卸这个神圣的责任。"愤怒的尼古拉一世告诉英国大使。他的军队占领了多瑙河流域的公国，强迫土耳其人接受俄国对苏丹治下的基督徒臣民的保护，恢复东正教会在圣地的权利。[13]

尼古拉一世准备与整个欧洲为敌。他就像忠实信徒一样行动，固执且带有自我蒙蔽的倾向。他告诉普鲁士国王，他挑起战端的目的不是"实现世俗利益"或者获得领土。英国和法国很乐意跟伊斯兰教周旋，只有他独自一人做好了"在圣十字旗帜下作战"的准备。如此一来，他要么取胜，要么"光荣死去，成为我们神圣信仰中的烈士"。[14]

面对俄国人的十字军远征，苏丹发动了他自己的圣战。战争的司令官是杰出的奥马尔帕夏（Omer Pasha），一个出生在克罗地亚的塞尔维亚人，曾经信仰东正教，现在改宗伊斯兰教，并通过自己的努力爬到了现在的位子。他在侧翼的多瑙河流域前线与俄军对峙。另外，苏丹给伊玛目沙米勒提供援助，要他加入对抗俄国的圣战，与自己一同赶走高加索的异教侵略者。

在多年的失败之后，"达吉斯坦雄狮"复活了，就像一个摆脱了镣铐的战士。英国驻埃尔祖鲁姆（Erzurum）领事说，沙米勒带领2万穆斯林游击队员下山，直取梯弗里斯。他准备与奥斯曼军队会合，攻打俄国的外高加索地区。奥斯曼帝国的黑海舰队已经被动员起来支持圣战，苏丹要一劳永逸地把俄国人赶出高加索。11月，俄国海军在锡诺普港（Sinop）攻击、

---

① 圣诞教堂（Church of the Nativity）位于伯利恒，建于传说中基督耶稣的诞生之地。此处疑为原文之误。——编者注

摧毁了土耳其人的船舰。

对奥斯曼人来说，他们的溃败并不要紧，也毫不令人意外。他们知道，俄国海军在黑海的胜利预示着其在东地中海的优势，这对英国来说无疑是一块具有挑衅意味的红布。

他们是对的。1853～1854年冬的战争点燃了英国的公共舆论。这正是强迫苏丹去挑衅俄国的拿破仑三世想要看到的局面。这位法国的新皇帝渴望取得一场辉煌的胜利。他想恢复法国在1812年的莫斯科撤退中失去的荣光。他想摧毁欧洲协调（Concert of Europe），即1815年维也纳会议（Congress of Vienna）确立的欧洲大陆上的势力均衡。俄国、普鲁士和奥匈帝国依靠维也纳会议镇压革命并防止国家边界的重新划定。对俄战争将会一次性地实现所有的愿望：俄国的衰弱将保证胜利可以轻易得手；1812年的战败影响将会因此完全消除；此外，俄国是欧洲的一大威胁，压制着所有的改革运动。然而，拿破仑三世需要与英国结盟，可英国只有在其亚洲地位受到威胁和土耳其面临亡国危机时才会加入他的行动。

到1854年底，他的帮助已经促成了一个完美的局面。英国对俄国的害怕与怀疑由来已久。两大帝国不仅在欧洲和土耳其，还在世界其他地区，把对方当作劲敌。在万国博览会正如火如荼地开展时，匈牙利的自由斗士和独立英雄拉约什·科苏特（Lajos Kossuth）访问了英国。科苏特1848年争取匈牙利在奥匈帝国内自治的努力，遭到了20万俄军的镇压。他在南安普顿（Southampton）对热情的拥挤人群说："俄国就像一块石头一样阻断了每一次自由气息的吹拂，而且英国在其道路上的每一个地方都与俄国的势力发生了碰撞——在北京和赫拉特（Herat），在博斯普鲁斯海峡（Bosporus）和［丹麦］海峡，在尼罗河和多瑙河，还有整个欧洲大陆。"[15]

英国人很清楚俄国人对英国世界体系的威胁。从波罗的海到多瑙河，从巴尔干半岛到黑海，从高加索到阿富汗，在土耳其、波斯、中国、朝鲜、日本和西北太平洋，"我们到处都能找到〔俄国〕这个成功而固执的侵略者"。曾担任英国驻德黑兰公使的约翰·麦克尼尔（John McNeill）爵士写道。他说，看看地图，人们就会发现"鞑靼平原已经激起了她的贪欲，在她扩大统治范围的企图下，欧洲和亚洲的文明国家都已经遭到肢解。她仍不满意，还要进入美洲"。俄国在这些土地上的收获全都"损害了英国的利益"。[16]

英国的自由贸易与俄国的专制独裁被认为是互不相容的，而且为了争夺世界中的主导地位，两国的关系陷入了死结状态。《纽约先驱报》认为形势是：英国害怕并且想要摧毁俄国发展迅猛的商业和军事优势，尤其是在亚洲；对英国人来说，这代表自由贸易同军事侵略和经济保护主义的对决，这次对决以整个地球为战场。"英国人有万国博览会，俄国人有庞大的军队，"《伦敦新闻画报》在 1851 年说，"用一句通俗的话来概括，他们正在'完成他们的使命'。两种模式中的哪一种最终会获胜，对此我们不应有任何怀疑。"[17]

到 19 世纪 50 年代中期，谁正在走向胜利已经十分明确。卡尔·马克思和弗里德里希·恩格斯向《纽约每日论坛报》的读者介绍了英国与俄国正在争夺的从多瑙河到印度河的"贸易战场"。在像希瓦（Khiva）、撒马尔罕（Samarkand）、布哈拉（Bukhara）或者塔什干（Tashkent，位于今天的乌兹别克斯坦）一样偏远且鲜为人知的地方，其街市在此前不久仍为俄国商人垄断。中亚的市场及其拥有的资源都被视为俄国工业的未来所在。但在 19 世纪 50 年代，根据马克思和恩格斯所说，"先前曾经直抵东方英帝国边界的俄国贸易，现在已被压回到防御线上，这条防御线也正是它本国的国界"。

原因很明显。1849 年，英国东印度公司成功征服了兰季德·辛格（Ranjit Singh）在旁遮普的令人畏惧的军事帝国，从此把自己的控制范围一路扩大到白沙瓦和西北边界。运往中亚的商品找到了一个出口，即印度河河谷。它们也可以通过土耳其到达中亚。在此前的 1838 年，英国强加给奥斯曼帝国一项关税协定，使土耳其位于欧洲、小亚细亚和黎凡特的领土向自由贸易打开大门。仅在 1853 年，英国驻君士坦丁堡大使馆的代办休·罗斯（Hugh Rose）上校就报告称有 1741 艘英国船通过达达尼尔海峡进入黑海，一个伦敦商业公司还给一家土耳其银行投资了整整 300 万英镑。马克思和恩格斯写道，在曼彻斯特的交易所，每天都能听到的英语和德语的交谈声中现在又加入了希腊人、斯拉夫人和亚美尼亚人的方言。这些商人进口大量的英国制造品到土耳其东北部的港口特拉布宗（Trebizond），然后把它们交由大篷车队运到中亚市场。仅仅用了十五年的时间，土耳其就已成为英国最重要的贸易伙伴之一，也是英国进入亚洲内陆的大门。[18]

随经济自由化一同发生的是自由主义的政治和社会改革。或者说这大概是自由贸易的支持者愿意相信的说辞。在英国的教导下，土耳其逐步实现现代化。在"坦齐马特"（Tanzimat）改革期间，官员开始穿上西式服装，人口普查得以开展，财政和法律系统获得重组，专科院校和大学开始设立，帝国里成千上万受到压迫的基督徒被赋予更多的权利。在 19 世纪 50 年代，奥斯曼帝国就是自由贸易更新效应的一

167

个典范，是其他古老亚洲帝国的一个榜样，而英国则是世界新秩序的中心。

尽管在商业领域取得了以上成就，英国仍然十分畏惧俄国的军事力量及其针对奥斯曼帝国的掠夺行动。英国地缘政治策略的核心是保持一个强大、独立和现代的土耳其，让其成为抵御俄国扩张的屏障。沙米勒也一样。高加索地区是"抵抗俄国入侵的不可逾越的自然堡垒"。《伦敦晨报》指出："俄国可能是一条庞大的领土巨蚺，但她不可能消化得了她的高加索'战利品'。"只要沙米勒挡住沙皇，俄国以奥斯曼帝国、波斯、阿富汗、印度为目标的推进，以及特拉布宗到塔什干的伟大贸易之路就会受阻。[19]

在19世纪40年代，俄国的观察者开始意识到沙米勒的全球影响力，他的名字开始慢慢出现在报纸新闻中。自由代理人为他和切尔克西亚的抵抗者带去走私枪支。在一位美国作家看来，沙米勒展现了"绝不亚于古典时期最伟大战士的英雄气质"，他反抗俄国的"独立战争"是"记录以自由为宗旨的抗争的编年史中最光辉的斗争"。19世纪50年代的大量书籍和报纸文章以高加索的绝美风光为背景，详细描述了他在面对优势明显的俄国军队时的果敢和深谋远虑；它们谈及他从敌人手中奇迹般地逃脱，谈及他的智计百出和伟大胜利。早在克里米亚战争开始之前，英国政府就向伊玛目手下的狙击手供应了现代化的轮转式步枪。[20]

对俄国人来说，英国正在土耳其扶持一个腐败、邪恶和衰朽的伊斯兰帝国，而且在高加索支持一个疯狂的恐怖分子。俄国士兵和官员夸大了英国在这一地区的作用，认为敌人想将切尔克西亚据为己有，甚至相信沙米勒实际上是英国的一名秘密特工。如果说英国担心俄国，那么俄国一方则认为英国是掠夺成性的侵略者，是阻止其世界野心的障碍。英国在中国的每一步行动都被视为在本质上具有反俄倾向。根据穆拉维约夫将军所说，英国人将"损害整个欧洲的利益，让整个欧洲蒙羞，破坏其他国家的和平和安宁"；他们自诩一股无私的力量，致力于传播自由贸易和国际法的好处，但说的其实都是空话和谎言。在穆拉维约夫看来，英国人正在把"他们自己小岛上的法律强加给所有地区……这些法律完全不是为了保护人类的利益而设置的，它们只维护大不列颠的商业利益"。[21]

在一条穿越亚欧大陆大部分地区的边界上，世界上最强大的两个帝国陷入了相互怀疑的僵局之中。这条大弧线上到处都是火药桶，但奥斯曼帝国是最有可能引爆双方冲突的一个地方。在 1853 年的急件中，罗斯向外交大臣报告说："土耳其的衰落将是全面战争和骚乱的导因，也是社会主义和无政府主义获胜、英国贸易和利益走向毁灭的导因。"如果俄国成功打败奥斯曼帝国并征服高加索，它就能打开通往波斯和中亚汗国的大门。然后呢？一个复兴的俄国能够夺取中国的土地并占领日本的海军基地。英国在亚洲的势力将会因俄国的兴起而衰落。英国会失去很多重要市场，尤其会失去正在特拉布宗兴起的重要贸易；而且随着俄国人逼近阿富汗，英国也将被迫把大量军队投向印度，尽管这样做的代价十分高昂。无怪乎牵制了大量俄国兵力的沙米勒会被誉为可在亚洲阻止势不可当的俄国的刹车器。据奥利芬特观察，"欧洲的均势依赖于亚洲的势力均衡"。当俄国朝着君士坦丁堡推进时，英国正在权衡此事的全球性影响。[22]

*

在连续数年接受俄国将统治世界的宣传后，英国公众已经为战争做好了准备。但是，在法国和英国军队介入之前，俄国就在1854年被奥马尔帕夏击败，并被其逐出瓦拉几亚和摩尔达维亚。如果不是英国和法国的公众渴望看到彻底的胜利，战争早就已经宣告结束了。进攻行动转移到了克里米亚半岛。公众相信这是一次短暂的战争，在圣诞节前就会以俄国海军基地塞瓦斯托波尔被占领而告终。

克里米亚战争与定义了19世纪50年代的进步和新生的观念紧密结合。这场即将开始的战争在许多方面都代表了两个相互矛盾的世界体系的对峙。它是武装版的万国博览会，在这场意义重大的争斗中，贸易自由主义和现代技术战胜了专制独裁与保守主义。沙皇或许指挥着一支150万人的强大军队，但英国的最新技术——电报、铁路、螺旋桨轮船、古塔波胶帐篷、弹壳子弹枪械和其他许多现代发明——足以抗衡大规模的军队。装备了最新恩菲尔德步枪和柯尔特左轮手枪的英国军队，遇上了一支仍然使用滑膛枪作战的老式军队。英国军队作战的时候使用可携式军用电报机，通过包裹古塔波胶的铜线来跟司令部保持联系。这些军用电报机还有另一个用途：传递电脉冲以远距离引爆炸药。对落后的压迫者的军队的胜利将是迅速而决定性的。《泰晤士报》说，英国会"把这个世纪变为我们的盟友"，打败资源取之不竭的俄国。[23]

170 　　考虑到这种如此高涨的几近千禧年式的期待，我们很容易就能理解为何英国人难以忍受失败。一个超级大国与它眼中的落后对手较量，却发现战争远比纸上谈兵要来得复杂、棘手和难以预测，这不是第一次也不是最后一次。

卡拉米塔湾（Kalamita Bay）登陆最终成了一次惨败。计划中的对塞瓦斯托波尔的突袭陷入窘境，成了持续的陆上战役。在阿尔马（Alma）和巴拉克拉瓦（Balaclava）的胜利没有得到盟友的后续支持，因此英国人和法国人在1854年的冬天宿营在塞瓦斯托波尔的高地上。

在此地，战争的所有痛苦都显而易见。尽管劳伦斯·奥利芬特在他的《俄国的黑海海岸》（关于该地区的最新著作）中警告说克里米亚的冬天极为寒冷，但英军仍然忘了打包厚衣服或者安排合适的住宿。疾病吞食了这支把救护队和医疗补给落在保加利亚的军队。更糟糕的是，英国人没能在巴拉克拉瓦的港口和他们在高地的营地间修建铁路。一开始，马队和骡队翻山越岭地为他们带来食物和衣服；到冬天，供给任务只能由人力完成。塞瓦斯托波尔本应在几个星期之内被出其不意地拿下；但事实是，装备贫乏和饥寒交迫的英军的围攻可悲地持续了三百四十六天。

期望落空带来的冲击和史无前例的战争报道方式是一杯毒酒。军队蒙难与崩溃的细节没有经过审查就被刊登在英国的报纸上。历史上从未有一场战役遭受过如此之多的挑剔和曝光。"信息引起的兴奋，令人痛苦的兴奋，"外交大臣克拉伦登勋爵（Lord Clarendon）认为，"使一切描述都为之失色。"令人震惊的不仅是细节的丰富性，还有它们从前线到达出版界的速度。政府不得不经常翻阅《泰晤士报》的最新报道，俄国发现英国报纸是军事情报的最佳来源。克拉伦登哀叹道："如果我们能够获得那样的信息，或者只是其中的十分之一，那么它们对我们来说就已经是价值连城了。"[24]

克里米亚战争

0 50 100 150 200 英里
0 100 200 300 公里

北

伏尔加河

俄罗斯帝国

顿河

里海

摩尔达维亚

敖德萨

亚速

亚速海

瓦拉几亚

克里米亚

切尔克西亚

多瑙河

塞瓦斯托波尔
巴拉克拉瓦

阿布哈兹

奥

保加利亚

瓦尔纳

黑海

苏呼米

明格列尔

弗拉季高加索

车臣

达吉斯坦

高加索山脉

格鲁吉亚

梯弗里斯

斯

君士坦丁堡

锡诺普

曼

特拉宗布

卡尔斯

帝

埃尔祖鲁姆

国

波斯帝国

地图 5

171　　1855 年初，由于军队在克里米亚吃尽苦头，取得一场划时代胜利的希望已经破灭，英国面临着政治危机。人们痛斥军队将领的过时与犹豫不决。巴拉克拉瓦战场上的轻骑旅听从模糊不清的命令与指示，自杀式地冲入俄国炮兵的火力之中，其命运在公众看来恰恰证明了士兵的英勇牺牲和他们长官的无能。

　　战争和政府机构因守旧和僵化而饱受批评，这与一个超现代化的国家不协调。《泰晤士报》抱怨"贵族政治的冰冷阴影"正在阻遏民众的能量。这份报纸在 1854 ~ 1855 年拥有绝对的优势地位，它的记者每日都要报道战争溃败的情况，其激烈的社论毫不留情地抨击政府、贵族政治和军队。它说，战争

"如今关乎科学与机械、资本积累和技巧性的组合"。另一次，它愤怒地说，"这个商业化机械化的伟大国家竟被一个相较而言毫无机械技术知识的官僚集团统治"。[25]

由于公众的愤怒，这届政府在 1855 年 1 月底垮台。在穷尽了所有其他选择之后，女王最终选择了让巴麦尊组阁。这是一个受到欢迎的选择。巴麦尊曾为沮丧、幻灭和异常愤怒的公众辩护。他以夸夸其谈和充满信心而著称，承诺投入新的力量继续战争并实现前一年的梦想。

1855 年春天，在经历了灾难性的战役开端之后，英国看起来终于强化了它的战争肌腱。在商业、工业和个人行动的帮助之下，它似乎能够应付现代战争了。水晶宫的缔造者约瑟夫·帕克斯顿（Joseph Paxton）爵士组织了 2000 名建筑工人加入陆军工程队，在巴拉克拉瓦湾的英国军事港口与塞瓦斯托波尔之间建了一条能够经受各种天气考验的道路。伊桑巴德·金德姆·布鲁内尔（Isambard Kingdom Brunel）给前线送去了一座装配式医院，它有空气调节系统和排水系统，能够容纳 1000 名病人。改革俱乐部（Reform Club）的前任厨师长亚历克西斯·索耶（Alexis Soyer）自费前往克里米亚，把他首创的野外炊具提供给军队并教会他们如何用它烹饪。皮托、布拉西与贝茨（Peto，Brassey & Betts）公司建造了第一条军用铁路——克里米亚中部大铁路（Grand Crimean Central Railway）。它为围攻塞瓦斯托波尔的英国军队带去补给，并把伤兵从前线撤离。

现代通信技术也出现在战场上。曾在 1851 年负责铺设跨英吉利海峡电报电缆的 R. S. 纽沃尔公司在黑海海底铺设了一条 310 英里长的海底电缆，连接了巴拉克拉瓦的英军总部和保

172

加利亚的瓦尔纳（Varna）。在瓦尔纳，英国的海底电缆与法国的陆地线路连接，然后通向布加勒斯特（Bucharest），那里是欧洲电报网络的前哨。现代发明的奇迹意味着白厅与前线的时间距离只有短短的一天。

具有开创性的铁路和海底电缆预示着一种新的作战方式。这是万国博览会在军事上的体现。《泰晤士报》说，关于和平的艺术已经被转化为战争的科学。在一个磕磕碰碰的开端之后，个人的进取心——包括像弗洛伦丝·南丁格尔（Florence Nightingale）那样的护士——为英国的伟大宣言正名。美国的军事专家在检视了前线之后，就在铁路与电报时代如何作战发表了深刻见解。"毫无疑问，与独裁政府相比，自由政府的机构更为迟缓，"《爱丁堡评论》认为，"但自由政府的基本财富多得多……英格兰是笨拙、立宪而且近乎民主的，也是富到流油的。它刚刚开始热身；而我们的独裁盟友〔法国〕和我们的专制敌人〔俄国〕则已透不过气来，开始负伤流血。"[26]

*

这把我们重新带回到劳伦斯·奥利芬特和他访问沙米勒的使团。当事情终于顺着英国人的方式发展后，他们开始了更为宏大的构思。甚至早在1855年9月塞瓦斯托波尔沦陷之前，巴麦尊已经策划将战争扩大到全世界："这场战争真正的主要目标是遏制俄国的侵略野心。"这意味着永久性地摧毁俄国的力量，而且不仅仅是其在黑海的力量，在波罗的海和太平洋亦然。必须将俄国赶出波兰；它在中亚、中国、朝鲜和日本的扩张野心应被武力制止。巴麦尊的世界大战将会以"一堵限制俄国未来扩张的漫漫城墙"的建成而告终。[27]

不过，这一切的关键是将高加索山区重新建设成阻止俄国在亚洲扩张的不可逾越的壁垒。劳伦斯·奥利芬特告诉公众，"在一个偏远和最为薄弱的地点攻击俄国的时机不会再来"。从战争伊始到结束，沙米勒的声誉一直在上升，他在欧洲和美国都成了家喻户晓的人物。在围攻塞瓦斯托波尔的黑暗岁月里，公众通过阅读俄国人在高加索遭受重创的报道得到了极大满足。一些奉承迎合的报上传略和书籍颂扬了他过去和现在对俄国人取得的胜利。爱国民众在他们的墙上展示伊玛目的版画。群众在公共集会上大声喊出他们对"达吉斯坦雄狮"和切尔克斯人的支持。人们以这位高加索的军事首领来命名一匹在草场上奔跑的赛马，还发明了一种用他的名字命名的新舞蹈。戏迷去观看一出名为《沙米勒，先知武士》的戏剧，它由一个切尔克斯芭蕾舞团担纲演出，山景都在舞台上得到重现，俄国的士兵则在剧中遭到杀戮。与此同时，另一个伦敦西区的剧院上演了《沙米勒，切尔克斯酋长》。沙米勒进军梯弗里斯的消息传来时，伦敦证券交易所的政府债券价格突然大幅上升。"在高加索，我们只需付出些小代价，"一个异常亢奋的评论者说，"就可以武装 2 万或者更多世上最为勇猛的士兵，带上火与剑……随时直抵莫斯科的门前。"28

在灰心丧气的时候，沙米勒的英勇事迹使公众获得了心理上的解脱。他同样也展现了给予沙皇致命一击和重塑亚洲地缘政治的可能性。自 1853 年以来，英国政府一直在向沙米勒和切尔克斯人提供最新的军事技术；拿破仑三世则为切尔克斯人送去了 12000 支滑膛枪。英国皇家海军把俄国人炸出了高加索黑海海岸的堡垒，使切尔克斯人得以重新与世界联系。但在1854 年，沙米勒对梯弗里斯的进攻无功而返，原因是奥斯曼

174

帝国在小亚细亚的军队没能在土耳其与格鲁吉亚之间的边境地区取得任何进展。1855 年春，同盟国决定尝试新的可发挥沙米勒作用的方法。《伦敦晨报》是英国政府的喉舌，它宣称："我们可以肯定的是，［沙米勒］将在当前的文明与黑暗专制间的伟大斗争中扮演重要角色。"[29]

这解释了为什么奥利芬特在 1855 年的夏天出现在了高加索。他之前写的一个小册子指出，与克里米亚相比，英国军队进入格鲁吉亚能给俄国造成更为致命的打击。在沙米勒和切尔克斯人的帮助下，英国可以增加反抗沙皇的叛乱中的外高加索省份的基督徒人数，迫使俄国人撤到山脉之后，然后闩上他们身后的大门。[30]

奥利芬特的任务是越过山脉到达车臣，避开哥萨克游击队，与神秘的沙米勒取得联系。一旦到达伊玛目的营地，他就会协调穆斯林游击队与奥斯曼帝国的陆军。这次战役的目标是通过一次钳形攻势夺取俄国的外高加索省份。奥马尔帕夏将从苏呼米（Sukhumi）的港口侵入格鲁吉亚，朝着梯弗里斯推进，而他的儿子塞利姆帕夏（Selim Pasha）会带领另一支军队从土耳其东北部的埃尔祖鲁姆由陆路进攻。尼古拉·穆拉维约夫率领的俄国高加索军队（只有 21000 人和 88 支枪）当时正在围攻土耳其边境上的卡尔斯（Kars）要塞。卡尔斯的守军有 18000 人，包括一个由波兰、意大利和匈牙利流亡者组成的军团，他们听从一位英国将军的指挥。当奥马尔帕夏带领 40000 人从东南方逼近时，沙米勒与 20000 名渴望复仇的武士一起冲下山，同时塞利姆的 20000 人从埃尔祖鲁姆向着北方进军，穆拉维约夫注定要被彻底打垮。

《泰晤士报》认为，把俄国逐出高加索的时刻就要到来了："塞瓦斯托波尔陷落的消息被气喘吁吁的信使传到了高加索的每一个村舍和山洞，动摇了那些臣服于沙皇的人的信心，鼓励了更多的中间派选择顽强抵抗。"英国会把该地区纳入保护范围，允许沙米勒式的部落领导人创建他们自己的国家。这份报纸幸灾乐祸地评论称："风暴突然袭击了俄国的外高加索省份，乌云不断堆积。"[31]

在英国的前路上只有两样障碍物：让其他民族投入斗争的决心，以及法国人的态度。

塞瓦斯托波尔陷落之后，法国感受到了战争的压力，无力进行巴麦尊期待的那种将持续多年的世界性战争。不管怎样，拿破仑三世已经获得了胜利；如今他期待在恰当的时候与俄国结盟，以重新规划欧洲并统一意大利。援助切尔克西亚独立运动和沙米勒只会给英国带来好处，却于法国无益。拿破仑三世不想得罪他在未来的朋友，不想攻击其最为薄弱的地区。

法国的总司令艾马布勒·佩利西耶（Aimable Pélissier）元帅迟迟不愿放行奥马尔帕夏将侵入格鲁吉亚的军队。奥利芬特等得十分不耐烦，因为他知道行动的时机正在溜走。奥马尔帕夏最终被英国船送到苏呼米。其军队的人员组成复杂，来自奥斯曼帝国的多个民族，有土耳其人、埃及人、非洲黑人、阿尔巴尼亚的非正规军士兵和保加利亚人。进军梯弗里斯的行动开始了。

奥利芬特希望越过神秘的群山，进入传奇的沙米勒根据地。但当他抵达那里的时候，沙米勒在西方的名望已经开始迅速下滑。沙米勒在一次突袭中绑架了两位格鲁吉亚公主。她们是俄国军官的妻子和沙皇皇后的侍女，深受圣彼得堡上流社会的喜爱。她们被囚禁在一个山匪的内室里。有报道说伊玛目沙

176

米勒准备把两位公主和她们的侍女作为战利品赏给他的追随者。没有什么比这则传言更能说明，沙米勒并不是西方人想象中的勇敢战士，而只是一个危险的狂热分子。

这起事件让沙米勒失去了大量崇拜者。一个隐藏在普通民众中的英国间谍担心沙米勒想要"在高加索建立一个极端的伊斯兰帝国"，于是建议外交部不要参加挑动伊斯兰军队的行动。斯特拉特福德勋爵（Lord Stratford）是驻君士坦丁堡大使，有权制定英国政策，现在把沙米勒称作"一个狂热分子和野蛮人"，以及不可靠的盟友。《泰晤士报》曾是伊玛目的拥趸，如今却称他为领导"嗜血"部落的"令人失望的狂热分子"。英国政府谴责了沙米勒，命令他停止攻击妇女和儿童。伊玛目感到受辱：他做了他被要求做的所有事情，却只换来了失望；现在他像孩子一样受到责骂。[32]

高加索的政局对于英国的政策制定者来说显然过于复杂。奥利芬特即使成功与沙米勒会面，也改变不了什么。计划受挫之后，奥利芬特马上从英国间谍变为《泰晤士报》的特别通讯员，负责报道奥马尔帕夏经由南高加索向梯弗里斯进军一事。这次行动旨在迫使穆拉维约夫放弃围攻卡尔斯，回师保卫格鲁吉亚首都。

但这个时间点就那一年来说已经晚了。因为河流变得湍急，梯弗里斯进军在 11 月就停了下来。奥马尔与俄国人漫无目的地交了几次手，然后冬天即将到来，他不得不撤回黑海。塞利姆越过土耳其北部的行军同样漫无目的；他的军队逐渐减员，然后他窘迫地终止了解围卡尔斯的行动。

177　　穆拉维约夫没有掉入陷阱，反而取得了一场令人吃惊的胜利。卡尔斯的守军正在挨饿；当奥马尔和塞利姆艰难地返回大本营时，英军的将领别无选择，只能把卡尔斯拱手让给俄国人。穆拉维约夫是一位卓越的将领，也是一个狡猾的人。他把沙米勒十六年前被抓走的儿子贾迈勒－丁（Jamal al-Din）送还给他，作为释放格鲁吉亚公主的回报。沙米勒一直思念自己钟爱的继承人；他热切盼望与贾迈勒——他永无尽头的抗俄战争的下一任首领——的重聚。

这个重返山中的男人已经不是多年前被带走的那个 8 岁男孩。重聚使他感到紧张不安。他的行李中有书、地图、写作材料、画笔和一个圣彼得堡贵族在流亡时所需的其他一切东西。

贾迈勒自小生活奢靡，被沙皇抚养成人，沙皇热衷于充当年轻武士的父亲。贾迈勒已经彻底俄化，完全就是沙俄皇室的一分子、圣彼得堡上流社会的宠儿和轻骑兵团的勇猛军官。被遣返回家跟一群目不识丁的土匪生活在高山上原始的阿乌尔里对他来说就是噩梦。贾迈勒宁愿回去跟他的兵团一起，以俄罗斯母亲的名义同他原来的民族作战。但他还是服从了他狂热效忠的沙皇的意愿。他与公主们会面、跳舞；他准备好为了她们的获释牺牲自己。现在，俄国人把他们的人安插在了敌人的左右；在最后一次伤感的会面中，沙皇告诉贾迈勒："在你父亲的人民中好好表现，永远不要忘记你真正的祖国——俄国，是她把你变成一个文明人。"穆拉维约夫以贾迈勒为突破口，与沙米勒展开谈判。[33]

于是"达吉斯坦雄狮"在 1855 年最关键的时刻选择了中立。他的游击队没有扑向梯弗里斯。在之前的战斗中，俄国曾经考虑从它在欧亚大陆的所有领地撤出，因为它没有足够的军队同时阻挡穆斯林部落和奥斯曼军队。但在穆拉维约夫克服困难取胜之后，俄国人不仅在高加索变得前所未有的强大，还占

178　领了大量敌人的土地，比同盟国计划在整个克里米亚夺取的俄国领土都要多。英国的噩梦成真了：在这场欧亚十字路口的争夺战中，胜者显然是俄国。如果英国更加果断，对沙米勒更加坦诚，19世纪下半叶就会是另一副模样。一场高加索的胜利给敌人造成的冲击是无法在克里米亚达到的。实际上，在1855年的冬天，英国人突然抛弃了沙米勒，置之于俄国人的报复之下。

在他的山中堡垒里，沙米勒肯定懂得克里米亚战争的广泛意义和他得到过的机会。但他不打算成为一个遥远国家的牵线木偶，一个帝国游戏中的小角色。多年后他如此描述他持续多年的抗争："我们开战是因为受到压迫和奴役……我们不是为了反对俄国人或者基督徒而战；我们是为了我们的自由而战。"[34]

当奥利芬特在1855年的冬天一瘸一拐地离开断断续续的高加索战役回家的时候，克里米亚战争远远没有结束。它即将蔓延到更加广阔的地区，蔓延到东亚和北美。

第八章　总统

尼加拉瓜

我们的命运之路……位于……热带美洲，在那里我们可以预见一个强大而辉煌的帝国，就跟我们的历史梦想中的景象一样……一个……代表着南方文明的……控制着世界贸易中两种最为重要的产品——棉花和糖——的帝国。

——爱德华·A. 波拉德（Edward A. Pollard）[1]

英国人笃信他们是一个和平的民族，但别人都不认同他们的观点。

——威廉·尤尔特·格莱斯顿

（William Ewart Gladstone）[2]

与美国开战"既不困难也不危险"。《泰晤士报》威胁说。英国将会摧毁美国海军，把她的贸易从海上抹去。然后，皇家海军会封锁东海岸，把包括纽约在内的几个城市烧成白地。接着，美国将被一场奴隶叛乱吞噬。巴麦尊勋爵断言："只需让一支（由牙买加士兵组成的）英国军队在美国南部登陆，然后宣布黑人解放，英国就能从美国人的星条旗上抖下许多星星来。"[3]

对英国人来说，俄国才是那支必须予以阻止的扩张力量，其在边疆地区已经直接或间接地与他们的帝国发生摩擦。同样的"断层线"也存在于另一个扩张中的帝国。当同俄国的战事仍声势浩大，英国正在考虑借伊玛目沙米勒之力将沙皇逐出高加索时，巴麦尊已经开始筹划与美国开战的事了。事实上，跟美国的争斗几乎就是克里米亚战争的另一条战线。

180

英国人担心美国利用战争的机会攫取加勒比地区和中美洲的土地。他们也经常担忧美国会和俄国结盟，把克里米亚战争变成一场全球战争。英国的报纸大声疾呼，不要被塞瓦斯托波尔的失败蒙骗了。英国如果受到美国"毫无来由的傲慢和无缘无故的敌意"的挑衅，就完全可以同时在两个半球开战。[4]

加勒比地区和北美在克里米亚战争期间发生的一系列事件充其量只是一场大战的脚注。但是，这个英国和美国离开战只有毫厘之距的特殊历史时期揭示了两个国家在 19 世纪的很多情况。与本书的主题更为相关的是，"砰"的一声响，这个时期就集合了 19 世纪 50 年代的多个重要方面：移民、运输和黄金、奴隶主势力与庞大的棉花帝国、贸易和殖民化、公众舆论和克里米亚战争遍及全球的特殊影响力。

*

甚至在英国人的靴子踩上克里米亚的土地之前，人们就开始怀疑美国与沙皇合谋利用局势来谋取利益。19 世纪最张扬的外交官之一在 1854 年抵达马德里，昭示了美国的捣乱企图。新任美国驻西班牙大使皮埃尔·苏莱（Pierre Soulé）出生在法国，是激进的共和党人、路易斯安那州的参议员。就任不到两个月，他和他的一个儿子参加了决斗。起因是内尔维尔·苏莱（Nelvil Soulé）在舞会上无意中听到阿尔瓦公爵（Duke of

Alva）用粗俗的语言评论他母亲的露肩领。这位年轻人于是与公爵用剑来决斗。皮埃尔·苏莱不甘示弱，向法国大使杜尔哥侯爵（Marquis de Turgot）发起决斗挑战，因为侯爵是这场舞会的主办人。美国大使射中了其法国同行的膝盖，导致侯爵终身跛足。苏莱一家似乎要发起一场针对欧洲贵族的私人战斗。[5]

　　苏莱的脑子里还有别的恶作剧想法。法国人和西班牙人有充分的理由相信，苏莱正在和他们国家里的革命分子及共和主义者互通款曲。这是美国外交官的一个共有习惯。过去在伦敦，美国领事乔治·桑德斯（George Sanders）在 1854 年 2 月 21 日举办了一个庆祝乔治·华盛顿诞辰的宴会。宴会上跟他同桌的都是在 19 世纪 50 年代中数得上号的激进人物，有拉约什·科苏特，还有意大利的革命三巨头——马志尼（Mazzini）、加里波第（Giuseppe Garibaldi）和菲利斯·奥西尼（Felice Orsini）。受到桑德斯热情款待的也包括欧洲共和主义与社会主义的偶像们——俄国的亚历山大·赫尔岑（Alexander Herzen）、德国的阿诺尔德·卢格（Arnold Rudge）和法国的亚历山大·勒德吕–罗兰（Alexandre Ledru-Rollin）。美国驻伦敦大使詹姆斯·布坎南（James Buchanan）的到来给这次盛会增添了不少光彩。他坐在桑德斯夫人旁边，以开玩笑的方式问她"是否真的一点都不担心周围的易燃物质把我们都炸上天"。

　　桑德斯是《民主评论》（*Democratic Review*）的所有者和编辑，这份出版物是"青年美国运动"（Young America movement）的雄辩的喉舌。"青年美国运动"的参与者主张利用铁路、电报和运河实现贸易自由化和现代化。他们还认为利用共和主义来革新世界乃上帝赋予美国的使命。运动的第一步就是把美国扩张到加勒比地区和拉丁美洲。桑德斯和苏莱似乎标志着美国外交政策的一个新动向：趋于支持欧洲的社会主义和反君主制革命。美国将会成为世界一股新的力量，一股挑战欧洲专制主义和大不列颠帝国主义的共和与革命的力量。[6]

当天晚上，桑德斯一桌人很有可能滔滔不绝地谈论了青年美国与革命欧洲的必然联合，英国自由主义的黯淡前景和共和主义与民族主义的成功，世界的改造一新和群众时代的到来等话题。

182　　1854 年 10 月，塞瓦斯托波尔正处于围困之中，苏莱到达奥斯坦德（Ostend），与美国驻伦敦大使詹姆斯·布坎南和驻巴黎大使约翰·梅森（John Mason）会面。之后他又去了伦敦，表示他想借道法国返回马德里。法国人自然不同意：这个古怪的苏莱才弄瘸了他们的大使，现在显然又想来煽动革命骚乱。结果，他一到加来就被遣返了。

华盛顿对此反应强烈。然而法国人并不打算低头认错，即使这样做意味着战争。就在同一时间，英国人了解到美国准备在圣多明各（Santo Domingo）建立一个军事基地，这是征服加勒比地区的第一步。英国人的忧虑在《纽约先驱报》的独家新闻中以离奇的方式得到证实：苏莱、布坎南和梅森曾在总统富兰克林·皮尔斯（Franklin Pierce，"青年美国运动"的成员之一）和国务卿威廉·勒尼德·马西（William Learned Marcy）的命令下，于比利时会面并讨论某个特定问题。他们商量的结果就是著名的《奥斯坦德宣言》（Ostend Manifesto）。

"显而易见的是……"三位大使以毫不含糊的语气宣称，"古巴与北美共和国的任何一个现有成员一样不可或缺。它天生属于美国大家庭，联邦是上天赋予它的托儿所。"[7]

在此前不久，南方由于《堪萨斯－内布拉斯加法案》的通过取得了一场胜利。但是，堪萨斯并不适合种植棉花。如果这个庞大的棉花帝国想要扩张，那么南方只能把眼光投向其他地方。于是古巴成了渴望的对象，因为中美洲距离南方很近。这座岛屿毗邻佛罗里达，不仅面积大，而且未经开发。"我想要古巴，"一位来自密西西比的参议员宣称，"……我想要塔毛利帕斯（Tamaulipas）、波托西（Potosí）和一两个墨西哥的州；我想要这些地方的原因只有一个——为了棉花种植和传播奴隶制。"一份南方报纸说，一旦有了古巴和圣多明各，热带产品——棉花、糖、烟草和咖啡——就将属于南方，这样一来"我们［将会控制］世界贸易，乃至获得世界霸权"。[8]

最重要的是，数个奴隶州在墨西哥湾的出现将会永久性地巩固南方的政治权力，令其在国会压倒新创立的北方和最西部的自由州。一些头脑发热的人说，想象一下，美国拥有100个而不是30个州，其中大部分都集中在南方和墨西哥湾。美国朝着加勒比地区扩张就是实现昭昭天命的下一步，把共和民主传播到整个大陆是美国的道德义务。[9]

"我任期内的扩张政策不会被任何使人胆小的不祥兆头限制。"富兰克林·皮尔斯在1853年3月的就职典礼上宣称。这预示了美国外交政策的一个新动向，并将在南方引起人们的欢庆。他告诉美国人民，"你们的未来是无限的"。

苏莱致力于占领古巴，为此他用尽了法子。皮尔斯政府也是。它授权苏莱向西班牙开价120万美元购买这个岛屿。但事情又发生了紧急变化。

英国威胁要撤回对西班牙的海上军事保护，而且称如果西班牙人不马上释放古巴的所有奴隶，就必须向伦敦金融城的债

183

券所有人偿还利息。古巴总督佩苏埃拉侯爵（Marqués de Pezuela）早已开始鼓励跨种族通婚，从获释奴隶中招募民兵，同时解除了亲美白人种植园主的武装。这被视为对蓄奴的美国南方的稳定构成了直接威胁，毕竟古巴离南方只有 90 英里的距离。南方人一直对邻近的解放奴隶的政权十分敏感，认为其行动最终会引发他们自己领地上的奴隶叛乱。

英国和西班牙的行动在出身南方的国务卿马西看来，都企图将古巴"非洲化"，因此必须阻止它们。英国对于古巴奴隶人口的人道主义关怀以及它在这个问题上向西班牙施加的压力都被认为是处心积虑的反美行为：英国人正试图从外围摧毁美国。《奥斯坦德宣言》指责西班牙正"严重威胁我们的内部和平"。如果它继续这么做，那么"无论依据世俗还是上帝的律令，我们从西班牙手中夺取［古巴］都是正义的"。[10]

184　　　这是一次赤裸裸的吞并威胁。在 19 世纪 50 年代，南方人资助了许多要把古巴从西班牙手下"解放"出来的远征队。"军事冒险家"（filibuster）一词在这个时代十分流行。它源自西班牙语中的"filibustero"，而这个词又是荷兰语单词"vrijbuiter"的变体，意思是海盗或者私人武装船。它在 16 世纪和 17 世纪被用来形容那些在新世界袭击西班牙领地的海盗，在英语里的同义词是"freebooter"，即劫掠者。在 19 世纪中期，"军事冒险家"的称号被用来指称没有获得国家政府的明确支持，就开始在西印度群岛和中美洲国家煽动革命、意图夺取政权的不断增多的一伙自由冒险者。

委内瑞拉的军事冒险家纳西索·洛佩斯（Narciso López）在南方被当成英雄，被视作"美洲的加里波第"。1850 年，他尝试在南方募集入侵古巴的人员、资金和武器。尽管他最后失败了，但仍获得了像皮埃尔·苏莱那样的人的欢呼喝彩。当大使们在奥斯坦德会面的时候，曾经的密西西比州州长约翰·奎特曼（John Quitman）正在为一次夺取古巴的新军事冒险远征提供装备。之前的军事冒险都被华盛顿视为非法行动，但这一回奎特曼收到了皮尔斯总统的祝福。"现在是时候行动了，"这项事业的一个支持者敦促说，"趁英国和法国正在忙于"克里米亚战争。[11]

然而，这样的想法低估了英国人保卫他们帝国边疆的决心，尽管围攻塞瓦斯托波尔吸引了全世界的注意力。《泰晤士报》在一篇社评中高呼，美国对古巴的态度就跟尼古拉沙皇对待波兰和土耳其一样。外交大臣克拉伦登勋爵向英国内阁报告称，美国任何吞并古巴的企图都意味着战争。英国驻华盛顿大使约翰·克兰普顿（John Crampton）知会美国总统，英国是"一个美洲强国"，决不允许美国在加勒比地区建立帝国。与此同时，英国多艘军舰到访哈瓦那。它们出现在那里的原因很明显。[12]

同样明确的是，英国在美国的专横遭到了极深的怨恨。"对俄国的同情，"《泰晤士报》承认，"几乎（是）普遍的，从联邦的这一头到那一头都表达了这种同情。"劳伦斯·奥利芬特可以证明这一点。在克里米亚战争爆发前夕，他正在明尼苏达旅行。当他在圣保罗的旅馆酒吧喝鸡尾酒的时候，一位得克萨斯巡逻队的上校斥责他："喔，你们英国人对外都很精明——你们占据了道德高地。你们把合并称为'打劫'和'领土侵略'；但事实上，在没人特别关注的时候，没有哪个大国在吞并其他国家的领土方面比得上你们，且你们还不会因此呛到。而现在，你们竟要通过保护欧洲最野蛮的大国来争取'文明'，通过

185

跟一个法国专制者和一个伊斯兰暴君结盟来争取'自由'。"[13]

这位上校接着把古巴的利益与俄国的未来联系起来。根据一则在美国流传的谣言，如果英国占领了克里米亚，它就会使用武力帮西班牙落实在古巴的自由改革和解放计划。这对美国来说意味着战争。"但我们没什么好怕的，"上校饶有兴趣地总结道，"俄国人会狠狠地揍你们一顿……为什么？因为他们得到了我们国家的同情。"[14]

在圣彼得堡和莫斯科，人们正为此窃喜。俄国人的计划是把对英国的不满和对俄国的同情心转化成好战心理。而且，在大英帝国与美国之间，还有很多的摩擦点可加以利用。

爱德华·德·施特克尔（Eduard de Stoeckl）知道如何接近华盛顿的权力通道。他高大英俊，留着令人印象深刻的络腮胡，举手投足间无疑就是一个生气勃勃的俄国贵族。这位俄国的代办拥有一位美国夫人，她"像女王一样庄严，如赫柏一般美丽"，这同样为他提供了不小的帮助。施特克尔夫妇利用他们的魅力打入华盛顿的社交圈子，深受权力掮客和政治沙龙女主人的喜爱。爱德华·德·施特克尔与众多众议员、参议员和内阁成员来往密切，国务卿办公室和白宫客厅的大门都对他敞开。

"俄国，"他给家里写信说，"必须保持警惕，决不能错过任何可助长"已经存在于伦敦与华盛顿之间的"仇恨之火"的机会。这正是他在美国首都（他在那里有许多听众）通过报纸或秘密渠道做的工作。古巴是英国与美国的一个矛盾源头，美国垂涎已久的桑威奇群岛（夏威夷）也是，但最容易引起冲突的还是航运问题。英国对于航线的强力守卫，尤其是其查禁奴隶贸易的行为，多年来一直让美国感到愤慨。施特克尔相信，俄国应该寻求方法以挑起英国与美国在公海上的对抗，从而将两国引向战争。[15]

德·施特克尔管理着一笔秘密基金，用来雇用美国船只打破同盟国的封锁，运输武器到俄国。热心的人们挤在他的公使馆周围，想要申请缉拿特许证，这样他们就能以沙皇的名义去劫掠英国的商船。一支来自肯塔基的 300 人的步兵队伍向他表示，愿意到克里米亚抗击英国人。

这个计划正在成形。迟早会有一艘挂着星条旗的船因试图与俄国贸易而被皇家海军扣押。美国的民意将会因此沸腾。与多数民众一样，皮尔斯总统和马西国务卿也是亲俄分子。公海上的一桩暴行足以推动他们向俄国提供军事支持。而且事实上，巴麦尊勋爵对此威胁反应迟钝。"美国没有值得我们担忧的海军，"他以一贯的好战态度说，"而且如果他们采用私人武装船的手段，我们可能就要告诉他们，尽管并非出于本意，但我们将不得不烧毁他们的沿海城镇以作为报复。"[16]

美国拒绝示弱，英国又以实用的恶棍策略而著称，看来一场公海上的冲突已经不可避免。"我们更加真诚地希望保持中立，"皮尔斯总统诚意存疑地说，"但只有上帝知道那是否可能。"[17]

那是有可能的。在战争期间，英国一直忠于它的自由贸易主义，不愿意与美国对抗或者破坏其财富和国际影响力的基础。美国船只把武器运往俄国，获得了许多之前属于英国的航运生意，而且没有受到皇家海军的报复。美国对封锁的无视和对俄国的热情支持引起了英国国内的不满。有超过 500 名美国公民作为士兵和工程师在俄军服役，以及 40 名美国医生在沙皇军队的医疗部门工作。还有超过 10000 支柯尔特左轮手枪流入克里米亚。英国对美国的不满贯穿了整场战争并一直在增强。

*

英国尽管在战争早期一直十分小心地避免激怒美国，但最后还是犯了一个错误。它的作战努力受到阻扰，因为它的优势主要在于海军。它可以把势力延伸到任何一个大洋、内海和河流系统，在克里米亚的战场却缺少一支足够强大的陆军，这导致它严重依赖于法国和奥斯曼的陆军。一个办法是采用欧洲大陆的征兵方式，但这与英国的自由权利主张相抵触。最后的解决方法是《外国征募法》（Foreign Enlistment Act）。1855 年夏天，英国军队一下子增加了 13000 名雇佣兵，他们是从德国、瑞士和波兰等地招募而来的。这些新兵的质量令人生疑。英国人想要的外国军团，其成员应该有着"懒洋洋但又不安分的性格……分布在［美国的］城镇中，或者在大草原上闲逛"。[18]

在美国的"好战人口"中直接征募新兵将会违反 1818 年的《中立法案》（Neutrality Act of 1818），法案中的一条规定是为外国战争招募公民入伍会遭到三年监禁。克兰普顿大使绕过这条法令，在美国北部边境以外的地方，如水牛城附近的尼亚加拉（Niagara），以及离底特律不远的温莎（Windsor）、安大略设立兵营，这样一来，潜在的新兵就可以在英国的领地上正式入伍。一个覆盖美国的代理人网络专门引导热心的雇佣兵到这些补给站。如果他们行事隐秘，或者至少低调一点，这个计划可能已经成功了。然而，克兰普顿的代理人竟在大城镇中设立办公室和派发传单，还提供了 30 美元的奖金。[19]

在 1855 年的头几个月，美国政府开始围捕英国的招兵代

理人。凯莱布·顾盛（Caleb Cushing）是美国司法部长和"青
年美国运动"的成员，他负责领导这次围捕行动。在随后的
一系列审判中，所有内情都显露出来：来自外国的代理人正在
美国的领土上操纵一次大规模的秘密行动。克兰普顿当着马西
的面否认他或任何英国领事与此阴谋有关。在后方的伦敦，克
拉伦登给了布坎南相同的公开声明。

　　这件事非同小可。对美国人来说，英国人不仅公然违反美
国法律，侵犯美国的主权，它的高级官员还被发现当着与其平
级的美国官员的面说谎。这是一次对美国的严重冒犯。在
1855 年的夏季和秋季，这场风波不断发酵；到 11 月时，两个
国家的人民都开始谈论战争。

　　英国报纸相信美国政府正在擂动战鼓，因为总统选举即将
来临。由于《堪萨斯 – 内布拉斯加法案》和随后的暴力事件，
富兰克林·皮尔斯已经成为政治上的跛脚鸭。他作为总统的信
誉即将破产，而只要把美国拖向战争的边缘，并在英国人的面
前展示肌肉，他就能获得拯救。响应皮尔斯和马西的好战做派
的人不在少数。《宾夕法尼亚人报》（*Pennsylvanian*）说，"羸
弱而耽于享乐的大不列颠""因为其他国家的鲜血而忘乎所
以"。几个世纪以来她一直"恐吓和贿赂"世界，"她的傲慢
令人震惊"，这将会被制止。凯莱布·顾盛在报纸上撰文说，
如果两个国家走向战争，"我们招募 30 万人入侵英国的难度
要低于她招募同样多的人入侵俄国"。[20]

　　"美国人喜欢为琐碎小事而争吵是因为他们大多都拥有凯
尔特血统吗？"《泰晤士报》嘲笑道。不过，这份报纸担心小
争吵会发展成大风暴。"最微小的问题都引起过难以调解的战
争。"一位记者在其他地方表示。美国对于募兵争论的好战反

应——英国令人难以置信地对此等闲视之——及其边缘主义政策，同它对俄国的持续支持搅到了一起。人们不解为何在英国投身于与魔鬼的搏斗之时，美国不仅没有帮忙，反而成了活跃的"专制者的帮凶"。[21]

189 "我们担心，战场将会从克里米亚转移到美国。"墨尔本的《时代》（Age）预言称。在英国，有传言说马西跟其密友爱德华·德·施特克尔讨论了整个事件。巴麦尊多次称美国是"伪中立"，它可能会同沙皇一起瓜分世界。美俄两国刚刚讨论了美国该如何趁英国在黑海执行繁重任务之机夺取夏威夷，并在俄国的帮助下取代英国商人在波斯帝国的地位。英国得到的可靠线报称，俄国准备向一艘超快的私人劫掠船授权，允许其掠夺从墨尔本到英格兰的英国运金船。克拉伦登还相信，美国政府准备马上秘密派遣数百名爱尔兰裔美国军事冒险家到爱尔兰煽动叛乱。1855 年 11 月 17 日的《纽约先驱报》头条宣称，这些事件汇在一起，意味着武装冲突逐渐逼近："**大战一触即发**/美利坚合众国，欧洲参战者的战场/凯尔特美国人的入侵大计/俄国与美国的私人劫掠船 ……英国西印度舰队增兵。"[22]

克拉伦登写信给克兰普顿："我们不想跟美国争吵……但如果有人强迫我们那样做，我们应该做好应对的准备。"皇家海军已经得到显著的增强，装备了大量尖端的新式蒸汽炮艇，它们是为轰炸俄国在波罗的海的海军基地和城市而专门设计的。克拉伦登让克兰普顿转告美国的决策者，皇家海军"现在随时可以伺候美国人，只要美国愿意给他们一个工作机会"。[23]

这是克里米亚战争的一个令人意外的结果，而且在这一动荡多变的混乱局面中又有新的元素加入了。

*

犯事者是"每天散步都可能遇到的一个长相普通的人"：一个原本在田纳西当律师，后来到加利福尼亚改行当记者的人。他 31 岁，身材矮瘦，头发灰褐，脸上长有斑点，眼睛呈灰色，仿佛没有瞳孔。他就是威廉·沃克（William Walker），一个神秘而沉默寡言的人，很少甚至几乎不会露出笑容，为人妄自尊大。他的人格魅力使那些与他接触过的人倾倒，其毫不畏缩的个人胆量使人忽视了他的平凡外表。他被黄金诱到了加利福尼亚，但这个地方的黄金并不能使他满足。他想成为美国的科苏特或者马志尼。1853 年，他说服了 45 个人帮他，他们征服了墨西哥的下加利福尼亚（Baja California），占领了拉巴斯城（La Paz）。沃克成为下加利福尼亚共和国的总统。

190

在这光辉的一刹那，他看起来很有可能成为一个新的黄金共和国的领导者。更多的淘金者加入进来。他带领这支衣衫褴褛的冒险队伍翻过群山，渡过科罗拉多河，去征服黄金和白银资源丰富的索诺拉（Sonora）。由于缺乏供给和经验，再加上墨西哥军队的攻击，沃克的队伍迅速解散。这位总统从美墨边境逃回，脚上仅剩一只靴子，一瘸一拐地走着。他在旧金山被逮捕受审，罪名是发动非法战争。尽管证据确凿，评审团却在考虑了八分钟后就判他无罪。加利福尼亚人喜爱他的海盗作风，因其堂吉诃德式的冒险经历钦佩他。美国南方也有理由把他当成英雄来膜拜：他短命的共和国采用了路易斯安那的民法，允许奴隶制存在。

沃克的长处——也是短处——是他能够在别人因犹豫错失时机时采取果断行动。仅在一年之后，他就带领另一支军队——这次有 58 人，他们被称为"不朽者"——去了尼加拉瓜。这个中美洲共和国被内战吞噬，其国内的自由派邀请沃克介入，希望他代表他们对抗正统派（Legitimist Party）。这一次，沃克将军不仅得到了皮尔斯总统的支持，而且最关键的是，C. K. 加里森（C. K. Garrison）和查尔斯·摩根（Charles Morgan）为他提供了财政援助。

沃克的第二次军事冒险取得了令人吃惊的成功。他得到了当地印第安人的帮助，因为他们的传说提到，一个灰色眼睛的人会把他们从压迫中拯救出来。从此之后，沃克自称"灰色眼睛的命运之子"。到 1855 年 10 月，他已经占领了尼加拉瓜的首都格拉纳达（Granada），成为尼加拉瓜傀儡总统背后的实际统治者。

沃克的名声传遍了全世界。成千上万的美国人加入他的运动，帮助他在中美洲建立一个盎格鲁 - 撒克逊共和国，把一个欠发达地区转变成一个繁荣富有的国家。沃克幻想在哥斯达黎加、萨尔瓦多、洪都拉斯、危地马拉等邻近国家复制他的成功，并最终征服墨西哥。他将与自由派结盟，煽动叛乱，然后入侵。他的目标是建立一个中美洲帝国，自己当独裁者。但这激怒了英国人，使英国与美国间的危机进一步升级。

尼加拉瓜是非正式的大不列颠帝国中人们感到最为陌生的地区。自从 17 世纪末以来，英国就向一个被称为莫斯基托印第安人（Mosquito Indians）的部族提供军事保护，他们占据着尼加拉瓜的全部加勒比海岸以及洪都拉斯与哥斯达黎加的部分地区。莫斯基托人——或者说米斯基托人（Miskitos）——是当地居民与逃亡而来或者因船只失事而流落至此的黑人奴隶的混血后代。在 19 世纪 40 年代，尼加拉瓜政府将莫斯基托人驱逐出北圣胡安（San

Juan del Norte)。英国军队收复了这个城镇，将其归还给莫斯基托人；它被重新命名为格雷敦（Greytown）。

这个棚屋密集的困苦之地看起来极为遥远偏僻。加利福尼亚的黄金发现改变了一切。格雷敦位于圣胡安河河口的战略要地。每个月都有大约 2000 名移民和旅客付钱给科尼利厄斯·范德比尔特的附属运输公司（Accessory Transit Company），让其从纽约运载他们到旧金山。坐海船到格雷敦然后改乘内河汽船是他们穿越巴拿马地峡的第一段行程。在不远的将来，世界贸易中的商品和奢侈品也会经过格雷敦，因为圣胡安河将会构成穿过地峡的行船运河的一部分。到时候，格雷敦将会控制大西洋与太平洋间的通道，成为环绕地球的大港城市链条中的一个铆钉。"中美洲，"一个英国外交官在私人备忘录中写道，"……正在……成为全世界……最重要的地方……我们不能也绝不应该坐视它美国化。"[24]

美国政府不能容忍英国在它势力范围中的这样一个要地行使权力。华盛顿坚持尼加拉瓜对圣胡安或格雷敦拥有统治权，英美两大强国差点就在这个小村庄里开打了。双方妥协的结果是 1850 年的《克莱顿-布尔沃条约》（Clayton-Bulwer Treaty）。英国和美国都承诺要促进运河的建设，保证运河在对海洋运输开放时的中立性。两国都禁止在中美洲建立防御工事或者殖民地的行为。

将时间往后快进五年，格雷敦那时是逐步升级的美英危机的中心舞台。在 1855 年发表的国情咨文中，皮尔斯总统指责英国破坏条约，占领了从洪都拉斯经尼加拉瓜到哥斯达黎加的莫斯基托海岸。这是英国在美洲不断升级的侵略行为的一部分，跟募兵争议有密切关联。

　　严格来说，英国人并没有占领尼加拉瓜的加勒比海岸，但他们对"保护"概念确实解释得很宽泛。英国战舰在远离格雷敦的地方强迫人们向莫斯基托人支付港口费用和关税。当一艘英国军舰因为附属运输公司的一艘轮船没有缴纳港口关税而对其开火的时候，公司拥有者、美国最富有的人之一科尼利厄斯·范德比尔特就在船上。格雷敦市政当局一直想把范德比尔特的商业经营纳入管辖范围。事情和往常一样变得难以处理，然后当地的暴徒袭击了该运输公司名下的资产。美国人相信，英国人是这次冲突的幕后操纵者，他们的领事才是格雷敦真正的发号施令者。

　　英国与美国爆发公开冲突的可能性一直存在。美国的战舰经常在格雷敦附近出没，以保护美国的公民和商业利益。在1855年5月，一起臭名昭著的事件发生了。附属运输公司的一位轮船船长杀害了格雷敦的一位居民。他船上的一位旅客恰好是美国在尼加拉瓜的代表索伦·博兰（Solon Borland），而且博兰是美国兼并尼加拉瓜的支持者。他手上拿着步枪，阻止了对船长的逮捕行动，理由是格雷敦当局无权管辖美国公民。博兰被激动的民众扔的瓶子割破了脸。他在回到美国后将此事报告给国务卿马西。作为报复，在骚乱发生几个星期之后，美国海军的"蓝歌鸲"号（USS Cyane）轰炸了格雷敦，一队海军士兵把这座城镇烧成白地。整个事件就在英国皇家海军的纵帆船"百慕大"号（HMS Bermuda）眼皮底下发生，但它没有向美国船只开火，因为它只有3门大炮，而"蓝歌鸲"号有18门。

　　英国政府被激怒了。克拉伦登将此称为"现代世界前所未有的"暴行，巴麦尊开始考虑占领阿拉斯加。但到最后，

威廉·沃克时期的中美洲

墨西哥

英属洪都拉斯

洪都拉斯

危地马拉

萨尔瓦多

尼加拉瓜

加勒比海

英属莫斯基托保护地

尼加拉瓜湖

格拉纳达
里瓦斯
南圣胡安

太平洋

圣胡安河
格雷敦

哥斯达黎加

巴拿马城

科隆

新格拉纳达

北

0　　100　　200英里
0　100　200　300公里

地图 6

除了两个大国之间的关系变得更加糟糕之外，什么都没有发生，因为英国正在克里米亚开展冒险事业，无暇分心于此。[25]

英国与美国之间的竞争行为已经使尼加拉瓜这个地方成为暴力与无政府状态的舞台。一条"断层线"在它们的关系中生成了。在这背后，富兰克林·皮尔斯政府的成员鼓吹要激化募兵争议，以便在中美洲击退英国。现在，在1855年的冬天，沃克对尼加拉瓜的接管使形势变得十分危险。沃克宣称，尼加拉瓜对莫斯基托海岸和格雷敦拥有完整的不受限制的统治权。

在英国人看来，威廉·沃克跟海盗没有差别。英国政府和公众舆论都怀疑他是美国政府的傀儡，被派到中美洲做雇佣兵征服者，意图在英国因为克里米亚战争分心之际颠覆其利益。沃克的冒险被视为美国在中美洲的大规模土地掠夺的先声；尼加拉瓜和其他国家都会像十年前的得克萨斯一样被冒险者占

194

领，然后作为新州被纳入联邦。在 1856 年的民主党全国大会上，正是皮埃尔·苏莱，那个最杰出的麻烦制造者，提出了一项政策性手段，以使美国"在墨西哥湾的地位提升"正当化。克拉伦登听到一些谣言说美国迫切要求就中美洲问题开战，而且准备入侵加拿大。巴麦尊勃然大怒，打算派一队战舰到美洲封锁格雷敦。但这最后没有发生；如果他真的那么做了，英国和美国毫无疑问将走向战争。英国增强了西印度海军中队的实力，作为一种态度的展示；还从克里米亚抽调了几个兵团，将其直接运往加拿大。[26]

英国新闻界谈到要毁坏美国的海岸城市。他们当然不想跟美国开战。但是，如果英国人被迫那样做，他们将会摧毁大西洋对岸的表亲。克拉伦登勋爵说，他担心和平已成奢望，"因为美国总统明显不顾后果，打算干到底"。[27]

在报纸连篇累牍的报道中，美国被描绘成一个失控的形象——堪萨斯的流血事件和萨姆纳受到杖击一事，说明这个国家已经变得极度不稳定和不可预测。即将发生的冲突既不光荣也不美好，像是一个成年人在惩罚一个小孩一般，但其过程很快且很果断。英国人曾在 1812 年的战争中烧毁了美国的首都和白宫，美国人对当时的情形仍记忆犹新；巴麦尊勋爵当时担任军务大臣，据说他私底下非常想在离职之前看到华盛顿再次被火海吞没。[28]

到 1856 年春末，事态变得愈发紧张。沃克在选举中舞弊，当上了尼加拉瓜的总统，还得到了皮尔斯总统的承认。几乎同时，克兰普顿大使被驱逐出华盛顿。许多国家都曾因为更小的事情而开战。克拉伦登宣布，是时候"开始战斗了"。英国政府命令军舰部署在格雷敦外围，阻止沃克占领它。美国准备对加勒比海的海军集结予以回击。冲突没有局限于加勒比海，而是发生在了美国刚开始发挥影响力的每一个地方。在千里之外的中国海域，为应对战争，英国的海军中队得到了增援。太平洋舰队进入警备状态。皇家海军在这些地区拥有压倒性的优势，可以轻易抹杀美国的利益。"地平线处就像墨水瓶一样黑。"乔治·特雷恩写道。英国和美国正处在战争的边缘。[29]

华盛顿和威斯敏斯特宫的鲁莽政客都认为，克里米亚战争为他们在中美洲的野心扩张提供了绝佳的遮掩。白宫利用募兵争议来激发美国人的抗英爱国主义。类似的，唐宁街与英国外交部故意用募兵失败和美国的亲俄活动来激怒新闻界。他们想要隐藏的事实是他们正在以贸易为名争夺中美洲。两国政府都知道，如果运河建成，尼加拉瓜就将会成为进入亚洲的门户；他们相信对方都暗藏控制该地的念头——美国假手于沃克，英国的意图则隐于对莫斯基托的假意关切之下。

雪上加霜的是，英国被迫接受拿破仑三世在克里米亚战争中收手一事，这与它的期望相去甚远，而且使它在世界各国的眼中显得软弱无能。英国的威望在 1856 年春受到重创。一个遭到羞辱的超级大国是一只难以预测的野兽。它刚从克里米亚战争的创伤中抽身，不想被人看到它被新近崛起的美国摆布的样子。克拉伦登和巴麦尊热衷于跟皮尔斯政府对抗；如果这最终没有导致实质性的对抗，他们就想在西大西洋、太平洋和东亚海域展现可以用来严惩美国的毁灭性力量，警告其离开他们的势力范围。这场迫在眉睫的危机受到国家尊严问题的驱动。双方最高级别的官员都准备拔剑出鞘。[30]

然而，当行动时机到来时，克拉伦登勋爵对英国公众大发雷霆，认为他们"怯于跟美国开战"。曼彻斯特的棉花巨头害怕他们的贸易遭到毁灭性打击；《每日电讯报》（*Daily Telegraph*）描述了"一群马蜂似的飞剪船"，在劫掠了英国的商船之后，它们从美国，"从我们的贸易无法避开的地方"一拥而出。纽约可能会被顺利烧毁，然而美国人会以铲平多伦多、蒙特利尔和魁北克城作为报复。1/5 的英国出口货品穿过大西洋，一半的美国对外贸易流入利物浦。正如一份波士顿报纸指出，英国烧毁纽约将会导致 1 亿美元的资产损失，但损失的都是英国自己的资产。显然，派遣一支强大的舰队到大洋对岸将会导致巴麦尊内阁倒台。战争不会发生，因为民众对金钱的关心多于中美洲政局。[31]

英国政府于是突然急刹车并大转弯，把一场战争的迹象都留在了被人遗忘的报纸和官方文件中，然后锁入档案馆里。它假装从头到尾都没有想过要开战，并且摆出一种高傲的道德姿态。"我们认为强大不是问题，"巴麦尊在 6 月 16 日告诉下议院，"但在强大的同时，我们不应该滥用武力，我们不应该成为侵略者。"他继续说，极其强大的领导人应该能够"冷静、有节制地采取行动，对于一件如此重大的事件予以慎重考虑"，尤其在两个国家因为"如此之多的共同利益"而紧密相连的时候。克兰普顿的驱逐并没有引起大的波澜。皮尔斯政府使用温和的语言予以回应。伦敦和华盛顿同意就中美洲问题展开谈判，如果有必要，双方还将通过仲裁来解决争议。[32]

没有发生的战争通常都会被人彻底遗忘；在历史长河中，它们显得无比渺小，它们本应爆发的可能性一点都不现实。但这一次，双方不愿退缩的决心实在是太真实了。公众舆论毕竟是一股不容忽视的力量。它迫使鲁莽的政客冷静下来，明白事理。和平艰难取胜。

*

全世界都误解了沃克。或者劳伦斯·奥利芬特是这样说 197
的。1856 年，奥利芬特刚刚结束在高加索追踪沙米勒的冒险
之旅，就在他记者嗅觉的指引下，来到地球上另一个偏远的区
域，来到 19 世纪 50 年代的另一个诱人而神秘的煽动者身边。

令人费解的是，威廉·沃克把奥利芬特带到了"与世界
上其他任何港口都……不一样的"一个港口——新奥尔良。
"我们在这些宽阔的码头上行进，在一桶桶糖或糖浆间穿梭，
走过堆积的棉花包间的'小巷'，经过来自肯塔基和密苏里
的烟草，身处从伊利诺伊和艾奥瓦运来的袋装玉米和桶装猪
肉之中——事实上，我们经过的这些各色产品都产自 2000
英里之外的（密西西比河）河岸……它们在新奥尔良装卸并
出口。"[33]

在堤岸上等待运送的出口物中，最能激起他兴趣的却是
人。那里有 1848～1849 年革命中的匈牙利、意大利、波兰和
普鲁士英雄，有参加过阿尔及利亚战役的法国老兵，还有刚刚
炮击过塞瓦斯托波尔的英国炮兵。那里的美国人中有在古巴受
过伤的军事冒险家和在堪萨斯拿起武器走向内战的"边境暴
徒"。大部分人都穿着 19 世纪 50 年代世界冒险家的制服——
红色法兰绒衬衫和长筒靴；其他人身穿"破旧黑衣……有点
像一队教会的激进分子"。有些人看起来正派体面，另一些则
"衣衫褴褛，令人心生厌恶"。[34]

"得克萨斯"号轮船上有 300 人，奥利芬特也加入其中。
"冒险精神就是这次行动的全部。"他们当中的大多数人都至
少尝过一次冒险的滋味，现在想要一次新的经历。他们是 19

世纪50年代的自由佣兵，每个人身后都有数不清的故事。现在他们朝着尼加拉瓜进发，为了沃克总统的光辉事业而集结在一起。

这些老兵、职业革命家和经验丰富的海盗之所以能够离开美国的土地，是因为他们自称前往加利福尼亚的淘金者。他们把他们的专用步枪、左轮手枪和鲍伊刀藏在他们身旁棺材形状的箱子里。

当"得克萨斯"号在一片浓雾之中驶出密西西比河三角洲时，奥利芬特想起，尽管这艘大船是"一个拥有高度文明的国家的产品"，但船上的人是曾经在这片水域上劫掠的海盗船长基德（Kidd）和摩根（Morgan）的后裔。然而，17世纪的海盗洗劫城市和教堂，这些19世纪的海盗"自称拥有更为伟大和崇高的志向"。他们不是为了黄金或者银饰而来；他们想要寻找肥沃和未经开发的土地，想取代那里的"低效政府"，让那里的国家得到"重生"，然后把繁荣带给人民，给"全世界"带来一个新的"有利可图的市场"。[35]

这些念头是劳伦斯·奥利芬特与皮埃尔·苏莱在新奥尔良多次会面之后产生的。奥利芬特抵达这个南部港口的时候可能受到了沃克的冷待，就像他的其他同胞一样，但是苏莱为他提供了一份全面的研究①。在世界的落后角落创造一个"新盎格鲁-撒克逊共和国"的梦想把奥利芬特迷住了，这位年轻的英国人决定支持沃克的事业。狡猾和善于游说的苏莱招募了他，为他提供了一次免费的尼加拉瓜之旅、与神秘统治者会面

---

① 奥利芬特似乎跟所有人都有关系：他曾出席内尔维尔·苏莱的婚礼。——作者注

的机会和一座上好的尼加拉瓜大庄园。作为回报，奥利芬特返回伦敦，利用他在威斯敏斯特和乡间别墅客厅里的影响力，软化英国对沃克总统的政策。

奥利芬特后来承认，那份中美洲地产的礼物"可能轻微地刺激了他"。但这不是必要的：跟其他许多人一样，他已经被沃克的魅力迷倒（尽管他还没见过沃克），为整件事的浪漫情怀和冒险的魅力，尤其为沃克在中美洲的使命的理想主义色彩而神魂颠倒。

他是这样的吗？对于今天阅读奥利芬特游记的我们来说，他的迷人之处在于，我们发现他正在这些人当中玩着复杂的游戏。他拥有拉布拉多幼犬一般的无尽活力和男孩一样的天真，还有令人无法抵御的魅力，且能说会道，是一个完美的旅行作家。他能够劝说充满戒心的人放下他们的拘谨，打开话题匣子。他和巴麦尊、加富尔伯爵或者奥托·冯·俾斯麦等政治家在一起的时候风度极好、幽默机智，跟美国西部的头发花白的移民、高加索的游击队员或者加勒比地区的军事冒险家相处时也是一样。对他来说，英国乡村大庄园里的一张床和荒野之中的一顶帐篷拥有相同的吸引力。

这些品质使他能够适应其他类型的工作。巴麦尊勋爵在劳伦斯·奥利芬特身上看到了一些值得利用的特质，他的乡间住宅布罗德兰兹（Broadlands）成为这个年轻人经常出没的大庄园之一。

在职业生涯中，奥利芬特经常利用他作为热情的旅行作家和《泰晤士报》记者的名声来打开门路。他无穷无尽的精力和随遇而安的态度使他看上去完全不懂政治。在大部分情况

199

下，他用性格中的这些方面掩盖了他作为巴麦尊勋爵的秘密间谍的真实身份。他曾在战争爆发之前前往俄国的塞瓦斯托波尔搜集情报；在明尼苏达见证经济繁荣的时候他可能正在评估美国对加拿大的意图；而在沙米勒的营地他差点成为英国的代表。之后他将在饱受战争破坏的欧洲担任秘密间谍。但在此时的墨西哥湾，他要执行的秘密任务是渗透威廉·沃克的政府，尽可能地接近这位难以捉摸的总统。或许不是苏莱改变了劳伦斯，或许事实刚好相反。

奥利芬特的理想主义很可能是伪装出来的。但对许多其他人来说，那样的感觉十分真实。成千上万来自不同国家的移民把尼加拉瓜变成 19 世纪 50 年代早期的交通要道，他们在赶往加利福尼亚的途中把眼光投向了这个迄今为止在世界上还鲜为人知的地区。他们的所见完全符合当时的种族观念。一个自诩"进取和进步的种族"为尼加拉瓜的肥沃土地和丰富资源感到吃惊，因而对当地居民的"冷淡和无能"充满疑惑：他们竟不开发自己的肥沃土地。[36]

当其他人只是在考虑"如果将此地置于星条旗之下"这里将会成为怎样的国家时，沃克已经开始亲自采取行动了。甫一获得权力，他就开始开发沉睡在新领地下的财富。他在白人殖民者中把这个国家宣传成一个"黄金国"，许诺给予移民250 英亩土地，可以用来种植甘蔗、水稻、烟草、咖啡豆和棉花。这跟尼加拉瓜蕴藏黄金的传闻一起吸引了大量移民。当时的口号是"新生"，它指盎格鲁－撒克逊白人以文明之名主导的中美洲的新生。[37]

为了未来的中美洲共和国，战斗开始了。现存的中美洲共和国从一开始就见证了沃克的惊人欲望。他没有停留在尼加拉瓜的边界。他是一个行动自由的帝国建立者，而且如果他在尼加拉瓜获得成功，无数配备武器的美国人和欧洲人就会蜂拥到他旗下，启动征服巴拿马地峡和加勒比地区的新战争。沃克的尼加拉瓜在 1856 年被哥斯达黎加军队入侵，紧随而来的是其他邻近共和国的侵略者。

12 月，他的首都格拉纳达受到洪都拉斯、萨尔瓦多和危地马拉军队的围攻。在英国出生的查尔斯·亨宁森将军（General Charles Henningsen，一个在高加索的对俄斗争中积累了经验的游击队老雇佣兵）曾因在一段时间内抵挡更加强大的围城军队而受到外界赞赏。总统下令把这座古老的、一度辉煌的城市烧毁，然后弃城而去。在缓慢燃烧的"古色古香、晒成褐色的摩里斯科式（Moresco）建筑"废墟中插着亨宁森将军留下的一支长矛，上面刻着"*Aqui fue Granada*"，意为"这里是格拉纳达"。[38]

但这只是一次暂时的挫折。沃克在 1856 年底的前景好得前所未有。他对自己的军事天才有着坚定不移的信心，同时也坚信盎格鲁－撒克逊的精英部队有能力打败数量远胜于己的堕落的中美洲人。毕竟，就在前一年，他带领的由乌合之众组成的外国佬远征小队就在难以置信的短时间内把他推上了权力宝座。他在美国各地极受欢迎。根据《纽约先驱报》的报道，沃克的尼加拉瓜运动"在恰当的时机精确地表现了美国的进取心"：它保证了运输路线的安全；它使加利福尼亚跟联邦更紧密地联系在一起；"它在墨西哥的南方驻扎了一支军队，并为这个正在解体的共和国提供了改造的方法"；而且它在未来还能供应热带产品。"简单来说，"这份报纸总结道，"尼加拉瓜运动的特征完全是盎格鲁－美国式的——管理有序、原则公平，而且结果十分有益。"纽约市的珀迪国家大剧院（Purdy's

201

National Theatre）上演了一出名为《尼加拉瓜》的戏剧，讲述了沃克的事迹。演员阵容包括"一个年轻和热忱的民主党人"、"一个流浪的美国人"，以及"自由的曙光"，也就是威廉·沃克本人。这出戏剧杂糅了大量的爱国歌曲，其宣传口号是"现在是时候享乐和造反了"。[39]

随着堪萨斯的"边境暴徒"、得克萨斯骑警、曾与印第安人部落斗争的边境居民、经历过欧洲革命和战争的老兵、在高加索习得游击战技巧的人员的加入，沃克的势力开始壮大。而且，驻扎在格拉纳达废墟中的敌对联盟正处于混乱中，且哥斯达黎加的入侵军队缺乏领导，毫无生气。沃克的军队战略性地撤退到湖滨城市里瓦斯（Rivas），等待从美国发来的大量增援部队、枪支和大炮。

沃克之所以能获得这样的支援，是因为他做出了一次富有个人特色的、破釜沉舟式的大胆之举。他颁布了一道在尼加拉瓜将奴隶制合法化的总统令，目的是把他的未来跟美国南方的利益捆绑在一起，把建立加勒比热带奴隶帝国的梦想变为现实。这种做法奏效了。沃克的尼加拉瓜和他的中美洲共和国将会成为棉花大亨的新边疆以及夺取古巴和墨西哥的序曲。沃克在南方受到顶礼膜拜；皮埃尔·苏莱开始为这位总统募集人员、物资和资金。根据《纽约每日论坛报》的说法，在很有希望当选总统的詹姆斯·布坎南的默认与支持下，志愿者已经"出发去支持尼加拉瓜的奴隶事业，助其做好以蓄奴州的身份加入美国的准备"。奥利芬特于 1856 年 12 月在新奥尔良登上"得克萨斯"号的时候，刚在堪萨斯经历战斗的雇佣兵和南方的狂热分子都集结起来，前去拯救沃克政权，意图打败（而且很可能还要征服）哥斯达黎加、萨尔瓦多和洪都拉斯。[40]

PURDY'S NATIONAL THEATRE

Sole Lessee, Proprietor & Manager....A. H. PURDY. Stage Manager....................G. L. FOX.
Treasurer...................Thos. C. STEERS.

Dress Circles.............25 Cents. | Pit.............12 1-2 Cents. | Orchestra Chairs...........50 Cents
Private Boxes, 2nd Circle............$5 exclusive, or $1 for each person.
Doors open at 7 o'clock, Curtain will rise at a quarter before 8, precisely.

Filibusters, Democrats and Patriots

NOW FOR FUN & INSTRUCTION

THIS MONDAY AND TUESDAY EVENINGS, JULY 21 AND 22, 1856.

First week of an entire New Drama of great interest, by E. F. Distin
Esq. written expressly for this Theatre, and founded on scenes of
actual occurence, & of much importance to the Nation, entitled

NICARAGUA

OR, GEN. WALKER'S VICTORIES.

Which has been gotten up regardless of expense, with New Scenery, Machinery, Properties, Music, Costumes, Impliments of Warfare, and cast to the strength of the Company.

Scenery..................................by Mr. Wm. Pearson
Machinery...............by Mr. Wm. Crane | Music..................by Mr. W. T. Peterschen
Properties...............by Mr. C. Kline | Costumes................by Madame Lathrupp
The Whole produced under the immediate direction of..............Mr. G. L. FOX, Stage Director.

DEMOCRATS AND FILIBUSTERS.

JUAN CASTELLO, a young and ardent Democrat.....Mr. J. H. ALLEN
JEFFERSON SQUASH, a roving Yankee......................G. L. FOX
GENERAL WALKER, the hope of Freedom..................S. B. Wilkins
Colonel Buckeye, a member of his staff..............................S W Bradshaw
General Valle, a native Ally...............De Silveria | Hans Pikeltuhb, a dealer in Schnapps........H F Stone
Ivory Black, a superior Nigger.............A Cushman | Native Allies, Filibusters, &c.

LEGITIMISTS AND SERVILES.

General Guardiola, of the Nicaraguan Army.....D Oakley | General Mora, President of Costa Rica...........M. Pike
Major Ponciano, of the 2nd Granadian Regiment..W. Mitchell | Dariugues, in the pay of Villamena.............G Beane
Don Villamena, an implacable Spaniard.........J Reed | Padre Lesurga, a benevolent Priest........W H Browne
Cranberry Cookies, a conceited Cockney..........T. Hampton | Nicaraguans, Costa Ricans, Servants, &c.
CHRISTINE, betrothed to Castello............Mrs. H. F. NICHOLS
PAULINA, with song of "I wont die an old Maid"....Mrs. W. G. JONES
Nicaraguan Women, Niggers, &c. In the course of the piece,

A New Spanish Dance—"Il Trovatore"..............Miss Henrietta Lang
And previous to the piece

A NEW MEDLEY FILIBUSTER OVERTURE

Introducing the following airs. "Star Spangled Banner," "The Girl I leave behind me," "Columbia, the Pride of the Ocean," "Hail to the Chief," "Sprig of Shellalah," & "Yankee Doodle," arranged by W T Peterschen, Musical Director.

Synopsis of Scenery, Incidents, &c. Act First.

SUBURBS OF GRANADA.
Terror of the Natives at the approach of Walkers' Forces.—A Cockney's opinion of Filibusters.—Attempted outrage & it's fitting chastisement.—Negroes and Spaniards.—The Oath of Vengence.
REVIEW of the SERVILE FORCES.
Revolt of the Troops and downfall of Guardoila
A view in Granada.—March of the Filibusters and their Native Allies.—Force the only argument with Tyrants.—Interior of the Padre's House.—Sympathy for the imprisoned Patriots. A pair of Lovers.—A Yankee Ghost and a kiss in the dark.—Exterior of Pikeltuhb's Grocery.—Dutch courage and volunteer Enthusiasm.—Fred and Destiny.—Coercion of a Patriot.—The last words of a Patriot.—The curse of Tyrants.—The dead and the dying.—Military Brutality.—Coercion of the populace.—The Dutchman wounded,—The Fatal signal.—Aid is near at hand.
ATTACK of WALKER'S FORCES.
Flight of the Citizens. Rescue of Juan Castillo. Desperate Conqict and conquest of Granada.

ACT 2d.—The grand Plaza, Granada,
Market Morning. Enthusiastic devotion of the People to General Walker.—The Gray eyed man of Destiny.—Traitors in the Camp.—A Native Wedding.—A Snake in the Grass.

TERRIFIC COMBAT.—ABDUCTION OF CARISTINE
Rage and despair of Castillo.—Room in Lesurgas House.—Destined for a Convent. Woman's Rights.
SONG—I "won't die an old Maid" Mrs. W. G. JONES
Yankee Courtship. Matrimony and Patrimony.
DUETT "JOYS OF WEDDED LIFE."
By Mrs. W. G. Jones and Mr. G. L. Fox.
A Rocky Pass. Midnight. Camp of Villamena's Associates. Arrival of the Chief and his fair Burden. Castillo in pursuit. The Ambuscade. Castillo and Party surprised an attacked by superior Numbers. Desperate hand to hand Conflict and Capture of Castillo.

Act. 3rd.—Exterior of the Old Jail at Rivas,
Castillo doomed to the Gallows. Friends on the Watch. The Sentinel outwitted. A Black Joke. The Liberators in Prison. Christine in the power of merciless foe. A Woman's Heroism. Escape of the Prisoners. Combat between Castillo and Villamena. The Alarm Bell Rung. Arrival of the Guard. Danger of the Lovers. Timely appearance of the Filibusters and death of Villamena. A view near Rivas, The Cockney in a mud-hole, Yankee Arguments, The right of search strictly enforced, and the Cockney made Prisons

OUTSKIRTS OF RIVAS

图12 《尼加拉瓜》演出海报（1956 年）

这是一出歌颂沃克的冒险事业的戏剧。

图片来源：Tennessee Historical Society.

塞满武器和经验丰富的军人的"得克萨斯"号的到来对于沃克的计划至关重要。但是，当这艘轮船抵达格雷敦的时候，形势变得十分凶险。岸上有哥斯达黎加的军队，河面上有一艘落入敌手的附属运输公司的轮船；海湾则被极其强大的英国海军控制了。船抛锚后，人们打开棺材形状的箱子，装备好米涅步枪、柯尔特左轮手枪和鲍伊刀。他们的计划是在一次夜袭中控制一艘轮船，然后将其驶向上游支援沃克。

奥利芬特负责指挥一艘突袭哥斯达黎加人的小船。但在日落之前，英国的一艘战舰——皇家海军的蒸汽护卫舰"哥萨克"号（HMS Cossack）向"得克萨斯"号派去了一艘小船。科伯恩（Cockburn）船长登上这艘美国轮船，告诉这些军事冒险家：如果发生袭击，"哥萨克"号的枪炮就会开火。在奥利芬特表示抗议的时候，这位英国海军上校认出他是个英国人。"因为身处一个英国人绝不应该出现的地方"，奥利芬特被要求立即下船。奥利芬特身穿军事冒险家的破烂衣服，被带到崭新、气派的"猎户座"号（HMS Orion）战列舰①上，该船由螺旋桨推动，配有 80 门火炮。英国舰队司令官马上吃惊地发现，这个年轻的匪徒竟然是他的表弟。

由于英国海军中队的火力威慑，军事冒险家们对河上轮船的袭击计划取消了。哥斯达黎加人溜回他们岸边堡垒的保护范围内。这是对沃克的事业最为关键的时刻之一。皇家海军破坏了一次绝佳的机会。在接下来的日子里，奥利芬特在"猎户座"号的甲板上用望远镜观察他曾经的同伴们，看他们如何

---

① 皇家海军的"猎户座"号和"哥萨克"号是最新的顶级战舰，于此前不久在克里米亚战争的巴尔干战场服役。——作者注

准备打通从尼加拉瓜到沃克所在之处的道路。皇家海军的介入并未就此结束。科伯恩船长把船上的火炮对准沃克的武装部队，命令这些雇佣兵在海滩上列队，随后亲自下船辨认其中的英国人。事到如今，这些军事冒险家才知道他们的处境有多么危险，因而几乎所有欧洲人都假装自己是英国人；科伯恩也假装相信他们，把他们带回"哥萨克"号。毫无疑问，英国人从那时候起开始接收逃兵，免费把他们遣返美国，以压制沃克的力量。

204

　　沃克的死敌并非英国或者美国，也不是哥斯达黎加和洪都拉斯，而是历史上最冷酷无情的商人之一。投机商人不是因为他们的仁慈之心而赞助沃克夺权的。作为报答，这位总统废除了附属运输公司的特许状，没收其资产，将之与特许权一起转让给他的赞助者 C. K. 加里森和查尔斯·摩根。

　　因为入侵和控制尼加拉瓜，沃克不仅冒犯了英国人，还招惹了科尼利厄斯·范德比尔特那样的可怕敌人。加里森和摩根都是范德比尔特附属运输公司的董事会成员。他们靠资助沃克介入尼加拉瓜和推动其成为总统，上演了历史上最为骇人的"董事会政变"。范德比尔特怒火中烧，他的公司被两个前任下属和一个田纳西牛仔窃取。根据《纽约时报》发表的这位大亨的讣告，他曾对加里森和摩根说："先生们，你们欺骗了我。我不会发起诉讼，因为法律的执行太慢了。我将摧毁你们。谨启。科尼利厄斯·范德比尔特。"

　　没有其他证据可证明这封信被寄了出去，但它确实反映了范德比尔特夺回公司的决心。他向中美洲各国投入大量金钱、武器、雇佣兵和军事顾问，以巩固它们对沃克的抵抗。不过，他之所以赢得"准将"的外号，是因为他制定了杰出的军事战略。毫无活力的哥斯达黎加军队被置于他的一个代理人的指挥之下，并被命令去夺取附属运输公司的船只，这样他们就能控制整个圣胡安河和尼加拉瓜湖。如此一来，范德比尔特及其代理人指挥下的哥斯达黎加人给沃克造成了毁灭性的打击。当"得克萨斯"号赶到格雷敦的时候，尼加拉瓜总统已经被封锁了（尽管他还不知道这一点）。而且，同样重要的是，穿过地峡的移民路线也出于商业原因关闭。范德比尔特的复仇完成了。

205　　　摩根和加里森受到了致命的打击。沃克的军队瓦解了，他们中有一半滞留在格雷敦，饱受饥饿和热带疾病的折磨；包括总统在内的另一半则被困在里瓦斯，迫切需要补给和增援来抵挡中美洲的军队。

　　沃克的军队溃散之后，这位外国佬总统在 1857 年 5 月 1 日躲入美国的保护之下。只过了不到六个月，他就重返尼加拉瓜；美国海军跟在他身后，一队士兵在他刚抵达的时候就逮捕了他。1860 年，海湾群岛（Bay Islands）的居民邀请他创立一个独立于洪都拉斯的讲英语的殖民地。"总统"沃克（他仍然如此称呼自己）立马接受了邀请。这一次，他被特鲁希略（Trujillo）的皇家海军逮捕，随后被移交给洪都拉斯当局，并遭到行刑队处决，时年 35 岁。

*

　　沃克的动力源头并非金钱，而是他对权力的无可遏制且近乎病态的渴望，这使他成为某些人心目中的英雄和更多人眼里的凶残恶棍。真正的威廉·沃克仍然是一个谜，很少有人能够看透他冷冰冰的、不苟言笑的外表下的本质。在其尼加拉瓜的政权倒台后，他的举止开始变得"跟东方暴君一样既保守又自大"。他疏远了追随者，把自己封闭在个人的幻想之中。[41]

沃克的疯狂经历中最值得注意的一点是，19 世纪 50 年代的许多突出的主题都集中体现在他身上。他对尼加拉瓜的征服是淘金热的副产品。沃克的权力根基在加利福尼亚，他的许多追随者都是流浪的淘金客，深受无可救药的漫游癖之苦。黄金和随之而来的移民浪潮使得尼加拉瓜在世界版图中变得十分重要。移民生意是 19 世纪 50 年代最红火的生意之一（可能没有之一）：如果你是科尼利厄斯·范德比尔特，也会感觉值得为此打一场私人战争。

尼加拉瓜提供了极具诱惑力的未来可能性，特别是这里可能成为一条连接世界两大洋并彻底改变全球贸易的运河所在地。[①] 这使它成为一件值得人们流血和耗费巨资的战利品。范德比尔特及其前任合伙人都雇用军队去争夺它，英国和美国几乎为它爆发战争。这场不曾发生的战争的直接起因是中美洲的一系列事件，深层原因却是英美两国在克里米亚战争期间酝酿的紧张关系。当"不朽者"进军尼加拉瓜时，他们可能没怎么留意那场遥远的英俄战争。他们为什么要去留意呢？但世界远比他们能够想到的复杂。

然后还有奴隶制。尽管威廉·沃克是南方人，但他没有尝试以棉花国王的名义占领中美洲；他的过度自大阻止了他那样做。在事态逐渐明朗后他才把奴隶制合法化，试图在美国南方的蓄奴州唤起人们的支持。他从一个在尼加拉瓜丛林中书写美国未来的英雄、一个有能力把他的乡下佬团结在身后的冒险

206

---

① 这条运河仍未建成，但在中国人的支持下，一条 178 英里长的穿越尼加拉瓜的运河极有可能建成。——作者注

家，变成许多人眼里的奴隶主的爪牙和皮埃尔·苏莱的傀儡。"如此一来，"他在纽约的一个前支持者哀叹道，"威廉·沃克就失去了成就伟大的最好也是唯一的机会。"事实上，美国扩张的整个构想都跟奴隶制纠缠不清，早在 1854 年《堪萨斯－内布拉斯加法案》通过的时候就已经是这样了。[42]

直到那时，联邦政府的许多人都准备支持或者默认以"昭昭天命"的名义吞并古巴一事。假设皮尔斯政府和民主党没有受困于堪萨斯，联邦就有足够的力量去占据这个岛屿。《堪萨斯－内布拉斯加法案》通过之后，在对抗奴隶制扩张的态度日益坚决的东北部各州，民主党的势力遭到彻底摧毁。蓄奴州选择支持堪萨斯，而且获得了一次代价沉重的胜利，因为价值远高于此的古巴和中美洲落入了当地人之手，分裂成为不同的国家。北方的美国人曾经受到"昭昭天命"的感召，垂涎于古巴的巨大商业潜力，如今却完全带着敌意看待加勒比地区和墨西哥湾的领土增加。《堪萨斯－内布拉斯加法案》的通过使得皮尔斯政府成为跛脚鸭中的跛脚鸭。[43]

207　　《堪萨斯－内布拉斯加法案》从根本上改变了美国的历史。但在美国北方，它是一次引起轩然大波的地震。没有它，美国上下可能会同仇敌忾，反击英国对加勒比地区的干涉；一个强大得多的皮尔斯政府完全有能力带领国家赢得对古巴和尼加拉瓜的战争。如果美国取胜，南方就会赢得这些控制了世界某些关键商品之供应的土地，然后向华盛顿派遣参议员。自此之后，19 世纪的进程就会彻底改变。一旦奴隶主在热带地区拥有如此丰富和集中的政治和全球经济力量，奴隶制在未来很长一段时间内就可以高枕无忧了。

或许至少南方的一些有影响力的声音是这样认为的。在失去权势之后且最后一次遭受倒霉的突袭之前，沃克像英雄一样巡访南方各州。他的失败没有终结领土扩张的梦想，而是使之进一步膨胀。在 19 世纪 50 年代后期，一个称为金环骑士会（Knights of the Golden Circle，简称 KGC）的秘密团体吸引了65000 名追随者，其中包括 12 个州长和数名内阁成员。KGC拥有一支狂热的军队，愿意跟随沃克的足迹把墨西哥、古巴和中美洲都美国化，将这些地区纳入渴求土地的棉花王国。扩张已经成为南方的一个执念，一项决定未来的生存和持续繁荣的神圣事业。在南方先后在堪萨斯和加勒比地区遭到北方的阻击之后，许多人公开质疑留在联邦的意义。他们说，想象一下，一个全新的共和国，一个毗邻墨西哥湾的棉花与糖的帝国，由新奥尔良作为它的大都市。[44]

对于无数南方人来说，这不是虚无缥缈的空想，而是一个实际的目标。沃克的遗产唤醒了这种征服的欲望，激发了南方独自完成这一目标的念头。1857 年，在蒙哥马利（Montgomery）的一次南方会议上，有人提出动议，宣称"南方的贸易和南方［在尼加拉瓜］力量的增长比美国人民面对的任何其他问题都重要"。正如一位代表指出，"南方扩张土地和推广制度的唯一办法就是借道过中美洲，然后从那里向美国进发"。次年在维克斯堡（Vicksburg）举行的会议上，另一名代表宣称，如果南方成为一个独立的国家，它将会使用威胁停止供应棉花的方法，来使世界屈从于它的意愿："国王会在她面前低下头，王国和帝国都会竞相赢取她的欢心……她可以自己选择成为世界的新娘，而不是像现在一样继续做北方的悲惨婢女。"之后南方就可以自行成立它自己的帝国，重新开放奴隶贸易，使墨西哥和中美洲变得富饶多产。[45]

　　然而，1855～1856 年的盎格鲁－美国危机清晰显示，英国将毫不犹豫地对美国的扩张进行军事干涉。在之前的十年，英国曾经考虑在加利福尼亚和俄勒冈建立殖民地，最后却将它们拱手让与美国。但在 19 世纪 50 年代，它决心在加勒比地区采取更为强硬的立场。南方所有的空想和信念都无法借助其对世界的影响力克服这一地缘政治现实。从 20 年代到 40 年代，南方可以从西班牙帝国的废墟中获取大片的肥沃土地，例如佛罗里达和得克萨斯，并在上面耕种棉花和传播奴隶制。现在，在 50 年代中期，它必须面对事实——出于不同的原因，北方和英国正在阻止它的持续扩张。棉花帝国正在受到束缚，而且是在最关键的时刻，这让南方人感到苦恼不堪。从这个角度看，英国和美国的争吵不是一件小事，它标志着南方历史上的一个关键的时刻。[46]

　　本应发生但从未发生的事情有很多。美国与英国的争论酝酿多时但它们始终没有爆发冲突；蓄奴州没能实现其帝国天命。但审视这段奇怪的历史进程就像掀起一块石头后看到的都是陌生的昆虫。它揭示了一个布满"断层线"的世界，在那些通常不会受到关注的地方到处都是出乎意料的爆发点。在这一点上，尼加拉瓜和高加索、威廉·沃克和伊玛目沙米勒都有共同之处：偏僻地区和自我激励的冒险者可能突然成为全球焦点，引发世界范围内的连锁反应。因为灾难在最后一刻得以避免，或者宏大的计划未能付诸实践，这样的事件通常遭到忽略。但仔细观察细节，一幅更加清晰的时代图景就会出现。这个属于进步、财富和理想主义的时代有着黑暗的一面。对财富与资源的狂热和对帝国战果的渴求使得 19 世纪 50 年代的世界变得危险且多变。从达吉斯坦或格雷敦而不是墨尔本或旧金山的角度看，19 世纪中期的黄金时代是截然不同的景象。

黄金、移民、奴隶制和克里米亚战争，这些相互联系的问题在这十年里占据着显著的地位，沃克偏执狂一般地想要扩张个人权势，因而误打误撞地闯入了这些问题结成的大网。但是，如果沃克没有对时代精神说出以下这番霸气的话，他就不可能完成那么多事情："相较于追求改善和进步的过程中的职责和合作意识——无论这种意识有多么微不足道——生命与成功又算什么呢？"一些凝聚在他旗下的人自称"革新者"。他们想要成为运动的一部分；在他们看来，这次运动将以盎格鲁－撒克逊的价值观激活世界的一个重要部分。这些人既年轻又充满理想主义情怀，为沃克的"冒险感召"而着迷，看不到国家殖民与个人殖民之间的道德区别。沃克的事业对他们来说基本上就是文明的事业。对他们来说，这位总统就是黄金时代无所顾忌的乌托邦主义的化身。[47]

这位试图改变世界的个人被贴上了海盗与恐怖分子的标签，但是国家却可免于惩罚。威廉·沃克和他的"革新者"小队的目标和方法与列强在东亚的所作所为并无二致。当南方各州把热带地区视为帝国扩张的广阔领域时，北方诸州看得更加长远。一位美国记者说："多年以来这个国家的目光一直停留在加利福尼亚的石英山里，如今则聚焦于亚洲的古老海岸；那里毫无疑问将会上演我们共和制帝国的下一幕大戏。"正是在东亚，美国将与俄国、法国和英国一起争抢战利品。根据威廉·H. 苏厄德（William H. Seward）所说，太平洋地区将会成为"世界大事未来的主要舞台"。[48]

第九章 海啸

横滨

对日贸易的开放出于的是理性、文明、进步和宗教的要求。

——《民主评论》，1852 年[1]

和平的世界正在震动；上面的哆嗦，下面的发抖。

——江户民谣，1854 年[2]

在大部分时间里，大鲇都被鹿岛神的石头压住。不过，1854 年 12 月，鹿岛神放松了警惕，大鲇开始挣脱乱蹦。它在水底猛烈扭动的第一个征兆是发生在日本东海地区的一场后来被确定为 8.4 级的严重地震。日本中部有 10000 多栋建筑遭到摧毁，超过 2000 人丧生。一个小时之后，一场巨大的海啸扑向海岸。它把大量的中式帆船卷上陆地，摧毁了桥梁、建筑和寺庙；成千上万房屋被海浪淹没，然后被其卷走；一片松树林遭到彻底的毁灭。在骏河湾，大浪导致一个村子淤积了 70 万平方米的沙子，它因此被彻底埋没在了沙穹丘之下。

大鲇没有就此收手。第二天，另一次海底"大逆冲"地震袭击了同一地区，在大阪和其他地方造成令人更加恐惧的家园、建筑物和人员的损失。因此生成的海啸冲击了上海，旧金山和利马也受到影响。在次年的 11 月 11 日，第三次也是最后一次安政大地震来袭，震中位于特大城市江户（今天的东京）。江户人口超过 100 万，是当时世界上仅次于伦敦和北京的第三大城市。总共有 50000 间房屋和 50 座寺庙在地震中倒塌，或者毁于当天的火灾和之后的 80 次余震中；遇难者超过 7000 人。

1854 年到 1855 年的这些毁灭性地震和海啸使日本连续遭受重创，在民众间引发了前所未有的反应。在江户地震之后的几个星期里，400 多份形态各异的被称为鲇绘的版画出现在街头，描画了不同情况下的拟人化的大鲇。其中一些表达了愤怒和报复之情——这只狂乱的海怪受到鹿岛神的严厉惩罚，并被其重新压制，有时候还需要江户下层民众的帮助。展示这些木版画的用意是防止发生更多的地震，同时它们也是使那些从破坏中获利的人感到羞愧的一种方法。这是因为在画中，地主和房屋修建商、快餐商人和医生都赶紧跑去帮助他们的大鲇朋友，把它从鹿岛神和民众的报复中拯救出来；有时候建筑工人还被发现膜拜这条鲇鱼。一场地震造成的废墟意味着一次进行重大变革的机会：在少数版画上，大鲇引发了财富的彻底重新分配。尽管大鲇导致了火灾和大量民众死亡，这些毁灭性的事件也孕育了革命性的剧变。大鲇具有两副面孔：一方面它带来苦痛；另一方面它又带来了"世直し"（即社会改造），虽然是以残忍的方式。

诡异、神秘、黑色幽默——1855 年的鲇绘具有丰富的内涵。首先，它们揭示了一个焦虑不安的社会。日本从 1847 年以来不断受到大地震冲击，同时困扰日本的不祥之兆还有毁灭性的霍乱和粮食短缺，以及使整个国家陷入动荡的民众骚乱。1854 年，灾难预言者受到另一起凶兆的刺激：京都的皇宫和城中无数房屋都在一场大火中焚毁；一个月之后，京都又发生了史上最强烈的地震。

图 13 安政大地震的受害者正在报复大鲇（1855 年）

安政大地震的受害者正在报复大鲇，那些从灾难中获利的人却冲过去帮助它。

图片来源：Bridgeman.

212　　　鲇绘反映了这个火灾、地震和海啸多发的时代。是神在惩罚日本吗？这是否预示了时代的变化？如果确实如此，大鲇是破坏的力量还是"世直し"的先兆？[3]

＊

　　板块挤压只是动乱的起因之一。日本的和平与稳定同样受到聚集在帝国外围的力量的动摇。16 世纪时，日本国内到处都是西方人，他们带来了危险的礼物——火药和基督教，使日本深受内乱之苦。17 世纪 30 年代，幕府将军德川家光将所有外国人驱逐出境，并禁止日本人离开本国。跟朝鲜和中国进行贸易是

可以的，但能跟日本做生意的西方人只有荷兰东印度公司 213
（Vereenigde Oostindische Compagnie）的代表，而且贸易活动被
严格限制在长崎港内的人工小岛出岛上。

此时的天皇居住在京都，只发挥形式上的作用。真正的权
力掌握在江户的将军和他的军事政府幕府手中。保护日本及其
神圣天皇免受外国人玷污的是将军（他是世袭的军事统治者）
的特殊义务。与外部世界的交往并没有因为"锁国"而终止，
但是受到了严厉管制。在接下来的两百年里，日本一直对西方
保持封闭，成为谜一般的存在。

但在这之后，大批英国人来到东亚地区。第一次鸦片战争
（1840～1842 年）震撼了日本。中国被英国皇家海军令人恐惧
的现代军事装备压倒，最后被迫签下《南京条约》，蒙受耻
辱。英国以其巨大的蒸汽炮舰从中国手中抢得了贸易权利，还
夺取了香港岛。中国这个亚洲大帝国因此陷入了内乱。"我们
怎么才能确定中国的雨雾不会在日本降落并结成白霜呢？"一
位日本学者在 1847 年如是说。[4]

就是在这一年，一连串的地震开始了。从此以后，日本人
一直心怀警惕地注视着亚洲的事态。英国加强了它在印度的力
量，并且吞并了缅甸的一部分。中国因为太平天国的崛起而陷
入惨烈的内战。日本肯定就是英国打击列表上的下一个目标。
"外夷"——美国人、俄国人和英国人——的军舰在东亚海域
上极为活跃，他们毫不掩饰内心的欲望，要从日本手中夺取
特许权；如果有必要的话还会动用武力，然后把它拖入世界
经济体系。

在 19 世纪 40 年代，法国、美国、俄国和英国的船只都曾
尝试驶入日本海域开启条约谈判，但都遭到回绝。但随后在

1853 年，4 艘飘扬着星条旗的蒸汽动力军舰闯入江户湾。日本的警戒船团团围住这些巨大的夷人船只，其中一艘展出一块法语写成的告示牌："立即离开，不许停留！"然而，这支海军中队——由镇定自若的海军准将马休·佩里（Matthew Perry）带领——的火力比江户湾里的所有火炮都猛，军舰在大批日本船中间下锚停泊。

214　　　　对此前的远征队，日本都采用拖延的做法，只让他们跟低级别的幕府代表打交道。佩里摆出大人物的架子，一直待在船舱里，拒绝跟任何低级别官员交涉。他的舰队开始探索通往江户的航道；日本人得知他正在绘制江户湾的地图，如果帝国官员拒绝收下总统米勒德·菲尔莫尔（Millard Fillmore）的亲笔信，美国人就要打到日本首都去。此前到访日本的远征队态度从未如此坚决或坚定不移：这是炮舰外交的强力展示。幕府无可奈何，只能派重要官员到久里滨与佩里本人会面。

　　　　到了约定的日期，佩里的巨型旗舰美国海军"萨斯凯哈那"号（USSS *Susquehanna*）鸣礼炮 13 响，然后准将登上了接驳船。在无数风中飘扬的大旗之下，上千名装备了剑、长矛和火绳枪的日本武士在海岸上列队；沿着海滩铺展开来的庞大装饰帆布背后站着一队队的骑兵。美国船只全都抛锚固定，这样它们的舷侧炮就能对着武士的队列。

　　　　与此同时，佩里的接驳船朝着用沙包临时堆成的码头前进。当他走上岸时，随行的军官在他背后排成整整齐齐的两排。前面是 300 名身穿崭新制服的海军士兵和水手，他们齐步走在高奏《哥伦比亚万岁》（*Hail Columbia*）的乐队后面。随后是由外表最为强壮的水手擎起的星条旗和大信号旗。再后面是两名船上的男仆，他们手上托着镶有黄金装饰的红木盒，里边放着菲尔莫尔总统写在精致皮纸上的信。最后才是身穿全套制服的佩里，在他两侧各有一名身形庞大的非裔美国人侍卫。日美双方都想在华丽度和场面上压倒对方。

在预先组装而成的松木接待用建筑物中，佩里及其随从步入一间布满紫色丝质挂物和白色帝国纹章刺绣的会客室。佩里被引向一个高于地面的讲台上的主席位，在他对面坐着两个最高级别的幕府官员，身上穿着厚重的锦缎，上面绣有金银纹饰。这些人"在整个会面过程中都保持着雕像般的拘谨姿态"；他们不动声色，只在佩里进来的时候短暂地站了起来。在几分钟的时间内，会客室里没有人说话。一个译员打破了令人不安的沉默，然后男仆与非裔美国人呈上装有信函的盒子。美国方面收到了一份作为回应的收据，随后仪式就此结束。外国军队强行进入日本领土，却没有受到来自幕府将军的任何反抗。这是 19 世纪 50 年代世界历史上最为重要的时刻之一。[5]

佩里承诺会在几个月之后带更多的船来接受天皇的回复。他刚一离去，俄国的海军上将瓦西里耶维奇·普佳京（Vasilevich Putiatin）就闯进了长崎港。

佩里在 1854 年重返日本，通过威胁发动战争的方式获得了他想要的条约：美国船只可以在下田和函馆获取补给，而且将在下田建立一个领事馆。此时，克里米亚战争已经爆发，俄国与英国的冲突也蔓延到了日本海域。10 月，英国皇家海军中将詹姆斯·斯特林（James Stirling）爵士就把长崎和函馆变成其船只在太平洋的对俄战争基地一事进行谈判。不久之后，他的敌人普佳京中将比佩里和斯特林更进一步，为他的舰队同时得到了长崎、下田和函馆。

那一年是整个亚洲——从高加索山脉的城墙到日本的东部

海岸——的转折点。大自然似乎对人世间的动荡也有所回应。在第一次安政大地震撼动大海的时候，普佳京还在港口里。

难怪鲇绘的画家和他们的受众感受到了一种紧迫感。佩里的蒸汽船不仅危险，而且充满不祥之兆，因而被称为"黑船"。许多画家都把美国的入侵和江户的地震联系起来。在一幅画里，大鲇一半没入水中，就像佩里的黑船一样潜藏在江户湾里。这头慈眉善目的庞大鲇鱼喷射出无数金币，而岸上的人则祈求它再靠近一点。

216 　　在另一幅版画中，佩里和大鲇正在进行一场势均力敌的拔河比赛。"你们这些美国蠢货这几年一直嘲笑我们日本人，"大鲇在比赛中朝着佩里说，"……别再谈什么贸易，没用的，我们根本不需要……掌好你们的舵，赶紧走。"然后佩里开始吹嘘美国是一个友好的民主国家，但是大鲇根本不理。"闭嘴，佩里！"当裁判宣布大鲇赢得拔河比赛的时候大鲇如此呵斥道。美国人嘴上说得好听，却像海盗一样劫掠日本。"我们国家的神都知道了，他们已经集中起来要制造一场神风来吹翻你们和俄国人的船只。到了11月……神必定会严厉惩罚你们的无礼。"[6]

大鲇或许没能报复佩里，但报复了俄国人。在函馆，普佳京的黑船——蒸汽护卫舰"狩猎女神"号（*Diana*）——在海啸中绕着锚转了40多圈，并因此严重受损，最终沉没在风暴之中。这些地震和严重海啸或许不只是为了将日本从昏睡中唤醒，大鲇撼动大海可能也是为了摧毁入侵者的黑船。

*

鲇绘反映了佩里使团导致的撕裂了日本的困惑和分歧。毫无疑问，西方的入侵将会带来许多伤害；帝国的骄傲和纯洁都会被污染物摧毁，只需看看曾经伟大的印度和中国便知。但是，之后日本出现了分歧，面对着一个左右为难的痛苦境地。在 19 世纪 50 年代，西方的技术，尤其是战争方面的技术，显然是非西方国家难以匹敌的。之后的问题在于：一个国家能在多大程度上接受现代化与自由贸易，并同时保留其身份认同和特性？

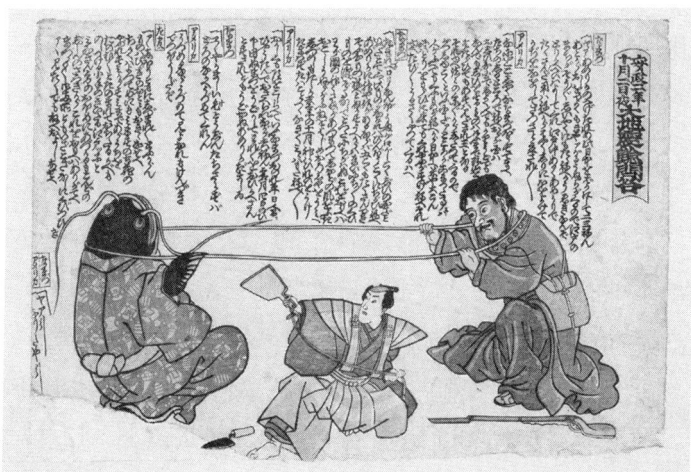

图 14 佩里和大鲇角力（1855 年）

图片来源：University of Tokyo Library/Ishimoto Collection.

许多人极为憎恶幕府向美国人屈服的行为。将军本应履行驱逐蛮夷的神圣职责。水户藩主德川齐昭发起了日本应不应该抵抗海上强国入侵的讨论。在一篇名为《日本，抵制西方人》的文章中，他回忆了日本强大到足以使外国船只不得靠近的时期，警告其他大名小心西方现代性的蛊惑："一开始他们会给我们一些物理仪器、机械装置和其他奇技淫巧……［但］贸易才是他们的首要目的，他们会一点一点地榨干我们国家；在这之后，他们就会随心所欲地对待我们……最终吞并日本。"他总结说，日本只有一个驱逐夷人的机会：一旦让他们获得根据地，无论刚开始的时候它是多么的脆弱，日本就再也不可能摆脱他们了。德川齐昭的一名追随者宣称："我们现在就要使我们的岛屿成为城堡，把海洋当成护城河。"[7]

权势极大的彦根藩主井伊直弼对此予以反驳："如果有人被围困在城里，升起吊桥便无异于自我囚禁，这样做无法令我们长久坚守。"井伊直弼和德川齐昭一样厌恶贸易，但他知道日本面对现代军舰时的无能为力。解决方法只能是通过最小限度的让步——其中包括有限的贸易——来安抚夷人，从而赢得时间和外汇，这样日本才能获得在 19 世纪中期保护自己所必需的军事技术，且在之后不再需要吊桥或者护城河：日本人将同西方人并驾齐驱，有能力向他们发号施令。

218

幕府老中与大名都与井伊直弼持相同观点。日本必须自强，但不能开战。佩里得到了安抚。在某种程度上，日本希望通过对美协议来把最危险的敌人大不列颠限制在一定距离之外。有大名建议，日本应该通过讨好美国、荷兰和俄国来抵制英国，即"以夷制夷"。[9]

西方的入侵使统治阶级发生分裂。不过，无论日本的回应是自我封锁还是暂时让步，精英阶层都相信他们能够拯救日本。下层并没有那样的自信。民众突然发觉出现了一个"时间悬崖"。江户充斥着各色各样的木版画，上面描绘着困惑的日本官员、喷烟的船只、发型古怪的外国人以及世界地图。它们反映了这座城市的市民在陌生时代里的恐惧与好奇。版画上有打破了日本长久以来的隔绝状态的令人畏惧的船只，但也有令人自豪的东西：那些地图都把日本置于世界的正中，而且有些版画描绘了佩里及其下属第二次来访时参加的一场相扑比赛——瘦弱的欧洲人与庞大的相扑手间有明显的差别。这些版画同样揭露了当时的末日式恐慌和对国家保护者的信仰的丧失。紧随西方入侵而来的大地震和海啸是幕府将军已经失去神助的征兆。"和平的世界正在震动，"彼时的一首民谣唱道，"上面的哆嗦，下面的发抖。"[10]

　　显然，就在一夜之间，世界已经完全不同了。佩里的到来预示着旧秩序的崩溃和一个不知道会是何样的新时代的曙光。逐渐酝酿的不满和末日式恐慌不只停留在街头上，日本各地的击剑道场都挤满了人数空前的武士，他们迫切地想要完善剑道技巧，重新学习（被丢弃在和平安逸日子里的）传统武术，以应对即将到来的反抗西方强权的战争。大名被要求轮流到幕府首都江户居住。他们带来了数以千计的侍从。这意味着江户的年轻武士能够跟全国各地的同侪一起训练和学习。他们同样最早目睹了出现在江户湾的不祥黑船。

　　这些年轻武士都十分理想主义，且怀有强烈的爱国热情，渴望战斗。他们在这个日本的关键时期共同生活、学习并相互辩论。道场上到处散布着激烈的攘夷观点和对旧统治阶级的不满。武士们把水户藩的德川齐昭当成平息19世纪50年代骚乱的领导，对其敌人十分鄙夷——那些大领主竟敢对外国人让步，以致让日本蒙羞。年青一代的武士憋足了劲要在即将到来的战争中为日本复仇。"考虑到外国船只已抵达了几个地方，"一名狂热的武士坂本龙马在给他父亲的信中说，"我认为很快就会爆发一场战争。如果它真的到来，你可以肯定的是，我会在回家之前砍掉一个外国人的头。"[11]

219

图 15　日本武士（约 1860 年）

图片来源：Corbis.

他们的怒火不仅指向佩里，也指向那些可耻地想跟夷人妥协的精英。这些年轻武士深受神道教教义的影响。他们说只要看看现代日本，目前的不满源头就会变得清晰。在几个世纪的和平与恬静里，日本经历了迅速的城市化，商业化的市场经济被引入了区分严格的等级制度。上层武士已经离开了土地，挂起他们祖先的武器，逃到城镇里担任大名的文职官员、行政人员和侍从。

与此同时，经济上的变化导致了富商、手工艺人和市民的出现。尽管他们在儒家社会结构中的地位很低，武士精英甚至大名都日益依赖他们提供的贷款和服务。在两年一度的江户之行中，大名及其大批随从拥入这个充斥着诱人奢侈品以及超过6000家饭店、数十家剧场、几百家书店、令人眼花缭乱的时装和尤为迷人的高级妓女的大都市。这座幕府将军的首府是一个奢华而令人陶醉的大城市，消费主义和挥霍享乐极为流行，足以腐蚀这个国家的武士精英。即使那些没有隔年就陪他们领主到江户的武士，也发现现代日本变得混乱和物价高昂，成为一个明显背离原有价值观与道德观的地方。19世纪50年代，大量低级武士生活得十分拮据，被社会日益孤立，不仅背负着有钱人的债务，也没法在军事上发挥重要的作用。[12]

这些武士在19世纪50年代进入击剑道场，准备保卫日本的神圣领土免遭入侵。他们的怒火直指幕府。两个半世纪的幕府统治使日本变得臃肿和虚弱。上级武士已经在不知不觉中变得冷漠，或者沉溺于城市生活令人萎靡的奢侈品消费。主要的米商正在毁坏社会、控制物价，并人为地使物价高到令普通日本人受到伤害的地步。幕府体制对此无能为力；不满之情侵蚀着这个国家的命脉。年轻武士聚集在道场里，渴望回到那个更为纯粹和传统的日本，那个重视农业价值观而非商业主义且颂扬武士道的日本。他们在这方面与江户流行版画的消费者意见一致：佩里和大鲇的到来标志着革命的开始——"世直し"。[13]

这就是传统武士变得如此重要的原因，也是这些年轻武士背弃将军，转而把目光投向京都宫廷的原因。如此一来，他们对将军和封建上级的日益憎恶就算不上不忠。他们越过上级，选定一种更加高级的权力。天皇代表着他们渴望的那个古老而未经污染的日本。佩里准将的到来是上天的安排：日本即将从长久的沉睡中苏醒，重新发现它的古老德行，把天皇重新安置在御座上，就像过去发生的一样。充满敌意的仇外情绪和对天皇的忠诚在 1853~1854 年的狂热氛围中是不可分割的：新的运动口号是尊王攘夷，即"尊崇天皇，驱逐蛮夷"。

*

222　　在 1853~1854 年踏上日本神圣领土的那些美国人都跃跃欲试，他们以为在这里可以发现一个保存完好的东方中世纪社会。正如一位美国作家所说："日本的法律和风俗都惯性很强、难以改变……一切都须按照几百年以前的方式运作；进步毫无可能。"由于外来者无法得其门而入，日本文明成为地球上仅剩的几个留待解开和挖掘的谜团之一。美国人也为即将受到这块时间静止的土地上的人民的接待而激动不已。他们就像来自外太空的访客；他们是 19 世纪中期的代表，浑身上下都装备着令人目眩的西方科学与技术。[14]

1854 年，马休·佩里在横滨的一个小村子登陆并签订对日友好条约，当时的盛况就跟他第一次来访时一样，但美方军舰的数量是之前的两倍。这次他带来了礼物：好几盒柯尔特左轮手枪和新式步枪，一副望远镜和一台相机，还有若干书籍和海图。不过，赠送典礼的核心是展示定义 19 世纪中期的技术：一个带着煤水车和客车的正在运转的小型机车；两台相隔 1 英里的电扳机，它们被用古塔波胶包裹的电线连接，而电线被挂在了木杆上。机车带着乘客以每小时 20 英里的时速在轨道上飞奔，而电报机则能在日本、荷兰和英国间即时沟通信息。

佩里说，现代西方文明体现在通信技术上。在 19 世纪 50 年代，没有什么比通信技术更加令人震撼，也没有什么比通信技术在帮助西方建立优势方面做出了更大贡献。在西方，中国和日本都有一样的引申含义，指那些曾经伟大但陷入昏睡和懈怠，把未来拱手让给更有活力和进取心的欧洲民族的文明。就此而言，东方帝国对西方来说是一面不可或缺的镜子，这也表明了西方支配世界的野心的合理性。"归根结底，"一个美国人写道，"那些愚昧的东方民族迟早都会走出未经开化的隔绝状态，加入我们文明的行列。这难道不是必然会发生的吗？"根据这位作家所言，英国将使印度和中国、美洲的太平洋岛屿和日本恢复活力；两股势力将在上海相遇。"盎格鲁－撒克逊人，"他宣称，"就是世界的主人。"[15]

223

在许多关于这一典礼的叙述中，日本政要和围观者被描绘成了小孩，为现代机器的反自然能力感到震惊。这是许多西方人想要在这次文明的划时代冲突中看到的日本人的反应。日本人的激动和敬畏凸显了非白人文明的原始状态，重新确认了西方的领导地位，并证明了美国强行把日本拽入现代世界的合理性。[16]

不过，其他叙述给人以完全相反的印象。"日本人（对极具吸引力的电报）的兴趣大于其他的东西，"一位目击者说，"但从未表现出任何惊奇。"他们仔细查看军事装备和其他属于现代的神奇事物，且在拍照的时候"没有表现出哪怕一丁点的吃惊"。佩里的军官大为惊奇甚至很不高兴，因为他们的日本同行对巴拿马铁路（当时仍在建设）和蒸汽机的运转也很熟悉。对于勇敢的探索者来说，这相当扫兴。[17]

对于日本的高级官员来说，现代机器的展示足以令人印象深刻，但算不上许多人预想中的晴天霹雳。日本可能自我隔绝于世界，但它没有完全封闭。西方人慢慢才理解到其中的区别。例如，幕府将军的老中订阅了《伦敦新闻画报》，而且幕府也会通过他们的荷兰和中国贸易伙伴获取详细记述世界政治和科学发现的书籍和文章。这些知识受到严格控制，但是科学启蒙的种子已经在各岛上小范围地扩散开来。佩里并不知道——许多日本人也不知道——他的电报机并不是日本领土上的第一台。

＊

早在 1851 年，一个由自制电池、铜线和瓷器绝缘体组成的电报机已经开始在信州大名的城堡中对外敲发电报了。它的

224 发明者是武士学者佐久间象山，而且了不起的是，他只用从一本荷兰百科全书的条目中搜集到的知识，就完成了此一壮举。

鸦片战争让佐久间看到了英国人的"极度放肆与邪恶"，以及"他们对征服日本的长久渴望"。日本只有迅速实现现代化才能应对这一威胁。他不仅做了电流和电报的实验，还进行了磁力、化学、摄影和现代武器制造等方面的实验。在 19 世纪 50 年代中期，他在江户开设书院，大批学生——据说多达5000 人——从日本各地慕名而来。"佐久间是一个真正称得上英雄的非凡人物，"他的学生吉田松阴说，"……那些进入他

的书院学习枪炮的学生会被他强迫去学习中国古典文化，而那些来学中国古典文化的学生也会被他强迫去学枪炮。"[18]

1851 年是对日本现代化十分有利的一年。技术变革的主要推动者岛津齐彬在当年继任萨摩藩大名。他从小就对西方技术十分着迷，以发明创新为乐；他在 1848 年进口了日本的第一台银版照相机。但他对英国的威胁也有十分清晰的认识，因为萨摩藩远在日本的西南部，位于西方入侵的前端。"现在，"他写道，"日本的境况可以说是极为凶险，我们处于一个危难时刻。既然如此，军事准备应当成为重中之重，否则我们的国家就会荣誉受损，最终成为别国的奴才。"[19]

岛津齐彬一继任大名就开始在他的首府鹿儿岛外围建设一组工厂，其中的设备包括一个用来制造生铁的鼓风炉和一个提炼生铁的反射炉。在邻近的佐贺藩——日本唯一的对外开放之处长崎就在那里——大名也开始建设火炉，还建立了一个化学研究机构。这些工厂出产火炮、步枪和弹药，后来它们则生产现代农业机械。与此同时，岛津齐彬的工程师开始在不远处仿制蒸汽明轮船和军舰，这违背了锁国条例中禁止建造海船的内容。1854 年，岛津齐彬主持了"伊吕波丸"号和"昇平丸"号的下水仪式。前者是一艘三桅炮舰，后者是在他的工厂制造的第一艘西式军舰。

关于日本社会僵化和停滞的看法到此为止。的确，电力实验、摄影术、化学生产和工业发展都是零散而不成体系的，且它们分布稀疏。另一个事实是幕府会严惩那些涉足外国科学的人，使其被冠以扰乱社会秩序的罪名。佐久间象山的学生吉田松阴试图在深夜时分登上佩里的船，像普罗米修斯一样前去世界的尽头，探索西方知识的秘密并将其带回日本。然而，他被锁在笼子里送到江户的监狱，最后被判软禁。幕府的严密控制和保守立场反对任何改变。

但是，日本是世界上人民受教育程度最高的国家之一，其民众识字率极高。在 19 世纪上半叶，不仅精英阶级（他们是比常人更有活力的大名和有学者风度的武士）在革新技术，社会下层的农民、酿酒者、手艺人也在发展机械化。日本社会中储存有丰富的技术资源和强烈的进取精神。田中久重便是一个例子，他是一个擅长制造天文仪器和时钟，善于进行气体力学和水力学实验的手工艺人。他因制作机关人偶而出名，且最令人印象深刻的是他在 1851 年完成的万年钟。这个时钟由 1000 多个精密零件组成，无须重上发条就能运行一年。它的六个面分别展示西方时钟、星期、月份、月相、中国农历和日本计时体系。在这个复杂精美的机械装置的上方是一个天文模型，太阳和月亮绕着缀有日本地图的球体转动。（日本政府在 2004 年赞助制造了一个万年钟的复制品；100 名工程师使用 21 世纪的技术，花了整整六个月才完成其制作。）在此之后，50 岁的田中搬到了日本现代化的前沿地佐贺，在那里他制造了一个在环形轨道上冒烟的小型机车及一些由螺旋桨推进的轮船的实用模型。随后他把注意力转向武器和电报。田中创立的电力工程公司后来与其他公司合并成为东芝。[20]

这些都是 19 世纪下半叶促使工业迅猛起飞的因素，不过西方的远征者在带着高科技的礼物到来时对此视而不见。

最重要的是，当时存在一种坚决的观点，即日本永远不应跟西方订立浮士德契约：与其他发展中国家不同，日本应该拒绝购买现代技术，以免陷入债务泥潭，同时应避免对外国列强和金融家形成依赖。在 19 世纪 50 年代，自古以来就抵制西方

令人惊叹的 1851 年万国博览会标志着 19 世纪 50 年代的极度自信。

(*Victoria and Albert Museum, London*)

图左上┃图中展现了粗野、坚韧的蓄须拓荒者的世界：1851~1852 年的维多利亚（澳大利亚）的淘金者正在做饭。他们的衣服、胡子和举止在多处西方世界边疆的拓荒先锋中很有代表性。这里缺的只是随处可见的左轮手枪、步枪和鲍伊刀。

（*State Library of Victoria*）

图右上┃"现在轮到我们做主人了，而你们将沦为我们的仆人！"——澳大利亚的淘金者用奢华的婚礼庆祝他们刚刚获得的财富。

（*State Library of Victoria*）

图右下┃这是一则宣扬速度的广告。科尔曼（Coleman）飞剪船运输公司公布了"大卫·克罗基特"号（David Crockett）的离港信息。

（*Mystic Seaport, Sailing Card Collection*）

Victorian Gold Fields. 1882-3

Diggers Wedding in Melbourne

COLEMAN'S
CALIFORNIA LINE FOR SAN FRANCISCO
"Be sure you'r right,   then go ahead."
Sailing regularly on advertised days.
THE CELEBRATED A 1 EXTREME CLIPPER SHIP
DAVID CROCKETT
SPENCER, Commander, is now rapidly loading at Pier 15, E. R. foot Wall St.

This well-known and favorite vessel has made the passage to San Francisco in 115 days, (and admitted by all to be one of the fastest ships afloat.) She has always delivered her cargoes in *perfect order*; having superior ventilations, and being a *three deck* ship, offers inducements to shippers over any other vessel now loading. She insures at lowest rates, and will be dispatched on or before her advertised day. For balance of freight, apply to

WM. T. COLEMAN & CO., 88 Wall-st.,
Agents in San Francisco, Messrs. WM. T. COLEMAN & CO.
Exchange on San Francisco for Sale, in sums to suit. Limited advances made on Shipments of approved Merchandise.

Clipper of SATURDAY, March 12

图左上 | 蒸汽驱动的运输网络为世界市场打开了大草原的辽阔土地，芝加哥的谷物斗式皮带输送机就位于这个网络的中心。

(*Chicago History Museum*)

图左下｜新奥尔良的奴隶拍卖会代表了全球资本主义的西方分支。世界对奴隶生产的廉价棉花的需求支撑着 19 世纪 50 年代的经济繁荣。

(University of Virginia Library)

图右上｜印度的鸦片仓库代表了全球资本主义的东方分支。从仓库中的景象我们可以一瞥鸦片贸易的庞大规模，它被认为是使中国向世界打开贸易大门的关键。

(Yale Center for British Art)

图右下｜上海外滩是西方世界在中国的"总部"。　　　　　*(Peabody Essex Museum)*

旅行家、外交官和间谍劳伦斯·奥利芬特

(Alamy)

高加索的「先知武士」伊玛目沙米勒是一个已经遭到大部分人遗忘的19世纪50年代的英雄，人们一度认为他有能力左右几个世界帝国的命运。

（Getty）

「中美洲的拿破仑」威廉·沃克

（Library of Congress）

自封亚洲革新者的包令爵士

(National Portrait Gallery, London)

动身去为世界铺设电报线的赛勒斯·韦斯特·菲尔德

(Topfoto)

时间的主人朱利叶斯·路透

(National Portrait Gallery, London)

全世界的英雄朱塞佩·加里波第

(Topfoto)

额尔金伯爵是不情愿但具有极强执行力的帝国主义者。这张照片拍摄于 1860 年的北京，当时，他已经占领了这座城市，焚毁了圆明园，成功迫使清政府就范，引起了一片哗然。

（Getty）

这张恭亲王的照片是在他向英国人和法国人投降后于北京拍摄的。出现在拍摄现场的额尔金评论说「我猜他不怎么喜欢这件事」。

（Topfoto）

自视为耶和华代理人的废奴主义者约翰·布朗

(Topfoto)

武士学者吉田松阴

（山口县档案馆）

位于历史十字路口的日本独裁者井伊直弼

（彦根城博物馆）

亚洲人眼中的维多利亚黄金时代

海军准将马休·佩里带领的技术先进的"黑船"被一位日本艺术家描绘成了海兽。

（长崎艺术博物馆）

为世界铺设电报线的"大东方"号（由布鲁内尔设计）载着跨大西洋电报电缆抵达纽芬兰。1866 年它铺设了两段跨大西洋电报电缆，然后在 1869 年铺设了第三段。1869 年，它还铺设了连接亚丁和孟买的电缆。

（*Yale University Art Gallery*）

的民族已经被现代性的猛攻击倒。日本准备成为抗拒浪潮中的一个堡垒。磨砺武术的武士将任何现代化的尝试都视为偷偷将日本变得西方化的手段。伟大的佐久间象山因为武士河上彦斋突如其来的一剑而丧命。河上彦斋是当时最臭名昭著的暗杀者，也是维新志士的一员。维新志士是一个由"拥有高尚目标的人"组成的秘密团体，致力于通过恐怖活动来根除日本国内的一切外国污染痕迹。

不过，现代化者和尊王攘夷运动的激进分子因为一个共同的信念团结在一起，即日本应当维持统一，不能变成殖民地或者海上强国的附庸。捍卫日本的风俗，同时抵御外国人和现代技术的影响，这注定会令身在其中的人烦恼不堪。佐久间象山提出了一个口号来概括在奔向未来的同时保存不朽的日本文化的尝试："和魂洋才。"

第十章　文明使命

香港

殊不知英夷生长在化外之地、邪恶之乡，兽面狼心、面目似虎、狡诈如狐。

——张贴于广州的告示[1]

从海上观赏香港的最佳时间是夜晚。一位作家说在月光下，这块土地上有"人们能够想象出来的最为壮观和美丽的景色之一"。这座轮廓似回力标的城市蜷缩于群山之下，在成千上万的灯笼的照耀下分外清晰可见；一队国际船只在波光粼粼的水面上摇摆，其船身上蒙了一层灯光。[2]

来自世界各地的船只源源不断地到达和离去：横跨地球的捕鲸船、寻找货物的货船、东印度公司的商船、美国佬运输茶叶的飞剪船、分发鸦片的船只、蒸汽明轮船、P&O公司的邮轮，以及无论何时都能看到的数以百计的定期往返于中国大陆、新加坡和香港之间的中国平底帆船和西式中国三桅帆船。香港岛扼住了珠江三角洲的咽喉。今天，珠江三角洲是世界上最为富饶和人口最为稠密的地区，是一个令人吃惊的河口大都市区，其上绵延不断的城市里居住着6000万人口。香港位于这个以广州为中心的城市网络的南端。19世纪50年代的广州被称为Canton，是世界上最大的城市之一，仅次于伦敦、北京、

江户和巴黎。在当时，从香港出发，穿过珠江三角洲无数蜿蜒 228
的支流和岛屿，最后抵达广州，只需花费六个小时。广州是中国
的贸易中心，正因如此，来回于广州与香港的船只络绎不绝。

　　大量流动人口拥入使弥漫于香港各处的脏乱氛围雪上加
霜。他们源源不断地流入拥挤的街道，进入大烟馆、赌场和妓
院。与拥挤的港湾一样令人印象深刻的是集中分布在水边的码
头、竹堤、货栈和工厂。数量庞大的仓库（码头边的货栈）
中存放着世界各地的货品——欧洲的、美洲的、澳大利亚的
和中国的。在这一贸易狂欢之地的旁边发展出了许多配套的
专业服务机构和人员：银行和律师事务所、保险公司和船舶
代理商、金融家和新闻记者。

　　地平线上耸立着陡峭的群山，上面散布着巨石、森林和蕨
类植物，它们时常隐没在薄雾之中。这些山居高临下，俯视着
"维多利亚城"①，而那里的楼房建筑呈新月状分布，正在以惊
人的速度扩张，永远地征服并抹去了"芳香之港"令人陶醉
的美丽。

　　西方的观察家将其视为"英国商业与风俗在半野蛮地区的一
处绿洲"。它是欧式的，但又具有异国情调。一个旅行作家在跑马
场漫步的时候捕捉到了这种感觉："我们的两边是仙人掌构成的藩
篱，以及带状分布的芒果树和荔枝树树林。到处都有水泻落在大
块的花岗岩上，声音十分动听，就像在霞慕尼②一样……蕨类植

---

① 英国人于1841年占领香港岛后，在其西北岸，即现在香港中西区与湾仔
区一带，建立了"维多利亚城"（City of Victoria）。——译者注
② 霞慕尼（Chamonix）是位于法国东南部的一个小镇，处于阿尔卑斯的勃
朗峰山脚下，是著名的疗养地和冬季运动胜地，曾经举办了1924年的冬
季奥运会。——译者注

物长得极为茂盛，落叶处处皆是，十分怡人。在往回走的时候，我们遇见了几个骑马或坐在马车里进行午后兜风的人。这里是那么宁静，那么漂亮，那么亲切，让我不禁变得消沉了。"[3]

香港的其他地方并不拥有这样的令人赞叹的宁静。当英国人在 1842 年占领香港岛的时候，岛上只有 4000 名中国人；到 19 世纪 50 年代中期，人口已经增至 80000 人。许多移民只能在泊在港口的船上共享狭小的船尾舱。商业和娱乐活动在"维多利亚城"中的中国人聚集的区域进行。对于访问香港的西方游客来说，这里就是中国，或者说是他们想象中的中国。在这里的拥挤街道中，他们看到、听到和闻到这座年轻而狂热的城市。在明火上发出咝咝声响的食物的味道，与从庙宇祠堂中散发出来的烧香的气味一起刺激着鼻子。房屋、商店、茶楼、药房和餐馆相互竞夺空间，它们的长方形招牌就悬挂在行人的头上。

图 16　1950 年前后的香港

图片来源：Saltire News and Sport Ltd.

下一站是市场。货摊上充斥着漂亮的外国水果和蔬菜；鸽子和家禽被活生生地绑在一起并吊在空中；刚从南海捕捞起来的鲜鱼被成堆地垒在鱼贩的砧板上。

这座城市曾经是一处建筑工地和食品市场：木匠砰砰地把钉子敲入木架，街边的小吃摊主忙着剁肉，小孩叫卖甜食，手艺人坐在地上制作他们的工艺品。如果说前一分钟游客还发觉自己身处一个宗教节日盛会中，下一分钟他们就会看到戴镣铐的囚犯在印度士兵刺刀的威胁下被带到路上劳作的悲伤一幕。从出售掺水烈酒的酒吧的窗子里传出英国、美国、法国、德国和其他地方的水手痛饮作乐的嘈杂声音。中国人在人数上占绝对优势，但在早晨散步的时候你会发现，被全球贸易网络引来这个亚洲商业中心的还有犹太人、孟加拉人、帕西人、波斯人、马来西亚人。当然，还有戴着黑帽和身穿礼服大衣或者军服的欧洲人。苦力在沉重的负荷下艰难行走；面无表情的男人抬着轿子短暂地闯入人潮，然后飞快地走到前头。

这时候，香港的西方居民正在他们的俱乐部消遣，除了没完没了地打台球，他们也会前往美式的保龄球馆。移居香港和五大通商口岸的白人在英国声名狼藉。丑闻的气息时时游荡于香港，有谣言说欧洲精英肆无忌惮地跟本地匪帮做暴利交易，或者从与政府的非法合同中捞取钱财。大商人在牟取巨额财富后常常将其花在价格惊人的进口奢侈品上及岛上臭名昭著的红灯区里。毫无疑问，香港和上海的欧洲人和美国人在远东地区的边缘过着国王一样的生活，大多数中国移民却挤在港口的船上，生活贫困。这是一个反差强烈和狂飙突进的城市。

在往北 700 英里开外的海面上，相同的一幕也在上演。当香港被英国殖民化时，上海外围的租界则是位于"文明边地"

上的区域。1842 年上海开埠之后，英国商人马上搬入位于黄浦江边的城外狭长地带。就跟墨尔本、本迪戈或者成千上万的美国"边疆城市"一样，上海租界迅速繁荣起来。不过，与临时殖民地或者西部的新兴城镇不同的是，上海以其美景和秩序而著称。"设备完善的码头区朝着上游延伸 1 公里，面向着江面；沿途排列着美观的商人独栋居所，它们周围是宽大的游廊和阳台，而且几乎都带有封闭式的漂亮花园。"[4]

外滩——江滨的散步场所——上布满了宫殿式的房屋、领事馆和企业总部，至今仍是世界上最为有名的区域之一。现代上海围绕着租界发展形成；外滩今天成为吸引游客的景点。早在 19 世纪 50 年代，上海已经是游客行程中的一个必不可少的部分了；在当时的世界里，很少有城市拥有如此之高的知名度。

最重要的是，上海代表着某种更为重要的东西。租界壮观的殖民地建筑和外国商人穷奢极侈的生活方式，都意图展示西方势力的长久存在及其创造极其丰厚利润的能力。西方不会撤离。很快，中国的其他城市就会模仿上海，拥有令人印象深刻的现代商业，不堪世界贸易重负的宽敞仓库，以及路上、河上和码头区中的商业活动的无尽喧嚣。西方人在上海的租界代表着具有 19 世纪风格的高速殖民化，他们以此为傲。

不过，香港和上海还有别的意味。浮夸的西方建筑，比如石砌教堂、企业总部、仓库、俱乐部和领事馆等，都表现了中国的耻辱和无能。这些入侵都是通过炮舰和不平等条约强加给中国的。在上海和其他四个通商口岸，西方人都有治外法权，也就是说，他们不受当地法律的管辖。租界变成了由西方人自治和自行维护治安的城邦，凌驾于中国的主权之上。

*

"耶稣基督就是自由贸易，自由贸易就是耶稣基督。"这是 19 世纪最了不起的英国人包令（John Bowring）爵士的惊世名言。1854 年，包令抵达香港以出任港督。他的目标是给世界五分之一的居住地和三分之一的人口带去"商业、和平和文明"，将这个地区和它的人民从他眼中的迷信、奴役、专制和陈腐习俗的重负下拯救出来。他说看看香港这个曾经贫瘠、病态、"拥有一切阻止进步的障碍的"岛屿，它能够在短短的几年里就变为世界上最有活力的城市之一的原因，就是"自由商业的灵活性和潜力"。[5]

包令爵士看起来不是很像世界精神的革新者，他是亚洲海域内的实干家。在 60 岁的时候，他就像一个相当暴躁且超然的教授，一头狂乱的白发从他光秃秃的隆起前额垂落到肩膀。但是包令是一个精力旺盛的人物，掌握了多门语言，出版过 40 多本书，主编过功利主义刊物《威斯敏斯特评论》，担任过博尔顿（Bolton）的改革派议员。作为一个虔诚的信徒，他还写过几首赞美诗，其中最有名的是《十字宝架，我之骄傲》（"In the Cross of Christ I Glory"）。

在对贸易的改造更新效果不可动摇的信念中，激进的政治思想与基督教精神相互交织。在 19 世纪 30 年代末，包令是英国的第一个群众政治压力团队反谷物法联盟的创始人之一。他被称为这个国家的"商业游侠"，终其一生都在四处漫游，凭着一份狂热不断前往欧洲和中东的各个城市，劝导人们信奉自由贸易。他还以自由贸易的道德紧迫性来威吓一位迷惑的教皇。"你根本无法想象，"他给他的朋友克拉伦登伯爵写信说，

232

"被唤醒的是多么伟大的影响力，也无法想象圣灵是如何得到传播的。"[6]

包令写道："通信就是文明活动……如果一个人可以跟他的同伴迅速而便宜地通信，他就能因此获得提高。"自由贸易创造了一个广大而异常复杂的纵横交错的全球网络，连接了不同的民族，消除了自然和人为的障碍，从而促进了全球范围内的通信交流。这是一场革命：千百年来控制着人类的道德、思想、物质进步的古老权威，将会在大洪水中被清扫一空。"罗马曾经掌握的权力——世界的权力——已经被一股更加伟大的力量取代了，那就是商业的力量。"[7]

讽刺的是，使他从纸上谈兵的知识分子变成实干家的，正是他在竞争残酷的资本主义战场中的失利。经商失败后，他向他的权贵资助人克拉伦登伯爵和巴麦尊勋爵寻求工作机会。他们为他提供了英国驻广州领事的职位，一个他在 1848 年到 1853 年一直任职的职位。

那是一次令人沮丧的经历。他清楚地意识到，反对自由贸易的中国城墙十分牢固，甚至足以阻挡"商业的力量"。而且同样明确的是，他的上级缺乏使用军事手段来实现自由主义目标的远见和决心。

然而，在 1854 年，他被提拔为东亚的全权代表和商业总监。一个流放的知识分子拥有权柄，可以自行指挥军队，这是极为罕见的。作为一个激进的煽动家，包令在其生命的晚期被赋予了军事权力，他因此可以把整个东亚都当成他的实验室。

香港给这位自由贸易的布道家提供了一个适宜的家。这里不仅是一个便利的基地，而且是英国向世界弘扬自由资本主义的灯塔。这里的一位早期历史学家怀着神秘的敬畏之情宣称，香港"在世界历史上的使命"（至少）是让亚洲与"神之意向"，即"英国的自由贸易和政治自由精神"协调一致。在令人振奋的 19 世纪 50 年代，这种精神象征着抑制不住的信心、异想天开的时代精神，当然还有繁荣的边疆城镇、长途铁路或是海底电报电缆。受到当时的高速发展和乌托邦主义的感染，包令想利用他在香港的地位把活力输向亚洲各地。[8]

香港已经成为全球贸易和金融的关键枢纽，也是正在解体的庞大帝国边境上的自由贸易市场。这一事实塑造了这里的早期历史。它是冒险资本主义的大本营，是一个充满机会和难以抵挡的诱惑，但犯罪滋长扩散的地方。

*

美国商人乔治·特雷恩在描述他的香港之旅时提到了一股传到船上的"令人作呕的气味"。"在甲板的上面或是下面，在你的头等客舱或是餐桌旁，无论去到哪里，你都不可能避过它令人神志不清的影响力；那股持续不断的令人恶心的气味……使你头疼或沮丧，在不想睡的时候只能半闭着眼睛。"[9]

无论特雷恩去到哪里，在中国的领海上，这股令人作呕的鸦片甜香味一直伴随着他。光在香港和五大通商口岸的外围，就有许多接收鸦片然后将其转运至中国大陆的大船。当特雷恩抵达吴淞的时候，他看到 6 艘精心建造和武装起来的英国商船从印度满载鸦片而来。

世界需要中国，西方商人渴望得到它的 4 亿潜在消费者。但是中国人对外界的需求很少。他们喝自己的茶，穿自己的丝绸，用自己的瓷器。几个世纪以来，对外贸易被一直限制在广州的一块狭小土地上。在那里，西方商人只能从被称为"行"

234

的特定商人团体手中购买商品。中国人不需要也不想要外国商品，用来购买茶和丝的是在印度的征税所得或在墨西哥采购而来的银币。

这种贸易失衡对于西方商人和政府来说是不可接受的。唯一的解决方法就是输入某种中国人可能想要的东西。在 19 世纪的头几十年里，鸦片在中国的非法进口量迅猛增长，同时西方的白银外流得到遏制——情况反了过来，中国人开始为鸦片支付现款，就跟西方商人买茶一样。就算不提贵金属枯竭这个因素，道德败坏的后果也足以让清朝感到警惕并决心消灭非法的鸦片贸易了。1839 年，广州总督没收了 20000 箱鸦片，它们价值 200 万英镑。

英国政府震怒于民族荣誉受辱及其国民的货品遭受损失，决意诉诸战争。英国的蒸汽军舰轰掉了中国人的防御工事，然后进入长江，一直驶抵南京。这场战争最后以《南京条约》——与亚洲各国的一系列不平等条约中的第一份——告终。除了广州之外，中国须对西方贸易商另外再开四个口岸——厦门、福州、宁波和上海；同时还要割让香港岛给英国。

人们断言，在数年内，鸦片贸易就会因制造品、技术和商业服务对中国的征服而萎缩。到 19 世纪 50 年代末，这个梦想离实现越来越远。世界上最大的市场仍然对西方关闭大门。一方面，中国拥有完善的地方产业和手工业，对英国产品的需求量低到令人失望。另一方面，政治障碍也是一大因素：随着好斗又敌视西方的咸丰皇帝在 19 岁登基，中国国内的排外情绪上升。中国官员在跟西方官员打交道的时候开始暗中作梗。

于是在 19 世纪 50 年代，鸦片并没有在自由贸易的热度中消失，反而变为世界上最重要的商品之一。在伦敦金融城与香港、上海之间，鸦片通过错综复杂的贸易和金融网络，成了交易的推动力和巨额财富的根基。大量的合法生意随之而来，却留下了暴力、无法无天之状和政治纷乱。

跟奴隶种植的棉花一样，鸦片在英国人眼中并不是世界资本主义的支柱。英国财政大臣威廉·格莱斯顿斥责香港是海盗与走私犯的巢穴，滋生了"地球表面最严重、最恶毒、最腐化和最有害的走私贸易"。但如果没有鸦片，香港会变成什么样子？整个全球贸易和商业的模式都可能都会完全不同。[10]

就算奴隶制是世界资本主义的一个关键组成部分这个说法成立，其全球影响力的广泛程度仍然比不上鸦片。从印度到中国，成千上万人的生活直接或间接地与之息息相关。鸦片就像我们这个时代的石油一样主宰着地缘政治。英国不仅为了给鸦片打开市场而对中国开战，在信德（Sindh）和印度中部的瓜廖尔王国（Gwalior）的鸦片种植区也发动了许多小规模的鸦片战争，以保证自己对鸦片生产的垄断。根据理查德·科布登（Richard Cobden）的研究，世界上的许多大型跨国公司都是通过战争和走私发家；尽管如此，英国皇家海军依然为它们提供保护，确保它们不会受到因它们自身而起的政治动乱影响。"（鸦片）贸易，"他说，"建立在……特许和违犯法律的基础之上；它在骚乱、动荡之时繁荣起来，任何使东方陷入动乱的东西都增加了那些商人的利益，为他们带来更多的罪恶收益。"[11]

鸦片引致的"特许制度和违法……无政府状态和动乱"的最严重的案例发生在华南地区。1836年，洪秀全到广州参加科举考试。他落第了，然后在城里聆听了一次传教士的布道。第二年再次落榜之后，他精神崩溃了。在连续几晚的幻梦中，一个父亲般的人物和一个哥哥前来拜访他，命他驱逐中国的妖魔。

几年之后，洪秀全开始阅读基督教福音派的小册子，明白了自己的梦的意思是他是上帝在中国的儿子，是耶稣的弟弟。洪秀全曾经跟随广州的一个美国南方浸信会传教士学习《旧约》，在此期间，他进一步坚定了自己的信仰。他开始在广西南部的偏僻地区传教，赢得了数千信徒的支持。

到 1851 年初，洪秀全已经召集了人数可观、纪律严明的大批追随者。当清朝准备平叛时，他宣布发起太平天国起义，自称天王，意为天国之王和人世的统治者。3 月 30 日，在广西举行的一场特别的公开仪式上，耶稣基督通过他的代言人，也就是这位客家农民，对忠实信徒发言。耶稣说："天父天兄在高天自然照得到，作出多多凭据。不用忧，不用慌……如有反草者，总走不得天父天兄手假过。爱尔生就生，爱尔死就死。"耶稣讲完这些令人畏惧的话之后，一个鸦片吸食者受到公开审判，并在遭重打一千下之后被处决。这样的神启仪式和残忍惩罚在这一年里将会反复出现。[12]

太平天国把严厉的清教主义、神权政治的绝对主义，与土地再分配、共产主义、解放妇女等思想结合起来，这对于生活因西方的入侵而陷入混乱的人而言很有号召力。上帝已经对洪秀全发言；太平天国的追随者就是主的选民，他们将会建立人间天堂，复兴中国。在 1851 年整整一年的时间里，太平军都在忙于自保。6 月，太平军遭受失利。耶稣再度发话，告诉他的信徒：不要恐惧，要专注于即将到来的"人间天堂"，在那里所有人都可以获得超乎期待的赏赐。9 月，太平军攻占了他们后来在中国东南地区建立的反叛政权的第一座城市。不久，洪秀全命令他们焚毁房屋，开始他们前往位于"应许之地"南京的"出埃及记"。[13]

太平军对鸦片深恶痛绝，因此他们无情地处死了每一个他们发现的吸食者。他们也十分憎恶统治者。满人是上帝下令洪秀全清除的妖魔。根据太平军的观点，软弱的统治阶级败坏了中国的纲纪，帝国因而从世界权力的顶峰跌落，成为被人蔑视的弱国，是他们把毒品和夷人都放了进来。"（满人）每年化中国之金银几千万为烟土，收花［华］民之脂膏数百万为花粉，"一位太平天国的领导人说，"……富者安得不贫？贫者安能守法？"[14]

1853 年，太平军已经拥有 75 万纪律严明的士兵，并定都在了天京（南京）。太平军巩固了对肥沃的长江流域上的城市的控制，并朝着北京推进，无数人被卷入这个疯狂而残忍的带有神权政治色彩的叛乱。

中国的沿海地区硝烟四起；清朝的地方官府垮台之后，当地进入了无政府状态。广州受到了威胁；1853 年，与太平天国结盟的秘密会社三合会攻占厦门，大肆屠杀满人。西方人从上海租界的教堂塔楼上看到清朝军队与太平军为争夺上海的控制权展开激战，城市周边的乡村地区也陷入混乱。

在东海和南海地区，贸易繁荣和政府权力崩溃引起了海盗的注意，他们成群结队地前来侵扰中国沿海的潟湖和岛屿。在珠江三角洲，运载鸦片的飞剪船遭到伏击、抢劫，中式平底商船被拖到偏僻的潟湖等待赎回，货船被劫掠，而船员则全部被杀。这片海域变得如此危险，受到劫持的风险是如此之高，以致 P&O 公司的轮船暂停了运送旅客的业务；在美国的船上，

238　中国人则被锁入铁笼或者被关入船舱。《泰晤士报》的特别通讯员清点了香港港口内的 200 多艘武装中式平底帆船，其中至少四分之一属于职业海盗，他们利用沿海贸易来掩饰杀人越货的行为；另外还有四分之一属于兼职海盗。香港本身就是他们劫掠行动的补给基地和倒卖赃物的地方，而且他们通常会跟殖民当局串通合谋。[15]

香港隐藏在光鲜外表下的一面因娃娃脸海盗伊莱·博格斯（Eli Boggs）被捕而公开。这个美国人拥有白皙细嫩的双手、羞怯的笑容和精心梳理的黑发。尽管如此，他被认作在中国领海作案的"最大胆、最残忍的"海盗。他控制着一支由 50 艘武装中式平底帆船组成的船队。据说有一次他单枪匹马地登上一艘帆船，杀死了 15 个人，然后强迫剩下的人跳海。他在香港也从事收受保护费的敲诈活动。当一名中国商人拒绝付钱时，博格斯竟把他切成碎片，然后把残肢寄给岛上的其他商人以示警告。[16]

伊莱·博格斯在受审的时候，声称自己遭到了香港中环街市鱼摊承租人黄墨洲陷害。黄墨洲因其职位而对渔民群体拥有很大的影响力，知道许多珠江三角洲海盗活动的内幕消息。作为渔民群体中受人尊重的一员，黄墨洲将其掌握的宝贵信息提供给香港警方和英国皇家海军。对于英国人来说，他是当时最好的线人，才从鱼摊散播出来的流言都会马上传到警察那里。他因此得到不小的权力，而且也乐于使用这种权力。全香港的海盗都在他的支配之下。拒绝听从他指令的人马上会被告发给英国人；不管是不是海盗，只要得罪了他，都会被他以捏造的罪名呈送当局。海盗的赃物必须在他的店铺出售，而且要让他提成。黄墨洲成了"劫掠卫星环绕转动的轨道"和规模委实惊人的地下世界之无可匹敌的主人。

黄墨洲的盗匪天堂因为博格斯的指认而分崩离析，而且博格斯还指控他与一位英国的警务处副处长串通合谋。几天之后的一份警方调查揭露，刚刚遭到洗劫的一艘中式平底商船的财物就藏在黄墨洲的一间店铺中。同样得到证实还有，除了敲诈海盗，他本人还是海盗头子。证据也显示，黄墨洲曾经组织人员袭击商船，然后杀死船主的妻儿。警务处副处长被控与海盗分赃，以及在城中经营妓院。伊莱·博格斯和黄墨洲都没有受到严厉惩罚。他们被判驱逐，然后就离开了香港，从历史中消失了。[17]

"我尽可能地落实自由贸易的原则，"包令爵士回忆起他的港督生涯时十分自豪，"……船只来自各个国家和地区。它们来去自由，这里没有任何的行政干涉。"结果显而易见：自由贸易使香港成为海盗、鸦片走私犯和人贩子的渊薮。这是两股势力激烈冲突的后果：一方面，英国资本主义本身具有强盗色彩；另一方面，清政府仇视夷人的入侵，但又因为内战而无力贯彻法令。[18]

*

在包令看来，问题不在于自由贸易推行太过，而在于推行不足。如果中国对世界开放，合法贸易就会淘汰掉鸦片走私和海盗行为。他认为中国人只能怪自己。

包令还指出，时机已经成熟，应该对中国和日本的"心脏地带实施打击，而不是在这些帝国的边陲之地浪费时间"。"我们已经浪费了太多时间。"在任职香港总督的第一年，包令就乘坐军舰到曼谷，强迫暹罗国王签订开放本国市场的条

239

约。当暹罗王廷表示想适当保留一些贸易限制时，包令就威胁称要把皇家海军"响尾蛇"号（HMS *Rattler*）留在曼谷，直到对方妥协为止。暹罗王室被迫放弃要求。包令吹嘘已经"（把暹罗）从她难以忍受的枷锁中解放出来——将其从悲惨中拽出，使其进入希望与和平商业的光明地"。日本、朝鲜和交趾支那（Cochin China，即越南）是他接下来的目标。1854 年 6 月，包令准备"在军舰的体面陪同下"从上海出发前往日本，强迫幕府将军签订比佩里获得的有限妥协还要过分的条约。[19]

这还只是序幕而已，他的宏图是使中国最终不可逆转地开放自由贸易。外交事务部常务次官就包令的"过分活跃和热忱"警告外交大臣克拉伦登勋爵："在我们有时间去看他之前，他很可能早已经翻过长城了。"[20]

然而，在这个地区推广自由贸易的梦想遇到了冰冷的现实。到 1854 年，海盗问题变得十分严重，皇家海军因此不得不花费大部分时间和精力来保护这个地区剩下的可称作贸易的东西。再然后，克里米亚战争就蔓延到了东亚。

尼古拉·穆拉维约夫将军在黑龙江的岸边拥有 30000 名强壮的士兵，在堪察加半岛上的港口彼得罗巴甫洛夫斯克（Petropavlovsk）中还驻扎着一队军舰。英国的军官推测，敌人准备建立一个海军基地，以便控制日本海和进入太平洋。1854 年，当英国舰队北上搜寻俄国船只时，香港陷入了恐慌：有人说太平天国的海盗即将到来；另外一些人则担心俄国的轻帆船会闯入港口，大开杀戒。在悉尼和墨尔本，人们警惕着可能到来的突然袭击。"我们没有危言耸听，"守卫者说，"如果俄国舰队已经从黑龙江出发，我们不会感到意外。"一旦事态如此发展，俄国舰船轰炸墨尔本的第一排炮火就将成为墨尔本人对这支舰队的最初认识。[21]

太平洋的英军司令期盼克里米亚战争迅速扩大到东亚地区，但这从来没有成真。俄国人的力量不足以对日本或香港发动袭击，更不用说墨尔本了。英国和法国曾经对彼得罗巴甫洛夫斯克发起微弱的攻击。除此之外，在克里米亚战争进行期间，太平洋上很少发生交战。

尽管没有发生战斗，克里米亚战争仍对东亚造成了冲击。　241
中国和日本都被卷入了俄国与英国间的帝国对抗和各海上强国的广泛竞争中，这对于两国都有深远的影响。

日本因克里米亚战争遭受了池鱼之殃。英国在战争之前对日本并不热衷，倾向于将其留给美国人，但考虑到俄国可能在那里建立海军基地以作袭击商船之用，英国的态度开始转变。在所有海上强国之中，日本人最害怕英国。在海洋大国之中，只有英国是亚太地区的强国，在中东、南非与印度次大陆之间拥有一连串的基地，包括新加坡、澳大利亚和智利的瓦尔帕莱索，当然还有香港和上海。皇家海军在中国的中队的旗舰"君主"号（HMS Monarch）拥有 84 门火炮，是东非海岸与美国西海岸之间最强大的军舰。[22]

日本在 1854 年做好了应对英国海军全力攻击的准备。荷兰人通知幕府，包令正准备从上海随皇家海军跨海而来。8月，中国中队的司令官、海军上将詹姆斯·斯特林爵士率领一支比佩里一行还要强大的舰队来到日本。他在 1855 年 9 月再次到来，而且这次带来了整个中国中队和两艘法国军舰。包令爵士的缺席引人注目。1854 年 6 月，他在准备从上海出发到日本时收到了克里米亚战争爆发的消息；由于俄国的威胁悬于中国之上，他无法抛下他的本职不管。[23]

斯特林报告说："日本的位置会使它成为一个非常有用的英国殖民地。"他没有寻求包令热衷的贸易权利。他的目标完全是军事上的：英国对日本产生兴趣是出于克里米亚战争的需要，即将日本的港口当成在鄂霍次克海对抗俄国海军的前线补给基地。

日本人以为的会淹没他们国家的海啸并没有发生，一次都没有发生。克里米亚战争给了他们喘息之机，让他们有时间应对入侵的冲击：在19世纪50年代，日本境内不存在上海或香港那样的地方，没有廉价制造品、传教士和贪婪的鸦片商贩拥入。世界正在燃烧，很少有人把目光聚焦于日本。

如果说克里米亚战争加快并决定了英国与日本的相遇，那么俄国与中国的关系也是如此。多年以来，尼古拉·穆拉维约夫将军一直鼓吹英国人早晚会去占领黑龙江流域和库页岛，因而俄国人必须赶在他们之前。"那是一个无可争辩的事实，"他愤怒地指出，"为了彻底、完全地控制中国的贸易，英国人肯定需要黑龙江的河口和河上交通。"[24]

穆拉维约夫因为试图招惹中英两国而受到忽略和批评。尼古拉一世及其大臣反对征服中国北部。然而，克里米亚战争给了穆拉维约夫一次千载难逢的机会去实现他的梦想。他知道清政府厌恶英国人；他以克里米亚战争为幌子告诉中国官员，他正在调动军队到黑龙江下游去阻止英国人占领满洲。中国人很乐意帮助他们敌人的敌人。结果是穆拉维约夫实现了惊人的土地攫取，这在当时被大部分人忽略了，而且可以说，在克里米亚战争的大部分传统叙述中，这一点都遭到了忽略。[25]

当俄国在遥远的克里米亚战败的时候，穆拉维约夫的军队占据了黑龙江以北多达40万平方英里的中国领土。移民被鼓励前往这片新的"边疆地"建立定居点和贸易站。穆拉维约

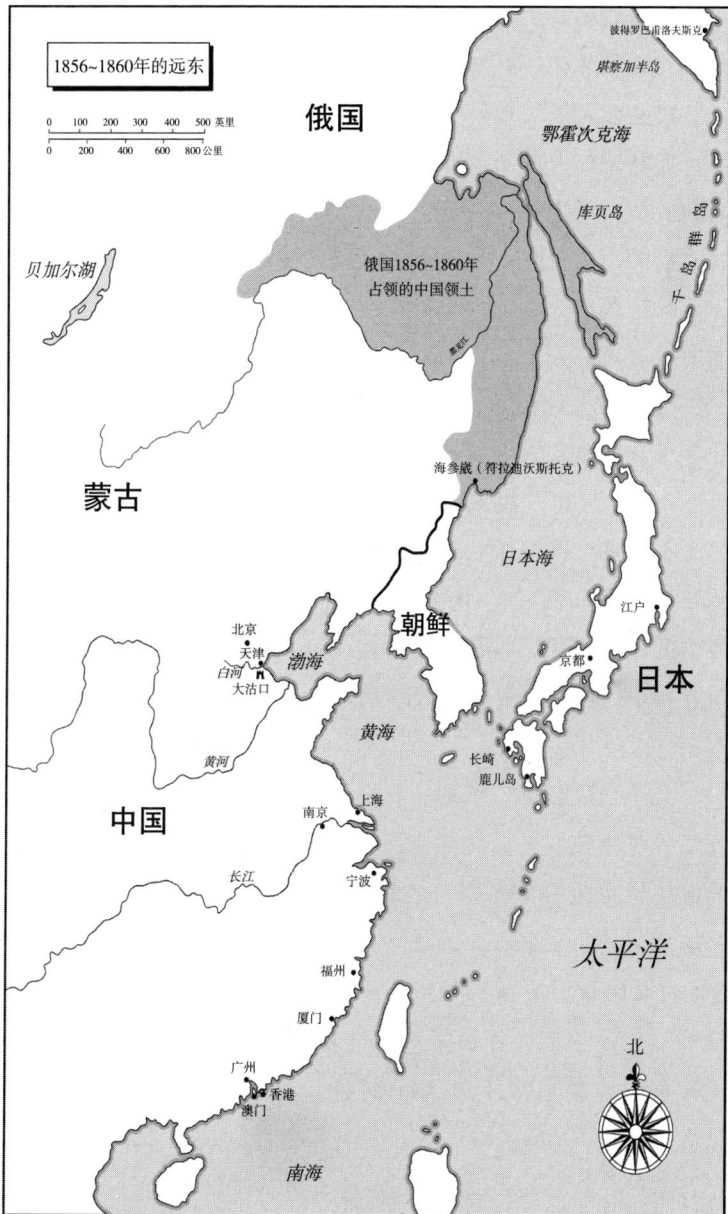

地图 7

夫在比利时定制了勘探黑龙江的蒸汽船，并把黑龙江当成世界贸易的主动脉，使其对外开放。跟随他的军队而来的是植物学家、民族志学者、地理学家和探险家。一份旧金山的报纸报道称，加利福尼亚的商家通过向俄国偏远地区的移民提供食物、酒和装备，可以实现高达 600% 的利润率。穆拉维约夫没有引起人们的注意，并在没有发生流血事件的前提下就完成了这件非凡的功绩——英国人全神贯注于俄国在太平洋的海军威胁，因此没有留意到穆拉维约夫的真正意图。[26]

英国的《评论季刊》（Quarterly Review）指出，克里米亚的各种流血冲突的结果是，俄国可能被迫"在欧洲后退了几步"，但她马上"在亚洲跨越了一大步"。沙皇现在有机会控制太平洋的广阔海岸和这片大陆上最大的河流之一，而且现在他与"虚弱和混乱的中华帝国的距离已经构成威胁，因为从俄国的边疆到中国首都已经不足 600 英里远了"。克里米亚战争在欧洲意味着俄国的惨败，在远东它却代表着俄国的胜利。[27]

几个世代以来，俄国一直把注意力放在欧洲，但在克里米亚受挫一事使它开始转向亚洲。尼古拉一世在战争接近尾声的时候去世也是一个原因。他的继位者亚历山大二世更倾向于听取年轻顾问的意见，他们认为俄国的神圣使命就是改造亚洲。"谁比我们更接近亚洲，"一个顾问发问，"……哪个欧洲部落比斯拉夫人保留了更多的亚洲元素，是谁最后才离开了他们的原始家园？……毫无疑问，如果欧洲的科学和公民精神（grazhdanstvennost）一定要通过某个［西方］民族传递给亚洲的话，这个民族肯定就是我们。"克里米亚战争一结束，俄国密探就分散进入了从里海到中国和印度的边疆间的广阔地区，其范围包括呼罗珊（Khurasan）、希瓦、布哈拉、喀布尔（Kabul）和中国的边境城市喀什，以谋求商业和军事方面的条约。[28]

达成这一伟业的第一步就是打败伊玛目沙米勒。亚历山大·巴米亚京斯基亲王曾经成功策划了高加索的一次战役，现在他受命统领 30 万人去永久性地平定这一区域。森林屈服于斧头和炸药，屈服于隧道、道路和桥梁。这是巴米亚京斯基在 1851 年首先使用的战略。现在，42 岁的他完全掌控了大局，一心一意要打赢这场环境战争。沙米勒的胡子现在已经白了，他的体力也在衰退。他从山上看着森林逐渐消失，同盟部落一个接一个地臣服于沙皇脚下，其中的许多还成了沙皇的游击队战士和向导。

巴米亚京斯基告诉手下，他们的最终目的不是击败沙米勒。他们在山里打仗是为了在不久后的某一天，沙皇的权力和影响力能够覆盖整个亚洲。一旦沙米勒被征服，俄国就能重新塑造世界。他告诉他的士兵，想象一下俄国的铁路插入中亚和波斯；想象一个由亚洲的财富与沙皇作为征服者的荣耀创建的伟大帝国；想象一下俄国就在印度的边上。高加索会是俄国未来的关键。沙米勒直到 1859 年才最终战败，但在那之前很久，他就已经构不成威胁了。

*

俄国突然从两条战线——高加索和满洲——扑向亚洲，部分是为了抹除克里米亚失利带来的屈辱，但主要还是因为害怕英国人在自己赶到之前就独占了整个亚洲。报纸《印度之友》（Friend of India）夸口称："印度河与鄂霍次克海之间的整个亚洲都注定成为（英国人的）家产。"一个久居印度的美国人发现，"似乎在不久的将来，亚洲的大部分地区都会被俄国和英国瓜分，它们的边界将不断扩张，直到遇上对方"。没有人能够确定对峙将在什么时候或哪个地方发生，也没有人知道"哪个亚洲国家要听从伦敦的法令，哪个又要听从圣彼得堡的"。[29]

鄂霍次克海的英国战舰密切注意着俄国人的动向，并同时绘制海岸线地图，以为未来的战事做准备。英国的蒸汽船因为携带送给沙米勒的武器和金钱而遭到扣押，愤怒的亚历山大二世要求英国政府给出"明确解释"，但没有得到回复。这种"难以明言的丑行"让亚历山大二世勃然大怒：英国人正在玩他们的老把戏，逐渐侵蚀俄国动乱的边疆。

一份名为《论俄国与英国在中亚发生武装冲突的可能性》的报告在圣彼得堡流传。巴米亚京斯基向来对英国的侵犯十分敏感，认为英国的密探正在里海南岸活动。他担心"英国海军（突然）出现在里海"，如此一来，"不只我们在东方的影响力，也不只我们的对外贸易，甚至整个帝国的政治根基都会遭受致命打击"。解决办法就是将局势动荡的中亚汗国置于俄国的控制之下，确保贸易垄断权，从而建立起对抗英国人的屏障。[30]

246　　对英国人来说，俄国的扩张是对大英帝国的可怕威胁。就像一个俄国人写下的："俄国现在已经巩固了在高加索的势力，她将会拥有一个坚不可摧的根据地，使攻势一方面延至小亚细亚，另一方面伸入波斯和印度。"几乎就在克里米亚战争结束之时，一支盎格鲁－印度军队侵入波斯。英国人的炮火在孤立无援的布什尔（Bushehr）轰隆作响，一个炮手转向一位军官，说："长官，那是对俄国人的当头一击。"英国人侵入波斯的目的是强迫沙阿①归还有争议的赫拉特城（Herat）给阿富汗。俄国人有权派驻领事到波斯帝国的任何地方；英国人担心，如果波斯控制了赫拉特，那里就会成为俄国未来攻打印度的"前哨"。阿富汗的统治者多斯特·穆罕默德（Dost Mohammad）要在得到所有的支持后才能保证不会跟俄国结盟。这使克里米亚战争看起来从未真正结束。[31]

然而，英国最担心的还是中国的形势。在穆拉维约夫单枪匹马的征服行动下，俄国的控制范围现在已经延伸至满洲，一直到达日本海和朝鲜边境；它准备成为太平洋上的强国，而且已经赢得了跟其他西方列强一起决定中国命运的权利。不过，俄国被认为拥有更为强大的秘密影响力。所有西方国家都被禁止跟北京的清政府直接打交道，只能通过广州的皇帝特使传话。只有俄国例外——它跟中国拥有长久的陆上贸易联系，因而得以保留俄罗斯馆，即北京的俄国旅馆。这在北京自然只是一块小小的寄身之地，但说明了俄国人就在那里的事实，西方列强对此十分警惕：这意味着沙皇可以获得沟通清朝皇帝的渠道，这两人可能会合谋反对他们。

许多观察家认为，俄国显然要利用太平天国叛乱的机会，把英国对印度的所作所为复制到中国。因此，改革中国的紧迫性就变得前所未有的强烈。斯特林上将警告道："如果中国没有被英式的活力和管理触动并因此变得高效，或者没有感受到我们扩张中的商业的影响力，她就会落入俄国人的统治之下。"[32]

英国人、法国人和美国人相信，如果他们可以直接跟北京

247

---

① 沙阿（Shah，或称沙赫）是波斯语中古代君主头衔的汉译名。——译者注

的朝廷打交道，在中国遇到的许多问题都可以得到解决。克里米亚战争耽搁了他们把外交关系强加于中国皇帝的尝试。但在1856年，克拉伦登勋爵认为时机已经成熟，"皇帝……在跟外国人打交道的时候必须采取更加自由的方法"，外交官员所处的耻辱境况必须得到彻底改变。他的另一项主张是"中国辽阔国境内的丰富资源［必须］向其他国家的工业与企业开放"。如果能够实现这一点，走私和非法鸦片交易就将不复存在，自由贸易的良性效应会取而代之。克里米亚战争刚一结束，包令就开始不停地要求外交事务部批准他在英国、美国和法国海军的共同护送下前往北京。决定他命运的时刻来临了。[33]

但在包令召集人马去敲开中国的大门之前，海盗问题导致了另一个时机的出现。1856年10月，一艘名为"亚罗"号（Arrow）的西式中国帆船抵达广州，船上装满从澳门运来的大米。当它准备在海珠炮台附近抛锚时，一队清朝水师靠了过来，想要登船检查。他们怀疑"亚罗"号参与了走私活动，宣称它的3名船员是臭名昭著的海盗；而后12名中国水手被带走，"亚罗"号也遭到扣押。

英国驻广州领事巴夏礼（Harry Parkes）只有28岁，其生活和工作之所都在中国。他了解了事情的经过，然后马上要求两广总督叶名琛释放船员并且道歉。巴夏礼大怒的原因是清朝水师扯下了"亚罗"号上的英国国旗。这是对大不列颠的莫大羞辱。

人们可能会问：中国官兵在中国港口逮捕了中国建造和拥有的船上的几名中国海盗，为什么会使英国人大动肝火？首先，为什么海盗船上会挂起英国国旗？

这一切都得追溯到一年前。包令爵士通过了一条法令，允

许香港的中国居民把他们的船只登记为英国船。这再次激起了 248
中国的愤慨。突然之间，所有中国船只都开始在航行时利用英
国国旗给予的保护和代表的特权来躲开中国海关官员。现在，
英国皇家海军似乎成了走私犯和海盗的后盾。中国官员不能在
他们自己的港口把他们自己的罪犯交付审判，这是人们能够想
象出来的对国家主权最严重的侵害。许多海盗伪造登记文书，
非法悬挂英国国旗。叶名琛宣称，"亚罗"号就是这些非法船
只中的一艘。事实上，"亚罗"号经由香港岛上的一名居民在
香港合法登记，但是其执照在十天之前已经过期了。叶名琛并
不打算道歉，但同意释放 12 名囚犯中的 9 名。

　　巴夏礼拒绝接受 9 名船员的释放，因为叶名琛并没有遵从
他的要求，没有在他的见证下把船员送回"亚罗"号。他十
分乐意看到事态升级。后来他写道，"整个事件都可归结于"
上帝之手。包令也持相同看法："如果处理得当，'亚罗'号
事件可以成为我们走向后续关键步骤的垫脚石。"[34]

　　后续的发展会是什么？可能会是巨大的广州城的开放吗？
如果是那样，下一步又是什么？广州是中国的门户城市。一旦
在那里赋予西方特权，就会引发一系列后果。接下来是北京。
命运赐予包令和巴夏礼改变世界的机会。对巴夏礼来说，"亚
罗"号事件不仅仅事关海盗或者英国国旗的荣誉，因为"它
引发了西方与东方、异教徒与基督徒的对抗"。[35]

　　简单来说，包令现在有了期盼已久的借口，他可以把炮弹
向广州倾泻，直到他的要求、法国的要求和美国的要求得到满
足。英国的军舰已经被派往广州。叶名琛对此无动于衷。皇家
海军随后占领了炮台，以守住进入港口的通道。包令陈述了他
的要求：进入广州城。叶名琛试图归还囚犯，终结"亚罗"

号事件。然而事态的发展已经无法就此停止了。10 月 27 日，皇家海军从海珠炮台开火，轰塌了广州城墙。两天之后，英国海军士兵从受损的城墙处突袭，直冲叶名琛的衙门，即他的办公总部。巴夏礼紧随其后，宣读了一份声明，宣布外国人可以自由进出广州。衙门此后受到洗劫。"我们是如此的强大和正义，"包令尖声叫道，"我们必须在历史上写下光辉的一页。"[36]

叶名琛仍然不愿让步。皇家海军在 11 月的第一个星期开始远距离轰炸广州，占领、破坏了更多的炮台。火力展示毫无效果。叶名琛穿着华丽的总督朝服，以相当豪迈的气概坐在衙门废墟之中，公开拒绝屈服。每有一名敌人被杀死，他就提供 100 墨西哥银圆作为奖励。在他的周围聚集起 20000 名"兵勇"，他们都是极度仇视西方的民兵战士。

到了 12 月，整个西方工厂区，包括仍然存放着中国贸易货品的大仓库、领事馆、银行、金融机构和居民楼房，都被烧为白地。尽管英国人集中火力于广州，而且给城内造成了严重破坏，但叶名琛知道他们的处境其实十分不利。英国军队中只有 1000 人，且他们远离后援部队；此外，军舰都聚集在珠江三角洲，导致香港无力抵抗海盗的袭击。

这是西方在中国的处境的一个缩影：无论入侵者多么强大，给帝国边缘造成了多么严重的伤害，中国人都承受得起，可以耐着性子熬到风暴自行消停。

叶名琛成功了。英国人最终撤退，转而对隐藏在三角洲迷宫般的河汊里的中国战船发起突袭。岸上的人和新闻记者十分乐于观望消灭这些中式帆船的行动：到处都是穿着光鲜的皇家海军士兵，其英勇事迹四处流传。中国水师最后全部遭到消灭，但这只是一次小小的消遣及空洞的胜利。在广州，叶名琛才是凯旋者。发动炮击的船已经撤退，而且更加令人舒心的是，广州的外国势力曾经如此引人注目，如此使人感到丢脸，但现在已经化为一堆被遗弃的焦炭。

*

叶名琛和广州人民如果知道世界另一端的伦敦的议会中发生的事，可能会感到更加欢欣。包令爵士被抨击为军事冒险家和战争贩子。德比伯爵（Earl of Derby）作为反对派的保守派领袖告诉上议院，"亚罗"号事件是"所有战争起因中最可鄙的"。"我支持因为政策、因为正义或是因为人道去发起战争，"他宣称，"我支持弱者而不是强权，我支持茫然不解的野蛮而不是傲慢自得的文明，我支持毫无防备的衰弱中国而不是权势通天的大不列颠。"林德赫斯特勋爵（Lord Lyndhurst）把包令轰炸广州的行动称为"我所认识的最恶毒的人制定的最恶毒的政策的后果"。[37]

在下议院就战争的合法性进行了好几个晚上的激烈辩论之后，巴麦尊政府在不信任决议案中落败，议会被解散，大选将重新进行。

英国在1857年初变得极为好战。这个国家几乎快跟美国动起手来，而且在选举期间，英国陆军、海军和水手都在波斯或中国打仗。由于对俄战争的结果令人失望，而且和平协议也不能让人感到满意，英国人的世界观和使命感都受到了挑战，这使他们需要在伊朗沙漠和中国市场中证明和重建关于英国世纪的信念。公众并不认同下议院议员的和平观念。巴麦尊在所谓的"中国选举"（Chinese Election）中获得压倒性的胜利，凭借83%的多数票重新执政，这是近二十多年来得票率最高

250

的一次。巴麦尊信心十足，他比政敌更能迎合民众的情绪，甚至在选举还在进行的时候他就组织了一次重要的军事与外交远征，强迫中国和日本永久性地打开关闭的大门。

刚在中国酝酿了一次危机的包令失去了信任，不得不在这次大型行动中退居次要位置。既有资历又有名望的帝国耆宿第八代额尔金伯爵詹姆斯·布鲁斯这次被选中带领至关重要的复仇使团。大选结束的几个星期之后，他就在亲信秘书和知己劳伦斯·奥利芬特的陪同下出发前往香港，后者此前在尼加拉瓜争夺统治权，刚刚失败而回。

额尔金和包令完全不同。与冲动好斗的自由贸易的狂热信徒包令相比，额尔金从头到尾就是一位冷漠而超然的贵族。46岁的他已经头发花白，身材略显肥胖，想法和情绪都隐藏在他难以看透的贵族外表和严格的自我克制之下。作为一位天生的调解者，他厌恶暴力，尤其反对恃强凌弱；作为一位高尚而有教养的人，他谴责英国想要打劫一个值得敬重的文明的做法。他深深厌恶包令对"亚罗"号事件的掠夺性回应；"没有什么比我们现在这场争论的起因更加可鄙了，"他说，"该死的'亚罗'号（就是）我们的一桩丑闻。"他讨厌活跃于香港和上海的贪得无厌的英国商人，因为他们为中国带去了如此之多的伤害。[38]

然而，额尔金准备用尽一切方法——包括军事干涉——来达成巴麦尊的目标。毕竟，他是背负使命的女王和帝国的仆人，不会因为个人反感而放弃做出艰难的抉择和行动。他和奥利芬特此前都没有到过中国。在他们前往那里完成任务之前，亚洲的另一个地区陷入了无政府状态的骚乱之中。

第十一章 报复
勒克瑙

……这个国家（英国）的人永远不会同意离开印度 ……他们继续一不做，二不休，直到赢为止。

——乔治·刘易斯（George Lewis）爵士[1]

当我们突然……带着可怕的暴力和冷酷的精神出现在过去传统所在的这些最为黑暗、神秘的幽深之地时，我们是在为谁工作？

——额尔金[2]

"别想跟我们亲热，懦夫！"1857年5月9日晚上，当第三原住民轻骑兵团（3rd Native Light Cavalry）步履沉重地走向妓院时，密拉特（Meerut）集市里的妓女们如此喊道。那一天，受命前往中国实施报复的额尔金伯爵和劳伦斯·奥利芬特正乘坐第一趟火车完成穿越苏伊士地峡的旅行。[3]

妓女之中有一个英国寡妇叫米斯·多利（Mees Dolly），因为偷窃而被赶出军营，如今以妓院为家和谋生之处。那天，第三原住民轻骑兵团的85名精锐散兵在阅兵场他们战友的面前受到羞辱：他们的制服被剥下来，然后手上拿着擦得锃亮的皮靴，脚上戴着镣铐，被押送到监狱，开始长达十年的苦役刑期。

他们的罪名是在 4 月 24 日的阅兵训练中拒绝使用步枪子
253 弹壳。新式的 1853 恩菲尔德步枪要求使用者在装弹之前咬掉
包装外壳。根据孟加拉兵团中流传的说法，包装外壳涂有猪油
和牛油，两者分别是穆斯林和印度教徒的忌讳之物。精锐的散
兵表态反对这种亵渎神圣的做法。兵团司令决定在两个步兵团
和这些反对者在第三骑兵团的战友面前羞辱他们。

这些士兵经历了阅兵场的紧张和丢脸，走到妓院的时候又
受到米斯·多利和其他妓女的嘲笑。如果容忍战友戴着脚镣被
押出去，他们还算真正的男人吗？"快走，去营救他们……在
跟我们亲热之前。"[4]

第二天晚上，国王皇家来复枪队（King's Royal Rifle
Corps）一名上尉的妻子伊丽莎白·缪特（Elizabeth Muter）乘
车到教堂，等待她正在礼拜游行的丈夫及其手下。"太阳沉入
火一般熊熊燃烧的雾蒙蒙的热浪，在被炙烤过的平地上方发出
亮光。"密拉特是德里东北方约 43 英里处的一个重要军事基
地，也是孟加拉炮兵部队的指挥中心，驻有三个印度兵团和两
个英国兵团。英国兵团的所在处是全印度最漂亮、最舒适的一
个驻地。缪特夫人就像以往一样，在周日晚上等候参加礼拜游
行的军乐队，但这次她没有等到他们。从密拉特集市传来一阵
阵吵闹声，她以为那只是节庆的声音。丈夫和部队没有出现，
游行也取消了。当她乘车回家的时候，地平线上似乎着火了，
"整个军营都仿佛陷入了大火之中"。

礼拜天的平静在一个小时内就变成了骚乱。伊丽莎白·缪
特在通往集市的路上遇到大批暴民。之后她看见两个英国炮兵
兵团的士兵在路上飞奔，身后有一群暴徒追赶着他们，朝他们
扔石头。缪特夫人绕路回到了她的小屋。在那里，她发现仆人

都"紧张、警觉地"聚集在一起。男管家说他不能保证缪特一家的财产安全。"而且他还建议我躲藏起来;从我愤然拒绝的表情,他看出来我把这当成耻辱。""在我自己的家里躲起来,"缪特夫人心想,"在一个积累了一百多年名声的兵团营地里!躲什么啊?"

然后她就听到了应该躲什么。"一阵嘈杂的声音几乎淹没了步枪不断射击的砰砰声",接着传来一营英国军队行进的沉重脚步声。缪特上尉给他的妻子捎话说,原住民兵团已经叛变,而且打开了监狱;他们射杀所有能够找到的欧洲人,无论男女老幼,并放火焚烧了部队驻地。伊丽莎白被护送到军营护卫队处,那里聚集着寻求庇护的兵团妻儿。她听到"在无数种声音的咆哮中……响起了重炮的轰鸣:一、二、三——然后一片安静"。到半夜,装备了致命的恩菲尔德步枪的欧洲军队守住了英国兵团的军营,缪特夫人返回家中。

在后半夜,她一直在游廊里踱步,看着大火逐渐吞噬了附近的平房,而且似乎离英国兵团的军营越来越近。破晓之后,太阳照出了一幅满目疮痍的景象。伊丽莎白·缪特明白,她正在见证一场革命的开端。密拉特成为风暴的中心,这场风暴将扫除英国对印度的统治。米斯·多利和其他妓女的嘲笑最终竟发展到了这种地步。[5]

在叛乱爆发的第一个晚上,大量房屋被焚毁,41名欧洲人被杀,其中包括8名妇女和8名儿童。在那个属于大屠杀和大破坏的夜晚,一个名叫凯特·摩尔(Kate Moore)的18岁女孩担心正在阿格拉(Agra)观光的姨母会因为骚乱而回不了家,于是发了一封电报:"骑兵队已经叛变,烧毁了他们自己的房屋和几个军官的房子,还杀死或打伤他们在军营附近能够找到的所有欧洲士兵和军官。如果姨母打算明天晚上出发,请阻止她，因为货车已经无法离开车站了。"[6]

这段混合了梦魇般的情景和日常生活的话宣告了叛乱的开始。电报线路很快就被切断。但是，由于该电报出自一名18岁女孩之手，所以它没有引起任何反应。德里的电报站接到另一则警告人们注意不满分子的信息，然后就再也收不到电报了。当天晚上电报站关门歇业，第二天电报员的上司查尔斯·托德（Charles Todd）动身去检查连接密拉特的线路哪里出了问题。[7]

此时他们仍然对密拉特的叛乱一无所知。而在 5 月 10 日和 11 日的晚上，第三原住民轻骑兵团的叛变士兵飞速行军 40 英里，渡过舟桥，从密拉特赶到了德里。他们拔刀出鞘，骑马进入红堡（Red Fort）的露天大殿。他们宣布德里的国王，也就是传说中的莫卧儿王朝继承人巴哈杜尔·沙（Bahadur Shah）为印度皇帝。随后，在前一天晚上吞噬了密拉特的暴力和破坏行为再度上演。暴民们射杀能够看到的所有欧洲男女和皈依基督教的印度人，或者把他们投入监狱。平民和西帕依①攻击看不起他们的主人，破坏欧洲人的房屋、教堂和墓地。

大屠杀的幸存者来到德里北部山脉上的旗杆塔（Flagstaff Tower）。当他们挤入这个小小的堡垒时，正在发生的暴行有多么严重已经显而易见。查尔斯·托德以为发生了电线故障，出发去修理，现在肯定已经落入了叛乱者手中。一个名叫威廉·布伦迪什（William Brendish）的欧亚混血的电报员准备给安巴拉（Ambala）的军事要塞发送信息，报告正在发生的一切。

---

① 西帕依（sepoy）旧时指西方军队尤其是英国军队中的印度士兵，如今印度陆军、巴基斯坦陆军和孟加拉国陆军仍保留了此词，作为对列兵的称呼。——译者注

那是一封"非常粗略的"急件，含混地讲述了密拉特和德里事件的细节，它的结尾处说："我们得走了。托德先生很可能已经死了。他早上就已出门，到现在都还没回来。我们发现已经有 9 名欧洲人被杀。"布伦迪什之后逃到旗杆塔。然而，他刚刚到达就被派回骚乱地带的电报站。这一次，他向安巴拉报告说密拉特的叛乱者已经占领了德里，而且城里的军队拒绝作战。之后，除了一些令人费解的混乱的信号，安巴拉的电报站就什么都收不到了；那里的电报员猜想，有一个对电报一窍不通的叛乱者正在废弃的电报局里拿着布伦迪什尸体上的设备玩耍。① 然后电报就掉线了。[8]

公务员约翰·凯（John Kaye）评论说："切断电报线路和截断通信是印度所有地方的叛乱者都会采取的第一步敌对行动。"随着兵团一个接一个地叛变，印度北部和中部的大部分地区都开始倒向叛乱者。英国人没有了通信手段，又遭到叛乱者包围，因此，对这片次大陆上的严重罪行的全貌只能猜想了。[9]

首先，电报线缆被切断；然后，这种技术被用来对抗英国人。电缆被改造成子弹，管状的电线杆变成了原始的大炮。在阿拉哈巴德（Allahabad），叛乱者把他们的大炮对准火车头，摧毁了轨道和工棚。凯说："他们好像特别憎恨铁路和电报。"[10]

*

叛乱者攻击它们并非出于对现代技术的恐惧，而是出于战略考虑。它们还象征着改变印度的一种新型的科学帝国主义。

---

① 事实上，布伦迪什成功逃脱，一直活到高龄，并被各种各样的人赞美为印度的拯救者之一。然而，他为英属印度牺牲了生命的故事一直流传，成了 1857 年的一个神话。——作者注

印度当时有 2 亿人口，占世界人口的 16%。应该使用什么方式来统治如此之多的人口？很明显，光是这个问题就足以难倒决策者，并且让英国的民众感到厌烦。其中一部分问题在于英国杂乱无章的统治在整个次大陆扩张的方式和权力的行使方式。管理印度次大陆事务的是一家叫作东印度公司的企业，由伦敦的英国政府及女王派驻印度的官员负责监督。

在过去几百年里，东印度公司在印度的优势地位已经从经济领域扩张到政治、领土和军事方面。自 17 世纪以来，东印度公司已经通过一系列军事征服行动，将其势力从原先的孟买、马德拉斯和加尔各答，扩大到了更多土地上。罗伯特·克莱武（Robert Clive）的胜利使东印度公司的统治扩张到了孟加拉地区。在 18 世纪，马拉塔帝国（Maratha Empire）本来统治着印度的大部分土地，但在经历了一系列的战争之后，其最终在 1818 年战败。这是印度历史上的一个转折点，之后，东印度公司把印度三分之一的土地纳入直接统治范围，余下三分之二的统治者则成为依附于英国的盟友。最重要的是，只有东印度公司拥有军队。在它的三个兵团里，孟加拉兵团是最大的一支，拥有 13.5 万人；马德拉斯兵团次之，人数为 5 万；孟买兵团有 4.5 万人。此外，还有 3.9 万名英国士兵。

英国统治印度的合法性是什么？其任务难道就是维持秩序，然后令印度基本自治吗？功利主义的管理者试图通过理性立法、土地改革、基督教和教育来改造印度，但没有在这片次大陆上取得太大效果。

然后来了一位改革派的总督。第一代达尔豪斯侯爵（1st Marquess of Dalhousie）詹姆斯·拉姆齐（James Ramsay）是技术派行政人员的极致典范。他在 1848 年接受任命时只有 35

岁。他矮而强壮，是一个性格坚毅的工作狂。他在印度的时候每天早上六点钟起床阅读一章《圣经》。在他坐下来一边吃早餐一边消化报纸新闻之前，他已经看完文件了。他上午九点半到办公室，然后一直工作到下午五点半，离开办公室后他还要参加几轮令他感到厌烦的公务应酬。

达尔豪斯把他的惊人活力都投向了改造印度的大计。1856年，他在离职之前宣称，他已经在印度启动了三大"社会进步的发动机；我指的是铁路、统一的邮政体系和电报，这些近代的智慧与科学曾经给西方民族国家带来进步"。[11]

正是在印度次大陆上，科学帝国主义受到了考验。技术——尤其是通信技术——能起到一千条法律和管理创新举措的作用，而且有了技术就不需要干预和修补印度复杂而令人费解的社会和宗教习俗。不需要直接、强力的人为介入，现代科学的魔力就能改造人民、革新社会、去除迷信。印度的现代化和物质繁荣成为英国统治的道德合理性来源。如火如荼的技术革命将沉重打击僵化的种姓隔阂、糟糕的治理、"野蛮的"风俗和低效的生产方式。

印度的商用电报线路于1851年投入使用时长度为82英里，然后在不到四年的时间里增长到了4000英里。它们从加尔各答延伸到了阿格拉，从阿格拉延伸到了白沙瓦和孟买，然后从孟买延伸到了马德拉斯。被古塔波胶包裹的电缆在大河底部延伸。几年之后，这个电报网络的总长度已经扩展到了11000英里。

达尔豪斯的目标是把印度与19世纪50年代改变欧洲的现代化力量结合起来。他设想了一个铁路系统，以将这块次大陆的广阔疆域连成一片，传递"超乎一切估计的……商业和社会方面的好处"。他预计"充斥着货品的漫长轨道"会把印度的偏远地区与全球市场联系起来。他说，一个在印度土地上纵横交错的铁路网络会"激励进取心，增加产品数量，挖掘潜力并增加国家财富"，就像铁路网曾经改变了"西方世界"一样。[12]

"在几个星期之内，"《铁路时代》（*Railway Times*）在1853年宣称，"……注定要改变印度人、帕西人和穆斯林的铁路，就会开始在印度半岛运作。"亚洲历史上的第一趟旅客列车在1853年4月16日离开孟买，驶向塔那（Thane）。这趟划时代的21英里长的旅程由21响礼炮宣布开启。成千上万人都意识到了它的重要性，纷纷前来围观。围观者不仅包括孟买或者印度的当地居民，还有来自信德、阿富汗、中亚、波斯、阿拉伯和东非等地的人。孟买的《陆上电讯与信使报》（*The Overland Telegraph and Courier*）为铁路欢呼，恰如其分地称之为"一项让我们在东方取得的所有胜利都相形见绌的重大成就"。[13]

259　　　卡尔·马克思告诉《纽约每日论坛报》的读者，英国人正在建设一个"铁路网覆盖整个印度"，"其后果将是无法估量的"。印度出产世界上最重要的工业商品棉花，且其棉产量堪比美国南方。但是，与美国的蓄奴州不同，印度缺乏用于出口的基础设施。几乎所有的印度棉花都被用于国内的纺织业。达尔豪斯的铁路革命要把次大陆上最偏远的地区同世界经济联系起来。显然，曼彻斯特早晚会戒除它对美国的依赖，美国南方的棉花生产商将会失去他们的关键市场。在印度建设铁路是当时世界上最具挑战性且施工范围最广的修路任务。1857年，20000名劳工在孟买附近的波尔加特（Bhor Ghat）山脊的险峻石坡上拼命工作，冒着生命危险挖掘隧道和修建高架桥。当时印度投入使用的铁路有400英里，还有3600英里即将开建。

不过，达尔豪斯发现，把印度引向未来的铁路面临着一个障碍，那就是英国无法完全控制或无法正式控制印度部分地区。这位印度总督看待这些"土"邦的眼神带着厌恶和不耐烦：有了铁路、电报和道路之后，这里的每个人就能在理性的基础上得到统治，这该多好啊！这种统治换句话说就是被英国人统治。

根据"无嗣失权"（Doctrine of Lapse）的政策，任何没有后嗣或者"明显不胜任"的印度王公，其领地都会被东印度公司兼并。印度法律允许养子继承土地和王公头衔，但是达尔豪斯拒绝接受这种做法。他严格执行"无嗣失权"的政策，东印度公司因而得以在其任期内吞并大量新土地：1848 年的萨达拉（Satara）、1849 年的斋浦尔（Jaipur）和萨姆巴尔普尔（Sambalpur）、1855 年的缅甸大部、1854 年的那格浦尔（Nagpur）和占西（Jhansi）、1855 年的坦焦尔（Tanjore）和阿尔果德（Arcot）、1856 年的乌代布尔（Udaipur）和奥德（Oudh）。在偿还欠东印度公司的债务的名义下，达尔豪斯同样从海得拉巴（Hyderabad，它是最大的一个土邦）的尼扎姆（Nizam）夺走了一块土地［即贝拉尔（Berar）］，它拥有印度最为多产的棉田。

为了巩固英国的统治并增加东印度公司的收入，达尔豪斯严格执行"无嗣失权"的政策。那格浦尔就是一个例证。那是一个位于印度中部、处在加尔各答与孟买之间的战略要地，面积辽阔（8 万平方英里），棉田广阔且异常肥沃。"这颗梅子太好了，"达尔豪斯坦言称，"绝不能让它从这份圣诞馅饼上被挑出来。"他希望借此巩固英国的军事优势，"扩充我们的贸易资源"，"巩固我们的力量"。吞并那格浦尔在合法性方面

260

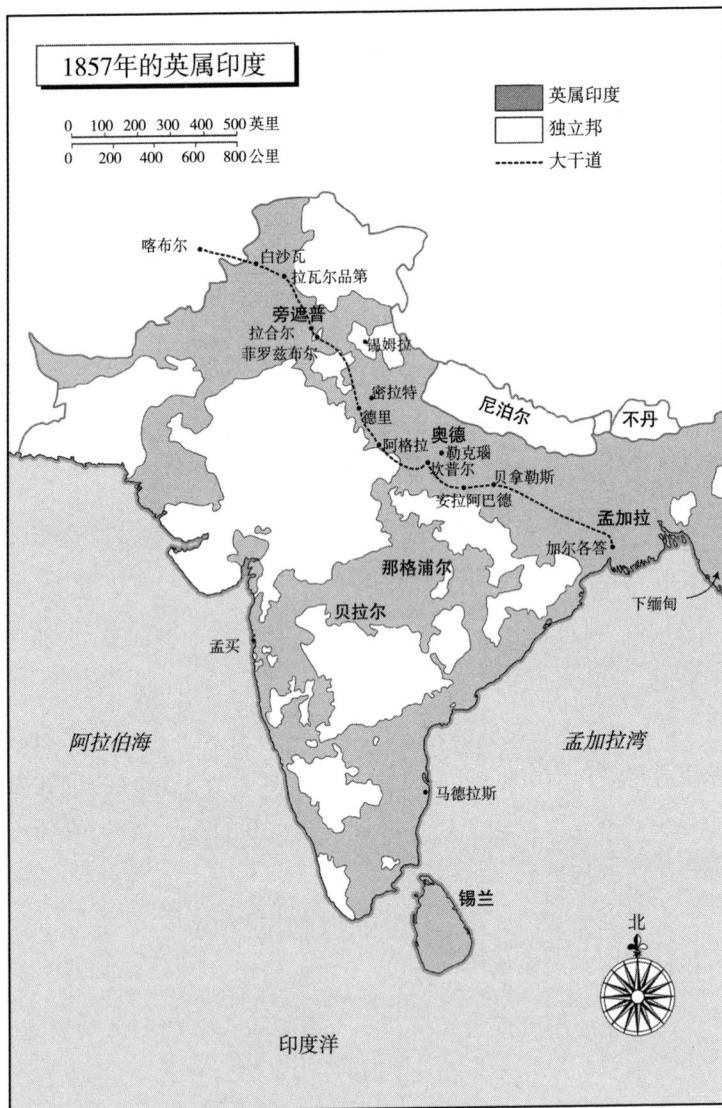

地图 8

十分可疑。正如一位当时的评论家所说，"将那格浦尔纳入我们版图的法律依据，其实就是弱肉强食"。[14]

不过，达尔豪斯最眼馋的是奥德，它是所有印度土邦中最富有的。眼馋的说法十分恰当，因为达尔豪斯提到他的精选美食时就会使用伊壁鸠鲁式的语言——那是"一颗早已熟透的……樱桃"。还有一次，他说："最近我正忙着把奥德王国绑好放到烤肉叉子上。"[15]

《泰晤士报》的杰出记者威廉·霍华德·拉塞尔（William Howard Russell）这样形容奥德首府勒克瑙（Lucknow）的风光："眼前有数不清的宫殿、尖塔、蓝色和金色的穹顶、圆屋顶、柱廊、台柱和圆柱的美丽立面、坡屋顶，它们全部从一片宁静的翠绿海洋中浮现出来……金色尖塔在阳光下熠熠生辉。塔楼和镀金的球体如星云般闪耀……在我们眼前铺开的这座城市看起来比巴黎更大、更辉煌。这是奥德的一座城？这是一个半野蛮部族的首都？是由一个腐败、衰弱和堕落的王朝建立的？坦白地说，我忍不住一揉再揉我的眼睛，不敢相信眼前的一切。"[16]

勒克瑙王宫童话一般的壮景从视觉上说明了问题。多年以来，英国人一直哀叹王国的治理不善，为其国王和宫廷难以置信的奢靡感到痛心。拉塞尔笔下令人目眩的凯塞尔班王宫（Qaisarbagh）刚刚落成，这在达尔豪斯眼里象征着奥德政府的浪费。之前的总督会罢黜爱好享乐的王公，然后代之以更适合的继承者，但达尔豪斯没有那样做。他以治理不善为名，放逐了无能的奥德纳瓦布（Nawab，即国王）瓦吉德·阿里（Wajid Ali），然后让东印度公司接管了整个王国。印度的技术官僚清除了现代化的又一个障碍。

*

262　　　约翰·洛（John Low）上校警告说，吞并奥德"将在奥德和我们自己统治的一些区域大大增加"印度人对"我们的天然憎恶"。洛曾任职于统治印度的理事会，积累了丰富的管理印度的经验；他在二十年前就开始在奥德居住。他说，无论英国的行政人员是多么的"廉洁公正"，无论他们带来了何等程度的现代化和变革，民众都会因为失去独立地位而感到愤怒。"这是全世界都普遍存在的感觉，"他写道，"即对外国主人和新习惯的厌恶，而且我找不到任何理由认为奥德人民将成为一个例外。"[17]

达尔豪斯在 19 世纪 50 年代推行的暴风骤雨式的改革使印度陷入了重重不安。电报和铁路本身并不使人感到讨厌，但它们的用途——或者说潜在用途——使得它们极具威胁性。达尔豪斯大谈技术的商业利益和社会益处，但并不掩饰它们首先服务于战略性目的。在印度人看来，电报和铁路都是西方专家和技术人员独有的控制手段。即时通信和蒸汽机车使得印度更加容易管理，也使英国的强大更加难以估量。

或许它们对英国人自己的影响是最为明显的。认为西方人已经达到文明顶点的信念扭曲了他们与世界各地人民的关系，助长了他们与生俱来的优越感。东印度公司在印度的统治于 19 世纪中期达到了顶峰，印度的英国人第一次把自己看成这块次大陆的永恒之主。技术革命只会进一步强化种族优势。人们相信，没有什么比现代技术更能分化社会，更能加大西方与非西方文明之间的差距。

因此，英国人萌生了关于两个印度的念头：其中一个印度可以通过高效管理、法治、火车、电报、道路和运河得到改进。这个印度由欧洲的行政官员、警察和技术人员从上而下地治理，与另一个印度，那个在他们眼里混乱、无法改变、无可救药的野蛮印度毫无瓜葛。1857年5月，博物学家布莱恩·霍奇森（Brian Hodgson）发现，与四十年前他刚抵达印度的时候相比，情况"发生了奇怪的转变"。那时候"了解和尊重"印度人和印度风俗是"强制性的要求"，而"现在，人们日常听到的以及体面人嘴里说出的，都只有蔑视的话语（例如黑鬼）"和"日常社交中体现出来的对劣等种族的鄙夷"。许多作家也证实了这个"可憎的世界"在19世纪50年代的出现与流行。[18]

许多英国评论家都夸耀技术给印度社会带来的惊人影响。"一个备受尊崇、被认为掌管着所有人类知识的优越种族，忽然变得如婴儿与乳兽般虚弱无能，"约翰·凯带着明显的印度之师式的洋洋自得宣称，"……不可否认或者难以辩解的是，火车不需要马或者阉牛来拉，就能跑出一小时30英里的速度，电报在几分钟之内就能把信息传到外省。"

凯认为，通信技术教会印度人"时间就是金钱的伟大真理"，而且预计中的物质繁荣带来的收益将瓦解"他们的精神导师"的权威。"毫无疑问，铁路上的火车沉重打击了婆罗门祭司。"他得意地说。[19]

如果说英国人的强大和傲慢使其吞并了像那格浦尔和奥德一样大而强有力的土邦，那么他们还有什么干不出来？他们通过利用军火库中的技术，现在就可以进一步扩大和加强控制。这可能意味着一场针对印度宗教和种姓制度的全力袭击，也可能意味着迫使穆斯林和印度教信徒改信基督教。在孟加拉地区，一个传教团到处发表演讲，使这种令人惊惧的可能性看上去更高了。他们说："看来时候已经到了。我们必须认真考虑这个问题，即是否应该让所有人都信奉同一宗教体系。铁路、轮船和电报正在飞快连接地球上的所有国家。"在这混乱的十年，没有什么是不可能的。[20]

宗教恐惧加剧了已经存在的经济困难。早在达尔豪斯突然加速现代化进程之前，印度经济已经由于日益发展的全球贸易而陷入衰退。印度的制造业和贸易一度在亚洲占有优势地位，但在工业化的西方加入竞争之后就受到了打击，它的纺织业尤其如此。自由贸易见证了商品价格的下降，结果大量手工艺人和工人到农村谋生。如此大规模的逆城市化进一步加重了已经因税收增长和土地改革而饱受压力的农村居民的负担。土邦的失业士兵同他们同病相怜，因为在被英国征服后，地方王国的军队就解散了。铁路可能不会使印度次大陆变得富裕，却会摧毁它的残存工业，令其变成西方工业原材料和中国鸦片的供应商。印度人可以往哪儿去？或许只能成为服务于西方需求而没有任何利润分成的广大农村无产阶级。而且印度前往的方向，也是亚洲其他地区接下来将要走向的方向。

变革导致的宗教和经济焦虑在东印度公司的孟加拉兵团中表现得最为强烈。几个世纪以来，成为效劳于东印度公司的西帕依意味着荣誉、地位和利益。英国人给予西帕依大量的种姓特权，这是他们在家乡都未必能够享受到的。由于在海外服役会打破他们的种姓隔阂，所以他们都可以被免除种姓义务。士兵极为珍视他们得来不易的地位，它抵消了酬劳的微薄和生活环境的恶劣。

不过，在现代化和讲求效率的时代，考虑种姓的成本对于英国人来说变得越来越高昂。孟加拉兵团开始招收低种姓的士兵，同时也会接纳来自边疆地区的人，例如廓尔喀人（Ghurkhas）、锡克人（Sikhs）和旁遮普（Punjabi）穆斯林。1856 年的《全面服役征兵法案》（General Service Enlistment Act）意味着新招募的士兵无论是何种姓，其作为英国在亚洲的帝国野心的铁拳，都要到波斯、缅甸、中国或者命令中指示的任何其他地方去作战。人们感觉"传统的孟加拉兵团已经不复存在，英国人准备代之以另一支像苦力或贱民一样愿意到任何地方，也愿意做任何事情的军队"。[21]

265

吞并奥德对这支军队来说标志着一个关键时刻。微薄的酬劳可以用战利品来弥补。现在，英属印度帝国已经达到了扩张的极限，于是西帕依不再是骄傲的战士，而被降级为武装警察。许多战士都来自奥德，而且作为这个独立的印度王国的一分子，他们十分满意自己的地位。如今，印度独立性的最后一点痕迹都被消除，英国人成为整个次大陆上无可争议的主人。

焦虑的情绪侵蚀着这支军队，对信仰受玷污的强烈恐惧使情况进一步恶化。英国人对此了解很少。"我的一生见证了老爷对我们的态度的巨大变化。"孟加拉兵团的西帕依老兵西塔拉姆·潘德（Sitaram Pande）伤感地说。他回忆起在他年轻的时候，老爷会跟西帕依们一起观看著名的舞女色情表演，或参加西帕依的体育活动。到了 19 世纪 50 年代后期，欧洲军官都不再愿意跟其印度手下打交道，也很少跟他们说话。西塔拉姆说："一位老爷告诉我们，他从来都不知道该跟我们说些什么。可当我还是年轻士兵的时候，老爷们总是知道该说什么和应该怎么说。"[22]

如果说大部分的英国军官都没有觉察到手下的不安和笼罩整个孟加拉兵团的焦虑，印度却有许多人感受到了。如果军队支持英国的统治，独立土邦的统治者也会。然而，经历了达尔豪斯的吞并浪潮之后，大量被剥夺了领地的统治者和王公都怀疑东印度公司正在密谋攫取更多的土地。1856 年对奥德的占领被证明是最后一根稻草；如果瓦吉德·阿里都会被废，那还有谁是安全的？在这一年的年底和第二年的年初，在一些印度王公的间谍的煽动下，谣言和阴谋论开始在军队里散播。

"所有新闻，无论真假，都会在军队主要驻地的市集中得到讨论，"西塔拉姆·潘德说，"而且人们对那些损害政府运势的新闻特别感兴趣。"市集中散布的新闻说：英国在克里米亚被俄国重创，英军已经彻底崩溃，所有的军舰都沉没了——英国的力量只是假象。爱讲闲话的人也在散播谣言，说欧洲人把猪骨和牛骨碾碎了，混入西帕依的口粮里。预言四处流传，声称英国的统治顶多只能维持一个世纪。奠定英国统治地位的普拉西战役（Battle of Plassey）正好发生在一百年前的 1757 年 6 月 23 日。[23]

密谋者需要一起容易引起争端的事件，以把军队中酝酿的各种不满汇在一起。克里米亚战争的另一项遗赠提供了解决办法。恩菲尔德 P53 步枪的威力在对俄战争中得到了充分证明，因而在 1857 年初，这种步枪作为现代化计划的一部分被大量引入孟加拉地区。军中盛传，子弹的包装外壳涂有动物油脂。如果一个印度教西帕依咬了这些子弹外壳，咽下牛油，他的信仰就会受到玷污，他会永远失去种姓地位；穆斯林西帕依则会因猪油而亵渎信仰。英国军官不胜其烦地向手下保证，润滑油里不含任何动物油脂。随后他们允许士兵自行准备润滑油。但谣言仍在发酵：如果润滑油中没有动物油脂，那么制作弹壳的纸本身肯定被具有冒犯性的油脂浸透了。

英国军官与西帕依之间的信任已经彻底崩塌。在 1857 年的头几个月，阴谋论大为盛行，说英国人准备强迫印度改信基督教，不安和违抗因此逐渐升级。一位参谋比多数人更能感受到威胁的逼近："我觉察到了风暴的来临，我听到了飓风的呜咽，但我不知道它会在什么时候及什么地方以怎样的方式爆发。"[24]

*

尽管如此，当叛乱在 5 月的密拉特爆发的时候，英国人仍然感到十分意外。许多上校拒绝相信自己的忠诚部下会叛变，也拒绝做任何警备。在印度中部，叛乱从密拉特蔓延到德里，从一个卫戍部队蔓延到另一个卫戍部队。英国人的统治明显陷入了危急之中，叛军已经控制了许多城镇和农村。

逃难的欧洲人徒步穿越叛乱之火正在燃烧的地区，前往幸免于难的英国统治下的边远地区寻求庇护。阿格拉港挤满了 6000 名妇女儿童，他们在围墙上围观叛军集结。在勒克瑙，3000 名平民、英军士兵和忠诚的西帕依藏在管辖区厚厚的围墙后，以躲避奥德民众的报复。他们熬过了长达九十天之久的炮轰和狙击。坎普尔（Cawnpore）的情况更加悲惨，1000 名非战斗人员和 300 名士兵在休·惠勒（Hugh Wheeler）爵士的带领下对抗 15000 名反叛士兵，为保护自己他们只能躲在脆弱的壕沟后面。

外界紧张地期待看到事态的后续发展。印度发生的事件很有可能改变整个世界的政治与商业格局。中国目睹了它最大敌人的覆灭，欣喜地追随着这次成功叛乱的轨迹。对于正给《纽约每日论坛报》撰稿的卡尔·马克思来说，叛乱"与亚洲各大国对英国统治的普遍不满同时发生"，而且"与波斯战争和中国战争有密切的联系"。一位《民主评论》的投稿人心满意足地注视着英国在亚洲的统治"开始走向终结"。根据一份美国报纸的巴黎通讯员的观点，欧洲人认为这场叛乱"远远不只是军事反叛"。如果英国失去了它的印度帝国，就会论为"第四流国家"，欧洲政治将会因此而重新洗牌。美国人有充分的理由害怕这场叛乱。尽管"谁统治印度都跟我们没什么关系"，《纽约先驱报》说，但这场冲突"是印度这个国家最重要的时刻"。英国人不惜一切代价也要保住它，《纽约先驱报》称，但是这意味着一支庞大的军队和天文数字的花费，"相比之下，对俄战争的巨大付出就像是娱乐消遣，压倒老拿破仑花费的力气也显得微不足道"。这份报纸预测对叛乱的镇压会打乱世界贸易和金融市场，而且最令人担忧的是，会促使"英国资本对外国投资掉头不顾"。噩梦一般的情节被描述得生动逼真：美国铁路股票和债券遭到清盘，外国投资撤离美国，英国银行提高借贷利率，美国最优秀的顾客破产。在经历了关于密拉特、德里、坎普尔和勒克瑙的新闻的第一轮冲击之后，《纽约先驱报》用启示录式的语言写道："自从哥特人和汪达尔人推翻罗马帝国以来，就从来没有发生过这样的争斗。"[25]

　　难怪世界都被印度的叛乱吸引了。大起义一波三折占据了世界各地的报纸的头条，填塞了柏林、维也纳、巴黎和纽约的一个个专栏。英国人的统治被冲击得摇摇欲坠，而反叛者在1857年掌握了终结英国统治的最好机会。在那几个月里，英国已经几乎要永远失去次大陆了。然而，在1857年的印度，没有伊玛目沙米勒发起一场吞噬英国人的血腥游击战，也没有加里波第；换句话说，没有出现一位能把叛乱扩展到印度的南部和西部，把一次地方性的叛乱变成印度的独立战争的民族英雄。人们于那一年在多种原因的推动下发动了叛乱。将人们团结在一起的是对英国人的深深厌恶和让他们永远离去的渴望。王公们试图在地方实现他们的野心。农村的造反者利用政权的崩溃竭力从混乱中获益。一个对抗英国人的统一阵线并不存在，而且在如此广大和多元的国家里永远都不可能出现统一阵线。成千上万的西帕依聚集在德里、勒克瑙和坎普尔，而不是把叛乱之火带往印度各地。[26]

与叛乱者恰恰相反，英国人一直互相保持通信交流，制定出了一个宏大的战略。在新近征服的旁遮普，3.6 万名孟加拉兵团士兵正在准备叛变。在拉合尔（Lahore），4 个兵团即将占领位于菲奥兹普尔（Ferozepur）的弹药库，但在动手之前他们就被解除了武装。英国人得感谢威廉·布伦迪什；这位小伙子自愿返回德里的电报站，发送了叛变的消息。许多年后，著名的英国军官赫伯特·埃德华兹（Herbert Edwardes）在利物浦的一次会议上说："只需看看这个小伙子在枪林弹雨中表现出来的勇气和责任心，我就可以毫不犹豫地说，［他发出的］那封电报就是旁遮普的得救之道。"[27]

布伦迪什的电报拯救了菲奥兹普尔的弹药库。它被送到了英军总司令手中，当时他正在西姆拉（Simla）的喜马拉雅山麓避暑。读完电报后，他立即开始组织力量夺回德里。在西北边境地区的白沙瓦，一群年轻军官在收到那个小伙子的电报之后采取了果断的行动。他们知道必须立即镇压叛乱，以免其迅速波及其他地方。他们从山上的帕坦族战士、锡克人和旁遮普志愿兵里招募士兵，组建了一支名为移动纵队（Moveable Column）的快速反应部队。这支部队名副其实，在当年最热

269

的时候不停地奔波在相当于今天的巴基斯坦的地区。在冷酷而富有领袖魅力的年轻军官约翰·尼科尔森（John Nicholson）的指挥下，他们重建秩序，解除孟加拉兵团的武装，围捕并处决叛变者。一位官员宣称："这封电报拯救了印度。"在某种意义上，他是对的：如果失去了旁遮普，英国人在印度的地位就将岌岌可危。[28]

不惜一切代价保住旁遮普使英国稳住了对印度的统治。当人们意识到事态的严重性后，信息开始在电报线路上不断传递。但是，线路在坎普尔被叛军毁坏，白沙瓦和孟买发出的电报再也到不了加尔各答的坎宁（Canning）总督（刚刚到达的达尔豪斯的接任者）那里了。25 岁的帕特里克·斯图尔特（Patrick Stewart）中尉是叛乱中的一个（英国方面的）无名英雄。叛乱爆发之后，他马上从锡兰赶回加尔各答。他中途在马德拉斯停留了一下，发现发给坎宁的电报被转到了那里。斯图尔特把电报带在身上，以最快的速度坐船前往英属印度的首都。然后，他马上开始架设连接马德拉斯和加尔各答的电报线路。发自旁遮普和孟买的电报信息因而可以绕一个大圈，避开叛军控制下的区域到达加尔各答。[29]

坎宁一再向伦敦保证，他可以畅通无阻地与印度国内各地甚至国外进行即时通信。他可以用电报给马德拉斯发去增援信息，召集刚从波斯战场回到孟买的炮兵部队。与电报一起投入使用的还有快速的轮船。锡兰、缅甸、毛里求斯、开普殖民地和马耳他的帝国军队都闻风而动。

额尔金伯爵带领的本来用于对华战争的军队，此时刚好在穿越印度洋。坎宁电令马德拉斯派遣一艘快速轮船去拦住额尔金，但没能赶上从锡兰出发的远征军。不过，坎宁对此早有预防，他派出第二艘快速轮船追上了正要通过苏门答腊岛（Sumatra）与爪哇岛（Java）之间的巽他海峡（Sunda Strait）的英国军队。额尔金于是在 6 月初将其军队的行进目标重新定为印度。[30]

"时间就是一切，"坎宁向伦敦报告称，"德里的陷落是一个可怕的例子，我们不能遭遇更多困难了。"这位总督给总司令发去电报，建议他"尽快处理自我围困（在德里）的叛乱者，毫不留情地镇压他们"。[31]

从加尔各答发电报固然容易，实现宏大的目标却要艰难得多。电报使多个要地迅速采取行动，但是通信速度不能弥补人力的长久不足。在加尔各答与德里之间长达 750 英里的路上，只有 5 个英国兵团。集结武装力量花费的时间，远远长于在 900 英里外的电报另一头的坎宁所期待的。英国人、阿富汗人、锡克人、廓尔喀人、帕坦人和旁遮普人的部队从西北被征调到德里；精锐的边境突击队基准兵军团（Corps of Guides）克服斋月的暑热，从霍蒂马尔丹（Hoti Mardan）出发，在行军 580 英里后抵达德里，途中只花了令人吃惊的二十二天。各路军队逐渐在德里的山脊上集合。由于人员不足且没有重炮，他们没能造成坎宁想要看到的重大打击。但是，通过快速调遣，他们已经占据了有利位置，而且绝不退让。

在印度的其他地方，英国人利用技术和速度弥补了人数上的不足。在距叛乱爆发还不到一个月后，詹姆斯·尼尔（James Neill）上校就带领着一支 2000 人的小型部队，以尚有不少幸存英国人受到围困的贝拿勒斯、阿拉哈巴德和坎普尔为目标，从加尔各答出发沿着大干道艰难行进。帕特里克·斯图尔特已经完成了马德拉斯与加尔各答之间的紧急电报铺设，他与尼尔的分队同行，为他们提供军用电报服务。[32]

军用电报在克里米亚战争期间已经得到应用，但是当时的情形与斯图尔特在印度的做法并不一样。斯图尔特和他的同事冒着来自敌阵中的火力和骑兵的骚扰，赶在英国军队之前铺设好线路。司令部不仅跟加尔各答和其他印度城市取得了直接联系，同前线也能联系上了。在印度的其他地方，尼科尔森的移动纵队一直带着一名电报通信员与拉瓦尔品第（Rawalpindi）保持联系。电报线杆和电报线与先锋部队齐头并进。[33]

尼尔上校的大干道突击还依赖于除速度和通信技术之外的东西。作为一名狂热的基督徒，他信奉的格言是"在上帝的话语中，现代之人没有对他人性命施以仁慈的权力"。数以百计的具有叛变嫌疑的人被包围，然后被一排排地吊死，受刑的甚至还有妇女、儿童和老人。无差别的复仇与恐怖手段导致无数村庄被焚毁。[34]

斯图尔特中尉与亨利·哈夫洛克（Henry Havelock）准将一起行动，后者刚从波斯战场赶来，带着只有1403名欧洲士兵、560名西帕依和8门炮的普通纵队，急速奔向阿拉哈巴德。哈夫洛克的"惩罚军"在7月7日离开阿拉哈巴德。他们在九天里行军126英里，打了4场胜仗，已十分饥饿疲乏，露营在坎普尔的外围。这场惊人的闪电战完全在叛军的意料之外。哈夫洛克的手下使用的是臭名远扬的恩菲尔德步枪。西帕依军队规模虽大，但是他们使用的滑膛枪过于陈旧，射程和准心都不如恩菲尔德步枪，他们因而遭到彻底打击，士气尽失。

早在抵达坎普尔之前，哈夫洛克就已经知道那里的英军驻地中发生了什么了。在长达三周的围攻里，脆弱的壕沟不断遭受火炮和狙击手的猛烈攻击。惠勒的300名士兵和平民在简陋的堡垒里绝望地坚守了三个星期，抵挡住了12000~15000人的叛军。由于用水不足，且尸体无法埋葬，痢疾和霍乱开始流行。叛变的炮兵部队打算把英国人的医院与里面所有的医疗用品及药物一起摧毁。英国人用榴霰弹来牵制叛军的攻击，但也付出了沉重的伤亡代价。三个星期之后，已经有三分之一的英国士兵死亡，还有许多得了重病或者受了重伤。

攻守两方僵持不下的结果就是重围之中的英国人慢慢死于 272
疾病和饥饿。6月25日，叛军的领导人那那·萨希伯（Nana Sahib）提出，如果惠勒和其他幸存者愿意投降，他可以保证他们的安全，让他们顺着恒河乘船到阿拉哈巴德。惠勒别无选择，只能同意。两天之后，英国人离开千疮百孔的壕沟，在护卫的陪同下到恒河边上的萨蒂焦拉石阶码头（Satichaura Ghat）登船。他们刚上船，印度船夫就弃船而去，然后一排排的叛军朝着英国士兵开火，只有少数人逃过一劫。剩下的125名幸存者几乎都是妇女儿童，他们被带到坎普尔的一间名为比比加尔（Bibighar）的别墅里。

哈夫洛克和他的手下在7月17日进入坎普尔后，找到了英国壕沟的废墟。屋顶都没有的陈旧建筑、乱糟糟的破烂家具、被遗弃的鞋子、撕烂的书籍、空空的瓶子，以及矗立在它们间的一个废弃的临时堡垒，这些都是三个星期的可怕围困的沉默见证人。然后他们来到了比比加尔别墅。第一个进入房子的军官发现，房间里的鲜血、被扯下的头发、孩子的鞋子和妇女的帽子已经积到脚踝那么高，墙上布满了血掌印。更加恐怖的是，在庭院的水井里，他们还发现了“以可怕的姿态缠在一起的裸露残肢”。这些都是被囚禁者的残骸，他们从萨蒂焦拉被押解而来，其中大部分都是妇女和儿童，在哈夫洛克接近坎普尔时遭到屠杀。

在接下来的日子里，许多欧洲人都看到了比比加尔的血腥场面。没有人不被眼前的一切触动并因此感到愤慨。关于血腥房间和水井的描述传遍了整个印度，英国人个个义愤填膺。在他们眼里，敌人毫无人性可言：西帕依是必须受到严厉惩罚的恶魔，而且他们在从地球表面被消灭之前，还必须接受无情的羞辱。每一个叛乱者或者可疑的同谋都必须为比比加尔发生的一切付出代价。许多不可思议的虐待和屠杀传言在英国人的军队中散播，其中大部分是虚构。

从那时开始，英国人的战斗不再只是为了重建秩序，更重要的是要为比比加尔和印度各地的他们认为已经遭到强奸的妇女报仇。"勿忘坎普尔"是在接下来的几个月里使英国士兵团结一心地转战各地的口号。"既然他们残杀了手无寸铁的妇女儿童，"一位上校写道，"那么无论我们在哪里遇上他们，都应该像人类灭杀蛇一样把他们赶尽杀绝，否则我们就太有人性、太没男子气概了。"[35]

哈夫洛克怒气冲冲地出发去解除勒克瑙之围，詹姆斯·尼尔则留在坎普尔负责恢复当地秩序和惩罚叛军。尼尔十分享受后一个任务。经过简短的审理之后，叛变者被判死刑，但在绞刑之前他们会先受到羞辱。印度教徒和穆斯林分别被强迫食用牛肉和猪肉。那些被尼尔判定为叛乱元凶的人必须把比比加尔的鲜血清洗干净，有时候他还强迫他们用舌头舔干净。"接触鲜血是高种姓的当地人最厌恶的事情，他们认为这样做会使灵魂万劫不复，"尼尔幸灾乐祸地说，"就让他们那样想吧。"亵渎他们的信仰，羞辱他们，然后执行死刑，这变成了通行于印度的模式。[36]

位于坎普尔西北方 300 英里外的宏伟的贾玛清真寺（Jama Masjid）由沙贾汗（Shah Jahan）修建，12 月 20 日，英国人在那里举办了一场喧闹的醉酒宴，庆祝德里的收复。德里的收复经历了骇人的炮击和激烈的巷战。英国军队和他们的印度盟友在街道上横冲直撞，毁坏房产，追捕富人，把这座城市变成了大屠杀和肆意破坏的现场。一位年轻的英国军官记录道："到处都是成堆的死尸，每一栋房子都遭到了破坏和洗劫。"在经过"平定"之后，印度的东北和中部地区的房屋、商店、市场、庙宇和清真寺都遭到了系统性的劫掠。[37]

*

在广州，热切的总督叶名琛和大部分民众都收到了夸大英国在印损失的报告。额尔金的侵华远征军因为叛乱而被迫转向，而且坎宁不愿意放走任何军队，除非情况已明显在掌握之中。这激怒了香港和上海的英国官员和商人。劳伦斯·奥利芬特在信中为他们发声："世界肯定会以为我们不能在东方同时处理两个麻烦。"[38]

德里陷落之后，叛军已经失去了永久消除英国统治的最佳机会。但是，叛乱还没有彻底失败。哈夫洛克的小股队伍朝着勒克瑙推进，他们一边前行一边铺设电报线路。但是，这还不足以解救被围困的守城者，他们还得加入管辖区的卫戍部队。直到 11 月，科林·坎贝尔（Colin Campbell）爵士带领的部队才帮助他们撤离。奥德仍然掌握在叛军手中，印度中部的大部分地区亦然。当德里陷落的时候，英国的商业和军事力量行将崩溃且全球金融体系也会遭到拖累的论调早已销声匿迹。

274

到 1857 年底，英国人恢复了活力，不仅想报复印度人，还想报复中国人，中国人自"亚罗"号事件后，还没有为他们玷污大英帝国荣誉的行为还债。在英国力量恢复到足以重新控制印度的情况下，额尔金重新获得了军队的补给，他面临对中国实施沉重打击的压力。从加尔各答到中国南海，额尔金在各个殖民地和根据地观察到的态度都让他感到恶心。"自我抵达东方以来，我很少听到男人或女人说出可以与基督曾降临世间的假设相适应的话，"他告诉妻子，"憎恶、蔑视、残暴、复仇，不管目标是中国佬还是印度人。"[39]

向北京进发的军队并不归额尔金伯爵指挥；相反，他还被迫向包令爵士和海军司令官的要求做出让步，去攻击广州。他在 1857 年 12 月底出发去破坏这座城市的时候，给他的妻子写了信："当乘轮船到达广州时，我们看到富饶的冲积河岸上布满了无可比拟的工业和自然肥力结合在一起的富饶迹象；在河岸上方，红土点缀着贫瘠的山地，看上去就像（苏格兰）高地的帚石楠山坡一样；再往上就是白云山，在明朗的日光中它清晰可见，令人忧伤——我感到十分悲痛，那些人多数只是出于私欲就来践踏这个古老的文明。"海军舰队的司令官注意到了伯爵的忧郁面容。"的确，"额尔金回答，"我很伤心，因为当我看着这个城市时，我觉得我正在为自己争取一个在灾难、瘟疫和饥荒之后立即连祷的地方。"[40]

275　　英国皇家海军炮舰的轰击"缓慢不断，阴沉而单调"，使广州陷入了炮火之中。攻击通过军用电报来协调。"我太讨厌整个这一事件了。"额尔金说道。他在山顶上和劳伦斯·奥利芬特一起观看炮击，后者记录道："对这座在我们脚下 200 英尺的城市，我们可一览无遗；绵延不断的屋顶、纵横交错的街巷……这里一座塔，那里一座多层的庙宇，或者一个被茂叶包围的衙门的屋顶，屋顶之上是一对官员的帆柱，再往上则是我们所有船只的桅杆。"最令人吃惊的是，"150 万人就像被埋葬在了城墙内一样"，一片沉默，没有任何动静。[41]

在 1857 年的最后一天，英国、印度和法国联军登上城墙，进入了这个几百年来一直将西方人拒于门外的城市。对中国第二大城市的猛攻只遇到了很少的反抗。士兵、水兵和水手对这一重大时刻的反应就是洗劫了充满传奇色彩的作为"中华帝国最为重要和繁荣的贸易中心"的广州，尽可能多地运走它的财富，就像同一时期的英军对印度所做的那样。额尔金痛苦地在日记中写下："我的难题是……如何约束我们自己的人，同时防止可怜的中国人受到劫掠和恐吓。有一个（印度）词语叫'抢夺战利品'，很不幸，它让通常在英语中被称为'抢劫'的罪行变轻了。"[42]

这种反对的态度并未阻止额尔金从广州的金库中搬走 52 大箱银币和 68 小袋金条。在他看来，这是"战败国的赔款"，而不是掠夺。叶总督被不公平地指责为整个事件的始作俑者，他先是被抓获，然后被打发到加尔各答的一处乡间宅邸。"这个冷静的中国佬仍然装作好像什么事情都没发生过一样。"《泰晤士报》的特别通讯员报道说。英法联军对"敌人的消极反抗——顽强的、孩子般的、无可救药的固执——感到困惑"。中国人对国家遭受的侵略的冷漠令人感到某种不安。[43]

广州从此失去了价值，额尔金启程去实现他的初始目标：进入白河（即海河），封锁进京的通道，强迫皇帝屈从于西方的要求。他的海军轮船中队与载着海军将领普佳京的俄国战舰、一艘法国战舰和美国海军的"明尼苏达"号会合。四位

276

世界四大强国的全权代表在清王朝京师附近的渤海徘徊，准备重申他们的要求。

四国联军以为穿过白河河口的沙洲会十分困难。外国炮舰第一次进入"北方河道"显然是挑衅行为，他们预计会遭到扼守白河入口的大沽炮台的激烈反抗。但是，就像广州的情形一样，反抗只是象征性的。这支小型舰队溯流而上，直抵位于北京南边 90 英里处的大城市天津。中国从来没有遭受过如此深入的侵略。在与中国钦差大臣的谈判时，额尔金表现得像是"一个极度凶恶的野蛮人"，对此他事前就已感到"恶心"。西方代表花了好几天的时间，"一次又一次地争吵、恐吓并强迫可怜的钦差大臣让步"。[44]

悲惨的钦差大臣在军事胁迫下只能屈服，同意签订《天津条约》，内容包括：给中国的基督徒提供保护；另外开放五个通商口岸；西方人有权进入内地旅行并在长江沿岸从事贸易活动。不仅如此，英国人还获得了 100 多万英镑的战争赔款，以赔偿他们在广州的损失。

这对清王朝来说已经足够糟糕了，但让他们最为恼火、给中国人的自尊心带来最大伤害的要求，是允许外国公使常驻北京。在英国人眼里，这是最重要的一个目标，比贸易权利更加重要。额尔金认为，西方和中国最高层次的官方交流能够防止那些损害中国利益和玷污英国名誉的误会。如果中国的对外关系能够被置于正确的基础之上，如果中国能够加入国际大家庭，反复出现的战争、海盗和鸦片走私问题就可以得到解决。完整的外交关系同样意味着英国能够给平定太平天国运动提供军事援助。"尽管我被迫表现得近乎残忍，"额尔金给他的妻子写信说，"但我在这个问题上是中国的朋友。"[45]

但是，额尔金没有意识到，这个问题代表着中国与西方在 277
世界观上不可协调的根本冲突。自远古以来，进贡体系就支配
着中国人与外部世界的关系。夷狄小邦接到皇帝的特别邀请之
后，就会派遣使者到京城，成为藩国。这个国家威望的观念固
然很重要，但并不是故事的全部。钦差大臣们几乎声泪俱下，
再三恳请额尔金放弃让代表常驻北京的要求："这一点是我们
完全无法让步的。如果我们胆敢私自批准，皇帝一定会严厉惩
罚我们。"[46]他们说，外国公使可以居住在其他任何地方，在平
等的基础上以西方的礼节与中国打交道，但就是不能在北京，
无论如何都不能。

如果满人给予公使进京的权利，就意味着全世界的统治者
都是平等的，如此一来，清朝皇帝在他的所有臣民眼里都会名
声扫地，甚至还会失去皇位。皇帝顺承天命统治万民，如果
"夷人"否认这点，中国人为什么还要遵从他呢？公使问题威
胁到儒家世界观的构筑，将导致完全的动乱。

皇帝必须隔绝于"夷人"首领的根本原因还有一个。正
如一份抗议书指出，街上人人都在讨论公使进京的要求，"无
不以夷人驻京，为宗社安危所系，而惴惴不安者"。这不仅事
关国家威望，而且是一种玷污。这一点是西方外交官、士兵和
贸易商不能理解的。[47]

额尔金启程到远东是为了报复中国对大不列颠的"羞
辱"。他以此为托词，利用西方的军事霸权恐吓中国。最终，
这个伟大的帝国被强行打开了大门。

*

签订了《天津条约》之后，额尔金马上下令前往日本。 278

这位苏格兰的伯爵是否准备像对待中国一样对待日本？美国驻下田领事汤曾德·哈里斯（Townshend Harris）在日本度过了郁闷的两年，他想获取一份通商条约，幕府（以将军为首的统治日本的军事政府）一直阻挠他；他知道，"除非公使获得舰队的支持，用炮弹代替争执，否则幕府不可能坐下谈判"。英国对广州和天津的侵略以及额尔金的逼近，起到了与炮弹相同的作用。护送额尔金的军舰舰长说，"日本向理性屈服的时刻已经到来了，否则它就要吃苦头，就像北京的朝廷一样"。萦绕日本长达二十年之久的噩梦——英国舰队来袭——即将成真。汤曾德向幕府施压，逼其订立授予广泛贸易权利和外交权利的条约。汤曾德说，签订条约很有必要，因为设立先例之后就能防止额尔金索取更多。[48]

不过，额尔金并不是日本人一直被引导着以为的可怕人物。首先，他不太清楚要达到什么目标，但他很讨厌中国和中国的天气。日本的凉爽气候使他得到了缓解，这造成了两种截然不同的感受。额尔金使团的英国人慢慢开始讨厌中国和中国人，将破旧的城市和贫穷的民众视为可怜的挫败，甚至认为这是存心针对他们个人的羞辱。在日本，他们为整洁的城市、礼貌的人民和漂亮的风景所吸引。额尔金深深喜欢上了日本，"迷人"是他经常挂在嘴边的话。额尔金勋爵清晰地意识到，中国和印度都因为与西方的不平等条约而感到痛苦和耻辱，但日本不同，几个世纪的隔绝使得日本人民更为幸福、安定和繁荣。"愿上帝赐福，"他祈祷说，"愿我们打开他们国家的大门后，不会给他们带来痛苦和灭亡。"[49]

从西方入侵造成第一波冲击，到开始快速实现现代化，观察这一时期的日本是一种独特的享受。奥利芬特没能抑制住好

奇心，新的印象冲击着他的感官，令他惊诧不已。这是一个在 279
与世隔绝之中发展起来的"高度文明"的社会。一切都是崭
新而不同的；这里是探险家的天堂。这群英国人坐在地板上品
尝寿司。他们愉快地仔细察看日本的手工制品和工艺品，游览
园林和寺庙，在长崎和江户干净有序的街道上漫步。他们或许
对眼前所见的一切知之甚少，但他们至少尊重和敬佩他们遇到
的陌生文化。

　　他们没有想当然地产生种族优越感和必胜信念。奥利芬特
告诉《泰晤士报》的读者，日本的气候、肥沃土地、"画一般
的美景"、社会的安定和繁荣都举世无双。他说，难怪日本人
对外界需求极少，而且他同意与西方的接触对日本将是毁灭性
的。另外，他也敏锐地注意到，日本人比任何其他亚洲社会都
更有能力掌握西方的科学技术。在这方面，日本就是一块白
板，一个测试西方现代化的实验室。[50]

　　额尔金的到访更像是一次观光之旅，而不是武装威胁。额
尔金只带了少量兵力，停留的时间也很短暂。但是，对于英国
皇家海军的恐惧仍然强烈，而且众所周知的是，英国正在中国
和印度打仗；额尔金发现他正在推开一扇已打开过的大门。幕
府已经准备好给予英国人和美国人一样多甚至更多一点的东
西。港口已经打开，大量制造品的关税都被设定为低水平的
5％，江户和开放的港口都已经设有领事代表。在英国国内，
额尔金签订的条约及其轻松的谈判方式被誉为重大的成就和具
有历史意义的事件。维多利亚女王在议会开幕式上说，条约
"开辟了一片新的区域，商业公司从此可以进入一个人口众
多、高度文明的国家"。[51]

　　在日本社会的平静水面之下，并不完全是英国使团为之着

迷的那种安宁。堀田正睦是幕府老中，曾与汤曾德·哈里斯签订了友好条约。与此同时，坚定的孤立主义者和武力反抗的支持者德川齐昭迈出了大胆的一步：他派遣家臣到京都朝廷，以引起天皇的重视。当堀田请求孝明天皇批准与美国和英国的条约时，天皇坚决反对。堀田没有办法，只能选择辞职。

在今天的日本，很少人知道这次天皇意志的展示。几个世纪以来，天皇一直被隔离在政治之外。在 19 世纪 50 年代的这场危机中，日本的两大权力核心——天皇代表的象征性权力和幕府将军行使的实际权力——开始产生冲突。幕府摇摇欲坠，其优势地位受到了前所未有的挑战。新的幕府大老井伊直弼决心重新控制局面，而在关键的 1858 年就有一个大好良机。将军在额尔金到达江户当天去世（英国人不曾知道这类消息）。德川家族中有三位候选人具备继位的资格，其中领跑的两位分别是 12 岁的德川家茂和 21 岁的一桥庆喜。年纪大的那位刚好是德川齐昭的第七个儿子，但被过继给了一桥德川家，因而成为继承人之一。

如果德川齐昭可以为所欲为，且他的儿子又成为将军，那么日本就会拒绝与西方签订任何条约。按照其目前的人员构成，幕府将会声名扫地。但是，井伊直弼和幕府选择支持还是小男孩的候选人。在日本，这是赤裸裸的权力争夺。德川齐昭为他的儿子进行游说，使天皇再次卷入政治；其他几位大名也做了类似的事情。刚向西方打开的大门又要马上关闭了吗？天皇会不会牺牲将军来扩充他长期处于休眠状态的权力？真正对立的双方是尊王攘夷的激进派领袖德川齐昭和传统幕府的头脑井伊直弼。

幕府最终获胜。井伊直弼获得大部分大名的支持，德川家的男孩成了第十四代将军。井伊直弼拥有无限的权力，他让所有人都认识到了其胜利的重要意义。德川齐昭被软禁家中，曾前往京都为他们的主人游说的侍臣和低级武士都被围捕，然后被关进笼子运回江户。

安政大狱如其名所示是一次针对反对缔结通商条约的势力的镇压行动。幕府以残忍的手段来巩固它的权力，把批评开国决定的积极分子全部砍头。在额尔金和奥利芬特看来，日本十分平静且令人满意，但在日本人温文尔雅的表象背后，隐藏着血腥的权力之争和使社会发生崩溃的深深罅隙。[52]

"我们就要……离开了，"额尔金在乘坐轮船返回上海的时候沉思，"这是我到达令人生厌的东方以来，唯一令我多多少少感到痛惜的地方——令人生厌的并不是东方本身，而是到处都有的关于我们的暴力、欺诈和对权利的漠视的记录。"[53]

*

这些"记录"在 1858 年的亚洲随处可以。当额尔金忙于迫使中国和日本就范时，英国军队正在扑灭印度叛乱的余烬。《泰晤士报》的特别通讯员威廉·霍华德·拉塞尔在 2 月的一天和帕特里克·斯图尔特中尉一起漫步在恒河河畔。斯图尔特用他的步枪瞄准目标，击中了放在岩石上的雷管。这款武器被人称为"雅各布步枪"，发明者约翰·雅各布（John Jacob）准将用它来引爆炮弹。斯图尔特瞄得很准，子弹击中了岩石，引发了雷管的爆炸。这是一种巧妙且带有卖弄意味的地雷引爆方式，其引发的爆炸把恒河河岸上的许多印度教寺庙炸得粉碎。"哎呀，肮脏卑劣的托钵僧和婆罗门！"拉塞尔评论道，"你们的胜利是短暂的。"[54]

在这里，人们在复仇的名义下开发现代技术，高度的现代性与原始的复仇欲纠缠在一起。

在英国人重新控制印度的过程中，帕特里克·斯图尔特的努力为英国军队蒙上了一层现代的光芒，但是现代文明没能驯服报复心。叛变者或许在叛乱中表现骇人，但是英国人及其盟友实施的报复在数量上有过之而无不及，而且他们更不受约束。

3 月 14 日，英国军队猛攻位于勒克瑙的凯塞尔班皇宫，那是一个令人印象深刻的大量宫殿和清真寺的结合体。此时威廉·拉塞尔仍然和斯图尔特待在一起。英国军队和印度盟军的兵力合计超过 3 万人。他们奋力杀入奥德以平息叛乱。

282　　拉塞尔请求他的读者想象与塞缪尔·泰勒·柯勒律治（Samuel Taylor Coleridge）的《忽必烈汗》（*Kubla Khan*）中的情景相似的一幕：花园和庭院里种着橘林，还有无数雕像、成排的灯柱、沟渠和带有"抛光金属圆屋顶"的亭阁。当拉塞尔走入这些迷人的场景时，战斗正在身穿红衣的英国士兵和叛变的西帕依之间激烈展开，子弹在空中嗖嗖飞过，印度士兵的尸体倒在橘林里，雕像上沾满了鲜血。庭园周围是柱廊建筑，房顶和穿顶上镀了厚厚的一层金。战斗在周围打响的时候，英国士兵用枪托砸开房门，或者轰掉房门的铰链。拉塞尔听到建筑里面传来喊叫声和玻璃破碎的声音。

然后，从门口处涌出一群英国士兵，身上满是掠夺而来的物品："披肩、华美的挂毯、绣有金线银线的锦缎、珠宝匣子、武器、华丽的服饰。人们狂乱而激动，对黄金充满强烈的欲望——真真正正地沉醉于劫掠。"有些士兵拿着精美的中国瓷器或镜子冲了出来，把它们狠狠地摔碎在地上，然后跑回去再拿。有些人出来的时候身上穿着镶满金银宝石的王公服饰。

大量被掠夺者认定为没有价值的东西从奥德皇宫的窗子里被扔出：破烂的家具、撕裂的画、绚丽的衣服、乐器、书籍和其他能在皇宫里找到的东西。然后，它们被付之一炬。枝形吊灯和镜子的玻璃碎片在庭院的大理石路面上积了三英寸高，踩上去嘎吱作响。

拉塞尔穿过迷宫般的宫殿群落，从一座王宫到另一座王宫，发现路上到处是西帕依的尸体。"他们的衣服在身体上缓慢燃烧"，他惊奇地看到许多大箱子里填满了瓷器、高脚酒杯、上好的玉杯，以及盛满翡翠、钻石和难以置信的大珍珠的匣子。到处都是女王军队中的"强盗"，他们"脸上有黑色的火药印迹，肩上的皮带血迹斑斑，口袋里塞满各种贵重物品"。拉塞尔多次听到"沉醉于劫掠"的说法，但他之前从来没有见识过这个词组背后的疯狂放纵所带来的盲目破坏是多么的可怕。尽管如此，拉塞尔跟那些军官和文职人员一样，衣袋中装满了掠夺物。[55]

在占领勒克瑙、征服奥德和中部印度的战役之后，印度的所有反抗在 1859 年初都被镇压了。对维多利亚时代的人来说，亚洲在 1857 年和 1858 年的急速转变说明在文明开化的过程中，军事力量和现代技术不可分离。东方的"逍遥宫"里发生的焚烧、掠夺和抢劫，无论是在德里、勒克瑙，还是在广州，其意义都不止于贪求暴富。这不只是报复对西方文明的侮辱和罪行，也是长久以来被感官上的幻觉和放纵束缚的"落后"社会的重生。其参与者不只是手持棍棒、准备洗劫的士兵，也有作家，后者用笔来勾勒东方的富丽堂皇，却只是为了把东方人贬低为幼儿，然后享受对他们的杀戮。

有人认为，毁灭野蛮人的奇技淫巧，夷平怪诞不经的迷人宫殿，将带来一个由进步、自由贸易和技术构成的更加理性的世界。电报天才帕特里克·斯图尔特通过用一发最先进的开花弹引爆多个印度教寺庙，生动地展示了西方在面对愚昧落后的野蛮人时拥有技术和军事上的绝对优势。奥德的王公们在勒克瑙兴建宫殿，使里边填满财富，因而激怒了英国人，因为英国人认为这说明了王公们没有统治才能。吞并奥德引发了大叛乱，对这些宫殿的肆意破坏不仅象征着反叛的平息，也象征着对古老、顽固和不可改进的印度的征服。

中国和日本曾经是不可征服的伟大帝国，但都在 19 世纪 50 年代末被迫对外开放并进入现代世界，其中英国出力不小。技术象征着 19 世纪的文明，也标志着镇压一切反抗者的武器。可靠的恩菲尔德步枪是新的帝国执法者，它的射程和精度赋予使用者极大的优势，使其能够胜过数量占优的对手。

284　　在许多年之后的 1902 年，德里立起了一座 20 英尺高的灰色花岗岩方尖碑，以纪念威廉·布伦迪什和其他用电报向英属印度当局报告叛变的人。随着时间的流逝，纪念碑文的许多内容都已看不清了，但一些字词仍可辨认，写着"这份电报拯救了印度"（对英国人而言）。现代性的必然胜利是关于印度叛乱的所有故事与神话的核心。在纪念碑落成五年之后，记者路易斯·特蕾西（Louis Tracy）撰写了一本关于 1857 年事件的小说，名字叫《血色年份》（*The Red Year*）。其中的一幕不仅揭示了当时人们对于西方科学的必胜信念，而且显示了现代性与野蛮的密切联系。它描述了一个面临行刑的西帕依，他抬头看着英国人即将用来吊死他的电报线杆上的缆线。"啊，"他说，"你们之所以现在能吊死我，是因为那条该死的电缆已经在睡梦中勒死了我们所有人。"[56]

第三部分

世界新闻：青铜时代

第十二章　新闻帝国
舰队街*

> 这场战争……消除了外界的幻觉……它证明英国仍然
> 是——而且配得上是——世界上最强大的帝国。在这场战
> 争中，我们的盟友只有我们自己的精神和能量。
>
> ——《伦敦新闻画报》[1]

那是世界上最险峻、最荒凉的地方之一："一块庞大的黑色礁石从深海中冒出头来……大西洋海水无休止的冲刷在上面留下了深深的凹痕；许多礁石已经冒出头，从阻断永不平静的海洋且受轰鸣的浪潮冲击的巨大花岗石壁中分离出来。"然而，这个被人遗弃的地方忽然变得"跟纽约或波士顿一样出名和……令人熟悉"。[2]

几个世纪以来，纽芬兰岛东南角的开普雷斯（Cape Race）对渔民来说意味着危险。在风暴，在时常出现的浓雾之中，接近致命礁石的唯一警报就是海浪冲击它们时发出的如同重炮轰鸣一般的怒吼。在电报发明前，这是一个鲜为人知的地方，也是被迫住在附近的居民有意避开的地方。

从 1858 年开始，美国没有一份报纸不用醒目的黑体大字

---

* 舰队街（Fleet Street）为伦敦市的一条著名街道，直到 20 世纪 80 年代它都是英国传统媒体机构的总部，并因此成了英国媒体的代名词。——译者注

印上"开普雷斯"。原因很简单：开普雷斯是从欧洲去往波士
288　顿、波特兰或纽约的船只最早看到的陆地。通过这个海角的邮
轮都会发射火箭。在这一幕的刺激下，几艘小渔船冲入颠簸的
海浪，寻找一个密封的金属小罐。它的一端较沉，另一端上有
一面小小的晚上会闪烁磷光的金属旗帜。人们用网捞起这个上
下起浮的罐子，然后将其带回陆地。里面装有 19 世纪 50 年代
最有价值的商品：来自伦敦的新鲜的世界新闻。在邮轮抵达波
士顿或纽约的两三天之前，头条新闻已经通过电报从开普雷斯
被发往纽约市的美联社。

美国报纸都有一个名为"经由开普雷斯"的最新消息栏
目，里面有世界各地的新闻，它们比一般信件带来的消息要早
两三天到达。从 1857 年底起，美联社在开普雷斯拥有了自己
的新闻快艇，以拦截路过的邮轮。这是一门高成本的生意，但
是美国民众渴望得到世界各地的新闻。任意挑一份报纸，日期
随机，如 1858 年 6 月 19 日纽约州偏远地区的《杰纳西县信使
报》（Genesse County Herald），人们就能发现上面印着关于九
天前的事件的国际新闻，其电头写着"圣约翰斯，纽芬兰"。
轮船"范德比尔特"号在即将离开南安普顿的时候已经收到
了来自伦敦的新闻电报；它在开普雷斯把信号抛给美联社的新
闻快艇；头条新闻一上岸，电报就会马上将其传到全国各地。

《杰纳西县信使报》夸耀称，新闻传播的速度快得前所未
有。头版头条就是"印度传来的重要新闻"。与俄国一样，美
国和主要的欧洲国家的民众十分关注 1857～1858 年的印度叛
乱，将其视为一起具有世界性意义的事件。接着是关于维苏威
火山（Mount Vesuvius）的"可怕爆发"的报道；然后是由船
带至马耳他岛，再从岛上通过电报传到伦敦的在华条约谈判的

新闻。报纸也刊载了伦敦证券交易所的收盘价和至关重要的美国铁路证券新闻。另一份纽约州报纸《特洛伊辉格党日报》（*Troy Daily Whig*）刊印了同样的新闻，还报道了利物浦棉花市场和玉米交易的价格动态。它关于英国食品供应市场的摘要写道："牛肉成交量较少但保持平稳。猪肉成交量较少但保持稳定。猪油成交量大。"[3]

在此前不久，海外新闻必须先到达东部的港口城市，再从那里传到美国各地；但现在，电报使得全美各地几乎可以同步共享国际新闻（除了还没有连接电报网络的俄勒冈、加利福尼亚和密苏里以西的地区）。这种共同的体验赋予了新闻更为重要的价值。新闻从遥远的海外之地前来，轮船、陆上邮政、美联社的拦截快艇和电报的连续接力，船只的名字，它们到达和离开的日期，这些内容本身就构成了一则先于头条新闻的新闻故事。

19世纪50年代的经济全球化充分利用了丰富的信息。由于大量金钱赶在生产能力获得保障之前已经通过广阔的金融网络贷了出去，而诸如棉花和小麦等商品在播种之前就已经被预订，企业需要快速而准确地掌握任何可能影响价格的信息，包括天气、国际事件、战争传言、国内政治、选举、革命、在建船只和所有已经发生或者可能发生的事情。随着美国中西部越来越依赖对利物浦的出口，其国内报纸就像猎鹰一样注视着英伦诸岛的天气：非季节性的风暴或霜冻可能预示着一笔横财，晴朗的天气和大丰收则可能是价格惨跌的预兆。同样，利物浦的棉花经纪人也关注美国南部的降雨量，以预估下一季度的棉花产量。信息不会嫌多，速度再快都不够。时间就是金钱，也是权力。商人和银行都懂得建立信息交换网络的必要性，散布世界各地的通讯员向总部提供了永不停息的信息流。

但在 19 世纪 50 年代，新的技术意味着信息的获取易如反掌。在一个因为移民、经济扩张和亚洲开放而发生转变的世界里，新闻革命成了意义最为重大的进展之一。全球民众对于最新资讯的强烈渴望是这个时代的一个显著特色。正如伦敦的《泰晤士报》评论的，在现代社会里，第二名不会有任何奖赏："如果小妖精帕克要花四十分钟才能环绕地球一圈，而爱丽尔只需用脉搏跳动两次的时间就能做到，那么帕克就会被淘汰出场。"[4]

*

290　　在 19 世纪 50 年代，英国民众获取新闻的速度越来越快。《泰晤士报》就处于爱丽尔的位置上，总能抢在笨拙的帕克之前发布新闻。它利用数量众多的外国通讯员、快件合同、铁路、电报和它自己的轮船，以惊人的代价加快了新闻从世界各地传到舰队街的速度。世界上没有一家报纸负担得起这等规模的新闻运作，而且它把快速传播世界新闻当成自己最引以为傲的东西。在 1854 年，《泰晤士报》是世界上最重要和最有影响力的报纸，它的战地记者团从克里米亚战争前线发回了生动而扣人心弦的第一手报道。它的国际新闻是美国、欧洲和其他国家的外国新闻报道的主要来源，它的社评被视为英国民众意见的晴雨表。

根据《印花税法案》，《泰晤士报》将其沉重的纸页寄到全国任何一个地方都只需花费 1 便士。因此，它能够提供大量的阅读内容，包括无与伦比的国际报道，成本却与本地报纸持平甚至更低。但显赫的名声也伴随着危险。在一个自由贸易的时代，把力量如此集中起来往往被认为是不当的。它去报道克里米亚战争（其最伟大的成就）时这种力量就曾导致了不良后果。当一切尘埃落定，且英国的军事表现也有了改善后，《泰晤士报》受到了许多人指责。有人认为它对公众舆论和战情处置不当的报道过于片面，而且排斥其他报道，在世界范围内造成了误解，有损英国的全球威名。对舆论的垄断应该被多样性取代。

当《泰晤士报》的发展势头达到顶峰的时候，它的力量开始瓦解，且再也没能恢复。1853 年，广告税被取消；两年之后，《印花税法案》遭到废除。《泰晤士报》不得不通过提高价格来弥补邮资。地方报纸现在可以在价格上跟专业大报进行竞争。而且，更为重要的是，从 1855 年开始，电报使得它们在内容上也能平分秋色。

头条新闻的接收由伦敦的两家主要电报公司负责——电气公司和磁力公司。这些有价值的信息不仅传送至《泰晤士报》，也会在同一时间传给每一份全国性和地方性的报纸。这意味着无论科尔切斯特（Colchester）的《埃塞克斯旗报》（Essex Standard），还是《德比信使报》（Derby Mercury）和《阿伯丁日报》（Aberdeen Journal），都能赶在由火车运送的《泰晤士报》抵达之前刊印世界新闻的摘要。

电报提供的头条新闻或者令人紧张的最新消息都打上了"来自海底电缆"的标签。在简洁的电报信息发出多日之后，更加完整的报道才由轮船递来。《泰晤士报》仍然在细节报道上保持着权威地位，但是地方报纸已经可以获得突发新闻。这些地方报纸需要做的只是赶在专业大报经由铁路运抵之前，复制上面的外国新闻，然后以远低于《泰晤士报》的 5.5 便士的价格（1 便士）卖出。

电报因此使新闻变得廉价。用《泰晤士报》的话说，它贬低了新闻的身价。莫布雷·莫里斯（Mowbray Morris）是报社经理，他鄙视地说："我不怎么信赖电报，而且我宁愿从来没有发明过电报。"他唯一信任的外国新闻来源是报社亲自挑选的通讯员，且他认为电报线传来的新闻并不可靠，差不多等同于谣言。[5]

他的担忧并不是没有道理的。《每日电讯报》创立于1855年，也就是通俗的便士报报社爆发式发展的那一年，它们专门迎合"普罗大众"，也就是大量此前从来不会订阅日报的中产阶级男女的口味。《每日电讯报》只卖1便士，面向的是一个未经开发的庞大市场，口号是"世界上最大、最好、最便宜的报纸"。如其名所示，它刊载的都是每天经由电报线路从全英国和全世界发来的最新报道。"我们想要的是人们的关注。"报纸的所有人说。《每日电讯报》是《泰晤士报》谴责的"新新闻主义"（new journalism）的典型代表：尖锐、轻率、缺乏虔诚和耸人听闻，就像纽约的日报一样。[6]

19世纪50年代的报纸革命改变了英国与外部世界的关系。像《每日电讯报》那样的全国性报纸，与《劳埃德周报》（Lloyd's Weekly）、《雷诺新闻报》（Reynold's News）和《世界新闻》（News of the World）那样的地方性便士日报和平民主义的工人阶级周末报，在开发广阔新闻市场的竞争中找到了一个富矿。在发生于英国殖民帝国边疆和偏远之地的"小型战争"中，有许多英雄人物的事迹，它们向中下层和工人阶级的读者提供了大量发生于异国的爱国主义冒险故事。成千上万的英国人此前从未读过任何一份报纸，但是都被深深地卷入了这出徐徐上演的帝国大戏。"新新闻主义"促成了一种新的帝国主义和一种会重塑英国国民性的新的帝国气质。[7]

*

举例来说，一则关于印度内陆的新闻报道会首先由电报发到孟买，在经过转录后它被放上邮轮送往苏伊士。在那里，它被电报发送到亚历山大，再转录一遍，然后它又走一遍海路，但这一次去的是的里雅斯特（Trieste），到达那里后它又马上通过电报被发往伦敦。这样的新闻报道往往是简短的，只够用来做大字标题，或只有几个短句，前面用粗体写着"来自海底电缆"几个字。读者要再等上好几天，等到完整的报告通过轮船和铁路服务送达后，才能读到后续的详细报道。

印度叛乱的消息就是以这样的方式传到英国的。伦敦在1857年6月26日收到官方的电报急件，此时距离密拉特爆发叛乱已过了五个星期。之后陆续有邮件传来，但是都是令人失望的粗略概况。7月13日，第二批电报信号开始响起，完整地报告了暴行关键情节的细节，导致了耸人听闻的头条的出现和焦躁不安的猜测。在之后数天，陆续传来的特别通讯员的报道、政府快报和大约2万封私人信件，揭露了正在发生的一切。新闻的律动不可避免地引发了最强烈的骚动。

在叛乱期间，人们的情绪就像过山车一样起伏不定：在几个星期的不安之后又突然涌现出一大堆头条新闻，然后是信息的饱和化，因为有太多未加筛选的消息需要消化。恐怖屠杀和反击、突然受挫和神奇取胜，这些故事使1857年的民众从夏季至冬季始终处于期待与亢奋之中。印度叛乱是新闻史上独一无二的新闻事件。事件与报道之间隔了一个月，短到足以保证新闻的新鲜度和时效性，也长到报纸有足够多的时间构思该如何报道和编排这些充满恐怖和冒险元素的故事，尽管它们的报

293

道内容多半与事实不符。

例如，坎普尔的萨蒂焦拉石阶码头和比比加尔大屠杀的新闻，与对亨利·哈夫洛克在大干道的急速行军及其出人意料的一系列胜利的报道同时到达。正常的时间顺序被扭曲，现实中分别发生在两个星期的事情被压缩成一个故事。可怕的谋杀新闻与关于英雄主义和报复的报道交织在一起。这些新闻就像情节剧一样，分段连载，内容之紧张刺激与扣人心弦让人不禁想起查尔斯·狄更斯或是威尔基·柯林斯（Wilkie Collins）的连载小说。在那几个关键的月份，并没有英国报社记者在现场，他们只能依靠位于事件中心的士兵的第一手叙述。记者可以任意裁剪这些记录，将之变为生动却只能被人视作虚构的文章。哈夫洛克本来在英国默默无闻，但在一夜之间，他就被推上国家英雄的位置，成为"盎格鲁－撒克逊勇气"的化身。[8]

依《劳埃德周报》所载，"在鲜血、暴行、灾难之中，在风暴的最黑暗处，英勇的哈夫洛克站了起来，他伫立在其他战士之中。他的声音鼓舞人心，他的宝剑锋利无匹，他劲头十足，具有大将风范，在我们看来，这些特质使他的形象闪耀着希望之光"。《泰晤士报》说他体现了种族优越性，证明了英国统治印度的合法性："哈夫洛克将军的行军是我们在印度斯坦的境况的准确体现。他前进，他战斗，他征服——在他面前一切都将败退。"[9]

哈夫洛克的光辉事迹在9月被报道时，因为人们对印度的极度憎恶之情而被过度放大。那些最可怕、最骇人听闻的报道充斥着报纸版面：欧洲人的孩子被强迫喂食其父母仍在轻微颤动的肉，然后被扔到天上用刺刀刺死；许多男人生前见到的最后一幕是妻子和女儿遭到强奸。人们被告知，在德里，"娇弱的妇女，包括母亲和女儿，都被剥光，受到侵犯，赤身裸体地走在街头，被藤条鞭打，被扔掷秽物，然后被丢给充满兽欲和沾染鲜血的暴民；直到死亡或发疯，她们才能摆脱这些无法名状的痛苦"。[10]

294

不出所料，民众因此爆发出一片复仇的呼声。印度叛乱是第一起全英国同步报道的重大新闻事件，《泰晤士报》、《北方回声报》（Northern Echo）、《贝尔法斯特通讯报》（Belfast News Letter）和其他许多地方报纸都刊载了一模一样的报道。同样在预计之内的是，印度叛乱标志着19世纪的一个转折点。新闻的报道方式比新闻本身更加重要。新闻报道的戏剧性和悬疑性放大了人们的情绪，使其变得直接鲜明。人们对同胞们的命运产生了强烈的共鸣，同时也感到无能为力。新闻传递变得快到前所未有，同时也慢得令人煎熬；新闻成了过于详细的有害拼凑物。关于可怕罪行的没有经过证实的传言很多，但很少有不偏不倚的报道。全国性和地方性的报纸都用打包拼凑的方法把新闻报道变成连载的情节剧，这激起了负面的情绪，深远地影响了英国。

查尔斯·狄更斯在当时的一封私人信件中说出了许多人的心声。"如果我是印度的总司令，我就会对他们发动突然袭击，我要做的第一件事……就是告诉他们……我会尽全力根除这个最近行为残忍、劣迹斑斑的民族……而从现在开始，我将用尽一切仁慈的、便捷快速的处决方式，把他们从地球表面抹除。"无数人都跟他抱有一样的种族灭绝幻想。[11]

事实上，叛变的西帕依犯下的强奸或虐待罪行极为罕见。在1857年秋天，威廉·拉塞尔的"内心被寄给我们的每一封信件深深触动"；当他在1858年到印度为《泰晤士报》撰写新闻报道时，他听说了无数起强奸和毁尸的故事，但是从来没有找到任何证据。官方调查同样证实，关于暴行的传言经不起细致的考证。但在最关键的夏天和秋天，印度的国内通信都中断了，英国新闻界把距离事发地点几百英里远的孟买或加尔各答的谣言都当成真事报道。在 1857 年下半年，英国民众只关注两类简单但引人注目的报道：妇女儿童遭受前所未有的暴行，以及英勇的英国士兵不顾贫苦、一心一意地前去拯救他们。[12]

英国关于叛乱事件的报道中最有名的一张图片以玛格丽特·惠勒为描绘对象。她又名乌尔丽卡（Ulrica），是将军休·惠勒爵士 18 岁的女儿，也是坎普尔的临时壕沟的保卫者。故事有好几个版本。一个版本说她在萨蒂焦拉石阶码头的船上被一个穆斯林士兵绑架，但她用剑杀死了绑架者和另外四人，然后投井自尽。最著名的一个版本说，她没有受到侮辱，反而抓起她的左轮手枪射死了五个企图强奸她的人，然后饮弹自尽。这个传奇的结局是她的头发被一队英国士兵发现。这些震

图 17　坎普尔之围中的玛格丽特·惠勒（1857 年）

惠勒小姐在 1857 年 6 月的坎普尔之围中反抗西帕依的袭击。
图片来源：Getty.

惊的士兵拨开灌木丛，郑重发誓，要为每一缕头发杀死一个叛乱者。[13]

*

　　诸如此类的故事和无数未经证实的暴行传闻激怒了英国人，他们需要英雄来为这些受难的妇女儿童复仇。于是就有了那样的时刻及那样的人。

　　"据说，"巴麦尊勋爵宣称，"印度是英雄的国度，但事实上，印度是英国人有大量机会展现伟大英雄品质的国度。在［英国］这个我们有幸成为其国民的国家，这些品质是十分常见的。"印度叛乱使民众获得了一间新近造就的英雄的万神庙。冲突的性质给了很多士兵发挥主动性以及建立卓越军功的机会。亨利·哈夫洛克就被晋升到了少有人能及的高位。[14]

　　尽管特拉法尔加广场上竖着纪念这位将军的雕像，但在今天，经过此地的人很少知道他是谁，更别说尊崇他了。但在维多利亚时代，他在人们心中就是民族气概的象征，就像纳尔逊和威灵顿一样。民众迫切希望了解他的一切，充满赞美之词的报纸简介和传记书籍到现在都还能找到。拥有四十年勤勉、乏味、令人厌烦的海外服役生涯的顽固的哈夫洛克，已经见过太多富有的同侪或晚辈用金钱来获取晋升，然后跃升到他之上成为高级指挥官。波斯战争爆发的时候他已经是一个年老的旅长，军界中人都毫不客气地说他"挑剔而令人厌烦"，并且"又矮小又衰老"。[15]

　　以下是一个 19 世纪 50 年代的真正英雄的组成要素：他是一个勤奋的中产阶级，经验丰富，与贵族利益没有任何关联，在多年受挫和被冷落后，他仍然能够展现出维多利亚时代的人所钟爱的自助品质和道德自制力。他全凭功绩，克服了困苦与不公，其生涯在即将结束的时候到达了令人印象深刻的顶峰。宗教信仰使这个故事更加完满：他是一个热心的浸礼信徒，会在队伍中布道、分发《圣经》、举办祷告会、成立军队戒酒协会。带领人们的是一个让人想起克伦威尔的勇敢果断的基督徒士兵，生活朴素，具有福音派信仰，个性坚强、自律、冷静。[16]

还有谁比他更有资格在坎普尔和勒克瑙执行神的惩罚？普通民众因为兽行传闻而愤怒不已，迫切渴望复仇，在他们看来，亨利·哈夫洛克就是那个领导反击行动的理想人选。他曾经三次尝试进入勒克瑙解救那里的平民和士兵。在第三次，他终于取得了突破。在围困解除不久后的 1857 年 11 月 24 日，他因痢疾去世。1858 年 1 月 7 日，这则新闻一传到伦敦就引起了全国范围的强烈反响。福音派的咏唱和爱国主义的街头民谣都哀悼他，叙述他的勇敢事迹。死亡确立了哈夫洛克的神话地位，对他的偶像崇拜马上就要开始了，而且它将一直延续到 20 世纪。

最重要的是，平息印度叛乱的英雄体现了维多利亚时代的男子气概。182 人因身处敌人炮火之下时的显著勇气，而获得了维多利亚十字勋章（Victoria Cross），且令人惊讶的是，他们占迄今为止被授予该勋章的总人数的 13%。民众可以享受一场冒险故事的盛宴。

这些人都是 19 世纪 50 年代的战斗冒险英雄。但是，他们没有一个比得上"旁遮普雄狮"（Lion of the Punjab）和"德里救世主"（Saviour of Delhi）约翰·尼科尔森。如果说，哈夫洛克将军体现了勤勉和坚韧，那么尼科尔森将军就是一颗绚烂而早逝的流星。印度叛乱表明了统治西北边陲荒原的兄弟连的活力和成就。这支年轻的"基督教文明的先锋队"募集了一队非正规骑兵，为征服的部落领地带去了稳定的统治。"尼科尔森是我遇到过的所有人里给我留下了最深刻的印象的，"弗雷德·罗伯茨（Fred Roberts）回忆他在白沙瓦第一次遇到尼科尔森的情形时说，"……他外表威严，给人一种力量感。我认为这是因为他在野蛮、不受法律约束的部落中度过了许多光阴；在那些人当中，他的权威是至高无上的。和这位了不起的人物交往使我更加渴望留在前线。"[17]

在印度叛乱中，尼科尔森率领移动纵队，"成为暴力的化身"，一举平定了旁遮普，然后奔赴德里山脊。在一场著名的战斗中，他赶走了即将夺得攻城装备的大股武装力量。尼科尔森（在几个星期内，他就从上尉升到了代理准将）的出现大大鼓舞了士气，原来的灰心沮丧变成"奋发振作"。他在领兵进入德里街区的时候被狙击手认出并击中，最后死于伤势过重。他忠实的帕坦人、阿富汗人和廓尔喀人部下都参加了葬礼。"为了他，他们离开了前线上的家；为了他，他们舍弃了深爱的山区，来到讨厌的平原，"一名英国军官写道，"他们只服从于他，他们只为他效劳。"当他的棺材被放入墓穴时，这些不苟言笑的山里人忍不住放声大哭。[18]

尼科尔森在 34 岁死亡一事奠定了他和亨利·哈夫洛克一样的传奇地位。他敬畏上帝，是一位坚定的北爱尔兰新教徒。但是，这对于 1857 年和 1858 年的维多利亚时代的人来说，或者在他的神话不断膨胀的岁月里，并不重要。尼科尔森体现了维多利亚时代的中产阶级所重视的男子气概。

现代读者更倾向于把尼科尔森将军看作一个问题多多的人，而不是楷模。

298

他残酷对待囚犯和下属，多少有施虐倾向。据说尼科尔森曾经私下砍掉一个毛贼的头，然后把他的骷髅一直放在自己的桌子上。他发自内心地以猎捕和处决叛乱者为乐，并且宣称他更喜欢使用"剥皮、刺刑或火刑"，而不是仁慈的枪毙。他"丝毫没有感到良心不安"，准备"用我能想出的最令人痛苦的酷刑来折磨"那些反叛者。承受他的愤怒之火的不仅仅是他的敌人。在去往德里的行军途中，他鞭笞了一个挡路的小厨子。小厨子因为抱怨又被鞭打了一次，并最终死亡。尼科尔森性格孤僻，不苟言笑，他周围只有忠心耿耿、绝对服从其命令的帕坦人和阿富汗人侍从，此外还有少数与他"情同骨肉的"英国军官。他很少跟男同胞说话，更不用说女同胞了。[19]

毫无疑问，他确实令人惊叹，但除此之外，他是一个饱受折磨、情感缺失的男人。不过，使他今天变得讨厌的品质，在19世纪50年代是他的魅力所在。在帝国面临前所未有的严重危机时，他毫不让步的冷酷无情被认为是必不可少的。除此之外，他短暂但辉煌的军旅和文职生涯也给维多利亚时代中期的人们树立了一个榜样。他们非常喜欢自己看到的东西。

299

*

约翰·尼科尔森的传奇促进了一种帝国神话的形成。在这些故事里，坚定、公正的年轻人统治着原住民，他们凭借的只有勇气、一队忠诚的勇士和一支可靠的左轮手枪。在19世纪50年代，主要由于对印度叛乱的报道方式，印度西北边疆深深地植根在英国的流行文学中，就像高加索之于俄国人，蛮荒的西部之于美国人一样。那里是带有浪漫与冒险色彩的地方，文明的束缚不复存在。尼科尔森的美德——他的虔诚、无私、慷慨和勇气——正是统治帝国边陲所必需的品质。"他是用巨人模子浇铸出来的人，"一个参加过德里围城战的士兵滔滔不绝地说，"胸膛广阔，四肢强健，热情而威严，稍微有点粗暴。他是一个相貌严肃的美男子，胡子又长又黑，声音低沉洪亮。"[20]

尼科尔森的胡子值得一提，查尔斯·狄更斯的胡子也是。按风俗，蓄胡子在印度西北边疆和阿富汗是必须的。像尼科尔森那样的军官和文职官员蓄胡子的目的是获取山地部落的尊敬，因为在原住民眼里，胡须是男子气概和好战倾向的象征。当约翰·尼科尔森在1850年返回英国的时候，为了跟平民风俗保持一致，他决定刮去胡子。在一张肖像里，尼科尔森没有留标志性的胡子，看上去十分平凡，就像一个没什么特征的银行职员。

图18a　刮去胡子的约翰·尼科尔森（约1855年）

图片来源：Getty.

图 18b　蓄着胡子的约翰·尼科尔森（约 1857 年）

图片来源：National Army Museum（London）.

　　他如果在几年之后回家，可能会找不到可用的剃刀。从
19 世纪 50 年代中期开始，蓄胡子忽然流行起来。1853 年，狄
更斯在《家常话》（*Household Words*）中说，英国男性仍然是
"剃刀的奴隶"。狄更斯在 1855 年年中蓄起了胡子，成为 19
世纪最著名的蓄须者之一。他选择在那个时候留胡子是有原因
的。当时，克里米亚战争指挥不当的问题已经明朗化，民众对
于贵族对国家和军队的垄断不满到了极点。狄更斯是修宪协会
（Constitutional Reform Association）的领袖之一，该协会主张，
军队和行政部门应该设置竞争性的录取考试，永远摆脱特权和

图 19　参加了克里米亚战争的第 72 高地兵团士兵（约 1855 年）

新的摄影媒介赞颂普通士兵，使得胡子成为男子气概的最佳象征。

图片来源：Imperial War Museum（London）.

裙带关系的束缚。胡子让人联想到边疆地区的艰苦生活，显然与贵族格格不入。在克里米亚战争期间，出于健康的考虑，军队取消了禁止蓄须的规定，转而鼓励士兵留胡子，因为脸上和脖子上的毛发在寒冷的天气下能够起到保护作用。于是，突然之间，在50年代中期，中产阶级的男人都不愿意使用剃刀了，其中一个重要的原因是这可彰显与军队普通士兵的团结一致，这些士兵正在因贵族上司的领导失误而受苦。到1858年，狄更斯的小胡子已经长成了门环一样的大胡子。[21]

302　　　不过，胡子重新流行的主要原因还是它和男子气概的关联。在一本名为《胡子！我们为什么要剪掉它？》（*The Beard! Why do we cut it off?*）的小册子里，作者说女性和娘娘腔的花花公子重视"嘴唇和下巴的娇嫩和圆润之美"，这固然很好。"但是男人，"他继续说，"应该展示崇高而不是美丽。男人独有的气概是严肃和坚强，同时在外表上也应该有明显与之对应的特征。"[22]

　　　但是，一个"小店主之国"① 可能接受象征尚武的胡子吗？在克里米亚战争期间，中产阶级的价值观，也就是万国博览会展示的和平观念，使国家变得富裕，却又消磨了英国人的战斗精神。"我们能够除了修铁路和生产棉织品外，什么都不做吗？"1855年的《伦敦新闻画报》激动地说，"我们是否已经被长久的和平削弱了勇气（我们被长期浸泡在商业投机的油水中），以致我们失去了祖先的强健男子气概？"[23]

　　　两年之后，这家媒体断然地说，答案是否定的。哈夫洛克和尼科尔森那样的中产阶级英雄展示出来的男性特征，夸张地体现了普通中产阶级的男子气概：自立、自律和热衷布道。新

---

① 拿破仑曾经把英国称为"小店主之国"。——译者注

闻界把尼科尔森塑造成一个大英帝国的小资产阶级企业家："一个商人与战士的结合体的样本。"《泰晤士报》评论哈夫洛克、尼科尔森和尼尔等几位将军说，"这个国家的中产阶级"应该为这些与他们"生长于同一阶层"的英雄感到自豪。英雄们的出身并不高贵，他们没有身处高位的朋友，"没有一丝上流社会的气息，也没有一点儿诺曼人的血统"。他们"代表"和"体现"了中产阶级"最好、最纯正的品质"。[24]

这三位福音派将军都是勇敢的盎格鲁－撒克逊人，"完全浸染了中产阶级生活的腔调、脾性和道德观"。对于新闻界和广大作家群体来说，"品质"比阶级更重要。男子气概和功绩都是无法继承而只能后天获取的特质，胜过教养和特权。毕竟不是所有中产阶级都"沉浸"在自私的商业活动中，在账房、股票交易和商店里失去男子气概，变成娘娘腔。当差错百出的贵族在克里米亚玷污了国家荣誉后，中产阶级的军官们先在德里、勒克瑙和印度次大陆的其他地方，然后又在中国维护了它。"曾经只有贵族出身的军队英雄才拥有的了不起的特性——活力、自我牺牲、勇敢——无不在哈夫洛克或尼科尔森身上得到了完美体现。"[25]

展现出中产阶级战争才华的不仅仅是这些著名的将军。约翰·雅各布准将是萨默塞特的一名牧师的第七个孩子，也是最伟大的帝国边疆士兵之一。维多利亚十字勋章获得者威廉·霍德森（William Hodson）少校和戴顿·普罗宾（Dighton Probyn）中尉是战役中最著名的两位骑兵队的传奇剑客，他们和其他获得维多利亚十字勋章的年轻军官一样，都是中产阶级家庭的后代。在19世纪50年代，普通英国人的英勇行为和冒险事迹都会得到新闻界的纪念和歌颂，以满足热心民众的需求。

图 20　戴顿·普罗宾（约 1857 年）

　　在印度叛乱爆发的时候，戴顿·普罗宾只有 24 岁，担任非正规锡克骑兵队的指挥官，并获得了维多利亚十字勋章；1860 年，他到中国服役。这种神气十足的骑兵照片美化了英国的驻印军队，巩固了帝国的理念，促进了络腮胡在维多利亚时代的男性中的流行。

　　图片来源：National Army Musenm（London）.

"齐整的胡子会给脸部增添男子汉的尊严和决心。"《胡子！我们为什么要剪掉它?》的作者说。这是士兵乃至所有维多利亚时代的男人都珍视的品质——"胆量、勇气、活力、坚定和决心"——的外在呈现。难道商人就不用像士兵一样展现领袖能力，不需要每天坚定地面对并克服困扰自由市场的混乱因素吗?胡子一直流行到19世纪末，而且变得越来越长、越来越密。[26]

男子气概不等于大男子主义。它超越了阶级和天生高贵的概念，它是生活中的宗教和道德准则。生活就像战场，人在其中不断受到考验。男子气概不仅是面对变迁的适应能力，还要结合慷慨、自我牺牲、自我克制和自我约束。这种个人主义同自由放任的经济观念、自由主义对贵族权力的排斥、福音派的自我概念紧密相连。《泰晤士报》谈及尼科尔森的时候，提到"才能贵族"正在取代特权贵族，直接点明男子气概的观念与不劳而获的利益截然相反。[27]

在对男子气概的崇拜中，英雄是正在征服世界的士兵、冒险家、传教士和殖民者，他们的事迹在报刊、讲道坛和照片上广受称颂。《泰晤士报》赞许地说，约翰·尼科尔森的品格是中产阶级商人的榜样。报道突出了他"实在的淳朴和镇定的信心"，"以谦逊来克制、以深思熟虑来调和的强有力的威严性格"，以及控制情绪和适时爆发的能力。简单来说，他展示了所有可激励年青一代英国人的男性特征。如今的商业导师使用运动员来做心理分析案例；而在19世纪50年代，心理病态的年轻将军指明了通向商业成功的道路。[28]

查尔斯·金斯利（Charles Kingsley）说："所有真正的男子气概都在对环境的反叛中。"当男子汉在帝国边疆面临危险的时候，此点可能会表现得尤为明显。但是，对于那些在大后方的办公室中坐着工作的男人来说，他们鲜有机会效仿这种逆境中的体魄和胜利。也就是说，男子气概的标准一开始就设定得很高。[29]

两性关系中的男性特质得到了更多的鼓励。如果说男性被要求表现得严厉、凶狠和自律，那么女性就会因为相反的特质——她们的温柔和爱意——而得到嘉奖。萨拉·埃利斯（Sarah Ellis）在《英格兰妇女》（*Women of England*，英国和美国的一本畅销书）中说，女性气质产生并支撑着男子气概。她的意思不是女性就应该"温柔、和善、娇弱、顺从友好"；她倡导理想的女性气质应和男子气概一样，都基于"个人努力"、自省和"品质培养"。她说，女性应该展现出"良好的理解力和思想成熟的魅力……以及高尚心灵的无私仁爱"。跟男性一样，她们应该表现出"行动的敏捷、思想的活力和情感的良善"。[30]

埃利斯对女性气质的设想是在男子气概的观念基础上形成的。在英国，无论是在市场、交易所还是公共集会中，新的自由放任主义经济都鼓励进取的竞争性的个人主义。"更好的通信设备"使男性"在竞争领域的努力增加了十倍"；在现代，商业和贸易的需求是如此强烈，以至于"松懈就等于完全失败"。与此同时，英国的"冒险贵族"正被派去征服世界上最危险的地区。无论是在英国应付市场力量，还是在边疆表现"高贵勇气"，19 世纪的男性都不得不参与"战争"和"冲突"。[31]

因此，对男性的要求意味着"耗尽他们生命中的所有"。如果说男性不得不挺身而出，坚定而泰然自若地面对现代社会的挑战，那么女性也要扮演相应的角色。正如萨拉·埃利斯所说，只有在特别女性化的"活动领域"，女性才能对社会事务发挥最大影响力，"女性气质的理想活力"才能得到培养和磨炼。[32]

"一个女人最令人满意和最有用的影响力都在家里体现。"埃利斯夫人写道。母亲和妻子的"神圣职责就是关心、爱护未成年人的生活道德；意志的提高和行为的荣耀，一切都从这里开始"。和男子气概一样，维多利亚时代的女性气质也建立在中产阶级的价值观上。埃利斯并不希望她的同性模仿上层阶级的女性，拥有大量仆人并沉迷于公益慈善。一个女人的品质是在自我牺牲中形成和提高的，即应通过"忠实履行义务的行为"创造一个完美的家庭。她对家庭的关怀应该是"细致入微"和永无止境的。她不仅要努力做到严肃的"家庭管理"，还要创造一个有爱和道德的环境。女性是国家道德规范的守卫者，她们在家庭领域中完成的无数琐事奠定了英国的伟大。[33]

然而，当印度叛乱闹得沸反盈天的时候，这个幸福的恬静乐园也受到了威胁。1857年，议会讨论了《婚姻法案》（Matrimonial Causes Bill）；1858年1月1日，该法案在遭遇争议和强烈反对的情况下仍然获得通过。从此之后，夫妻可以在新的离婚法庭通过民事诉讼来终止他们的婚姻，而不是通过之前一直沿用的代价极其昂贵的议会法案。现在离婚变得更加直接和便宜（约100英镑），且所有阶层都可以办理。一个男人如果想要离婚，只需提供妻子的通奸证据即可；一个女人则需要证明她的丈夫犯有乱伦、重婚、兽奸、虐待或遗弃等罪名。在新法案通过的第一年，约有300起离婚案件获得批准，而在前一年只有3起。法案的反对者严阵以待，离婚潮和女性通奸的龌龊故

307

事可能会撕裂幸福的家庭。

因此，印度叛乱正好与对女性气质和婚姻的担忧同时出现。人们的反应是夸大现存的关于女性特质和家庭生活的观念。女性的"温柔"和她们建立的幸福家庭对每日在前线参加"战事"（包括实际和比喻意义上的"战事"）的丈夫来说，意味着在残酷追求金钱、成功和荣誉的良心不安中找到憩息之所。就男子气概的维护而言，家庭生活在维多利亚时代中期的时兴甚至比胡子更为重要。家庭神圣而不可侵犯，必须对其施以严密保护，以免其沾上商界、军队和政治的污秽：女性在家庭中的道德良知使得男性可以在他们自己的领域释放男性本能，而无须担心道德沦丧。

这就是印度叛乱造成了如此深远的冲击的原因之一。它代表着野蛮世界对家庭港湾的致命入侵。在《笨拙》上刊登的一幅名为"印度的英国家庭"的著名漫画中，一位带着小孩的女士因为两名嗜杀好色的反叛者的闯入而惊恐不已。我们应解读它的表面意义：这是印度的一间起居室，无辜者将要面临暴行。英国式的背景同样反映了与暴行有关的新闻闯入并玷污神圣的英国中产阶级家庭的方式。动乱就在门口，它已经越过门槛，直接触及理想中的男子气概和女性气质。

女性是"家里的天使"，男性是她们的保护者和拯救者，这样的理想化描述只会导致暴力和复仇的加剧。印度的英国士兵在国内狂热情绪的怂恿下，以受到伤害的英国女性的名义，实施了无数的报复行为。

在约瑟夫·佩顿（Joseph Paton）爵士的绘画作品《纪念》（*In Memoriam*）里，一个圣徒似的英国母亲被她的女儿和维多

图 21　版画《纪念》（1862 年）

原画为约瑟夫·佩顿的油画作品《纪念》，雕版作者为威廉·亨利·西蒙斯（William Henry Simmons）。

图片来源：Victoria and Albert Museum（London）.

309　利亚式的家庭饰物环绕着，她手抱《圣经》，看向天空。在最
初的油画中，准备破门而入的是决意实施强奸和杀戮的印度西
帕侬。《纪念》的展出激起了强烈的反响，佩顿不得不把西帕
侬改成前来拯救妇女和孩子的苏格兰士兵。和《笨拙》的漫
画一样，家庭生活最终艰难获胜。英国人对印度叛乱的首要
印象是，圣徒一样受难的妻子或母亲直到生命尽头仍然保持
着虔诚、坚忍和友爱。童贞的乌尔丽卡·惠勒体现了女性气
质的另一面：她是宁愿杀光攻击者然后自杀，也不会令贞节
受损的复仇天使。

　　在 1907 年的一个夜晚，传教士医生弗洛伦斯·利奇
（Florence Leach）被叫到坎普尔的街市去照顾一个年老垂危的
穆斯林妇女。这位老人用流利的英语告诉弗洛伦斯，她是休·
惠勒爵士的女儿。代表维多利亚时代的贞洁和禁欲的保护神乌
尔丽卡，原来没有因为跟印度人发生性关系而选择自杀，反而
嫁给了第二骑兵队的反叛者尼扎姆·阿里·汗（Nizam Ali
Khan）。他不是攻击者，而是把她救出萨蒂焦拉的恩人。

　　难怪乌尔丽卡隐姓埋名，在坎普尔街市中度过了余生。由
于她已经升入英国女性的万神殿，真相定然会激起愤怒的反
应。自 19 世纪 70 年代以来，一直有谣言说她幸存下来，并且
和一名印度人幸福地生活在一起，而不是死于高尚的自杀。在
她封圣的日子里，她被认为是纯粹的英国女性气质的代表；在
她声名扫地的时候，她甚至被认为不是纯种的英国人——她有
一位印度母亲。[34]

　　多数时候就像顺从、温柔的天使一样，只有在面临亚洲男
人的性侵犯时才会采取光荣的行动，这样的女性形象成为与印
度叛乱相关的众多神话中的一个。女性做了为了生存需要做到

的一切。女性气质的理想化概念很少考虑从边疆地区传来的女性传奇。在前往加利福尼亚的路上，在新西兰的农场，在19世纪50年代的新世界的其他地方，女性承担了本应由男性承担的责任。甚至出身上流的文雅女士也发现，她们不仅能煮饭洗衣，还能操纵枪支、经营农场和经营赚钱的生意。这些故事大部分都遭到了忽视，因为印度叛乱的叙述模式鼓励将女性宣传为圣徒和天使。许多人都认为这种简化的叙述令人生厌。鲁思·库普兰（Ruth Coopland）在瓜廖尔目睹丈夫被反叛者杀害，之后她拖着八个月的身孕长途跋涉，穿越敌占区，最终抵达了阿格拉。她写道："有些男人可能认为女人十分弱小，只适合做一些琐碎小事，吃不了苦……但其实很多妇女都刚毅坚韧，她们承受的苦难甚至会使士兵都畏缩不前。男人受过教育，也有良好的体魄，因而敢于采取行动，但是在智力和忍耐力方面都不如娇弱的女人。"[35]

310

*

　　对印度叛乱的回应改变了英国，也改变了英国与世界的关系。对于最早研究此次暴动的历史学家来说，从这场战争中涌现出了"我们国家有历史记载以来可以佐证我们国民性的最伟大的证据"。对于另一个作家来说，这场战争展示了"在空前可怕的惨状下和严重的个人苦难之中出现的英国国民性；在需要采取行动的时候，它表现出了不屈不挠的精神和持久的活力"。[36]

　　"国民性"一词值得我们特别注意。对于英国人而言，1857～1858年的事件足以解开他们的所有疑惑，使他们确信自己有权统治世界上的大部分地区。突出的国民性给了他们建设、管理一个大帝国的品性和才能，或者至少表面上看起来是这样的。"一个国家中的真正的贵族——能够提升国家、增强国家、为国争光的贵族——可扩充国家的力量，提升她的道德影响力，使她获得尊敬和服从，令千万人都为之慑服，令众多民族都向她低下高傲的头颅，"《泰晤士报》津津乐道，"……这样的贵族……就是具有国民性的贵族。"在评论者强调国民性的时候，他们的辩论已经超出了种族优越论的范畴。[37]

种族在这方面很重要，但是产生国民性的是其他许多事物。教育和宗教、自由和法律、政治制度和公共讨论的场所、企业家精神和勤奋、历史和传统，所有这些要素共同塑造了一个人的国民性。人们认为，英国在世界范围内一枝独秀的原因就是其国内的自由和政治体制。此时英国国内的自满情绪达到了历史最高点：自由贸易和不干预政策唤起了人们的活力，在此激励下，人们反过来又将价值观散播到世界各地。[38]

如果说胡子的再次流行意味着英国在维多利亚时代的男性危机，它也从小处说明社会的军事化程度已经达到了几代人以来的高点。"如果还要用什么来证明我们本质上已经是一个军事化国家的话，"《伦敦新闻画报》在反思尚武精神的重新觉醒时称，"这场叛乱就是证明。"毫无疑问，在此前不久，印度和大量的"小型战争"已经引起了人们的注意，但是与整个帝国相比，它们显得微不足道。由于电报在新闻业造成的影响，国际事务第一次成为人们的关注焦点。1858 年收复印度的喜悦和激动标志着民族自信进入了黄金时代。[39]

这跟人们七年前欢庆的黄金时代差别太大了。之前在万国博览会召开的时候，战争的观念和传统模式的帝国似乎都已经过时了。这些古老的事物在自由贸易和电报的时代显得十分多余；帝国将会逐渐萎缩，战争则会变得无关紧要，全世界的民众都将加入进步的进程。印度叛乱打破了这些虚幻的乌托邦梦想。印度人的叛乱表明，欧洲以外的民族不会因为贸易和通信而发生自然而然的转变。他们只有在更加开明的种族——例如具有可重塑世界的国民性的英国人——的引导和胁迫下，才能走向未来。

在克里米亚战争结束之后，好战氛围开始日趋浓厚。这场战争引发了英国与美国在尼加拉瓜问题上的争执和在波斯的冲突；1857 年的"中国选举"进一步证明了民众对于国外冒险的渴求。对英国民众的帝国观念来说，印度叛乱是一个转折点。

报道叛乱的方式则是引发观念转变的关键因素。新闻报道中的叛乱变成了一出拯救与复仇的戏剧，其演出方式绝对令人紧张得透不过气来。同时，这也是一起空前的新闻事件：它近到足以激起强烈的情绪反应，但又远到足以成为 19 世纪的肥皂剧。报道使得国内的痛恨和憎恶情绪发展到了顶点，但在此之后，哈夫洛克、尼科尔森和无数特点鲜明的勇敢军官的故事又给人们带来了希望。针对印度人的恶劣、血腥的报复行动在英国国内得到了热烈颂扬。这里是一个道德的帝国，基督徒准备和残忍的野蛮人决一死战。在叛乱发生之前，英国人对帝国兴趣不大；而在叛乱发生之后，大多数民众都参与了完成用武力传播文明和宗教的天赋使命的队伍。自此之后，英国人开始采取强硬的方式来对待印度人、中国人、毛利人、非洲人和任何妨碍到他们的其他民族。保卫帝国的战争变成了在全世界反抗邪恶的战争。

图 22　正义女神（1857 年）

　　《笨拙》杂志刊载的这幅《正义女神》反映了印度叛乱发展到高潮时，英国的民族情绪和民族使命感。

　　图片来源：Punch Ltd.

　　电报似乎没有使人具有更强的世界性和国际性，反而唤醒了人们的帝国主义天性。"英国的大臣必须取悦报纸，"阿伯丁伯爵叹息道，"而报纸总是以干涉外国为乐。它们是恶霸，而且使政府也成了恶霸。"[40]

成千上万的故事、图画和照片重新塑造了公众关于帝国的想象。特别是在（大多捏造的）印度叛兵强奸和虐待的传闻出现之后，人们对大英帝国的正当性和它在文明进程中扮演的紧要历史角色越来越深信不疑。甚至军队都在哈夫洛克的非凡影响下，从从前人们眼中的放荡者和不信神者的渊薮，摇身变成信奉基督的战斗力量；公众舆论原本认为粗野凶恶的军人间没有福音派新教徒的位置，现在却认为充满男子气概的清教徒其实给现代士兵带去了理想的品质。

人们为帝国、为陆军和海军、为英国担负的改变世界的历史使命感到骄傲。这样的骄傲之情以前所未有的方式深深地根植于人们的内心，并弥漫于原本不关心或者完全反对外国干涉和帝国扩张的各个阶层：福音派的中产阶级、循道会和浸礼会的工人阶级、自由派和激进派的自由贸易支持者。印度叛乱引发的沙文主义道德狂热刺激了帝国的扩张，定义了19世纪最后四十年和20世纪头十年的英国和世界。"印度帝国，"《泰晤士报》宣称，"是英国中产阶级的成就。"[41]

*

英国的自信心在1858年膨胀到了极致。"这个国家从来没有像今年这样无处不在且影响力遍及世界。"在《泰晤士报》看来，未来的历史学家会为这一年的成就陶醉不已。

通过镇压"现代最严重的军事叛乱"，英国人证明了他们 314

的勇气和战斗力。他们还令人吃惊地"令中国面向世界打开了大门"。与此同时，另一个中产阶级英雄大卫·利文斯通（David Livingstone）再次表现了英国人的勇气。他的《传教之旅》（*Missionary Travels*）于 1857 年末出版，然后他在第二年秋天重返非洲，致力于为"基督教、商业和文明"打开赞比西河（Zambezi）流域。[42]

图 23　给"中国佬"的一课（1857 年）

在 1857 年《笨拙》刊载的一幅极具歧视性的讽刺漫画中，巴麦尊正在惩罚清朝总督叶名琛。

图片来源：Punch Ltd.

英国的力量在 1858 年正处顶峰。在它把注意力投向世界各个角落的同时，迫近本土的问题变得无可回避。在夏天，英国的温度一直攀升到了 35 摄氏度，泰晤士河的恶臭变得越来越令人难以容忍，甚至连岸边崭新恢宏的议会大厦里的议员都为这股从河里冒出的恶臭感到恶心。

人口增长、工业发展和抽水马桶意味着成千上万吨的污染物被直接排入泰晤士河。没有人会忘记河水在那个酷热的夏天里发出的腐臭味，以及它令人反胃的程度。更糟糕的是，通过水传播的疾病到处肆虐，成为致命的杀手。一名议员质问建筑工程专员约翰·曼纳斯（John Manners）：全国最好的河流现在变成了一个污水坑，政府打算怎么处理？"女王陛下的政府，"曼纳斯面向议员席上全都用手帕捂住鼻子的议员说，"对泰晤士河的现状无计可施。"[43]

没有什么比 1858 年的"大恶臭"（Great Stink）更能恰当地象征 19 世纪 50 年代的英国了。那些年是自由主义的全盛时期；当时，对自由主义的定义是政府不干预公共健康、劳工关系、工厂环境、教育、议会改革等领域以及其他大量的国内问题。外部世界和英国在世界中的位置才是人们的关注焦点。当英国的势力在国外欣欣向荣地发展的时候，其国内的社会结构却受到忽视，成千上万的人死于霍乱。《伦敦新闻画报》的评论最令人难忘："我们可以在世界最偏远的地方建立殖民地，我们可以征服印度，我们可以支付有史以来最庞大的债务利息，我们可以散播我们的名声、我们的声誉、我们的富饶财产到世界的每一寸土地，我们却无力清理泰晤士河。"[44]

《伦敦新闻画报》的观点一针见血，充分说明了 19 世纪时的英国的问题所在。彼时刚从哈佛大学毕业的亨利·亚当斯（Henry Adams）这样描述 1858 年正处于发展巅峰的世界金融中心："伦敦仍然是伦敦。某种特定的风格使它的污垢也变得高贵；笨重、粗陋、傲慢、势利，但并不虚伪；虽然偏狭，但是庞大；几乎不会对外部世界施以宽容，而且极度自信……这

里的每个人看起来都很傲慢，皇家交易所和英格兰银行是世界
上最傲慢的组织。"英国——印度的占领者、中国的征服者、
无与伦比的世界中心——不会被"大恶臭"扫兴。在恶臭从
河里冒出的同时，另一项重大成就使得欢欣鼓舞的情绪更加
高涨了。[45]

第十三章 时间的主人

纽约－伦敦

电报的意义不仅表现在机械上，它还有理想、宗教、
未来的意义，以及深远的、无法估量的影响。

——查尔斯·布里格斯和奥古斯塔斯·马弗里克[1]

1858 年 8 月 5 日，英国战舰皇家海军"阿伽门农"号
（HMS *Agamemnon*）艰难地驶入爱尔兰凯里郡（County Kerry）
的瓦伦西亚湾（Valentia Bay）。它的煤炭早已用光，大部分甲
板都已被拆卸并烧掉，以提供足够多的燃料供它与狂野的大西
洋风浪搏斗，然后缓慢地向凯湖（Lough Kay）的港口前行。
在 8 月 5 号的早晨，它漂到荒芜的岩石山旁，就像一个松软而
无助的软木塞，大海的剧烈颠簸和凶猛风暴的连续猛击几乎把
它砸成粉末，但它还是幸存下来了。

在 19 世纪 50 年代，"阿伽门农"号是英国力量的突出象征：
在 1852 年下水之时，它是全世界最大的蒸汽动力武装战舰，配备
了 91 门火炮，而且它还是第一艘装上了蒸汽发动机以作为设计的
一部分的皇家海军战舰。它曾在克里米亚战争的黑海战场上担任
旗舰。但在 1858 年 8 月，它象征着别的东西。当时船上悬挂的旗
帜上不只有英国的"米"字，还加上了美国星条旗中的星星。

从这艘巨型战舰上铺下一段长长的电缆，一直接到瓦伦西

THE "AGAMEMNON" IN A STORM.

图 24　皇家海军"阿伽门农"号（1958 年）

1858 年 6 月 20～21 日，"阿伽门农"号遇上了风暴。

图片来源：Illustrated London News/Mary Evans.

亚岛（Valentia Island）的奈茨敦（Knightstown）电报局。电缆以古塔波胶绝缘，长达 2000 英里，一头连接着电流计，电脉冲的信号能在数秒之内就传到大西洋的另一端，由纽芬兰特里尼蒂湾（Trinity Bay）的电报局接收。此次成功的消息以电报的形式从纽芬兰传到了纽约：《跨大西洋海底电缆铺好了！》

"大部分人都质疑了这则简短的声明。"纽约市的报纸评论道。可以理解为什么人们认为这一切都是骗人的。就在前一年，"阿伽门农"号与美国军舰"尼亚加拉"号（USS *Niagara*）在大西洋中央碰头，然后分别开始铺设电缆，美国军舰开往纽芬兰，英国军舰开往爱尔兰。在第一次尝试中，电缆突然断裂并且无法修复。在 1858 年 7 月，它们进行了第二次尝试，"阿伽门农"号却遇到了近期记载中最严重的大西洋风暴。7 月 29 日，两艘战舰又在大海中央的集合点会合，接合电缆，然后掉头前往各自的目的地。这一次，电缆成功地接上了。"尼亚加拉"号

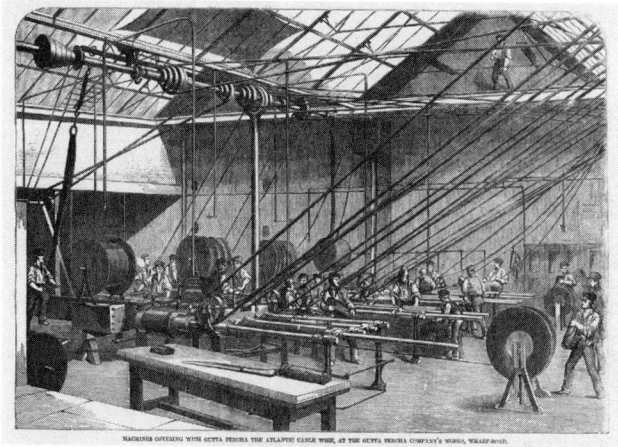

图 25　古塔波胶公司为电缆封胶

在伊斯灵顿区码头路，古塔波胶公司的机器正在为跨大西洋电报电缆封上古塔波胶。

图片来源：Bill Burns/atlantic-cable.com.

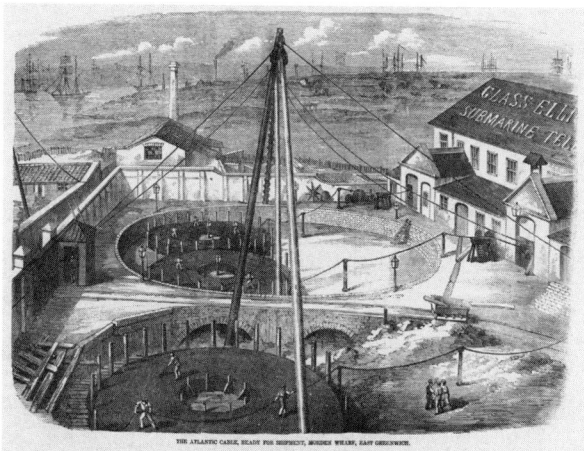

图 26　格拉斯和埃利奥特海底电报公司卷绕电缆

格拉斯和埃利奥特海底电报公司（Glass，Elliot & Co. Submarine Telegraph Company）正在格林尼治的现代码头（Modern Wharf）卷绕跨大西洋电报电缆。

图片来源：Bill Burns/atlantic-cable.com.

拉着它的电缆到达了特里尼蒂湾，"阿伽门农"号则迎着海风到达了爱尔兰。这一路是如此的多灾多难，难怪民众认为电缆铺设不可能成功了。但在 8 月 16 日，伦敦和纽约间的第一份电报发送成功："欧洲和美国因电报通信而团结。在至高之处荣耀归于上帝，在地上平安归于祂所喜悦的人。"[2]

电报刚刚抵达，教堂的钟声就响彻了整个纽约；工厂和船厂鸣起汽笛，发出尖锐的蒸汽爆鸣声；同时街道上回响着中央公园鸣放的 100 发礼炮的隆隆声，进一步增强了这阵刺耳的声响。晚上，一场烟花会演在公园举办，有 10 万人参加（纽约市的总人口为 60 万左右）；在百老汇和其他地方，公共建筑、剧院、酒店、商店和住宅都挂上了装饰物和灯饰。所有船只，不论国籍，都在索具上挂上了彩灯，点缀着纽约港；船上的人加入纽约市民，整晚都在发射烟火和放炮致敬。

但那仅仅是官方庆祝活动的前奏。在 9 月 1 日，估计有 50 万人排在百老汇大街和第五大道，或者挤在窗旁和待在屋顶上，观看从炮台公园（Battery Park）游行到纽约水晶宫［坐落于如今的布莱恩特公园（Bryant Park）］的庞大队伍，他们由 10 个步兵团、骑兵团、炮兵部队以及军乐队组成。接着是本次游行的重点：12 匹饰有羽毛的马拉着一辆美国运通的马车，上面载着一长段盘成金字塔状的海底电缆和一个可操作的电报机；跟在后面的是当天的英雄，赛勒斯·菲尔德，以及由"尼亚加拉"号船员高举的军舰模型。在他们身后，大约 1.5 万人游行在森林似的一片旗帜之中，其中有老兵和纽约各大协会、行业、慈善机构的代表。阅兵过后，政要们出席庆祝酒会，聆听演讲，并为由于参与此项伟大事业而获得蒂芙尼公司（Tiffany & Co.）打造的金质奖章的人鼓掌。

晚上 10 点的表演令人印象深刻，城里的志愿消防队员举
起火把游行，拉着擦得锃亮且饰满鲜花、旗帜、各色彩灯的消　　320
防车，穿过仿佛正午时一样亮堂的街道。消防员有的把点燃的
火炬高举过头，有的在行进时发射罗马烟火筒和火箭式烟火。
另一场极尽奢华的烟火表演把活动推向了雷鸣般的高潮。[3]

图 27　为跨大西洋电报电缆欢庆

图为 1858 年 9 月 1 日纽约市百老汇大街上的景象。

图片来源：Bryan Ginns/stereographica. com.

*

跨大西洋海底电缆的惊人成功如此令人欢欣的原因之一，是它就发生在这个项目经历了悲惨的十二个月之后。在 1857 年下半年和 1858 年初，世界因为印度民族起义和几乎同时发生的全球金融崩溃而动荡不安。

321　　1857 年的恐慌似乎突然间就结束了 19 世纪 50 年代的繁荣。恐慌一开始发生在看上去发展得最引人注目的地区——美国西部，然后像传染病般蔓延至美国东海岸和欧洲的金融市场。多方面的原因交织在了一起。在政治方面，由于堪萨斯受到暴力事件影响，且奴隶制是否会扩散到西部仍未确定，移民进程开始放缓。然后，报纸专栏报道中由电报从利物浦市场发来的金融数据显示，农产品的价格每日都在下跌。在克里米亚战争期间，俄国的粮食出口受到了限制；但现在，随着和平的到来，西欧的粮食市场开始饱和。加上欧洲的特大丰收，这些意味着对北美大草原谷物的需求下跌了。农场主和金融家都下了很大的赌注，赌欧洲的需求会逐年增长；但人们慢慢意识到，克里米亚战争的结束可能会使所有希望都破灭。"欧洲人今年不想要我们的面包原料了。" 8 月 22 日的《哈珀周刊》（*Harper's Weekly*）哀叹道。[4]

铁路公司在批准贷款时过于宽松，因此，当粮食价格为每蒲式耳 2.19 美元时，农民从这些公司手中买下了超出自己耕种能力的更多土地。然后，好时光突然结束，价格下降到每蒲式耳 80 美分，这些农民发现自己严重过度扩张了。来西部的人减少了，向东部出口的农产品也减少了，地产价格下降意味着铁路收入开始暴跌。国际债券市场开始做出反应。

8 月 24 日，俄亥俄人寿保险和信托公司（Ohio Life Insurance and Trust Company）破产了，它是一家总部设在纽约的银行，曾冒险借来巨资投机铁路和土地。这一下子在美国引发了全国性的恐慌，且电报的即时传播使这轮恐慌愈演愈烈。投资者担心会有更多的银行步俄亥俄人寿保险和信托公司的后尘，于是赶紧把他们的存款和纸币都兑换成黄金和白银。整个西部用来获得抵押贷款的抵押品都被取消了赎回权，企业倒闭，银行关门。然后，在 9 月 11 日，由巴拿马铁路终点站开往纽约的汽船"中美洲"号（*Central America*）在卡罗来纳沿海遭遇二级飓风，最后整艘船连同船上 400 多条生命以及近 50 吨的金币和金锭一起沉没。这批财宝竟然还包括 80 磅的金砖和尤里卡产金锭①。

黄金的损失、铁路证券的暴跌、西部抵押品赎回权的取消和对现金的恐慌性需求，使得美国的银行面临巨大的压力。此外，从欧洲进口的商品得用铸币支付而不是出口的农产品，这导致储备金进一步流失。到 10 月，银行家暂停了铸币支付，迫使民众使用纸币。西部的银行失去了人们的信任，那里的纸币开始贬值。持有这些纸币的人发现，他们无法购买与钞票上印着的面额等值的商品，或者它们变得毫无价值。与此同时，印度叛乱和对华战争耗尽了英国的黄金储备。英格兰银行的贷款利率上涨，信贷市场也在收紧。

众所周知，西方国家经济的蓬勃发展依赖于债务和对未来的信心。这个泡沫在 1857 年 8 月被戳破了。信心每况愈下。在当年的头几个月，许多西部城镇的人把地转手一卖就能赚到

---

①　1988 年，它们在"中美洲"号的残骸中被发现，并于 2001 年以 800 万美元的价格售出。——作者注

1000 多美元；而到秋天时，能拿到 10 美元就已经算是幸运儿了，大多数人甚至都卖不出去。铁路证券与土地价格挂钩，包括庞大的伊利诺伊中央铁路在内的几家公司，要么违约，要么破产。

刚刚为铁路建设筹募了大量贷款的明尼苏达州政府破产了。现在没有人愿意为铁路付款了。明尼苏达州内大约有 700 个只存在于蓝图上的城镇，土地都已卖给了那些预估铁路即将建成的投机者，如今这些城镇都从地图上消失了。已经开始发展的城镇也被遗弃了。只有部分鬼城能够幸存至今。劳伦斯·奥利芬特对未来的押注遭遇了不幸的结局。他在苏必利尔市购买了一间小木屋，以为它必定会升值，就像白天之后就是黑夜一样确定无疑；在他不在当地的时候，这个渴望成为芝加哥的城市的人口增长到了 2500 人。在大恐慌后之后，奥利芬特以为苏必利尔市被放弃了（他还在前往中国的漫长旅途上）；而在现实中，还剩 500 名死硬分子生活在他们梦想的废墟上。①他那一度价值飙升的小屋在一夜之间变得一文不值，得靠出售门窗才能缴纳税款。直到 19 世纪 70 年代中期，奥利芬特才能卖出与二十年前买入时同样的价格。⁵

西部的恐慌愈演愈烈且迅速回传到纽约，导致 19 家银行破产，失业率飙升。在这年的 11 月，伦敦的报道称："商人阶层间弥漫着强烈的焦虑感，每艘刚靠岸的轮船都会从美国带

---

① 当北太平洋铁路公司（Northern Pacific Railroad）出现时，苏必利尔市再次被吹捧为 19 世纪 80 年代的另一个芝加哥，其房价因此暴涨，然后在 1893 年的恐慌中崩溃。成为该地区出口枢纽的是苏必利尔市在明尼苏达的邻居德卢斯（Duluth）。尽管如此，德卢斯并没有完全成为另一个芝加哥。今天，德卢斯有 8.6 万人，苏必利尔市则有 2.7 万人。——作者注

来更加令人沮丧的报告。所有与美国贸易有关的商人和制造商都感到惶恐不安。"当潮水退去后，人们才发现，伦巴第大街（Lombardy Street）上很多给全世界提供短期信贷的证券经纪人都在裸泳。破产的企业超过 30 家，欠下了 1300 万英镑的债务，此外还有多达 700 万英镑的不良资产；在这些企业当中，只有 2 家拥有 10 万英镑以上的运营资本。更多的企业在英格兰银行的支撑下勉强经受住了风暴。国际金融市场的贷款陷于停滞状态。[6]

由于流通资金的短缺和严重的信贷危机，美国西部的贸易陷入瘫痪状态。圣保罗和无数边疆城市的食物和基本必需品都依赖于进口。此前十年的错觉开始现出原形：除了毛皮、鱼还有破碎的梦想，明尼苏达根本没有什么可出口的。木材贸易依赖于繁荣的地产业，但现在已经垮掉。麦田被蝗虫扫荡一空。大约三分之二的繁荣时期的人口抛弃了曾经狂热自信的繁华城市，五分之四的企业陷入困难。剩下的人必须熬过一个粮食不足和没有工作的悲惨冬天。1856~1857 年，圣保罗有一大批自称账面上拥有百万财富的人。一年后，这些百万富翁"连购买一桶面粉的钱都贷不下来，甚至支付杂货账单的 3 美元都不行"。一位游客在穿越伊利诺伊的时候发现，大量人口挤入了城市聚居区，这些聚居区就像是"过度投机的愚蠢行为"的纪念碑。[7]

一点都不出人意料的是，圣保罗经过了从令人目眩的进步到贫穷的落差之后，仍然与其他美国城市一起进行了街头狂欢，举办了嘉年华和烟花会演，以纪念跨大西洋电报电缆的铺设成功。在 19 世纪，这相当于把人送上了月球，世界在那一刻永远改变了。就像 1969 年一样，1858 年的技术的辉煌胜利仍然处于起步阶段，这意味着没有什么是人类做不到的，一个超越人类理解范畴的加速变革的时代即将到来了。两个突破在它们各自的出现时间看起来都超越时代的。"这些规划者没有缓慢前行，"《泰晤士报》评论说，"而是一下子就获得了巨大的成功。"在 19 世纪中期，海底跟太空一样是未知且不可知的，而且直到 20 世纪末仍是如是。把一条 2500 英里长的纤弱电缆塞入大西洋海底的陌生世界，放入人类未知的众多生物之中，这种想法在脑海中刚一闪过就会令人惊骇不已。对当时的人来说，海洋是边疆之外的边疆。[8]

人们想要拥有一份属于自己的历史。蒂芙尼公司想分一杯羹，于是把电缆的多余部分全都买下来了，并将其切割成 4 英寸长的小件以便宜的价格出售，让尽可能多的美国人都买得起。蒂芙尼还将这些小件电缆放在银饰中，或将它们制成耳环、手镯、挂坠、用于封蜡的图章、手杖的手柄、烛台、餐桌中央的摆设等物品。[9]

1858 年秋天，美国各城市的男性、女性和儿童都意识到他们正生活在时间的悬崖上。《纽约时报》有如下标题：

> 跨大西洋电报发送的首批新闻报道
> 非常重要的消息
> 与中国的和约
> 印度的后续情况

伦敦发出的第一条新闻宣布：根据《天津条约》，中国将向世界开放；印度叛乱最终被镇压下去了（标题中"印度的后续情况"意味着"最新"的消息）。显然，这些事件汇在一起预示着人类的新起点。而且最重要的是，美国已经与世界连在一起，能够参与这样的重大发展，而不再是远远地围观。1857年的大恐慌已经表明，无论愿意与否，美国经济的健康都依赖于"世界其他地区的富足或饥荒、和平或战争，甚至其他诸如此类的突发事件"。印度的叛乱、中国的战争、欧洲的谷物歉收、其他国家的革命和选举，以及许多其他突发事件，都影响了小麦和棉花的价格。现在，美国人可以和其他人在同一时间了解到这些信息。[10]

但更重要的是，电通信将迎来一个世界和平的时代。既然电报通信中最艰难的挑战——跨大西洋电报电缆的铺设——都能成功克服，那么无论多么偏远的地方都能够被接入世界电报网络。美国记者查尔斯·布里格斯（Charles Briggs）和奥古斯塔斯·马弗里克（Augustus Maverick）写道："现在伟大的工作已经完成……旧的偏见和敌意不应继续存在，这台机器的发明就是为了促进世界各国的思想交流。"[11]

英国正在铺设一条连接印度的电报电缆。"我们必须继续前进，前进，前进，"《泰晤士报》呼吁，"我们已经证明了我们可以战胜空间和时间。"这篇文章希望电通信的触须能深入海底，环绕东南亚、中国、日本、澳大利亚和新西兰，因为赛勒斯·菲尔德已经证明，"这做起来并不难"。布里格斯和马弗里克期待看到一个被电缆环绕的世界，认为这将"开启对人类力量和潜能的新认识……［跨大西洋电报］标志着一个展现人类心智的时代。电报的意义不仅表现在机械上，它还有理想、宗教、未来的意义，以及深远的、无法估量的影响"。[12]

如果说1857年的大崩溃可能导致19世纪50年代乌托邦主义的终结，那么1858年的伟大电报电缆则给它注入了新的能量。

326

*

但就像金融危机总会发生一样，技术的泡沫也会破灭。就在美国举国欢庆之时，电缆已经开始出现问题。传播信息的速度有时候很快，但在更多时候慢得令人痛苦。有时信息完全没有送达，或者送来的全是乱码。据赛勒斯的弟弟亨利·菲尔德所说："这些闪光只是闪烁的火花，转瞬之间就在永恒的黑暗水底熄灭了。"最后一条完整的信息是在 9 月 1 日收到的，当天纽约市民正在大肆欢庆。绝望之中的总工程师爱德华·怀特豪斯（Edward Whitehouse）在瓦伦西亚岛的电缆末端输入了2000 伏特的电击，试图使其恢复运作。当电缆在 10 月 28 日断线之后，他受到了人们的指责。[13]

故障更可能在于电缆本身。在 1857 年和 1858 年尝试铺设的时候，电缆在暴风雨的连续猛击中受到了严重的摧残；在之后的航行中，电缆被反复盘卷。如果把绝缘的古塔波胶放在太阳底下或暴露在高温的船舱中，它的完整性能就会受到损害。没有人知道失败的确切原因，但亨利·菲尔德说，考虑到电缆经历过这样的处理，"令人惊讶的不是电缆在一个月之后就失灵，而是它竟然成功运作过"。[14]

欢欣之后是痛苦和相互指责。许多美国人认为，根本就没有电缆这回事，整件事都是一场骗局，是一种向易受骗的公众销售昂贵纪念商品的行骗方式。投资者和工程师间发生了争执，他们疯狂地互相责怪。第二年，英国试图连接伦敦和加尔各答的电缆项目彻底失败，世界电通信的前景遭到进一步打击。苏伊士和卡拉奇（Karachi）之间的 3500 英里海底电缆像跨大西洋电缆那样缺乏足够的保护。铁线生锈之后，微生物和虫子就可以穿过古塔波胶。在跨大西洋电报和红海电报这两种情况中，一旦电缆沉入海底，就没有办法通过捞起的方式来检测故障了。整个项目因此难以长期运行。

大量的投机资金没有获得任何回报；公众的期望从狂热走向破灭。纽约市内的氛围比伦敦更阴沉（电缆最初的成功在伦敦激起的反响已经明显减弱）。《泰晤士报》和赛勒斯·菲尔德都表示，这项事业应该被视为一次巨型实验。事实确实如此；整个事件的动力与其说是科学的确实性，不如说是乌托邦主义；人们的期望远远地跑到了现有技术的前头。科学在失败中进步，一代科学家和工程师利用这些大实验来完善他们的知识，致力于寻找解决方案。然而，试试跟投资者，跟那些砸了几百万美元到海里的人说这些，就不用指望再来一次"实验"了。洲际通信从此被搁置了。

尽管人们普遍感到十分扫兴，但一旦尝试过，人们是不可能忘记即时长途通信的经历的。世界太慢了。"在当今时代，"《泰晤士报》评论说，"信息就是金钱、权力、统治和生活，一个月就是一千年。"除淘金热之外，还有新闻热。企业家发现，通过重塑世界信息体系和缩减信息交流时间也能赚到大钱。投资者一直很重视最新的资讯；现在公众渴望获取新鲜火热而不是已经变得半温不火的全球新闻。美联社的新闻快艇已经准备好去拦截开普雷斯的邮轮。按照时刻表的安排，邮轮会准时在开普雷斯放下新闻电讯，然后在晚报截稿之前通过电报送往全美各地。在电缆断线之后不久，从英国横渡到纽芬兰的时间就从十天缩短到了七天。[15]

新闻的采集、组织和销售方式都在经历转型。电报打破了控制信息传播的旧有垄断。通过共同承担数据资料的搜集和传

328

播成本，美国的美联社、法国的哈瓦斯通讯社（Havas）和德国的沃尔夫通讯社（Wolffs Telegraphisches Bureau）等组织使得国际新闻变得廉价，变得连小型的地方报纸都承担得起。

英国处在覆盖全球的电报、邮政和航线网络的中心，因而最有可能支配这一新兴行业。英国人在庆祝跨大西洋电报电缆时没有太过狂热的原因之一，就是他们稳稳地站在了国际新闻的主流之中。美国直到 19 世纪 50 年代才意识到了自己在世界的位置：由于处在外围，它不得不在等待七到十天后，才能了解重大的新闻事件。伦敦成为世界新闻的搜集中心，在那里，新闻在重新包装之后被发往欧洲和北美市场。

朱利叶斯·路透在 1851 年就是为此而重返伦敦的。他的第一个商业项目是给亚琛和伦敦的个人订户提供欧洲金融市场的消息。1857 年，印度叛乱给了他扩大业务范围的机会。印度发生的事件具有潜在的时代意义——英国的势力在南亚次大陆的衰落将改变全球的政治格局；各国读者都渴望了解最新的动态。路透与英国政府谈判，希望能够在第一时间获取从的里雅斯特传来的政府急件。他用电报把刚刚获得的印度头条新闻发给欧洲各地的报纸，以及哈瓦斯通讯社和沃尔夫通讯社。[16]

仅仅过了一年多的时间，朱利叶斯·路透就从世界新闻的出口商变成了进口商，把他通过外国报社建立的代理和关系网络变成了新闻采访服务。路透提议为《泰晤士报》提供欧洲电报新闻服务，但遭到了断然拒绝，并被《泰晤士报》告知"他们自己的业务做得比其他任何人都好"。然后路透去了《晨报》（Morning Advertiser）并向其提供了一项免费试用的新闻服务。这次尝试获得了成功。每月只需 30 英镑，《晨报》、其他全国性日报和大量的地方报纸就可以接收到最新的欧洲电报新闻。共同承担海外新闻成本的方式促进了《泰晤士报》对国际时事的垄断地位的瓦解。即使无力雇用外国记者或者接收大量昂贵电报的报纸，也可以用担负得起的成本发布世界新闻，而无须提高报纸的售价。在许多情况下，路透提供新闻的速度比《泰晤士报》还快，而且他的新闻质量更好。在拒绝了朱利叶斯·路透几个月之后，《泰晤士报》不得不购买一些他提供的新闻。因为这份新闻纪实报纸不想向外部机构致谢，所以路透向他们收取了额外的费用。当这家报社在 1858 年 12 月首次向路透致谢的时候，它只需为这篇报道付一半的费用。从此之后，世界各地的读者们都开始习惯看到路透（REUTER）这个名字附加在突发新闻的后面了。[17]

在为世界新闻界提供新闻服务的几个月里，路透卖出的新闻都是由他那些遍布全球的通讯记者提供的，他们使用的新闻电头超过了 100 个。他们分布在欧洲、北美、南美、澳大利亚、新西兰、中国、日本、印度、开普敦和这些地区之间的节点。最重要的是，路透经常抢在《泰晤士报》之前发出报道。[18]

路透在 1859 年 1 月 10 日取得了第一个重大的突破。那天早晨，撒丁王国的国王维托里奥·埃马努埃莱二世（Vittorio Emanuele II）在都灵召开了议会。其演讲的简短摘要约有 150 字，在下午 1 点 30 分被送到了路透的办公室，然后立即被登入了当天《泰晤士报》的第三版。"这是一个充满悬念的时刻，"第二天早上的《泰晤士报》社论宣称，"因为君主的话是实质性的事件。"路透的电报就是 19 世纪 50 年代的独家新闻：一旦它们被公开，人们就不难发现欧洲站在了战争的边缘。电报的上半部分涉及撒丁王国的市政改革和丝绸作物的减产。令人震惊的是下半部分。国王含糊地谈及笼罩在头顶的政

329

治阴影，然后表达了他的国家对自由的热爱："它尊重条约，但对意大利的痛苦呐喊并非毫无感觉……让我们等待上帝的裁决吧。"[19]

这些声明背后的意思再清楚不过了。在元旦的宴会上，拿破仑三世对奥地利说了不少具有挑衅意味的话。结合电报消息来看，显然撒丁王国将会和法国结盟，然后对奥匈帝国发动战争，将奥地利人赶出伦巴第（Lombardy）和威尼西亚（Venetia），从而统一意大利。《泰晤士报》解读了维托里奥·埃马努埃莱二世150字的演讲摘要，并根据从中提炼的信息写出了一篇长文，预测欧洲的势力均衡即将结束，而且很有可能一场牵涉列强——法国、奥地利、普鲁士和俄罗斯——的全面战争就要爆发了。这也可能意味着英国将会被拖入战争，对抗积极扩张的法国。在他发出这条独家新闻几天后，路透报道说，1000名拿破仑大军团（Napoleon Bonaparte's Grande Armée）的老兵在都灵高喊着"意大利万岁"，以迎接拿破仑三世的儿子。在奥地利人控制的米兰，墙上的涂鸦写着"威尔第万岁"（*Viva Verdi*），作曲家威尔第的名字就是国家独立的代号，因为这些字母（VERDI）代表的是"意大利国王维托里奥·埃马努埃莱"（*Vittorio Emanuele Re D'Italia*）。[20]

几天之后，关于这些事件的消息通过快速蒸汽轮船和电报到达美国，带来了欧洲金融市场动荡的细节：由于对欧陆战争的预期，短短一天之内股票就贬值了6000万英镑。列强冲突的幽灵也使美国市场受到了震动。同时，另一场欧洲战争意味着对草原谷物的需求将复苏。"这是一个可悲的想法……我们要从欧洲教友的痛苦中获得好处，"《美国农学家》（*American Agriculturist*）感叹道，"但是我们不过是在记录金融事实。"[21]

两周后，路透得到了一个更大的独家新闻。一个秘密信封装有拿破仑三世对下议院发表的演讲的文本，它被递到了路透的巴黎记者手里。皇帝在正午起身开始演讲，与此同时，路透的通讯记者打开信封，开始向伦敦敲打演讲的文本。这条消息可以直接通过电缆传输，因为路透已经买下了刚好从中午开始的将持续一小时的英吉利海底电缆专用权。这是新闻史上的第一次：此前，从来没有一位世界领导人的发言稿在封港期间遭到提前泄露或者在外国被实时报道。在这些话从拿破仑三世嘴里讲出不久后的凌晨2点，载有他演讲全文的伦敦报纸特刊就已经在市面上出售了。这条新闻值得花钱购买。法国皇帝在演讲中重申了与英国的友谊，并向欧洲表示："我希望，和平不会受到干扰。""全世界都松了一口气。"《泰晤士报》说。[22]

朱利叶斯·路透进入新闻行业的时机再好不过。1859年 331
的世界正处于骚动之中。路透和他在维也纳、巴黎和德国的优秀联系人一起，在3月和4月欧洲战争逼近的时候，占据了最前排的位置。几乎没有报纸读者注意不到每天都突出地显示在国外信息栏中的他的名字。多亏了路透和其他利用新旧技术战胜时间的企业家，欧洲人和美国人才第一次体验到了我们今天认为理所当然的实时新闻。报纸读者可以在世界的偏远角落与政府部长同时（或比他们更快）读到新闻报道。

信息的无处不在及其短暂的时效性是现代化的标志。在19世纪50年代末，最新的国际新闻在大众媒体上的出现成为现实。消息更灵通的公众能够马上对国际事件做出反应，而他们在这样做的时候，本身也在制造事件。政府处理国际事务与战争的方式再也不会跟以前一样了。关于维多利亚时代的一个十分流行的看法是它的稳定和性质不变属于假象。但实际上，这是一个不断变化的时代。在几个月之内，朱利叶斯·路透就从默默无闻之辈中脱颖而出，他的名字无处不在，他还在巴麦尊的引荐下见到了维多利亚女王。戴着夹鼻眼镜、拥有精明的商业意识、留着夸张的络腮胡的他，即使谈不上是这个时代的再造者，至少也是它的一位代表人物。

人们对这股世界的新势力感到好奇。"谁是路透先生？"人们要求报纸在头条位置报道这位总能神奇地最早获得消息的人。"这位路透先生是一个机构还是神话？"《伯明翰周报》（*Birmingham Journal*）总结了他的重要意义："路透不仅是时代人物，还是时间的主人。"[23]

第十四章
最美好的时代，最糟糕的时代
北京、都灵、蒙哥马利

O mia patria，si bella eperduta

［噢，我的祖国是如此美丽，如此失落。］

——威尔第，希伯来奴隶大合唱，

《拿布果》（*Nabucco*）

1859 年 8 月的一天，莫名其妙的乱码连珠炮似的轰炸了欧洲和北美的电报操作员，让他们目瞪口呆。华盛顿的电报操作员弗里德里克·罗伊斯（Frederick Royce）在发送信息的时候突然受到了来自电报机的严重电击。他的同事亲眼看见他的头顶上闪起了一串火花。在这个怪异的夏天，他不是唯一死于电击的人。

由于电线中的电压达到了几千伏特，全世界的电报杆和电报机都突然冒出了烟火。操作员手忙脚乱地把机器跟电池分开，但在少数地方，不同电报站之间的信息交流反而比以往更快了。《费城晚报》（*Philadelphia Evening Bulletin*）说，尽管没有电源，许多地方的"电报设备都收到了无法解读的古怪信息"。世界各地的电通信网络都陷入了崩溃。

就在同一时间，一阵异光唤醒了扎营在落基山脉的金矿工人。他们以为黎明将至，于是开始准备早餐。霜冻降落在伊利诺伊和密歇根，尽管那时正值夏季的三伏天。马萨诸塞州纽伯里波特（Newburyport）的一位物理学家描述当时的夜空是

333 "红绿极光交织而成的天穹"。纽约市和旧金山的居民都聚集在人行道和屋顶上，仰望天空中"壮丽多变的"彩色条纹，甚至还能在亮光的照耀之下读报纸。哈瓦那被一股异乎寻常的红光照亮。在圣萨尔瓦多（San Salvador），屋顶和树叶仿佛被鲜血浸润。南卡罗来纳的外海看起来就像着了火一样。云层覆盖了英国的上空，但在很多地方仍能看到"耀眼的波纹"，而且星星看起来比平时更大、更亮。在世界另一头的澳大利亚和新西兰，连远在北边的布里斯班的人都有幸看到色彩的千变万化，从银色和金色到亮绿色再到青红色，就像"远处灌木丛着火时的火光"一样。[1]

令人吃惊的光束和电报线路的混乱发生在 1859 年间两个挨得很近的日子。8 月 28 日，乔城天文台（Kew Observatory）的自动记录磁强计显示，地球的磁场受到了严重的冲击。四天之后，第一批观察报告显示，太阳表面出现了一个巨大的耀斑。在几个小时之后的 9 月 2 日，乔城天文台的自动记录磁强计记录到第二次磁场干扰，它比之前那次更加猛烈。

这些现象的起因是两次大规模的日冕物质抛射：太阳突然喷出强烈的紫外线辐射，以每秒 1500 英里的速度冲向地球。太阳风带来了太阳的磁场，给地球磁层注入了巨大的磁力和粒子能量。我们今天的生活完全依赖于电力、卫星和无线电波，如此级别的太阳耀斑如果直接冲击地球，就会造成数万亿美元的损失和技术上的大灾难，后果不堪设想。1859 年的大磁暴让成千上万人领略到了无比壮阔的北极光和南极光，但也给世

界电报网络造成了严重破坏。有些电报机之所以在电源断开的
情况下仍然能奇迹般地运作，是因为电磁为它们提供了电流。

由于电通信刚刚发展起来，太阳风暴只是一种自然奇观，
不会导致严重的后果。但是它对电报系统的巨大影响仍然是
一次有力的警告：现代世界在无法控制的地外事件面前十分
脆弱。

334

*

宇宙风暴和巨大的光柱可能会被认为是巨变将至的不祥
预兆。不过，在 1859 年夏天，人们无须仰望天空就可知道，
自己正在经历一个剧烈动荡的时代。在那一年，全世界处处
都有重大事件发生。

当谈及我们对地球生命的起源和我们在宇宙中位置的认识
时，这样的感受尤其强烈。11 月 24 日，查尔斯·达尔文出版
了《物种起源》（On the Origin of Species），当天就全部卖光
了。达尔文的自然选择学说如何革新了我们对世界的认知，挑
战了宗教和科学的假设，已经毋庸赘言：除了卡尔·马克思与
达尔文，没有一个 19 世纪的思想家的影响力能够延续到 21 世
纪。但是，《物种起源》并不是一下子就改变了世界。它的第
一印数量不多，只印了 1250 册；而且尽管许多严肃期刊都发
表了评论，但《每日电讯报》《劳埃德周报》《笨拙》等大众
日报和周刊都在很长一段时间里忽视了它。不过到 1867 年，
《星期六评论》（Saturday Review）已经断言称，《物种起源》
"在如此之短的时间内就影响了大众思想，伴随'生存斗争'
理论而来的术语……已经成了人们的口头禅"。[2]

毫无疑问，达尔文的学说是一枚投入科学界、神学界和各

地大学的理论炸弹。但是，这个学说在离开达尔文的研究进入公共领域后，竟在政治上获得了达尔文未曾预想到的重大意义。就像一位作家所说："这一假说遭到了保守派的猛烈反对，不仅因为它极具革命意义，受到叛逆者的热烈欢迎，还因为它被认为将会破坏原有的教义信条。"[3]

作为一本科学著作，《物种起源》能够在当时引起大量关注的一个原因是，它的语言和论证都与流行的观念一致。提出 335 "适者生存"一说的是哲学家和社会学家赫伯特·斯宾塞（Herbert Spencer），但人们普遍将其与达尔文联系在一起，而且达尔文在之后版本的《物种起源》中也引用了这一说法。根据斯宾塞的理论，在现代社会，不受限制的市场力量起到了自然的作用，将弱者从强者中筛出去，奖励勤俭，惩罚懒惰。在自由市场经济中，人们为了获得成功而改变自己，就像物种逐渐适应环境一样；任何试图依靠家长式的福利立法来扶持穷人的做法，都与无情的自然法则截然对立。达尔文的"斗牛犬"、生物学家 T. H. 赫胥黎（T. H. Huxley）写道，人们为进化论欢呼，称其为"自由主义军械库里真正的惠特沃斯步枪"。大自然中显而易见的生存斗争，给自由放任经济理论、自由贸易、自我提高、竞争性的个人主义和男子气概理念提供了辩护和支持。[4]

进化论的普及和它对主流社会的影响改变了人们的世界观。一个民族就像一个有机体，随着时间的推移，在残酷的竞争中进化或灭亡。正如英国外交官拉瑟福德·阿尔科克（Rutherford Alcock）在评论对华关系时所说，"自然和道德法则"主宰着民族的兴衰。他说，当两个文明首次碰撞时，有且只有"一个结果：弱者倒在强者面前"。[5]

这给基于种族优越性的帝国主义安上了可怕的新面孔。如果帮助国内的穷人都是对自然法则的一种破坏，那么认为只凭劝导就能让文明相对落后的民族自我提高并学会西方的做法，这种期待注定会落空。一个种族必须统治另一个种族。考虑到刚刚在印度发生的叛乱，这听起来似乎很有道理。

达尔文借鉴了政治经济学的术语，反过来又给当代的政治争论提供了术语和根据。这也是他的理论能够有巨大的影响力的原因。《物种起源》造成的影响是多方面的。它促使人们重新思考世界并抛弃迷信。但是，它也导致了更加悲观的想法。忽然间，高级的文明社会，例如英国，似乎很容易走向末路，急剧衰落，因为人为地扶持懒惰、愚蠢和道德低下的人可能会损害国民的基因。进化的概念同样鼓励了人们站在种族优越性和战争的基础上看待世界。在 1859 年之后，世界各个民族之间的"适者生存"斗争看起来确实成了时代的主题。

336

*

1859 年是出版业的丰收年。作为现代政治学核心文本之一的约翰·斯图尔特·密尔（John Stuart Mill）的《论自由》（*On Liberty*），就出版于这一年。塞缪尔·斯迈尔斯（Samuel Smiles）的《自助》（*Self-help*，其中约翰·尼科尔森那样的英雄再次被视为自我提高的楷模）因歌颂自由放任主义、个人主义和男子气概，成为 19 世纪畅销世界的自我帮助类著作。马克思的《政治经济学批判》（*A Contribution to the Critique of Political Economy*）也在同年出版于德国，它猛烈地批判了自由资本主义，成为后来《资本论》（*Das Kapital*）的基础。

这里要提的第四本出版于 1859 年的书至今仍是史上读者

数量最多的小说之一。《双城记》（*A Tale of Two Cities*）是查尔斯·狄更斯关于法国大革命的小说，它的开头段落准确地捕捉了 19 世纪 50 年代末的矛盾和张力："那是最美好的时代，那是最糟糕的时代；那是智慧的年头，那是愚昧的年头；那是信仰的时期，那是怀疑的时期；那是光明的季节，那是黑暗的季节；那是希望的春天，那是失望的冬天；我们拥有一切；我们一无所有；我们全都在直奔天堂，我们全都在直奔相反的方向——简而言之，那时跟现在非常相像，某些最喧嚣的权威坚持要用形容词的最高级来形容它。说它好，是最高级的；说它不好，也是最高级的。"[①]

赫胥黎在评论《物种起源》的时候说，达尔文的"物种问题"逐渐引起了人们的注意，使得他们甚至都不去关心当时最重要的话题——意大利。当民众在 1859 年 4 月 30 日读到《双城记》连载的第一章中的"那是最美好的时代，那是最糟糕的时代"时，奥地利军队正越过提契诺河（Ticino River），以入侵皮埃蒙特，这是维托里奥·埃马努埃莱的军队持续挑衅多个星期造成的后果。从该年的 1 月 1 日开始，欧洲就在危机的边缘摇摇欲坠。现在，法国与皮埃蒙特联合作战，准备将奥地利逐出意大利。

酿成此次危机的是政治谋略大师、皮埃蒙特的总理卡米洛·奔索·加富尔伯爵（Camillo Benso, Count of Cavour），他的目标是扩张本国，从而使之成为欧洲列强之一。他计划中的第一步就是打败奥地利，将其逐出意大利。在加富尔及其盟友

338

[①] 此处译文引自查尔斯·狄更斯著《双城记》，孙法理译，译林出版社，1996。——译者注

1859年1月的意大利

0 25 50 75 100英里
0 50 100 150公里

撒丁王国
奥匈帝国（部分）

瑞士
奥匈帝国
米兰 伦巴第-威尼西亚
索尔费里诺
威尼斯
都灵
皮埃蒙特
帕尔马
热那亚
摩德纳
罗马涅
尼斯
法国
利古里亚海
佛罗伦萨
托斯卡纳
教皇国
奥斯曼帝国
亚得里亚海
科西嘉岛
罗马
撒丁岛
那不勒斯
第勒尼安海
两西西里王国
地中海
爱奥尼亚海
西西里岛
北

地图 9

对奥宣战时，奥地利人满以为能够赶在加富尔的法国盟军到达前轻松解决小小的皮埃蒙特。但是，他们的行动太过拖沓，而法国人则完美地利用了电报和铁路网。《泰晤士报》的记者写道，法国人之所以能够在蒙特贝洛（Montebello）击败奥地利人，是因为"一列又一列的火车从沃盖拉（Voghera）驶来，每列火车都带来了数以百计的武装士兵，而且火车会立即回程以运输更多的士兵"。[6]

法国人以惊人的速度将 60 万士兵和 12.5 万匹马运到了伦巴第的平原地区。这是铁路第一次被用于战事，而且事实证明它起了关键作用。5 月初，法国人利用铁路包围了奥地利人的侧翼，迫使他们弃守维切利（Vercelli）。正如英国上议院的一位议员所说，有了电通信和铁路之后，现代战争的过程就是"下令，然后进攻"。[7]

现代通信意味着在英国也能实时观察到冲突中的一波三折。路透社每天都会从前线发来好几批电报。这些新闻报道借助船运穿越大西洋后，在纽芬兰经由美联社的电报机发往美国，然后登上各大报纸的版面。电报提供的新闻使战争变得具有参与感和即时性。这种心理上近在咫尺的感觉由于图片的广泛使用更为明显；处理后的图像成为匆忙完成的凸版的基底。《伦敦新闻画报》和《纽约时报》都出版了战争的地图。英国、法国和美国的报社都在战争双方的军队里安插了大批特别通讯员，他们提供的大量带图报道将在电报短讯发出后不久，通过铁路和轮船传送出去。记者们在他们的办公室里就可以安安稳稳地检阅成堆的官方报告、目击报告、电报、政府公报，然后每天更新评论。[8]

这场战争就像一场观者众多的体育比赛，它也是媒体时代的第一次重大冲突，各大报纸对此都津津乐道。但是，人们的兴趣不只因偷窥癖而产生。意大利的独立事业早已得到英美民众的支持。一个统一的、不受外国势力统治的意大利，将是自由主义和宪政主义对威胁欧洲的可怕独裁力量的一次胜利。意大利的爱国者、民族主义者和流产的 1848 年革命中的英雄（如马志尼），都在英国和美国受到人们崇拜。他们被视为浪漫主义英雄。许多流亡的意大利自由斗士住在伦敦，上流人士和政治家都向他们献殷勤；还有很多人已经越过大西洋到了美国。战争爆发后不久，新奥尔良的《每日花絮》（*Daily Picayune*）宣布："美国人的态度肯定是反奥地利的……因为厌恶专制是美国人的天性。"詹姆斯·布坎南总统再次表达了在报纸上广为传播的观点："美国对可怜的、受到蹂躏的意大利深表同情。"[9]

19 世纪 50 年代的城市景观是意大利热的证明。伯恩利（Burnley）的力学研究所（1854 年）、布莱克本（Blackburn）的市政厅（1856 年）和曼彻斯特的自由贸易厅（1853～1856 年）都借鉴了意大利的宫殿风格。布拉德福德（Bradford）的市政厅拥有一个托斯卡纳式的钟楼，它跟佛罗伦萨旧宫（Palazzo Vecchio）的钟楼一模一样，极具魅力。在欣欣向荣的北方制造业城市，热心公益的市民自视文艺复兴时期的市民人文主义的正统传人，以及威尼斯巨贾或佛罗伦萨银行王朝的继承者。把作为现代政治和资本主义的摇篮的意大利，从外来帝国的统治下解放出来，对于建设一个重焕生机的新欧洲来说至关重要。[10]

许多英国人和美国人都在意大利的独立斗争中投入了很多感情，但是战争之所以引起了那么多的关注，是因为欧洲的命运和世界的命运在很大程度上仍然悬而未决。

拿破仑三世在意大利北部的冒险行动被认为是对拿破仑一
340 世宏图的重振。法奥战争极有可能触发列强之间的全面战争。
这就是为什么这场战争在世界各地都引起了人们的强烈兴趣。
英国和美国的评论家都预测，随着局势的发展，俄国和德意志
各邦都会介入调停，以保护奥地利。而且，就算最坏的情
况——欧洲大陆全面爆发战争——没有发生，至少也很有可能
出现一个统治意大利乃至整个西欧的法国。"滑铁卢"之名频
频出现在报纸上，提醒人们前一次英国不得不阻止一个具有扩
张倾向的法兰西帝国。"（查理曼大帝和拿破仑·波拿巴的）
帝国实际上已经复活，"《伦敦新闻画报》做出不祥的预言，
"法国正重新变回自己。"[11]

英国该怎样回应？如果欧洲陷入战争，它必须以某种方式
介入。它很有可能将面临来自法国的入侵。英国陷入了十分困
难的境地。它的军队规模不大，且分散于全球各地。拿破仑三
世等欧洲统治者知道，只需入侵威胁，就足以让英国保持中
立，任由自己按喜好重组欧洲。英国人民意识到了自身的脆
弱，但决心在欧洲宣示自己的力量，将事态控制在自己手上。
来自各个市镇、城市和乡村的各个阶层的数以千计的男人开始
自我武装，组成大量步枪俱乐部，进行战争演习。

意大利战争最终是短暂的。皮埃蒙特和法国于 6 月 14 日
在马真塔（Magenta）击败了奥地利，并于二十天之后在索尔
费里诺（Solforino）再次获胜。7 月 11 日，大本钟的钟声第一
次在伦敦响起。巧合的是，拿破仑三世于同一天在自由镇
（Villafranca）与奥地利签订停战协议。拿破仑三世害怕普鲁
士与德意志各邦越过莱茵河前来干涉，也担心民众在经历了

索尔费里诺的血腥杀戮之后会反对战争，因而在目标达成之前就开始寻求终止战争。奥地利将伦巴第割让给法国，随后又将之让给撒丁王国。

拿破仑三世的过早退出使意大利人大为愤慨。奥地利仍然占领着威尼斯。意大利中部的托斯卡纳、摩德纳（Modena）、帕尔马和罗马涅（Romagna）等公国的人民纷纷起义，反抗他们的亲奥地利统治者，试图加入皮埃蒙特。在自由镇，拿破仑三世同意哈布斯堡公爵复位。加富尔辞职，以示抗议。威尔第愤怒地说："盼望了那么久，允诺了那么久，独立的意大利究竟在哪里？……威尼斯难道不属于意大利人？在经历了那么多的胜利后，结果竟是如此糟糕……这简直要令人发疯了！"[12]

面对外国列强一如既往的统治，整个意大利都沸腾了。各个公国的人民决定把命运掌握在自己手里，一致同意组成中意大利联合省（United Provinces of Central Italy），共同反抗奥地利和法国。整个欧洲都有可能被卷入亚平宁半岛的权力真空。1859年的夏末和秋天有无数种可能出现的情况。法国人和奥地利人会再度开战吗？或者他们会联合起来瓜分意大利吗？在欧洲均势受到猛烈冲击的时候，列强会形成怎样的新联合体？

令人担忧的不仅是欧洲的局势。法国看起来想要获取更多的权力。当法国的职业外交家斐迪南·德·雷赛布（Ferdinand de Lesseps）于同年4月在埃及挥动鹤嘴镐，象征性地挖出苏伊士运河建设工程中的第一把泥土时，他的姿势无疑是对英国全球霸权的一次新挑战。外界担心，这条运河会成为法国通往亚洲的捷径和军事要道，从此以后，无论在印度、东南亚、中国、日本还是太平洋，无论在军事还是商业方面，拿破仑的帝国都将压倒英国。

英国凭借工业优势取得了一项重大的成就，有力地回应了苏伊士运河的建设。在北极光出现的几天之后，伊桑巴德·金德姆·布鲁内尔的轮船"大东方"号（*Great Eastern*）开启了处女航。据说，布鲁内尔的巨型轮船将会彻底改变全球经济。这艘船比当时正在投入使用的第二大的船大六倍，船身宽敞，能够携带大量煤炭，从而为自己提供前往世界任何角落所需的动力，获取规模经济效益。它的航速达到14节，足以将飞剪船淘汰出局。

这样一来，苏伊士运河还有什么价值呢？"大东方"号可以把英国的贸易品和移民快速、大量地运到印度、新加坡、上海和墨尔本。不仅如此，这艘船还可以使英国的军事力量扩张到全世界。无论哪个地方需要，这艘巨轮都可以用超快的速度把一支1万人的军队运往此处。只需多制造几艘"大东方"号，英国就可以统治世界。这艘巨轮意味着一个"紧密团结的帝国"。再也不用把英国的军队力量分散到偏远地区的昏暗驻地了，因为兵团可以快速奔赴任何需要他们的地方。而且人员的流动不是单向的：也可以把澳大利亚、新西兰、加拿大和印度的军队投入欧洲的战事。"雷赛布先生可以把法国的所有钱都投进他的苏伊士运河项目，布坎南先生坚持美国人的道义性和昭昭天命（正如他在中美洲和古巴所做的那样），但是英国的工业优势意味着她在军事和商业方面都拥有不可动摇的霸权地位。"[13]

新闻界提出一个构想："大东方"号可以成为战争武器，也可以作为威胁手段，震慑那些胆敢在1859年挑战英国的全球霸权的人，尤其是拿破仑三世和布坎南总统。这未免过于异想天开且令人发笑。即使没有苏伊士运河，英国的宿敌也已经在亚洲积极展开了竞争。1859 年，拿破仑三世的军队忙于在越南和太平洋岛屿创立一个殖民帝国。对入侵的恐慌在 11 月变得更为强烈。法国海军装备了世界上最危险的船只，在它面前，"大东方"号和任何其他船只都没有招架之力。"光荣"号（Gloire）是世界上第一艘铁甲战舰，它直接威胁着英国的木制屏障，也就是那些没有在船身安装铁甲的皇家海军的船只。

英国的成功与其对世界的支配建立在始于 1815 年的欧洲均势之上，同时它也依靠其无可匹敌的皇家海军来提供安全保障，使其免于入侵。"光荣"号下水的时候正是 1859 年欧洲危机最为严峻的时候，这一事件终结了英国人的幸福时光。在蒸汽动力、铁甲战舰和炮弹爆炸的时代，英国的骄傲和它的木船舰队突然落伍了。自从 1805 年 10 月 20 日的特拉法尔加战役以来，英国第一次看起来如此脆弱。当然，没有人认为法国的三色旗会飘扬在白金汉宫的上空，但是装有世界各地的财富的英国港口和货仓被大火吞噬的画面，很容易就进入了人们的想象。

如果过度打击拿破仑三世的梦想，想象就有可能成为事实。"光荣"号出海的时候，英国政府正尝试通过外交调停的手段，来帮助在意大利中部创建独立国家的事业。法国新闻界和军队认为这种干涉不可容忍，马上回应以更加激烈的言语攻击，而且公开谈论要入侵海峡对岸的对手，要为特拉法尔加战役和滑铁卢战役复仇。数以千计的英国平民手持武器，成群结队地前往当地的步枪队报到。《纽约每日论坛报》断定，英法两国之间的战争"看起来只是时间问题"。[14]

343

*

　　拿破仑三世在意大利的冒险行动对欧洲的势力均衡乃至全世界都造成了威胁。英法之间的战争可能会从根本上改变世界贸易、商业和金融格局，将波及世界上的大多数人。

　　在 1859 年夏天困扰欧洲的动乱并非当时正在发生的唯一动乱。美国在其西北边陲与英属哥伦比亚的领土争端，导致英美两国走到了战争边缘。事情的起因是一名住在偏僻的圣胡安岛（San Juan Island）的美国移民射杀了一头属于他的英国邻居的越境家猪。英国和美国都宣称对该岛拥有主权。到夏末的时候，英国的太平洋舰队与美国军队陷入了令人不安的僵持。有好几个星期，争吵演变为战争的可能性看起来很高。《泰晤士报》称："说我们不应也不会因这件小事而开战太过了，因为如果他们单刀直入，我们就必须捍卫自己的权利。"[15]

　　在短短几个月的时间里，英国已经跟世界两大强国——美国和法国——发生了冲突。而且几乎与此同时，又传来了它与第三个世界大国发生严重冲突的消息。

　　拿破仑三世在伦巴第平原区发起猛攻时，已受委任的英国驻华公使额尔金正准备出发，到北京交换《天津条约》的批准书。要到中国的首都就得取道白河。当护送他的舰队靠近白河河口的大沽炮台时，使团被警告说不能带领武装人员进京。清政府尽管极不乐意，但表示如果公使来的时候带的无武装随从不超过 10 个，并遵守繁复的宫廷礼仪，他们就仍然会批准条约。此前美国代表进京交换条约批准书的时候，全程都有中国人护送，且他们被禁止使用自己的轿子。他们只能坐在封闭的马车里，看不到外面，外面也看不进来。事实上，他们被软禁在京城，而且因为拒绝磕头，他们无法面呈布坎南总统写给皇帝的信件。中美批准文书的交换场所最后没有安排在北京，而是在白河河口。外交失败的新闻通过伦敦和纽芬兰的电报机，与欧洲危机的最新消息一起出现在了美国的报纸上。[16]

额尔金不打算接受如此低人一头的姿态。美国人的受辱说明，要想在平等的基础上与清廷建立关系，就只能借助武力。

在一年前，当额尔金进入天津与清廷派出的钦差大臣谈判时，清军已经舍弃了守备薄弱的大沽炮台。英国人十分轻视中国的军队，以为在 1859 年 6 月 25 日仍可轻松绕过大沽炮台。自满使他们遭到了致命打击。到 25 日夜晚，精准而有效的炮击已经使他们损失了 6 艘炮艇和 93 名水手，此外还有 111 人受伤。英国士兵对炮台发起了疯狂的正面进攻，却陷入困境。他们伤亡惨重，有 426 人死在了岸上，另有 345 人受伤。

消息在 9 月传开，并在英国新闻界引起了一片愤怒的叫喊声。这是东方人背信弃义的又一项明证。但是更令人难以接受的是"这个痛苦和耻辱的事实，即中国人打败了我们——当我们写下这些话的时候，我们仍然感到难以置信——他们沉重地打击了我们"。[17]

英国在亚洲的威望再次受损。每个人都把复仇挂在嘴边——应为中国人的傲慢和皇家海军遭受的羞辱发起报复。用《泰晤士报》的话来说，英国必须恢复它在东方的威望，"给这群背信弃义的人好好上一课，告诉他们此后'欧洲人'之名将会成为令人恐惧的通行证……使他们的领土变得畅通无阻"。[18]

对英国来说，是时候给中国皇帝一次电击了，不然他怎么都不会明白事理。这意味着一个结果：占领北京。"首都落入

345

一个夷人外交官带领的夷人军队的手中是中国皇帝无法接受的，”巴麦尊说，“与其他军事胜利相比，只有这样做才能进一步宣示我们的力量，使我们达成目标。”[19]

距离他从中国获胜归来不到一年，额尔金伯爵就不得不再次返回远东，完成他已经启动但尚未完成的事业。伯爵出发之后心情十分糟糕，甚至在穿过苏伊士之前就开始想念舒适的家庭生活。这一回，他手中有一支正规军队可供支配：13000 名英国和印度的士兵、7000 名法国士兵（在欧洲法国和英国或许敌对，在中国它们却是朋友）、70 艘战舰和 200 艘运输船。印度叛乱的平息和印度军队的改组意味着英国可以使用旁遮普、帕坦和锡克的精英士兵，在亚洲部署自己的力量。自克里米亚战争以来，军队的医疗服务和后勤保障已经有了很大的提高。不仅如此，这支军队还带上了恩菲尔德步枪和全新的阿姆斯特朗炮，大炮从后部装弹，能够在 5 英里外发射开花弹。这支军队因此成为那一时期装备最为精良的英国军队。1860 年 8 月 3 日，英军到达白河河口。

入侵者这次轻松拿下了大沽炮台，随后进军天津。跟以往一样，清朝的钦差大臣开始展开谈判并表示妥协。但额尔金的态度十分强硬，命令部下继续朝北京前进。绝望的中国人将俘获的外国人挟为人质。巴夏礼曾在几年前挑起事端，如今也是 39 个英国、法国和印度人质中的一员；此外，人质中还有额尔金的私人秘书和《泰晤士报》的特别通讯员。他们被带到北京的刑部监内，生存条件十分恶劣，而且受到了虐待和审讯。

谈判终止了。在结束谈判的当天，3500 名法国、英国和印度的士兵开始行动，在张家湾附近打败了 30000 人的清军。9 月

21 日，联军再度与规模庞大的中国军队交战。精锐的蒙古骑兵来势汹汹，"我们目光的所及之处都是他们的身影"，他们一边喊着令人毛骨悚然的口号，一边集体冲锋，试图从侧翼包抄联军。锡克人、旁遮普人和帕坦人组成的非正规骑兵与英国的龙骑兵卫队（Dragoon Guards）一起发动反击，战场上黄沙滚滚。"结果令人十分满意，"上校吴士礼（Garnet Wolseley）写道，"失去主人的鞑靼战马四处逃窜，在一轮冲锋之后，地面上到处都是敌人的尸体。"炮兵朝着撤退的蒙古人开火，"阿姆斯特朗炮的每一发炮弹都落在他们的阵中，造成大量伤亡"。[20]

"野蛮人"现在已经到了北京城外，咸丰皇帝在战斗失利后马上就带着妃嫔逃到了长城外，留下 27 岁的同父异母的弟弟爱新觉罗·奕䜣——人们熟知的恭亲王——掌握大权。

北京陷入了包围。法国军队驻扎在圆明园，那里是皇帝的夏宫，园中的景象是理想的中国，就像中国画中时常展现的那样，它是亚洲的一大奇迹。在这处占地 860 英亩的宁静乐土上有完美的园林美景，湖泊、运河、封闭式花园、会客厅、寺庙、柱廊、宫殿、雕像和凉亭比比皆是。"一条卵石铺就的小径引领我们穿过美丽的树林，绕过池塘，经过别致的小桥，来到迷人的凉亭，"翻译官史温侯（Robert Swinhoe）在圆明园被占领之后立即赶了过来，他发出了盛赞，"我们漫步园内，一群群鹿抬起头来，慢悠悠地从我们跟前溜走。我们看到一栋神奇的建筑，它矗立在湖心，倒映在清澈的碧波里，就像浮在水面上一样。一条斜坡小路把我们引入假山的深处，出来之后我们又进入了另一个湖心的人工洞室。"[21]

"那时候没有人静静地欣赏这些艺术品。"圆明园的宁静很快就变成了乱哄哄的抢劫闹剧。先是法国军队，然后是他们的英国同伙。许多人"手持棍棒，一旦碰到他们无法带走的东西，就将其捣成碎片"。士兵用无价的中国书籍和手稿来点烟斗，他们朝着枝形吊灯肆意扫射，用刺刀戳烂绘画。劫掠者大多对被他们摧毁的东西一无所知，对它们的文化和物质价值都毫无了解，"无数金饰被当成黄铜烧毁"。对文物的肆意破坏是可耻的，圆明园变成了"废墟，里面全是中国人极为珍视的东西"。[22]

图 28　北京城墙（约 1860 年）

图片来源：Canadian Centre for Architecture（Montréal）.

额尔金对发生在这座皇家园林里的劫掠并不在意。由珠江上的一艘海盗船引发的这场战争，演变成为拉拽中国进入世界体系的斗争；事到如今，也就是 10 月初，问题的核心变成了39 名人质的命运。

由于联军就驻扎在北京城外，恭亲王几乎没有回旋的余地。这个庞大的都城是世界上最遥远、最与世隔绝的地方，此前只有零星的西方人到访过这里。它的城墙高达 40 英尺，厚达 60 英尺，周长为 38 英里。无论站在哪一处，上面的人都会显得异常渺小。这些难以逾越的城墙上分布着巨大的守卫塔、瞭望塔和一层层的城楼；越过它们，包围军可以看到宫殿、宝塔、连接物和指向天空的宣礼塔。额尔金通知恭亲王，除非人质在 10 月 13 日获得释放，否则联军就会对北京城发起强攻。

在最后的期限日的早上，气氛十分紧张。没有人觉得恭亲王会妥协。但是，当离截止日的中午还有几秒钟，炮兵已经准备轰炸北京的时候，安定门打开了。额尔金在 500 名士兵的护卫下进驻地坛，那里是中国皇帝在夏至祭地的地方。几分钟之后，在北京这座"威名远扬的都城，中国的骄傲所在，在每个中国人心中都不可攻破的地方"，联合王国的国旗在城墙上升起。随后，大炮被拉到高大的城墙上，对准街道、瓦顶和高塔。即使站在这个位置，联军仍然看不见远方的南城墙。[23]

夏天已经结束，凛冽的寒风开始吹刮北京城。10 月 18 日，西北风吹来了滚滚浓烟，将整座城都笼罩在了黑暗之中。额尔金伯爵下令焚毁圆明园，以"严厉报复"清朝虐待和杀害人质的做法。史温侯骑马前往圆明园："当我们靠近的时候……大火正在熊熊燃烧，发出骇人的噼啪声和呼啸声……赤红的火光照在忙碌的士兵的脸上，让他们看起来就像魔鬼一样，洋洋得意于亲手毁灭这举世无双的园林。"[24] "在我们第一次进入圆明园的时候，"远征军的军需总长吴士礼说，"这里就像是神话故事里的仙境；而当我们在 10 月 19 日撤离时，它已经变成了一处悲惨的废墟。"[25]

额尔金这样做的目的是严厉惩罚清政府，同时又不至于伤害中国民众。焚毁这个神圣的地方被认为是最致命的打击

348

方式，因为这不仅能够让民众失去关于清朝主宰天下的信念，而且可以灌输给他们欧洲人不可战胜的意识。额尔金同样想让恭亲王和清朝官僚铭记，联军不会继续等待下去，更不会谈判或者妥协。根据吴士礼所说，焚毁圆明园"就像刻下印记，清晰无误地证明了我们的复仇已经完成"。当呛人的浓烟于 10 月 19 日笼罩在北京上空时，恭亲王答应了额尔金的所有要求。[26]

根据代代相传的规矩，只有皇帝能在京城享受八抬大轿的待遇，其他皇室成员顶多只能使用四抬大轿。但在 1860 年 10 月 24 日，16 名中国轿夫统一穿着红色衣服，抬起一乘装饰华丽的轿子，里面坐着第八代额尔金伯爵。他的仪仗队中足足有 100 名骑兵和 400 名步兵，还有两支鸣奏《天佑女王》的乐队。他们穿过安定门，行走在大街上，道路两边都排列着英国士兵。当天，北京总共有 8000 名"夷兵"，他们在乐队伴奏和军旗、国旗之下缓缓前进。街上人山人海，150 万北京居民纷纷赶来围观征服者的军队，一时间街上尘土飞扬。额尔金坐在轿子里，进入位于今天的天安门广场的礼部大堂。

在整个仪式的进行过程中，额尔金既冷漠又暴躁。他的到达时间比既定时间晚了一小时四十五分，显然是故意要怠慢清朝官员。恭亲王在批准《天津条约》的时候，眼神中充满了愤怒和羞愧。北京遭到军事占领和夷人与中国官员平等地坐在礼部大堂，在以往都是不可想象的。中国支付了 400 万墨西哥银圆作为赔偿，同时将九龙割让给英国。直到 1861 年 3 月英国、法国、美国和俄国先后在北京建立使馆，对中国的羞辱才最终完成。

*

19 世纪 50 年代初，人们普遍认为世界将会自然而然地发生转变。时代的进步力量——成倍增加的贸易额、不断传播的知识、新的技术和人的长途迁徙——会使整个世界得到重生。但到了太阳风爆发的那个夏天，仍然坚持这种信念的人只剩下了少数。曾经被视为空想的技术很快成为现代强权国家的工具。电报、铁路、大众媒体和其他发展使得政府能够快速高效地动员民众和军事力量来完成国家目标。在 1859 年和 1860 年的欧洲和亚洲，改变是通过蛮力实现的。

视暴力为彻底改变的动因的，不仅是现代国家。在 1859 年的夏天，一些个人突然表现得十分突出，他们准备好了通过直接和带有煽动性的个人行动来加快历史进程。现代大众媒体和即时通信给了他们名气，使他们能够刺激这个紧张而混乱的世界。

这一年出现了三个抓住了历史后颈背的人，他们身处不同大陆，背景迥异，分别是意大利的朱塞佩·加里波第、美国的激进废奴主义者约翰·布朗和日本的武士学者吉田松阴。这三个人都受够了讨论和妥协；他们深信，只有自我牺牲的象征性展示才能改变世界。面对西方的入侵和统治阶级灾难性的自满自得，吉田松阴这样教导他的弟子：将日本从昏睡中震醒的唯一办法，就是"拥有高尚目标的人"，即维新志士，杀身成仁，从事恐怖主义活动。"生死离合，人事倏忽，"吉田松阴告诉他的弟子，"但不夺者志，不灭者业，天地间可恃者独是而已。"在世界另一端的新英格兰，约翰·布朗经常引用《希伯来书》中的话："若不流血，罪就不得赦免了。"多年以前，

350

他在堪萨斯曾经杀死了不少蓄奴者；最近，他又在密苏里发动袭击，解放了黑奴。一位伟大的意大利爱国者有相同的感受。劳伦斯·奥利芬特在都灵的一个密谈室里与加里波第会面时，建议这位游击队将军利用合宪的手段在议会解决问题。"嗬，"加里波第哼了一声，"*interpellatione，sempre interpellatione!* ① 我猜想，你在议院提了一个问题。提出问题有什么用呢？它们产生了什么效果吗？"²⁷

吉田松阴认为，幕府的懒散导致西方人进入日本，而且压抑了国家的活力；日本就像一个走向灾难的梦游者。在美国，南北双方的对立日趋尖锐，其关系越来越难以调和，政府因此陷入僵局。无论是吉田松阴还是约翰·布朗，都想通过引发革命来唤醒沉睡的民众力量。吉田松阴的方法是暗杀大量的高级官员，布朗的方法则是煽动弗吉尼亚的奴隶起义。在意大利，国家统一和独立事业成为法国和奥地利两国的强权政治的牺牲品。加里波第相信，只有鼓励人民参与激进的革命行动，才有可能打破外交僵局，意大利才能"得救"。

与尔虞我诈、口是心非的职业外交官不同，1859 年的加里波第身上闪耀着爱国者和实干家的光芒。此时，加里波第的人生已经成为传奇。乌拉圭内战（1842 ~ 1848 年）奠定了他作为军事领袖的名望；在 1848 ~ 1849 年意大利革命期间，他在短命的罗马共和国担任革命军司令。在接下来的日子里，加里波第成了一艘商船的船长，他环游世界，他的名声也因此传到了美国、亚洲和英国。当法奥战争在 1859 年 4 月爆发时，

----

① 这句话的字面意思是"质询，没完没了的质询"，或者"议会程序，总是议会程序"。——作者注

加里波第在意大利独立运动中已然成了一个活着的传奇。由于他的知名度，他被皮埃蒙特的军队授予少将军衔。不过，加富尔和拿破仑三世都不喜欢加里波第及其追随者表现的民族主义热情，担心这会破坏他们精心策划的现实政治——必须小心地对他加以控制。

加富尔诓骗加里波第接手了一支由 3000 名装备低劣、训练不足的士兵组成的部队，让他们从安全地带出发，前去阿尔卑斯山骚扰奥地利军队。这位游击队老将让全世界都大吃一惊。他带领毫无经验的新兵——外界称他们为 "*Cacciatori delle Alpi*"，即 "阿尔卑斯猎人"——从山上顺势而下，在马焦雷湖（Lake Maggiore）附近的瓦雷泽（Varese）首战告捷，然后在科摩湖（Labe Como）湖畔的圣费尔莫（San Fermo）再次击败了优势明显的奥地利军队。

加里波第的战斗使一场两大强国之间的战争，转变成为自由的圣战。在被他解放的城镇里，人民都热烈地欢迎他，把他当成一位凯旋的大英雄、大救星。更为重要的是，他发表了一篇宣言，号召意大利人民团结起来，加入爱国主义运动："全新的生活在前面呼唤着你们，你们一定要响应号召，就像我们的祖先一样。"在短短一段时间内，游击部队就增加到了 10000人。无数人听从他的号召，从意大利各地赶来。根据《泰晤士报》特别通讯员的报道，这位"蒙得维的亚的英雄"迷倒了意大利人民，他"招募的年轻人中有上层贵族、艺术家、文学青年、教授和学者，他们都愿意成为他的士兵"。来自瑞士、法国、美国、英国的志愿者纷纷加入这项民族解放的浪漫事业，其中甚至还有一名中国人。[28]

随着电报消息不断从阿尔卑斯山的前线传来，各国读者也 352

图 29　朱塞佩·加里波第纪念章（1859 年）

该枚印有朱塞佩·加里波第头像的古塔波胶纪念章结合了那
个时代的标志性物质和英雄。

图片来源：作者本人的收藏品。

能够与加里波第一起向前推进。"应该向这样一位人物致以敬
意，"《亚利桑那周报》（*Weekly Arizonian*）发表的精彩社评
说，"应该在战斗的硝烟中，在阿尔卑斯山上，在亚平宁的堡
垒和科摩谷里，追随一颗不可征服的心。"在 1859 年，全世界
都爆发了"加里波第热"。记者一窝蜂地前去采访他，大量内容
夸大的传记以书籍和报纸文章的形式出版或发表，而且各种语
言的版本都有。描写他的戏剧在匆匆写就后，就马上被搬上舞
台；他的画像和相关纪念品卖了一车又一车。加里波第是媒体
时代的英雄。"他的一生读起来就像是一个传奇故事，"在遥远
的亚利桑那州，他的崇拜者说，"充满了戏剧性和悲剧意味，有
千钧一发之际的逃脱，有纷飞的战火，有磨难，也有胜利。"[29]

在自由镇签订的不公平的停战协议没能阻止爱国运动，反
而激励了它。如果拿破仑三世认为他可以随心所欲地和奥地利

人瓜分意大利，他就忽视了加里波第激起的爱国热情。如果说皮埃蒙特只想扩张势力，民众却可能将事情引向最终结局——国家统一。加里波第敦促意大利人民加入中部公国的自由斗争，摆脱法国和奥地利的控制；他还发起了名为"百万步枪"（Million Rifles）的筹款运动。

加里波第在 1859 年的政治影响力源自他毫无政治野心的事实。对于意大利国内外的许多人而言，他——借用《亚利桑那周报》的话——就是"为自由而战的解放者"："所有感受到自由脉搏的人都不得不敬佩这位真诚、英勇和坦诚的共和主义者。"他奇特的人生经历，他的男子气概和广为人知的罗曼史，他毫无政治色彩的统一意大利的梦想，都为他赢得了极为广泛的号召力及同样广泛的支持。《泰晤士报》强调了加里波第"性格单纯的魅力"，以及坚定不移的"目标、毅力和勇气"。"这位单纯、坦诚、直率的战士活在正午的太阳底下，与那些阴沉、空想和偷偷摸摸的阴谋家不一样，后者是见不得光的。"[30]

这是一个跨时代的人物。他的知名度给他带来了真实的权力。对他的英雄崇拜不仅席卷了意大利，而且蔓延到了整个欧洲和美国，这使他在权力上能够跟超级大国相提并论。意大利的命运乃至整个欧洲的命运，可能都取决于他的下一步行动。在意大利民族主义已经觉醒，全世界都为之振奋的情况下，哪个国家胆敢扑灭"被如此无畏地坚持、被如此果敢地捍卫的独立"？[31]

根据纽约的《哈珀周刊》所说，"每一个时代都会发生一种巧合，那就是伟大信念的成功或失败都系于个人的命运"。它说的是加里波第，但也适用于布朗和吉田松阴。后两人都从根本上质疑传统政治改变社会的能力。"谈判！谈判！又是谈判！单靠谈判，奴隶永远都不可能获得解放，"约翰·布朗在一次废奴主义者的会议上吼道，"我们需要的是行动！行动！"在松下村塾，吉田松阴教导武士学生做好杀身成仁的准备。"大名或将军都不足以依靠，我们只能寄希望于草莽英雄，"吉田告诉他的门徒，"一旦下定决心，一个人的精神就会变得强大。乡村野夫的意志尚且难以阻止，更何况武士的决心了，它会改变千万人。"[32]

354　　　布朗确信，"若不流血，罪就不得赦免了"。启示性的时刻如不出现，美国政治就会从一个妥协踉踉跄跄地走向更加卑劣的下一个妥协，永远无法获得救赎。吉田松阴同样梦想他所在的社会在每一方面都得到彻底和根本上的改观。他的启示性时刻在 1854 年到来了。他非法登上了马休·佩里的船，试图探索西方的秘密。吉田的鲁莽行为导致他在监狱里被关了一段时间。出狱后，他在家乡长州藩开设了私塾。只有熟读古典著作和精通传统武术的武士才能"纠正"日本。为了打败西方，他们还需要向西方学习，尤其要掌握现代的发明和武器；将技术与传统结合起来的日本将是不可战胜的。日本将不再是害怕外国帝国主义的受害者，而是会成为世界的统治者："收满洲逼俄国，并朝鲜窥清国，取南洲袭印度。"[33]

　　然而，井伊直弼的专制政府没有采取果断的可振兴日本的措施，反而对外臣服于西方，对内压制日本的现代化运动和反抗。孝明天皇发布诏令，要求幕府将军用武力驱逐蛮夷。毕竟，将军头衔的全称是"征夷大将军"。新的将军只是一个还没到青春期的男孩，而幕府在井伊的统领下没有采取任何执行诏令的行动。因此，吉田松阴的年轻武士应该抛弃幕府，转投天皇。在松下村塾，吉田用思想的强度和所面临挑战的紧迫性，使一些弟子开始追求更崇高的事业，其中许多人都对现代日本的形成有深远的影响。以长州藩为基点，吉田建立了一个政治活跃分子的秘密网络，它遍及整个日本，为实施恐怖主义活动做好了准备。

吉田和布朗都想净化并救赎自己的国家。在 10 月 16 日，布朗试图占领美国军队在弗吉尼亚州哈珀斯费里的军火库，希望以此唤醒奴隶用武力反抗他们的主人。由于计划和执行上的不足，这次行动遭遇了彻底失败。布朗和他的起义小队没有引发一场革命，反而被困在了哈珀斯费里，最后被捕入狱。与此相似，吉田松阴发动的象征性的恐怖主义行动第一次就不幸失败，导致了他的被捕。

在他们理想的废墟上，在他们面临处决之时，这两人实现了此前未能实现的一切。亚伯拉罕·林肯后来说，约翰·布朗的袭击是"荒谬的"。"那不是一次黑奴起义。那是一次白人号召黑奴发起暴动的尝试，但是黑奴拒绝参与其中。"毫无疑问，认为仅凭少数狂热分子就能煽动一场全国性的奴隶起义是荒谬的，就像少数高尚武士的自我牺牲不可能赶走西方一样。吉田和布朗面对审判和死刑时的镇定和庄严（前者于 11 月 21 日在江户被斩首，年仅 29 岁；后者于几天之后的 12 月 2 日在弗吉尼亚的查尔斯镇受绞，时年 59 岁），使得他们从相对无能和默默无闻之人变成了不朽的重要人物。吉田告诉他的追随者，生命的奥秘就是不畏惧死亡。他接受处决时的坦然令日本的年青一代竞相仿效："尊崇天皇，驱逐蛮夷……希望我的死至少可以激励一两个坚定之人在我之后挺身而出，维护这一信念。"约翰·布朗则写道，尽管他发动的袭击是一次灾难，但

355

"只需脖子被吊起来一会儿"，他就能反胜为败——"我死于绞刑的意义，远大于其他行动的效果"。[34]

吉田松阴遗赠给他的追随者一份将彻底改变日本的计划和一个英雄主义与自我牺牲的榜样。处决他没能阻止一轮强有力的反叛运动在日本出现。尽管井伊直弼看起来牢牢地掌控着日本，但在平静的表面之下，一股可在一瞬间撕裂国家的力量正在凝聚。

井伊在大雪中准备进入江户城门时，遭到了一群水户藩浪士的袭击。水户藩是尊王攘夷运动在智识层面的中心。这些浪士打败了守卫，其中一人把井伊从轿子里拖出来斩首。刺客带着首级逃走，然后剖腹自尽。这些浪士留下了一封公告，声称他们的所为是"替天行道"，除掉了邪恶的唆使者和国家名誉的玷污者。他们象征性的行动掀起了恐怖主义活动的浪潮。虽然吉田松阴已经死了，但是他的影响仍在持续，直到日本走向内战。[35]

尽管布朗没能达到他的表面目的，但哈珀斯费里袭击使美国从根本上受到了冲击。他在弗吉尼亚受绞的消息通过电报传遍北方各州，人们几乎同时聚集在一起表示哀悼。无数城镇挂起黑旗，敲响钟声，举行了祷告会。上千上万人在纽约、波士顿和费城参加了追悼会，关于他的书籍和版画大量流入市场。对于亨利·戴维·梭罗（Henry David Thoreau）来说，约翰·布朗是能够和耶稣基督相提并论的"十字架上的英雄"和"光明的天使"。

对南方来说，人们倾注的情感和这个恐怖主义者的封圣证实了废奴主义者的谋杀意图。南方认为，北方对布朗的拥戴事实上等同于向南方宣战。在 1859 年末，成千上万的南方白人做好一切准备，以应对北方领导的黑奴起义。南方人用柏油把羽毛粘在无数于南方各州生活、工作的北方人身上以示惩罚，或者干脆把他们驱逐了。

显而易见，哈珀斯费里袭击将一个楔子打进了美国的心脏。还有不到一年的时间就要举行总统选举了，许多人都问，南方能否接受一个被南方人形容为"黑人共和党"的政府？佛罗里达州州长祈求"南方能永远离开那些用邪恶与狂热禁止我们跟他们一起和平共生的人"。一份报纸指出，在布朗的恐怖袭击之前，大多数人仍然认为联邦的解体是"痴人说梦"。[36]

但现在不同了。在 1859 年末，南方各州的白人开始认为，退出联邦不仅不可避免，而且十分有益。南卡罗来纳州州长劝告州议会说，如果当选总统的是共和党人，南方应该自己成立一个邦联。如果说约翰·布朗曾经想将美国带入一个只能通过暴力来化解的危机，那么他的自我牺牲确实成功地做到了这一点。

就像加里波第一样，布朗与这个电报和图片的时代，这个实时新闻和传奇名人的时代高度契合。这些试图改变世界的人民英雄出现在 1859 年，这可能不是一个意外。布朗和加里波第都有引人入胜的背景故事、坚强的个性，他们想要传递的都是简洁的启示，他们都做出了具有争议性的干涉行为，以上因素帮助他们紧紧吸引住了新兴媒体及其日趋扩大的消费者群体的注意力。

在动荡和高速进步的 19 世纪 50 年代即将结束之际，许多期待仍未实现。民族自决在欧洲仍然被专制势力压制，美国奴隶主的政治与经济力量变得更加强大。主动进取的英雄引爆了炸弹，以为能够促使事态朝着他们想要的结局发展。日本也感知到了"千禧年"的逼近。期待已久的"海啸"终于在1859年轰然而至，将一个名叫横滨的小渔村变成了国际化港口。各国商人纷纷来到这里，试图从日本开国中得到好处。渔村里到处都是仓库和西方企业的办公室。这种对划时代的高潮或者历史性事件的感知，是滋生了恐怖主义者、自由斗士、革命分子——随便你怎么称呼他们——的沃土。

＊

　　在19世纪50年代的最后一天，《泰晤士报》回顾了这十年，将之比作"一个连载中的传奇，由一些奇异的事件或者意料不到的时运转变作为章节变化的标志"。

　　一般认为以年代来划分时间是现代独有的现象。如今我们使用20世纪60年代或者90年代这样的简称，只是为了方便总结历史上的某一种心态或者某一个阶段，以前人们并不会这样做。尽管如此，《泰晤士报》仍准备把19世纪50年代定义为一个独特的历史时期。

　　这份报纸阐述了那个时代的特有主题，即不曾停息的国际358 动荡和前所未有的全球繁荣，以及一并而来的一系列事件。成千上万的移民在世界范围内流动，在北美、澳大利亚、新西兰和南非建立了欣欣向荣的社区和伟大的城市。铁路网、电报网和航线网在各个地区快速扩张，自由贸易和黄金发现大规模开展，全球经济因此发生了翻天覆地的变化。克里米亚战争、印度民族起义、发生在中国的一连串战争、英美之间的摩擦、1857年的金融崩溃和美国即将面临的危机，都没能拖慢世界进步的速度。"历史上可能没有任何一个其他时期像这十年一样积累了如此巨额的财富。"加上工程与科学领域的突破，这十年称得上一个辉煌的黄金时代。

《泰晤士报》还指出，1859 年是世界历史中十分重要的一年，它进一步放大了 19 世纪 50 年代的主题。发生在欧洲、美国和中国的严重的国际危机和战争威胁未能阻止"繁荣经济的稳定增长"。《泰晤士报》从英国的视角出发，十分乐观地期盼着 60 年代的到来："每个工业部门都蓬勃发展，且像以往任何一个时期一样富足。虽然 1850 年的英格兰已经十分富裕和繁荣，赢得了全世界的尊重和羡慕，但是 1860 年的英格兰更加富有、强大和令人满足。"[37]

这篇报道反映了那个时代的志满意得。但《泰晤士报》没有意识到的是，1860 年的世界与 1850 年的世界有着巨大的差异。在刚进入 19 世纪 50 年代的时候，历史进步的动力看起来是自由贸易、不受限制的通信和自由主义，而英国则是变革的发起者。但是，新的动力开始慢慢占据优势。民族主义和自由主义的理想冲到了最前面。从中国、日本到欧洲、美国，人们越来越相信，直接的暴力行动才是完成彻底变革的必经之路。

＊

1860 年，人们都在谈论加里波第最近的一次武装干涉。5 月爆发的一场反抗两西西里王国（西西里王国和那不勒斯王国）国王的叛乱使他有机会斩断意大利问题的"戈耳狄俄斯之结"。令世界感到震惊的是，加里波第带领只有 1000 人的红衫军就征服了西西里，然后他们又北上攻下那不勒斯，目标直指教皇国。

"加里波第好像总有办法把所有人都拉入他的旋涡。"《泰晤士报》的总编辑莫布雷·莫里斯说。莫里斯应该明白其中的缘由，因为甚至报社里都有记者抛弃了客观报道的原则，成了加里波第手下的一名队长。英国的许多军官，包括参加过克里米亚战争和印度平叛的老兵，都在短时间内动身穿越欧洲，加入红衫军；与他们同时加入的还有其他数百名渴望冒险的英国人、美国人和欧洲人。"对任何追求强烈情感的人来说，没有比立马出发去巴勒莫（Palermo）更好的事情了，"《泰晤士报》的费迪南德·埃贝尔（Ferdinand Eber）写道，"不管这个人多么倦怠，多么无精打采，我敢说他都会马上振作起来。他会被群众的感情浪潮征服。"[38]

根据埃贝尔描述的加里波第在巴勒莫的接待会，我们可以大致了解意大利南部正在发生的事。"这可能是个体无法承受的喜悦之情……大众偶像加里波第穿着他的红色法兰绒衬衫，脖子上围着一条彩色方巾，表情疲惫而警觉，从喝彩、欢笑、流泪的疯狂人群中走了过来……人们猛扑上去，试图亲吻他的双手，或者至少要摸到他衣服的褶子，仿佛那里有万能药，能够治疗他们过去承受过的乃至未来可能遭受的痛苦。"[39]

所以，加里波第成为1860年全世界的英雄并不令人吃惊，他的追随者无处不在。他的胡子、红色法兰绒衬衫、饱经风吹日晒的帽子和手枪风靡世界，成为那些在荒野中寻找黄金或开垦农场的穷困移民的非正式制服。"文明的进程与人类对自由的追求，"《哈珀周刊》宣称，"在这段时间都仰仗加里波第的成功……如果他在意大利南部的入侵行动被挫败，无数人都会得出上帝站在专制者那边的结论。"[40]

这位游击队将军说，他会在罗马宣布意大利的统一。那意味着赌注被提升到了危险的地步。拿破仑三世身为天主教国家的君主发誓要保卫教皇。加富尔现在不得不介入，

以防止另一场战争的爆发。当加里波第向北方推进时，皮埃蒙 　360
特的军队侵入教皇国，并南下那不勒斯。然后，加富尔想到了
一个绝妙的主意：让那不勒斯的人民举行一次公投，以决定
是否加入以维托里奥·埃马努埃莱为国王的统一的意大利。
结果99％的人都选择同意。如此一来，皮埃蒙特就在事实
上兼并了南意大利，加里波第的革命已经无法继续进行了。
整个意大利的统一几乎已经成为实现，只有罗马与威尼斯仍
未加入进来。

10月24日，恭亲王在北京正式投降，满足了额尔金的所
有要求。数天之后，在万里之外的美国，选民选择亚伯拉罕·
林肯作为美国的第十六任总统。第二天，也就是11月7日，
劳伦斯·奥利芬特身处那不勒斯广场的狂欢、喧闹的人群之
中。意大利的两位国父出现在王宫的阳台上接受人们的欢呼。
游击队首领加里波第宣布维托里奥·埃马努埃莱为意大利的
国王。[41]

在短短的两个星期内，分别发生在三块大陆上的这些毫无
关联的事件突出表现了世界在1860年的骚动不安。《哈珀周
刊》认为，加里波第的伟大战斗不仅事关意大利人民的命运，
还点燃了即将蔓延到全世界的不灭之火。"问题在于，人
民——无论他们生活在意大利、德国、法国、俄罗斯，还是任
何其他地方——是否拥有理性自决的权利。这才是需要解决的
问题……就抽象意义而言，民主已经发展到了关键阶段。"意
大利的冒险行动成为世界新闻报道的焦点，人们期待着即将到
来的改变。[42]

"Interpellatione，sempre interpellatione！……提出问题有什
么用呢？它们产生了什么效果吗？"在林肯当选为总统的几个

星期之后，同时也在他举行就职典礼的三个月前，南方各州的
参议员和众议员联合发布了一封致选民的信，其内容让人想起
加里波第此前对劳伦斯·奥利芬特说过的话："一切道理都已
说尽。通过联邦获得解脱的希望已经破灭，委员会主动行动、
议会立法或者修改宪法都是徒劳。"[43]

12 月 20 日，南卡罗来纳州脱离联邦。《南卡罗来纳州州
民宣言》说，南北双方的差异已经使他们"成为完全不同的
民族……所有兄弟友爱之情……都已消失，或者变成了憎恨；
而我们，南方人，最终在左右国家存亡的无情命运的驱使下，
走到了一起"。[44]

一个新的国家诞生了。1861 年 1 月，密西西比州、佛罗
里达州、亚拉巴马州、佐治亚州和路易斯安那州（依次）表
决退出联邦，得克萨斯州在 2 月的第一天紧随其后。路易斯安
那州的参议员朱达·P. 本杰明（Judah P. Benjamin）写道：
"奔溢的激情横扫了一切……这是一场革命……有着鲜明的特
色……没有人能够阻止它……就像园丁无法用喷水壶熄灭野火
一样。"7 个分裂州的民众走上街头，载歌载舞。[45]

邦联临时议会（Provisional Confederate States Congress）于 2
月 4 日在亚拉巴马州的蒙哥马利召开。几天之后，美国邦联宣
布成立。这是一个完备的国家，拥有宪法、国旗、货币、立法
机构、临时政府和总统。2 月 18 日，大批身穿蓝红制服的民
兵和奏起《迪克西》①的铜管乐队、排列成行的马车一起，从
蒙哥马利的交易所酒店（Exchange Hotel）出发，护送这个新

---

① 迪克西（Dixie）指美国南方各州及该地区的人民，与意指北方人的洋基
（Yankee）相对应。——译者注

生国家的临时总统杰弗逊·戴维斯到亚拉巴马州府参加就职典礼。"时势造英雄。"威廉·L. 扬西（William L. Yancey）在向欢呼的民众介绍总统时宣布。"妥协的时代过去了，"戴维斯在就职演讲中说，"南方坚决捍卫她自己的立场，那些反对她的人将会从南方闻到火药的气味，也将感受到南方的利剑。"[46]

1861 年 3 月还发生了另一起激进事件。3 月 3 日，沙皇亚历山大二世颁布了他的解放农奴的宣言，使俄国的 2300 万农奴获得了自由。就在第二天，亚伯拉罕·林肯就任美国总统，同时第一面邦联国旗在蒙哥马利升起。当月 17 日，新的意大利议会正式宣布意大利王国成立。四天之后，亚历山大·史蒂芬斯（Alexander Stephens）在佐治亚州的萨凡纳（Savannah）发表演讲。他告诉欢乐喧嚣的人群，"我们正在经历世界历史中最伟大的革命"。他向着欢呼者宣布，邦联政府的奠基石"是一个伟大的真理，即白人高于黑人，也就是说，奴隶制和对优秀种族的臣服是自然与道德的状态。我们的新政府是世界历史上第一个建立在这个物理、哲学和道德真理之上的政府"。[47]

4 月 14 日，星期天，《泰晤士报》的威廉·霍华德·拉塞尔恰好在弗吉尼亚州的诺福克（Norfolk），他被人群拥着往前走。他问别人，这次骚动是为了什么。"来吧，"那个人回答说，"《日记报》（Day Book）收到了电报。北方佬受到了严惩。"

写有刚刚经由电报发来的消息的纸，被钉在了《日记报》办公室的外墙上，它说萨姆特堡（Fort Sumter）——一个位于南卡罗来纳州查尔斯顿港的花岗岩人工岛——刚刚落入邦联的武装力量之手。"在街上的每一个角落，人们都在讨论这条新闻，带着显而易见的喜悦和满足。"第二天，拉塞尔在北卡罗来纳州戈尔兹伯勒（Goldsboro）的街上发现了一群暴徒，他们"满脸通红，目光凶狠，尖声叫喊着'杰夫·戴维斯万岁'和'南部邦联万岁'"。他们放纵的呐喊声甚至压过了乐队演奏的跑调的《迪克西国度》（Dixie Land）；邦联旗帜飘扬在他们的头上。这种情绪的爆发与意大利的近况十分相似。"这是一场真正具有全面影响力的革命骚动。男人恐吓、发誓、欢呼并互相拍打后背；女人打扮成最漂亮的样子在窗边挥舞手帕，扔下花环。喧闹声、尘土和爱国主义热情无处不在。"[48]

在萨姆特堡陷落的第二天，林肯发布公告，要求7.5万名志愿兵为军队服役，以镇压南方叛乱。北方各州纷纷举办会议和集会，声援联邦；在纽约，约有25万人上街游行。

与此同时，南方爆发了强烈的爱国主义情绪。每个地方的男人都拿起步枪，做好制服，加入民兵队；医院里挤满了请求受训成为护士的妇女。不管美国人还是欧洲人，成千上万的志愿兵都准备——实际上是渴望——为了保卫自己的国家，也为了保护林肯所说的始于1776年7月4日的"共和实验"，而赴汤蹈火。亚伯拉罕·林肯当选和南方各州退出的革命性意义对于北方人来说，丝毫不亚于它们之于南方人的重要性。从乔治·华盛顿就职到亚伯拉罕·林肯当选的七十二年里，拥有或者曾经拥有奴隶之人在白宫当总统的时间占了五十三年。在1850年之前的任何时候，来自奴隶制盛行的州的参议员都至少有参议员总数的一半。所有的美国政治党派都曾经妥协，都承认过奴隶制在美国领土上的存在和扩张，且这一情形一直持续到1854年，也就是共和党在《堪萨斯－内布拉斯加法案》通过后成立的时间。

如今，在1861年，奴隶主集团对美国的控制终于因为一个共和党总统的当选被动摇了。共和党宣布："联邦领土上的'正常状态'应当是自由的。"共和党总统的当选引发的兴奋并不意味着奴隶制马上就会废除，甚至连林肯都没这样的计划。这种兴奋是一种坚定的信念，认为美国现在可以自由地迈入"共和实验"的下一个辉煌阶段。"这场伟大的革命实际上已经开始，"查尔斯·弗朗西斯·亚当斯（Charles Francis Adams）在大选结束后的第二天说，"国家已经一劳永逸地摆脱了奴隶主的统治。"[49]

"感谢上帝！我们还有一个可以为之奋斗的国家，"一个美国人在那年夏天说，一个"可以为之活着、祈祷、奋斗，必要时还可为之牺牲的"国家。这样的感情也可以一字不差地由与他形成对立面的另一方表达出来。[①] 联邦主义者和南部邦联的支持者一样，都以为自己正在建设国家，以为自己就是共和民主的伟大实验的继承者。两边现在都要说服世界：自己的事业才是合法的。[50]

---

① 事实上，一位密西西比州的邦联支持者就说了类似的话。——作者注

第十五章 铁、血、棉花、民主

孟买

现在是大事件和快讯的时代：它们的迅速更替同它们的重要性一样引人注目……躁动不安的革命精神因为素材的选择而分心，并最终止于选择；大多数危害的发生源于全然的茫然，而不是满足。

——本杰明·迪斯雷利（Benjamin Disraeli），英国下议院，1861年6月19日

卡普雷拉岛（Caprera）最令人瞩目的可能不是它的美景。"没有别致的渔舟给它的水面增添生气；没有宜人的小景点分布在它的海岸线上；也没有被荒弃的堡垒占据它的高点。有的只是崎岖不平的山峦，山头一个接一个地环绕着中间的一块平地，让陌生的来客感到大为惊异。周围的一切都是如此简单和广阔。"[1]

这个小岛坐落在撒丁岛的北端。第一次来到这里的游客都会首先被迎面而来的巨大花岗岩吓一跳；如果你追求离群索居，这里绝不会令你失望。岛上十分贫瘠，一眼望去全是石头，只有一个白色的小斑点是例外。随着船逐渐靠近，船上的人就会发现那个点其实是大庄园风格的平房，外墙刷了石灰。走向这间农舍时，你会遇到许多友善的狗。这里是荒芜的花岗石小岛上的一处绿洲：泉水源源不断地涌出，滋润着精心维护

的花坛和种在陡坡上的柏树、果树、蔬菜。[2]

几乎没有人不知道这间别致而偏僻的平房和隐居此地的勤劳农夫。在承认维托里奥·埃马努埃莱为意大利国王之后，朱塞佩·加里波第回到卡普雷拉，回到了他自己修建的这座庄园，身上带着他在统一国家的过程中获得的奖励：征战各地时搜集的一袋种子。他可能在退休的时候坚持要过隐居生活，但岛上常常挤满访客。他们在书里或者文章里描述了岛上崎岖不平的美景和居民的田园生活，这对加里波第 19 世纪传奇英雄的形象起到了至关重要的塑造作用——他是一个单纯的农夫，也是回避权力和地位的"辛辛纳图斯"①。所有人都描写了加里波第手持铁铲或者鹤嘴锄在卡普雷拉的石头地里艰难地开辟出一片伊甸园的情形。他告诉与他分分合合的情人埃斯佩兰萨·冯·施瓦茨（Esperanza von Schwartz）："我现在只能跟石头战斗了。"实际上，这位将军多数时候都在阅读来自世界各地的信件，其中有些是妇女的公然求婚，有些是狂热男性粉丝的来信，还有送来的书、记叙其事迹的歌曲，以及各种各样的邀请函——邀请他前去访问，去支持快要失败的事业，或是去解放各地。[3]

1861 年，国际新闻界都感到躁动不安，因为他们猜测其中一封信是召唤加里波第前往美国的。加里波第这位促成国家统一的偶像会离开他自我流放的岛屿去帮助美国重新统一吗？他告诉一位美国的外交官："如果你们是为了自由而战，我就会带上 2 万人跟你们一起战斗。"[4]

---

① 辛辛纳图斯（Cincinnatus）是古罗马共和国时期的英雄，曾经长期归隐务农，后来临危受命担任罗马独裁官，并成功保卫了罗马。在击退敌人十六天后，他又辞职重返田园。——译者注

365

谣言说这位"意大利的乔治·华盛顿"准备前往美国，指挥一支士兵几乎完全来自卡普雷拉的联邦军队。这个消息令北方民众和联邦政府狂喜不已。美国的外交官探了一下加里波第的口风，得知他确实准备跨越大西洋。这些报告在 7 月 17 日到达国务院。四天之后，布尔渊战役（Battle of Bull Run）——南北双方的第一次交战——在华盛顿外围爆发了，训练不足而且指挥不当的联邦志愿军溃不成军。在一篇令人印象深刻的著名报道中，威廉·霍华德·拉塞尔描写了他在试图抵达前线的路上被溃退的联邦士兵挤得动弹不得的情形。载满人的马车在"一大群大吼大叫的步兵中嘎嘎作响，它每停一次，人们都要愤怒地咆哮尖叫：'这是骑兵！你要上车吗？'"

第二天早上，拉塞尔在华盛顿撰写败退报道的时候望向窗外，"看到大批浑身是泥、被雨水完全打湿的士兵，他们队形散乱，毫无秩序，源源不断地经宾夕法尼亚大道涌向国会大厦"。取胜的邦联军队就驻扎在华盛顿中的人可以看见的地方。[5]

林肯在当天要求额外征募 50 万志愿兵。在这场令人震惊的惨败之后不到一个星期，联邦政府正式与"杰出的自由斗士"朱塞佩·加里波第展开谈判。国务卿威廉·苏厄德在与林肯商议之后，给美国驻比利时大使，也就美国驻欧间谍们的非正式领导者亨利·桑福德（Henry Sanford）写信，要他向加里波第主动示意。桑福德告诉加里波第，"美国联邦的沦陷"——这在布尔渊战役之后看起来非常有可能发生——"对于欧洲甚至全世界的人类自由事业而言都是一次重大的打击"。[6]

简单来说，林肯需要借助一个自由和民族主义的象征性人物的力量，来刺激联邦正处于低潮的斗志。如果加里波第出现在军队指挥的位置上，那就相当于告诉全世界，北方的事业就是全世界的事业。

桑福德在 9 月抵达卡普雷拉。两人的会谈一直持续到太阳下山，他们很有可能一起欣赏了博尼法乔海峡（the Straits of Bonifacio）对岸的科西嘉岛上的美丽浅蓝色山脉。加里波第之前问过这位美国密使一个问题，此时他又问了一遍："告诉我……这次骚动是否意味着黑奴的解放？"[7]

*

在加里波第面前，任何含糊其词的话都不可能搪塞过去了，因为真相简单浅显。在就职演讲中，林肯就曾表示，他"并不打算直接或间接干涉蓄奴州的惯例。我相信我没有这样做的合法权利，我也不倾向于这样去做"。7 月 25 日，经历了布尔渊战役的打击之后，国会担忧更多蓄奴州会加入邦联，于是参众两院以压倒性多数通过了《克里滕登 - 约翰逊决议》（Crittenden-Johnson Resolution）。决议宣称，如果叛乱州重返联邦，它们的奴隶制就将得到完整保留。[8]

加里波第拒绝了领导一支联邦军队的邀请。他告诉桑福德，如果美国内战不是为了解放奴隶，那么它就只是一场普通的内战，"就跟任何其他内战一样，一般人都不会对其产生兴趣或者同情"。[9]

而在英国，查尔斯·达尔文告诉一位美国记者，他向上帝祈求道，"让北方发动一场消灭奴隶制的圣战"。达尔文成千上万的英国同胞也抱有相同的想法。但是，这种油然而生的对北方的同情逐渐变得淡漠，因为正如加里波第对桑福德所说，美国的内部冲突"就跟任何其他内战一样"，只是分裂与统一的问题，没有上升到追求自由的层面。因此，在内战开始的头几个月里，邦联的形势一片大好。[10]

在繁荣的 19 世纪 50 年代，蓄奴州的人日渐相信，他们不仅对美国的经济至关重要，对世界资本主义的命运也是如此。在他们眼中，1857 年的冲突暴露了北部和西部的繁荣的脆弱性和虚幻本质。即使在大恐慌和之后的衰退期，棉花出口量仍然在增长。佐治亚州的《奥古斯塔宪政主义者日报》（*Augusta Daily Constitutionalist*）吹嘘说，冲突的结果就是 "地球上发展得最好的人民现在生活在（南方）各州"。1859 年，印第安纳州的一份报纸承认，"如果不考虑人口增长，那么毫无疑问，南部在财富积累上远超北部和东部"。[11]

南方人坚称，奴隶种植的廉价棉花给 19 世纪 50 年代世界经济的迅猛扩张提供了动力：没有了它，增长噼啪几声就会陷入停顿。佛罗里达的 W. H. 沙斯（W. H. Chase）宣称，一旦棉花停止流动，英国就会爆发革命。"棉花的流动一刻都不能停，"他说，"世界上主要的棉花种植区不能停止耕作，耕犁、锄头和轧棉机，它们都不能停止工作。"棉花将美国南方与利物浦、曼彻斯特，与上百万水手、码头工人、运输工、工厂工人，以及其他直接或间接帮助原棉变成纺布的劳动者，紧紧地联系在一起。兰开夏郡在 1860 年进口的 14 亿磅原棉中有 11 亿磅来自美国南方。同样，奴隶种植的棉花占了法国棉花进口的 90%（1.92 亿磅）、俄国的 92%（1.02 亿磅）和德国的 60%（11.5 亿磅）。如果南方拒绝种植棉花，会出现什么后果？1858 年，南卡罗来纳州的参议员詹姆斯·亨利·哈蒙德曾如此问道。他还说："我不会停下来去想所有人都能想到的事，但有一点是毋庸置疑的——英国将会一头倒下，连带着整个文明世界一起，但南方除外。不，你不能对棉花发动战争。

地球上没有大国敢同棉花开战。棉花就是国王。"[12]

不过，对旧世界来说，南方能做的不仅是用近在眼前的经济灾难相威胁。它还能提供一样价值不可估量的东西。

而且这样东西也是英国人最为看重的，它就是自由贸易。英国在1846年废除《谷物法》之后，迅速转变为自由贸易国家，作为回报，美国国会在同一年通过了沃克关税（Walker Tariff），大大降低了进出口的关税税率。在1857年，关税进一步降低。贯穿本书的线索之一就是英国如何利用自由贸易的力量重塑世界。除了迫使亚洲开放并接受可能带来新生的贸易潮流外，英国推行自由贸易的全球性事业中最重要的一部分就属与美国的合作关系了。更准确地说，是其与西部谷物生产商和南部棉花种植者的合作关系，这两大势力群体依靠的都是自由出入英国市场的权利。北部的制造商，尤其是铁和毛织物的生产商，十分抗拒自由贸易，因为英国商品的大量流入削弱了他们的力量，严重妨碍了工业的发展。但是，令他们感到沮丧的是，19世纪50年代的关税未能如他们希望的那样增加，因为西部和南部使政治天平朝着自由贸易的方向倾斜了。

1961年初，在南方参议员缺席的情况下，共和党人终于通过了针对英国进口商品的带有保护性质的莫里尔关税（Morrill Tariff）。在世界上最重要、最有活力的经济体之一的周围，共和党人建起了一堵围墙，一下子就瓦解了英国全球体系的根基。对于许多英国人来说，自由贸易是神圣不可侵犯的，只凭它，世界的革新就可获得保障。"有两件事情是令我们所有（英国人）都十分狂热的——个人自由和自由贸易。"理查德·科布登在给查尔斯·萨姆纳的信中写道。英国媒体猛烈抨击美国的做法，称其为鲁莽之举和倒行逆施。在英国人看

369

来，保护主义和奴隶制一样，都是进步的障碍，是需要从世界上除去的魔鬼。[13]

林肯没有提出废止奴隶制，同时国会为自由贸易制造了一个障碍。邦联各州现在为世界——尤其是英国——提供了一个庞大的免税市场。沙斯许诺，美国的"主要产品"——小麦、大米、糖、烟草和棉花——"都可以通过河流和铁路自由地流向南方的港口"。19世纪50年代的梦想——不受任何限制的贸易——将会随着欧洲的主要贸易国共享这个巨大的财富之源而最终实现。"他们的船只在来的时候装满了各国的产品，要运送到诺福克、查尔斯顿、萨凡纳、费南迪纳（Fernandina）、彭萨科拉（Pensacola）、莫比尔和新奥尔良；在走的时候，船上又载满了南部和西部的各色产品。"明尼苏达、艾奥瓦、密苏里、伊利诺伊、堪萨斯和其他新兴州的产品无须通过铁路到芝加哥和纽约，而是沿着密西西比河顺流直下到达新奥尔良，然后被出口到世界市场。[14]

《纽约时报》敏锐地觉察到了莫里尔关税给联邦带来的危险。这份报纸的社论说，尽管英国人——即使以新英格兰的标准来衡量——是极端的废奴主义者，"但在贸易里我们只关心价值和价格。如果曼彻斯特的制造商经由新奥尔良运送货物到西部的成本低于经由纽约，他就一定会去利用这个有利条件，除非他是傻子"。不过，在《纽约时报》看来，更令人担心的是，莫里尔关税正在破坏联邦与欧洲列强的外交关系。正如《泰晤士报》所说，北方突然采取保护主义政策的行为"狭隘、排外且缺乏社交精神"，它将因此失去"人类的同情和尊重"。相反，南方承诺要实现自由贸易，"向除了自家奴隶之外的所有人类都伸出友谊之手"。在欧洲进行煽动以寻求支援的南方人都对自己的好运气和共和党人的愚蠢感到难以置信。[15]

莫里尔关税严重损害了北方和英国的关系。评估内战如今是商业得失问题,而不是原则问题。《泰晤士报》一向把贸易当成人类事务的仲裁者,认为美国内战的问题也可以通过贸易解决。英国人可能不喜欢看到美国陷入分裂,"但是贸易的趋势是不可阻挡的,我们的制造品会在力学定律下准确地找到最佳市场……南方人现在很有可能要变成我们的最佳顾客"。好的顾客——甚至包括蓄奴的顾客——自然也是政治上的伙伴。巴麦尊曾言简意赅地告诉伦敦的联邦代表:"我们不喜欢奴隶制,但是我们需要棉花,而且我们非常不喜欢你们的莫里尔关税。"[16]

但是,谅解南方并不等于帮助他们。不到迫不得已,英国和欧洲不会承认南部邦联的合法性。唯一可行的方法就是向工业化世界发送一次电击。为了达到这个目标,南方封锁了棉花的出口,以提醒所有人,他们是多么地依赖奴隶种植的棉花,是多么的卑微。"无论现在还是将来,这些国家和帝国都会被我们束缚,"颇有影响力的南方小说家和历史学家威廉·吉尔摩·西姆斯(W. Gilmore Simms)写道,"我们网住了它们。它们知道棉花的力量!它们必须拥有棉花。让我们安静地等待,不要做出任何让步。即使一包棉花都不卖,我们仍可独立地生存。"[17]

整个国家的经济,或者至少兰开夏郡成千上万的工厂工人和他们家属的命运,都掌握在英国政府的手中。在此压力之下,英国一定将不得不恭恭敬敬地承认南部邦联的合法性,或者心里会那样想。还不只是这样。林肯已经封锁了南方，以阻止其商品的出口。沙斯认为，联邦海军很有可能会被"英国舰队彻底摧毁……（后者）一直游弋在南部海岸附近，以保护贸易自由，尤其保障棉花可自由地流向英国和法国的工厂"。[18]

371　　　但是，很显然，一个年轻的觊觎者正对老棉花国王的"全能权杖"发起挑战。在 19 世纪 60 年代初，谷物之王一步一步地逼近老国王的王位。美国小麦出口在克里米亚战争刚结束的时候遭受了重创，酿成了 1857 年的大恐慌；但到 1860 年，对它的需求已经恢复。1859 年时，小麦出口（从 1856 年的 2700 万蒲式耳）降到了 1600 万蒲式耳；在内战的第一年，该数值就飙升到了 5400 万。英国粮食有 40% ~ 50% 都从美国进口。兰开夏郡的纺织厂固然需要开工，但工人也需要吃饭。美国北方不仅是英国的谷物产地，也是它最大的客户之一；此外，成千上万的英镑被投资在那里的铁路和其他事业中。为它自己着想，英国必须安抚美国的这两位相互竞争的"国王"。令两边都感到厌烦的是，维多利亚女王颁布了一则中立声明。

　　戴维斯带领的南方因无法用棉花绑架英国而感到不满。不过，中立使林肯领导下的北方更为不快。英国的中立使双方都有了交战权，意味着它没有把这场冲突当成叛乱，没有把北方视为镇压非法暴动的合法政府，而是将这场战事视为两个国家间的争斗。中立声明没有到达承认南部邦联为独立国家的地步，但在杰弗逊·戴维斯看来，它是走向承认的重要一步。

　　得益于林肯的就职演讲和《克里滕登－约翰逊决议》，邦联在英国的代表在谋求国际上的承认时可以回避奴隶制问题，转而强调保护性关税和贸易封锁。如果联邦还没有把内战变为一件关乎自由之事，邦联就会这样做。在伦敦，曾经把戴维斯总统介绍给蒙哥马利的欢呼人群的威廉·扬西告诉英国的内阁大臣和媒体，南方的爱国民众正在为独立而战。在一个民族自决日益重要的世界里，美国南方毫无疑问应该获得拉丁美洲或者希腊曾在 1820 年追求的东西，它也是意大利、匈牙利和波兰正在要求的东西：脱离一个更大的帝国的自由。欧洲的一名美国间谍发现，通过"跟贸易商、生产商谈论自由贸易和棉花，跟自由主义者谈论自治权"，邦联的使者正在取得进展。[19]

没有什么比自由贸易和宪政主义更能吸引英国人了。南方的努力因此具有了某种独特的魅力。就在英国给予南方交战权的同一天，《泰晤士报》呼吁道，应给予太平天国同样的权利。这份报纸的社论暗示了在中国和美国同时进行的两场血腥内战间的关联，尽管这种联系已经被人们遗忘很久了。在 1861 年春，英国的世界体系正从两个方向遭受打击：美国内战的爆发（还有莫里尔关税和棉花禁运）正好跟太平天国起义的激化同时发生。对英国人来说，这两起事件是密不可分的。中国和美国分别在东方和西方构成了英国全球贸易帝国的左膀右臂。英国商人在中国出口的茶叶中有三分之二卖到了美国。随着太平天国起义爆发，茶叶市场也崩溃了，这一事件引起的震动从上海和广州一路传到了伦敦金融城。由于两个主要的贸易伙伴都几乎在同一时间发生分裂，英国面临着经济遭受彻底毁灭的可能性。不过，这场全球风暴同样意味着新的机遇。[20]

尽管各有特点，中国南方和美国南方的叛乱者看起来都像是极端的狂热分子和劫掠者。不过，从商业角度看，他们都有

372

其自己的吸引力。太平天国控制着"中国的黄金水道"，就像美国的南方人控制着密西西比河流域的入口一样。报纸和议员开始主张应承认太平天国作为一个独立国家的地位，同时强迫清政府也那样做。"有了和平，"《泰晤士报》评论说，"我们就可以直接进入中国的心脏地带，利用她最大的爱好——对财富的热爱——把她纳入文明国家之列，同时赢取她的欢心。当前，其大门是打开的；我们的商人已经做好进入的准备了。"和美国棉花州的企业家一样，太平天国政权中的反叛者也可以成为重要的客户。在 1861 年的初夏，英国人同时跟地球两端的两股主要叛乱势力眉来眼去，掂量着可以从他们那里榨取多少利益。[21]

373　　说到底，或许一个分裂的中国和同样分裂的美国最符合英国的商业利益。事实上，许多英国人都在享受这种冲突。巴麦尊和他的外交大臣拉塞尔勋爵那样的政客，就为美国的分裂感到十分愉悦。拉塞尔将华盛顿在国际上的被孤立状态看作其因在克里米亚战争期间与俄国密切来往而受到的报应。美国的分裂造成的政治后果和影响更加令人惊喜。美国的民主和共和政体一直被认为是值得世界各国学习的榜样，而如今这个实验令人吃惊地失败了。《评论季刊》刊载了《实验中的民主》（Democracy on Trial）一文，其作者说共和民主"已经崩溃了，就像它的前身一样，演变成骚乱和流血事件。这个结局的到来快于雅典和罗马的民主，但慢于法国和西班牙统治下的美洲；然而，该来的始终会来"。如果全世界都去"模仿美国在最愚蠢的时候建立的华而不实的制度"，他们就会"掉入同一条河流"，在"同样致命的岸边"遇难。美国内战进一步表明，英国的宪政体制和自由才是世界各国应该效仿的榜样。[22]

*

尽管占据优势，但是邦联代表仍然为无法在伦敦取得更大进展而感到恼怒。棉花和自由贸易的力量不足以打消对奴隶制的重大顾虑。"反奴隶情绪普遍存在，"恼火的扬西从伦敦发回报告说，"人们都读过而且相信《汤姆叔叔的小屋》中的内容。"[23]

不过，形势仍有希望甚至可以说极有可能发生逆转。11月，两名邦联的代表从古巴出发前往欧洲以继续谋求国际承认。为了避开联邦的封锁和在海面上搜捕他们的船只，两名代表登上了一艘名为"特伦特"号（Trent）的英国邮轮。11月7日，"特伦特"号离开哈瓦那，在经过巴哈马海峡的时候被一艘联邦的蒸汽护卫舰拦了下来。两名邦联代表遭到逮捕，然后被带到波士顿监禁起来。

相关消息传到英国之后，毫不出人意料地引起了人们的愤慨。美国国务卿苏厄德收到一封在伦敦的美国人寄来的信件，信中说："英国人大发雷霆，如果举行全国公投，恐怕1000个人里会有999个人支持马上向联邦宣战……伦敦的南方人……认为英国和法国都会一致承认南方政府，已经忍不住要开始庆祝了。"逮捕一艘外国船，一艘邮轮，尤其是在那个和平的年代这样去做，被认为是对国际法最明目张胆的破坏。不仅如此，这还是对英国国旗的最大羞辱。[24]

自1851年起，英国和美国曾三度走到战争边缘，其中"特伦特"号事件是最为危险的一次。巴麦尊派遣了10000名士兵到加拿大，皇家海军随之进入备战状态。声称应占领和焚毁美国海岸城市的言论再度出现。英国向联邦政府发出最后通牒：要么放人，要么开战。

形势一度十分险恶。在新闻界鼓吹复仇的喧嚷声中，市场做出了就像是战争已经迫在眉睫的反应。在美国，好战情绪也十分浓厚。负责逮捕行动的战舰船长受到人们赞颂，整个北方都为两名恶名昭著的分裂分子被捕而感到高兴。民众向林肯政府施加了巨大的压力，要其拒绝退让。在一次舞会上，威廉·霍华德·拉塞尔听到苏厄德说，"我们点燃了全世界的怒火"。几个星期后，联邦政府仍在拖延对最后通牒的回复。到圣诞节，法国已经明确表示要和英国一起维护国际法。联邦必须面对世界上最强大的两支海军，同时还要跟邦联作战。[25]

最终，在大西洋两岸的战争狂热持续了一个月之后，联邦决定退让。林肯道歉了，同时释放了邦联的使者，令其得以继续前往英国。

当双方都从悬崖边上退回时，全世界都暗暗松了一口气。此处的"全世界"并不包含南部邦联。如果英国和法国在公海上跟美国开战，联邦对南方的封锁就会失败。然而，邦联的希望并没有完全落空。1862年初，兰开夏郡遭遇棉荒，成千上万人口因此失业，很多人面临降薪之忧和饥饿之苦。英国和欧洲都受够了美国内战，受够了棉花短缺给全球经济带来的打击，受够了关于这场仍未分出胜负的血腥战斗的报道。从7月起，罗伯特·李将军在弗吉尼亚和马里兰连续取胜的消息传来；同时，对于欧洲列强将不得不介入以终止杀戮并结束欧洲大陆上的工人蒙受的痛苦一事，人们越来越深信不疑。内战已经导致15万人死亡，但是战局仍然僵持不下。在兰开夏郡，至少70万人（包括工人和其家属）只能依靠福利救济度日。

在巴黎和伦敦，政府官员一直在商讨联合起来结束内战的可能性。首先，邦联将会最终获得承认，成为一个独立的国家。然后，英国和法国，或许还有俄国、普鲁士和奥地利，将一起调解两个"国家"之间的关系。可以肯定的是，如果联邦政府选择拒绝，列强将会进行军事干涉，强迫北方接受和平现状和美国的分裂。

亚伯拉罕·林肯意识到了日渐强硬的国际舆论，他知道"一项明确的反奴隶制政策能够帮助联邦消除来自国外的威胁"。在 1862 年的夏天，他致力于将联邦的统一事业上升到一个更为崇高的层面，即将之变为一项解放事业。他在 7 月 22 日就向内阁宣布了他的决定，但出于在这个多灾多难的夏天将其公布出来会造成严重的政治后果的担忧，它迟迟没有被公之于世。[26]

然后欧洲发生了一件大事。发起人自然就是加里波第。8 月，他再次带领一队红衫军从西西里出发，跨过墨西拿海峡（Straits of Messina），穿过意大利南部，然后一路北上。他们的目标是把罗马从教皇的统治下解放出来，使之成为意大利的首都。"*Roma o Morte*（要么罗马，要么死亡）！"他们呐喊道。如果加里波第以为国王维托里奥·埃马努埃莱会加入他，那他就大错特错了。拿破仑三世曾经郑重地许下誓言：要保护教皇的世俗权威；他不惜开战，也要防止罗马成为意大利的一部分。急于安抚法国的意大利首相意图阻止加里波第的革命，马上派遣军队到南方拦截红衫军。在阿斯普罗蒙特山（Aspromonte，也就是"酸味的山"），两支军队于 8 月 29 日相遇了。加里波第的大腿中了两发子弹。他大喊"*Viva Italia*"（意大利万岁），然后因叛国罪被逮捕。[27]

意大利的骚乱再次震动了整个欧洲。在法国，人们愤愤不平地抱怨拿破仑三世支持教皇的行为。在贝尔法斯特

（Belfast），7 万名新教徒上街游行，表达对加里波第的支持，并跟天主教徒爆发了持续五天的激烈冲突。9 月 29 日，一个名为加里波第工人阶级委员会（Working Men's Garibaldian Committee）的团体准备在海德公园发表公开演讲时，遭到了数百名爱尔兰砌砖工和劳工的袭击。一两万伦敦市民冲到公园里与这些爱尔兰人混战在一起。集会最后以暴力告终，但是委员会发誓称他们在下个周日还会再来。[28]

当伦敦支持加里波第的工人在之后的周日再次聚集到海德公园时，他们的人数超过了 10 万。人们极为兴奋，因为在集会之前两天，英国报纸发布了一封轰动一时的信件。在这封"致英国人民"的信中，加里波第的话对美国内战产生了直接的影响。

加里波第首先感谢了英国人，因为他们的帮助确保了意大利的统一，并为逃避专制的人提供了避难所。"噢，不可征服的民族，请坚持走你们的道路！"他说，"在唤起兄弟民族一起走向人类进步的路上，不要回头。"英国的人民应该和法国的人民携起手来，终结拿破仑三世那抑制了欧洲之自由的"邪恶精神的统治"。然后，加里波第将话题转向美国。"美国的共和是伟大的，"他敦促他的英国支持者说，"毕竟，她是你的女儿，吃你的奶长大；无论她要去做什么，她现在都是在为了你支持的废奴事业而奋斗。给她援助，帮她摆脱这场与奴隶贩子的艰难斗争。帮助她，然后让她在各民族的联合（它是人类理性的最后作品）中，坐在你的旁边……所以，起来，噢，大不列颠！不要浪费时间。起来，抬起头来，为其他民族指明前进的道路。"[29]

加里波第声称，美国北方正在致力于废除奴隶制，尽管事实上这还没有得到公开证实。英国应该援助美国，打败蓄奴的叛乱者，开启世界历史的新时代。在 10 月 5 日的那个星期天，伦敦的工人阶级聚集在一起表达他们对加里波第的支持。海德公园再次陷入了可怕的暴力冲突。伦敦长久以来以和平安定著称，已经有几十年没有发生过这样的骚乱了。

在同一天，前往利物浦的皇家邮轮"澳大拉西亚人"号（*Australasian*）在半途的昆斯敦（Queenstown，位于今天爱尔兰的科克郡）留下电报信息。一周前，纽芬兰的开普雷斯获得了这则新闻，之后它经由电报迅速传遍了英国各大报社，其详情于 10 月 6 日（星期一）被全文刊登。

终于发生那件事了。9 月 22 日，林肯总统发布了一则宣言："1863 年 1 月 1 日起，凡在当地人民尚在反抗合众国的任何一州之内……为人占有而做奴隶的人们，都应在那时及以后永远获得自由。"

9 月 17 日，联邦在马里兰州的安提塔姆战役（the Battle of Antietam）中获胜，这给林肯提供了顶着政治风险发布宣言的机会。事到如今，文明世界自然应当转向北方。但事实并非如此。对欧洲的鹰派来说，林肯最初发布的《解放黑人奴隶宣言》使干涉行动显得更加急迫了。考虑到那些忠于联邦却存有奴隶制的边界州，林肯只承诺从 1 月 1 日起，那些叛乱州的奴隶可以获得自由。仔细研究过美国宪法和总统权力会受到的政治掣肘的人，都能发现该宣言只会结束北方获胜之处的奴隶制。然而，1857 年的印度叛乱对英国政治家仍然有着很大的影响。他们相信，林肯的做法将会不可避免地导致奴隶起义和种族战争，在南方，一片腥风血雨将会掀起。

进行干预的时机已经到来，但这不是为了神圣的自由事业，而是为了迫使北方接受美利坚联盟国（Confederate States of America）的存在。

10 月 7 日，也就是黑奴解放的新闻登上报纸的第二天，威廉·格莱斯顿在纽卡斯尔发表演讲。这位很有可能接班巴麦尊的财政大臣谈到了关于兰开夏郡状况的"悲伤主题"。他说，在棉花价格翻了四倍之后，一半的纺织工厂都已经倒闭，人们正在经历一段痛苦的时期。这个悲哀的故事让他不禁想到美国。他宣称，正如一些美国人宣称的，英国永远都不愿意看到联邦瓦解，但"我也能理解，为什么有人说为了维护所有国家的总体利益，没有一个国家应该将自己扩张至大陆规模"。格莱斯顿继续说：英国曾经历过一次政治联合体的分裂之痛，但从长远来看，这是有好处的；现在，轮到美国北方接受相同的命运了。

这位财政大臣的言论实际上将北方与 1775 年的英国相提并论，却把南方人视作美国开国元勋的继承者。在北方人听来这已经够令人反感的了，但还不是全部。格莱斯顿还说，北方必须面对一个事实，那就是他们可能永远都无法战胜邦联。"我们对奴隶制有自己的看法；我们可以赞成南方，也可以反对南方，"格莱斯顿告诉欢呼的听众，"但是毫无疑问，杰弗逊·戴维斯和其他南方领导人已经组建了一支军队，他们看起来还在组建海军，而且更为重要的是，他们已经构建了一个国家。"[30]

构建国家。这是 19 世纪 60 年代的关键主题。他认为南方的分裂与光荣的意大利独立运动，甚至波兰和匈牙利等地进行的更广泛、更伟大的自治斗争，具有可比性。由于电报的出现，格莱斯顿的爆炸性演讲不仅在纽卡斯尔引发强烈反响，而且在当天晚上就传遍了欧洲的美国领事馆。他的言论被解读为英国政府即将承认邦联并将通过军事干涉来分裂美国的信号。"我们正在经历我们命运中的危急时刻，"美国驻伦敦大使查尔斯·弗朗西斯·亚当斯忧心忡忡地说。美国的命运看上去即将由外来入侵者决定。随着战争逼近，金融市场连续受到骚动的冲击。[31]

　　尽管格莱斯顿说了这样一番话，但政治氛围在发生变化。纽卡斯尔演讲引起了极为负面的回应，民众完全不赞成支持一个奴隶共和国。查尔斯·弗朗西斯·亚当斯认为转变始于导致加里波第在"酸味的山"战败的军事干涉。欧洲因为加里波第而紧张不安，担心革命开始扩散，于是暂时转移了对美国问题的关注。亚当斯从伦敦发回报告说，拉塞尔勋爵告诉他，"欧洲列强任何计划中的联合行动"都已因为加里波第的罗马冒险而终止。海德公园发生的支持加里波第的暴动深深地震撼了亚当斯。他写信给美国国务卿威廉·苏厄德说："我开始相信，绝大部分穷苦阶级都会同情我们的斗争，只有贵族和商人才反对我们。"[32]

　　立在曼彻斯特布列斯诺斯街（Brazenose Street）上的一尊雕像说明了1860年的舆论变化。该雕像的底座上刻着从一封信件中摘录的文字，信件上的署名为曼彻斯特劳动群众，也就是在1860年的最后一天召开于自由贸易厅的会议中受到围攻的棉纺工人。上面还刻着收信人亚伯拉罕·林肯的回复，矗立在底座上的就是他的雕像。

　　美国爆发内战后，许多英格兰北方的棉纺城镇都升起了邦联的旗帜。但在林肯9月22日发表解放黑人奴隶的宣言后，情况开始发生改变。棉纺工人告诉林肯，他们确信，奴隶制是

"文明社会和基督教的一个可恶的污点"，很快就会被抹掉，而"林肯的名字则会永远受到后人的尊崇和敬重"。

在后来闻名世界的答复中，林肯承认"内战给曼彻斯特乃至全欧洲的劳动群众带来苦难"，对此他深表痛惜。考虑到此种艰难的情况，林肯继续说："我不得不将你们在该问题上的表态视为基督教英雄主义的高尚体现，这在任何时代或是任何国家都是无与伦比的。毫无疑问，它令人振奋，给人以力量，保障了正义、人性，以及自由最终也是最普遍的胜利。"

*

兰开夏郡的棉纺工人因为对苦难的忍耐而获得了奖赏。南方相信它能够通过操纵棉花价格来操纵世界。它通过在国际金融市场中出售棉花债券，来为战争获取财政支持。这本来是一个不错的选择：随着棉花价格上升，许多人都来购买债券，其中包括格莱斯顿。但是，南方能否通过出售债券来获取利润，取决于它是否有拒绝供应棉产品的能力。在联邦占领新奥尔良之后，南方就已失去了这项重要的特权，然后又进一步失去了它对棉花供应的垄断。在曼彻斯特的劳动群众写信给林肯的几个月之后，棉花开始重新进入纺织厂。

《泰晤士报》将美国的危机视为一次难得的机遇。这份报纸惊讶于世界各地间的相互联系，认为美国内战"正在加快这项产业在东方古老王国的发展"。南部各州脱离联邦的消息刚从蒙哥马利传到孟买，"世界棉花市场显然就迎来了一场革命……一个新的世界在东方商业面前打开了，同时东方工业也得到了新的刺激"。这份报纸敦促曼彻斯特的富豪——即所谓的棉花贵族——为重塑世界提供资本。[33]

"像棉花贸易那样的贸易需要大规模的组织。"《泰晤士报》说。必须在全世界开垦新的棉田，同时还要找到方法把它们连入世界市场。重建棉花王国需要大量资本的注入，通常还需要严厉的政治手段和法律管制。美国内战改变了埃及、土耳其、阿尔及利亚、墨西哥、秘鲁、巴西、中亚、中国、西非和印度中部的大片土地。在这些棉花种植区，农民和资本家的反应是将棉籽撒入土里，同时在金融市场上筹募贷款用来投资轧棉机、棉花打包机、铁路、运河及道路。全世界都在寻找新的棉花来源，这引发了许多重大改变。俄国的帝国主义扩张正在加速，因为中亚拥有富饶而适合棉花生长的土地。埃及总督穆罕默德·赛义德（Muhammad Sa'id）把尼罗河三角洲下游40%的地方都变成了棉田，还从苏丹进口了奴隶。为了把棉花运出去，铁路修入了安纳托利亚；在巴西，受来自伦敦金融城的贷款鼓励，农民把粮食作物连根拔起，然后在每一寸土地上种满"白色黄金"。[34]

达尔豪斯在印度掀起的现代化风暴开始获得回报。他在1853 年占领的贝拉尔已经成为世界上最重要的产棉区。连接孟买、那格浦尔、古吉拉特、贝拉尔和马拉塔南部产棉区的铁路在 1858 年已经动工。建设这条铁路必须要克服一个令人畏惧的障碍，那就是西高止山脉（Western Ghats）。高止山脉与其说是山脉，不如说是"一连串高达 2000～3000 英尺的悬崖构成的德干高原（Deccan Highland）的垂直屏障；只有幽深的峡谷或者地面上的裂缝才能断开这些悬崖，偶尔突出的山嘴一直延伸到了康坎（Konkan）平原"。[35]

在高止山脉的斜坡上，铺设每英里铁路的平均代价是1667 条生命和 7 万英镑。在施工的高峰期，每个斜坡上都有

4.2 万名工人在艰难地搬动 1.3 亿立方英尺的坚硬玄武岩。高止山脉的有些地方是垂直的，没有任何立足点，工人只能吊在绳子上，用钻头和炸药在玄武岩中开路。许多人都因为绳子断开而在峡谷里摔得粉身碎骨，有的人则死于爆炸事故。不过，造成最多伤亡的是霍乱或疟疾。季风带来的"不是雨丝，而是倾盆大雨"。雨季到来的时候，大部分线路都要暂停工作，因为"每一道峡谷都已经变成了咆哮的河床"。但是，隧道除外，那里的钻凿工作在工程进行的八年里一直没有停过。[36]

工人的住宿营地条件十分简陋，几乎没有任何卫生设施。一年中总有些时候降雨量十分惊人，另一些时候则极为干燥。一次流行病的爆发可能会导致 25% 的欧洲监工死亡，消失的工人数量更是"无法估量"了（每英里的死亡数字显然是被低估了）。山上时常爆发激烈的叛乱和反抗。高止山脉不是铁路修建中的唯一障碍。为了跨越恒河平原上的大河，必须建造大量能够抵御雨季洪水的铁桥。修筑每英里的印度铁路就需要从英国运来 600 吨的材料。[37]

这种令人震惊的艰苦劳作意味着在 19 世纪 60 年代初，印度已经处于填补世界市场中的棉花短缺的有利位置了。印度棉花在 1863 年已经进入英格兰北部、法国和新英格兰的工业区，缓解了棉荒之苦。"它给孟买带来的影响……是……令人激动的。"随着铁路源源不断地将"白色黄金"运入孟买，这座城市实现了令人目眩的人口高速增长和能够跟 19 世纪 50 年代的芝加哥相媲美的经济产出。[38]

需求来得如此突然，价格升到如此之高，利润变得如此之大，整座城市都经历了一次令人眩晕的"过山车之旅"，泡沫越吹越大：随着曼彻斯特的资金遍地流动，疯狂的投资和铺张的消费比比皆是。成千上万来自内陆乃至亚洲和中东各地的人涌进这座城市。"各式各样的金融机构像雨后春笋一样冒出来。"一位目击者回忆说。另一位则记得，每天都有"一家新银行"或者新的"金融机构"出现。[39]

孟买成了"黄金都市"，标志着日趋白热化的印度现代化运动。据一位美国游客所说，"靠棉花建立的商店和仓库使任何其他东方城市都无法与这里媲美。棉花吸引了上百艘轮船和几千艘当地船停泊在港口里"。[40]

棉花国王在印度西部和其他地方的登基就跟它在迪克西的废黜一样突然。世界上的大部分地区都没有享受到之前十年的繁荣，现在由于美国内战，它们被卷入了一个扩大化的"棉花地带"，终于发生了翻天覆地的改变。日渐增长的繁荣景象、基础设施，以及在全球贸易与金融网络中的参与度又产生了更多其他形式的经济活动。也有不那么积极的方面：全球棉花地带的突然扩张助长了强制劳动和殖民化的气焰。它把这些地方与世界经济的起伏和自然的无常绑在了一起。在同一种商品获得了那么多的资金、劳动力和土地投入后，它们变得异常容易受到欧洲的经济萧条或者本地的谷物歉收的影响，食物短缺和饥荒很有可能爆发于一夜之间。棉花在欧洲和美国的国际交易市场上的价格十分高昂，这意味着印度、埃及和巴西等地的纺织品制造商再也买不起本地的棉花了。在去工业化的过程中，许多制造商都破产了。全世界的农民都开始以高利息借入资金，然后投身繁荣的全球市场。在美国内战导致的动乱时期，棉价不断上升，一切看起来都很完美——但是背负了如此沉重的债务使他们很容易受到价格波动的打击。

无怪乎信息在孟买和开罗也变成了极为珍贵的商品，就像

383

其在纽约和利物浦一样；朱利叶斯·路透扩大了他的业务，为印度的投资者提供最新的商业数据。人们急切地浏览报纸，消化刚从船上卸下或者由内陆电报机传来的消息。无论是美国内战的最新消息，还是利物浦的市场动向，任何可能导致价格上升或者下降、造就或者毁灭财富的消息都不被放过。此时已经有了地中海的海底电报电缆和更加快速的船只，印度与英国之间的消息传递只需十五天。

《泰晤士报》把注意力放在了美国的冲突如何在一个各地联系日趋紧密的时代重新塑造了世界一事上。它说，在整个19世纪50年代，英国和美国都联合在一起，但是它们都太依赖对方了。曼彻斯特的纺织业巨头沉迷于廉价的棉花，不知不觉中忽视了正在蓄势的政治动荡。此外，"我们的车间受雇于美国的订单，英国的资本在美国的需求和产品中找到了最合适的应用领域"。结果就是出现了一个繁荣的黄金时代。但是时代已经变了："因为高昂的关税、被焚毁的正在冒烟的棉花堆、陷入赤贫的人民和不可避免的破产，美国已经没有能力去进行买卖了，它在商人的眼里已经没有任何价值可言。"不过，《泰晤士报》的主笔继续说，如果英国在50年代完全依赖于美国，并在1862年仍然沉醉于此前的繁荣，"那么发现我们之前在远东地区播下的良种，正在我们耕种和灌溉过的土地上成长和丰收，对这个艰难时刻将是莫大的解脱"。[41]

也就是说，《泰晤士报》认为，美国内战和莫里尔关税是有益无害的，因为它们迫使棉花贵族去开垦面积广阔的大片土地，使得制造商不得不去印度和中国开拓新市场。美国内战对亚洲来说意义重大。这不仅是因为农场中都种上了棉花和其他经济作物，还因为英国商人把注意力从西方转向了东方，在印

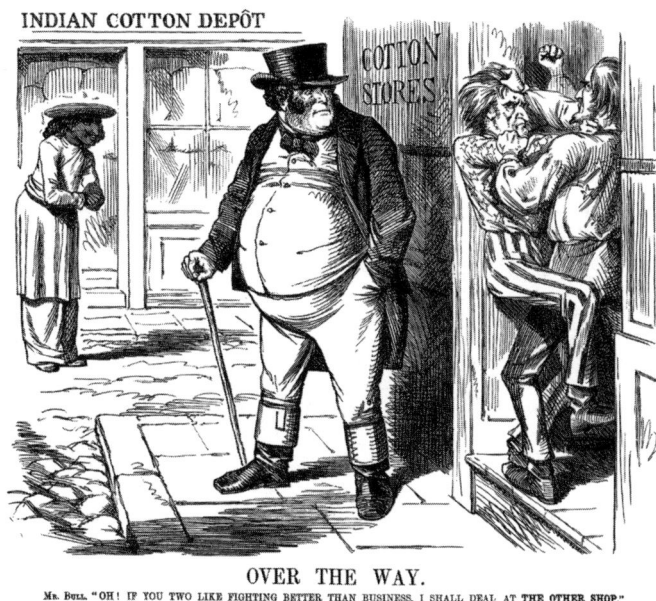

图 30　《对面》（1861 年）

在《笨拙》的这幅漫画里，"约翰牛"找到了一个新的棉花来源。

图片来源：Punch Ltd.

度和中国觉察到了新的赚钱机会。19 世纪 50 年代黄金时代的下一个阶段显然将出现在亚洲。英国报纸开始把《天津条约》和额尔金占领北京看作天赐良机，为自己以为的"与中国自然发展的商业关系"感到惊奇不已："汉口，中华帝国的绝对中心，一个昨天人们还在怀疑它是否存在的城市，已经成了英国贸易的一个市场。《中国对外贸易报告》把它跟上海、香港和广州放在一起，报道当地的'价格趋势'和'市场状况'，还为它设了专栏。"[42]

　　英国在庞大的亚洲市场追逐金羊毛时，忘记了曾经在

1860～1861年短暂爆发过的太平天国起义。现在，这些叛乱者被视作嗜血的狂热分子。从商业的角度看，他们最大的罪恶就是威胁到上海和宁波的庞大的茶叶和生丝市场。茶叶帝国绝对不能像棉花帝国那样陷入危险的境地。《泰晤士报》写道，"必须找人杀死对我们和我们的金苹果造成威胁的恶龙"。这条"恶龙"就是太平天国运动，"金苹果"就是茶叶和贸易，而那个"人"就是清王朝。英国政府开始给清王朝的军队提供武器装备，并鼓励雇佣兵和他们一起作战。"我们在太平天国与清王朝的战争中受到威胁的重要利益，就跟我们在美国南北战争中的受损利益一样多。"《泰晤士报》如此说道。英国媒体开始为清王朝呐喊助威，将清军的每一次战斗胜利都视为贸易的胜利，连"兰开夏郡的高烟囱"都会受其震动。[43]

在亚洲、非洲和南美洲，无数人都要感谢或者咒骂美国的奴隶主。当其他人纷纷跑去给工业化世界的工厂供应他们的宝贵棉花时，南方只能干看着。随着船只从埃及、巴西、土耳其和印度不断抵达利物浦，欧洲前来援助邦联的希望一点一点地落空了。很久之后，威廉·苏厄德游览了泰姬陵，之后又马上去参观了阿格拉的一台轧棉机。"我们从古老的莫卧儿印度君主阿克巴的陵墓，"他说，"走向了所谓的美国的君主——棉花国王——的陵墓。"[44]

*

在孟买或亚历山大，美国内战的痕迹很容易找到，但它对全球政治力量平衡的影响很难察觉。在1862年9月22日，发生了两件毫无关联但是影响极为深远的事情，尽管它们的重要性需要在一段时间后才会变得清晰。林肯发布了其释奴宣言的第一部分，与此同时，奥托·冯·俾斯麦成了普鲁士的首相。

俾斯麦掌权之后，重新审视了已经被克里米亚战争和意大利统一砸碎的欧洲秩序。俄国、奥地利和英国一度控制了欧洲，但到如今它们已经风光不再，普鲁士可以把握时机，领导德意志实现统一。俾斯麦在上台之后不久就告诉普鲁士议会的预算委员会："普鲁士必须逐步增强和保存实力，以利用这个我们几度错过的好机会……当代的重大问题不是通过演说和多数派决议就能解决的……而是要用铁和血来解决。" 386

从海德公园的万国博览会到同一地方发生的加里波第支持者的骚乱，在这十一年里，英国在世界的力量达到了它的最高峰。在 19 世纪 60 年代初，英国毫无疑问仍然是世界的头号超级大国，它的银行、放贷人、投资者、保险商、仓库老板、批发商、承运商、新闻机构和工程师都是独一无二的。在此期间，它经常干预他国事务，为世界打开贸易和进步的大门，常常造成灾难性的后果。19 世纪 50 年代的全球经济扩张给了英国强烈的使命感——其要在自由贸易、不受限制的通信和议会政府的旗帜下，领导全世界的进步事业。在英国人看来，他们的价值观已经获得成功，而世界其他地区仍然在奴隶制、专制、经济衰退或混乱民主中备受煎熬。

英国人设想中的世界依赖于不受限制的相互交流与大国和平共处的国际秩序。在俾斯麦的带领下，普鲁士的野心将会对这一体系造成威胁。电报、民族印刷文化和铁路既没能分散权力，又没能促进大同主义，反而使权力更加集中，导致了民族主义和帝国主义的诞生。普鲁士能够随时调动一支庞大的军队，它还利用关税壁垒来保护其工业，因此发展成了一个军事和工业大国。俾斯麦建立的现代军队先后被其用来对付丹麦、奥地利和法国，英国只能在一边无能为力地观望。在19世纪60年代的欧洲，民族主义已经成为主导性的力量，战争被认为是达到民族主义目标的合法手段。

这不是人们在1851年的时候设想的属于自由贸易和国际主义的未来：这是一个充斥着军国主义、经济民族主义和现代民族国家间的残酷生存斗争的世界。如果未来可以取决于于铁和血（硬实力），那么民主的软实力也可以成为一股强大的力量。在此问题上，英国也没有协调好。

387 　　格莱斯顿在纽卡斯尔演讲说，邦联正在组建一支海军。实际上，帮南方做这件事的是英国的造船公司。7月29日，由约翰·莱尔德父子公司（John Laird, Son & Co.）秘密建造的邦联海军"亚拉巴马"号（CSS *Alabama*）悄悄地驶出了利物浦。这艘崭新而危险的邦联战舰由此开始了在大西洋上狩猎并消灭无数联邦商船的辉煌生涯，而它建造于默西河畔的事实让自称世界道义领袖的英国脸上无光。

同样，英国媒体和政客对林肯的《解放黑人奴隶宣言》的反应看起来也开始变得自私，染上了犬儒主义色彩。在9月22日之后，联邦可以宣称它是在为了人权而战斗，任何支持邦联或者呼吁干预的人都是在支持野蛮的奴隶制度。威廉·苏厄德问道："英国人和法国人会放弃向叛乱者提供保护吗？他们是否会加入……这场……已经……变成自由与奴役之战的……冲突？他们是否会在最后时刻介入，打掉联邦不情不愿地伸出却对打破奴隶的脚镣十分有效的援手，然后重新固定好刚刚裂开的枷锁？……这是否会成为19世纪世界进步事业的高潮？"[45]

英国民众知道答案。人们可以看到历史的潮流正在往哪边去。在整个 19 世纪 50 年代，人们都认为自由贸易和自由通信将成为改变世界的力量。但是美国内战带给人们一个不安的事实：自由贸易没有消灭奴隶制那样的古老罪恶；相反，它看起来使之获得了新生。市场不会在意甘蔗和棉花的种植者是奴隶还是自由劳动者。完全的自由贸易出现之后，产糖的古巴和巴西的奴隶社会反而越发繁荣，与加勒比地区的、黑人已经获得自由的英属西印度群岛形成鲜明对比。在一个被自由放任经济政策主导的世界里，奴工总能在棉花、糖、大米、烟草、咖啡和其他主要产品的集约生产中占据成本优势，从而把自由劳动力挤出市场。作为自由贸易的著名鼓吹者，《经济学人》和《泰晤士报》经常提醒读者，是市场选择了奴隶种植的棉花，"干预这个结果"就违背了经济学的第一定律。[46]

自由贸易的信徒相信，关于奴隶制，"天意会按照自己的方式和自己的时间安排想出一个解决方案……我们相信改良和进步——尽管它们总是缓慢发生且总会遇到干扰——是支配地球的自然法则"。这番话出自英国最受推崇的经济学家之一纳索·西尼尔（Nassau Senior），它很好地体现了崇信自由市场的"无形之手"能够解决人类难题的做法弊端何在。纳索·西尼尔在 1855 年写下这番话的时候，甚至不能对正在路易斯安那的棉田里辛苦劳作的非裔美国人做出如下允诺：自由将会在他们孙子那一代到来。[47]

388

莫里尔关税带走了英国人出于直觉的同情。难道自由贸易比起任何其他考虑因素，尤其是道德上的考虑因素，都更加重要吗？对于许多英国人来说，答案是肯定的。"就原则而言"，《泰晤士报》在讨论美国内战的自由贸易方面的后果时说，南方"显然……做得更好"。这一判断与历史的偏向相左，因为它将一个更为重要的原则放在了危险之中。南方的自由放任言论就像一首塞壬之歌①，内战中的争论议题则被置于坚硬冰冷的商业私利三棱镜之后。奥古斯特·贝尔蒙特（August Belmont）是一位银行家，也是驻欧洲的联邦代理人。他指出，英国人故意忽略这场战争的斗争对象是"叛乱的奴隶主寡头集团"这个事实，对于原则问题充耳不闻，反而沉溺于商业问题。一位著名的自由主义政客的夫人告诉贝尔蒙特："我们发现自己更关心当前的紧急情况，原则问题只能向利益让步，对此我深表遗憾。"[48]

不过，"势不可当的贸易趋势"和政治经济学的"力学定律"都不能把人类从束缚中解救出来。美国内战充分说明，只有实质性的力量，而非无形之手，才强大到足以粉碎奴隶制。《泰晤士报》和《经济学人》一直主张自由与奴隶制之争可以在经济战场上得到解决，然而在葛底斯堡的时代，这剂万灵药看起来毫无希望。19世纪50年代的进步与乌托邦梦想背后潜藏的假设一个接一个地被冲进下水道。

如果英国人在美国1861年发生分裂的时候，嘲笑这场失败的共和民主实验，那么在1862年即将结束之际，他们就会清楚地意识到，一个崭新并且更加强大的民主楷模正在美国诞生。在英国国内，联邦支持者的人数开始增加；人们把这场内战当成一场将定义现代世界的善恶之争。对于自由主义者和激进主义者而言，林肯的美国开始成为人性、平等和公民美德的

① 根据荷马史诗《奥德赛》，塞壬游弋在西西里岛附近的海域，用自己天籁般的歌喉使过往的水手神魂颠倒，从而使航船触礁沉没。——译者注

楷模。在释奴宣言公布以及后一年的葛底斯堡演讲之后，美国的共和主义与民主极大地促进了英国国内停滞不前的改革运动。俾斯麦的德国同样提供了有效的政府干预的正面榜样，尤其是在国民教育方面。

"主动权今天还在你们手上，但明天就未必了。"加里波第在 10 月的公开信中警告英国民众。民族主义理想、政府干预和民主，这些都与自由放任主义和自由贸易没有人情味的、毫不感性的力量形成了鲜明对比。英国曾经在 19 世纪 50 年代引领政治气候，在中国、印度、日本和澳大利亚彻底颠覆了成千上万人的生活，现在却对自己在接下来十年里的角色不是很有信心。汹涌的情绪逐渐消退，甚至连激动人心的镇压印度叛乱的故事都开始变得有点乏味，取代这种激情的是没完没了的羞愧感。多年以后，一位给俄亥俄州的《克利夫兰社论》（*Cleveland Leader*）供稿的通讯员在印度旅游时发现，当所有文明国家都对英国人实施报复的残忍程度感到震惊时，"行凶者却小心翼翼地避免在陌生人面前提及此事"。19 世纪 60 年代出版的大量书籍开始揭露英国人的凶残行为和恬不知耻的掠夺破坏罪行。在讲述印度叛乱的早期著述中，有一本做出了极为细致的描述，那就是威廉·霍华德·拉塞尔在印度当战地记者时的日记。这本畅销书质量上乘，观点大胆，甚至暗示英国人已经因统治印度而受到了腐蚀。其他作者揭穿了关于叛乱者犯下的暴行的谣言，并强调了英国人的黑暗面。"直至来到印度，在一次餐桌聊天中说起劫掠的话题时，"查尔斯·迪尔克（Charles Dilke）说，"我们才记起我们的斯堪的纳维亚海盗血统。几个世纪的教养仍未能使我们的血统得到净化。"或许印度叛乱没有展现英国人最好的国民性，或许它展示了相反的一面。[49]

390

在其他地方，英国人似乎也受到了限制。1860 年，一位英国的观察家在北京郊外看到圆明园被烧毁，他将这件事视为一次具有创造性的破坏行动。一个新的中国将会诞生在华而不实的奢侈品的废墟上，成为一个遵守国际法且能够"赶上进步征程"的国家。中国是乌托邦理想的一块试金石，英国希望在那里证明自由贸易和技术能够帮助人们摆脱贫穷落后的状态。受到美国内战的刺激，英国人试图干预中国内战。从扶持清王朝到支持太平天国，然后又倒向清王朝，如此曲折的经历表明，驱动英国政策的是商业私利而不是原则。[50]

尽管英国花了超过 1000 万英镑去占领北京，但是西方的干涉反而使中国的情况恶化了。英国人希望中国的庞大人口使英国制造商拥有无尽市场，但这样的希望从未成为现实。在英国军队撤退后不久，恭亲王在一次宫廷政变①中夺得了权力。恭亲王受到了西方的欢迎，因为他显然比其他人更愿意跟外国列强打交道，并希望中国变得现代化。在日本，现代化意味着革新每一个工业和贸易部门，如此才能和西方在同一层面上竞争。与日本不同，恭亲王和他的幕僚认为，现代化就是获取强大的军事技术，打败太平军，最后将入侵的西方蛮夷驱逐出去。他从来没有想过从根本上改变中国。这在作为现代化和经济扩张的显著象征符号的电报上表现得尤为突出。"我们已经研究过利用铜线来发送［信息］的技术在中国的可行性，"恭亲王说，"我们认为它们很不方便，所以不予引进。"法国公使送给他一批关于电报的书籍，但这位亲王一眼都没看就客气地还了回去。[51]

占领北京对英国和中国来说都是一个重要的时刻：它代表

---

① 即 1861 年慈禧太后联合恭亲王发动的辛酉政变。——编者注

着胜利，也代表着失败。英国军队的作战能力得到了肯定，但是英国一直鼓吹的、能够使人类获得重生的自由贸易的无形之手被越来越多的人质疑。19世纪60年代的英国只能眼睁睁地看着历史潮流转向相反的方向。英国在19世纪50年代到达顶点之后，以缓慢但仍然可以察觉的速度开始衰退。它曾经自信且充满活力，但现在变得犹豫不定且日渐孤立。

就在额尔金威吓恭亲王批准《天津条约》时，加里波第承认维托里奥·埃马努埃莱为意大利国王。尽管英国吹嘘自己可以主宰欧洲事务，它鼓励意大利统一和遏制法国的努力却是徒劳。俾斯麦发现，英国在欧洲的影响力不过是镜花水月。同样，回应英国干预美国内战的所有尝试的，只有轻蔑的回绝。[52]

事实上，在试图控制世界的过程中，英国已经过度扩张了，而且由于把军队分散在各大洲，它很难在自家后花园保持影响力。在政治影响力逐渐衰退的同时，它的工业也开始面临新兴工业国家——德国和美国——的挑战。这两个国家都抛弃了英国的自由贸易信条。19世纪60年代，尽管一开始很少有人发觉，但是英国在工业、金融、军事和意识形态方面的世界影响力正在逐渐流失。在1851年的世界舞台上，只有极少数国家称得上它的竞争对手；但在19世纪60年代，很多国家都是。

意大利统一运动又被称为"Risorgimento"，即复兴运动。很多国家今天回顾19世纪60年代时，仍会使用这个词语来定义那个时代。这十年属于林肯、俾斯麦和加里波第，属于他们标志性的浪漫民族主义、国家行动主义和民主。在之前十年中盛行的认为贸易、移民和技术能够逐步改造世界的设想，已经被新的想法取代。英国曾经相信自己能够改变世界，但现在，其国内政治反而被世界领袖三巨头支持的理想影响，政治、社

391

会和教育方面的英国改革因此兴起。加里波第在他给英国人的公开信中说得没错：他们一不小心就挥霍了手上的主动权。[53]

392 　　爱尔兰西陲一个名为克鲁克黑文（Crookhaven）的村子里有一处废弃电报站的遗迹，它很好地证明了这一变迁。这里曾经是世界新闻在英国的出口，现在变成了入口。这种变化对政治有很大的影响。

　　从 1862 年开始，美国内战演变成了一场争取自由的斗争，因而获得了越来越多的关注。人们已经融入其中，都期盼着这场史诗般的斗争的下一集内容。为了获取最新的消息，伦敦的报纸甚至租了轮船到科克郡的罗奇海角（Roche's Point）去拦截从纽约或波士顿前往利物浦的携有新闻的邮轮。这些船只争先恐后地把头条新闻送回昆斯敦，然后再用电报将其传到舰队街。这些日报正在侵蚀朱利叶斯·路透的生意。他对此的回应是建设一条从科克郡到距其 80 英里远的偏僻村庄克鲁克黑文的私人电报线路。如此一来，他的轮船就可以提前获得新闻，比其他任何新闻机构都要早几个小时。[54]

　　美联社的电报把头条新闻从纽约发到开普雷斯，然后轮船把它从海里捡起来。它在抵达与路透的小轮船约定的地方后，就会发射一枚火箭。这时候就要开始争分夺秒了。路透的雇员必须在海上找到发出磷光、上下浮动的装有新闻的小罐子。他们先将其安全捞起并带上岸，再在拧开防水盖后把新闻译成摩斯码，然后船只就要穿过海浪返回克鲁克黑文。他们一到达陆地，就立马用电报将新闻传回路透社总部。在那里，新闻将会被分发至英国、欧洲大陆、俄国和印度的各大报纸。路透社在大海上抢夺独家新闻，往往只比它的竞争对手领先几个小时，甚至可能只有几分钟。

尾声　1873 年

陆地和海洋……似乎都为［福格］服务；轮船和火车都
听从他的使唤，连风和蒸汽……也一起为他的旅行出力。

——儒勒·凡尔纳，《八十天环游地球》（1873 年）

儒勒·凡尔纳笔下的菲利亚·福格（Phileas Fogg）是一个属于现代世界的人物，他冷酷而狂热，控制时间的欲望极强。在《八十天环游地球》里，凡尔纳令人难忘地描述了福格"像天文钟的钟摆一样规律的步伐"。世界存在的意义是征服，而不是享受。比如，当他到达孟买的时候，他甚至没有想过去参观这个港口的奇观："不管是市政厅、宏伟的图书馆、城堡、棉花市场、集市、清真寺、犹太会堂、美国教堂，还是马拉巴山（Malabar Hill）上壮观的双子多角佛塔，他都毫无兴趣。他不想去看拥有神秘陵墓的象岛（Island of Elephanta）上的杰作，也不想去看撒尔塞特（Salserre）岛上的堪赫里石洞（Kanheri Grottoes）中的伟大佛教建筑遗迹。没有，没有一样东西令他产生兴趣。"

福格的口号是"守时"，《布拉德肖指南》[①] 是他的宝典，里边有他需要知道的一切外部信息：神圣不可违背的铁路和邮轮时刻表。福格的仆人路路通（Passepartout）才是更有好奇心的那个人，他惊讶地注视着眼前的奇异景观，经常偏离了决定

---

① 《布拉德肖指南》（*Bradshaw's Guide*）是全英火车时刻表，于 1961 年停止发行。——译者注

这次环游地球比赛成败的严格的时间表，因而闹出了不少笑话。

394 　　儒勒·凡尔纳在创作小说的时候从许多现实人物身上汲取了灵感。菲利亚·福格的人物原型之一是环球旅行家、特立独行的美国商人乔治·弗朗西斯·特雷恩。他宣称自己曾经在1870年只用八十天就完成了一次世界环游。对于"公民"特雷恩来说，以创纪录的时间在地球上穿梭一圈实实在在地体现了他的全部商业哲学。他想通过"时间压力下的"旅行证明世界已经变得如此之小，商人完全可以"减少花费在国际旅行中的漫长日月"。在其长久而古怪的经商生涯里，他一直致力于让事物跑得更快：他在英国的城市街道铺设有轨电车，为美国的铁路建设提供资金，还投资了轮船航线。"我的一生过得很快，"特雷恩回忆道，"我一直都是速度的支持者。我出生在一个缓慢的世界里，我希望给车轮和齿轮上油，这样，机器就能转得更快……如果有必要，我希望添加一些刺激物，使这个古老缓慢的世界变得更快，'给这个黄金时代带来'更多的休闲、更多的文化和更多的幸福。正因如此，我促进了更快的海上船只和更快的陆上交通工具的发明。"[1]

　　另一个给凡尔纳提供灵感的人是英国的旅游经营商托马斯·库克。在1851年，库克组织了成千上万游客去参观万国博览会，开始引起人们的关注。在接下来的十年里，他组织的旅行团去了英国的中产阶级观光客最想去的地方：意大利、瑞士和美国。儒勒·凡尔纳在撰写小说时刚好看到了一份印有库克最新行程广告的报纸，这是一份年度环球旅游的公告。库克和他的首批客户在1872年的夏天出发，比小说中菲利亚·福格与时间的赛跑刚好早了几个星期；他们的长途旅行将会持续十一个月，行程长达25000英里。

　　许多技术和政治上的突破使得只依靠蒸汽动力来快速环游世界在当时成为可能，而这些突破的起源在很多时候都可以追溯到 19 世纪 50 年代的黄金时代。新一代的环球旅行者发现旅游变得安全、可靠和舒适；电报线路在地球上纵横交错，瞬间就把二十年前需要几个月才能联系上的地方连接起来。在万国博览会上，人们曾经想象一个通过电来连接的因铁路、轮船和贸易而变小的世界，现在这个设想已经成为现实了。

　395

　　然而，19 世纪 50 年代特有的乌托邦主义和对于不断进步的信念已经一去不返了。在本章里，我们向前跳跃十年，再回头看看 19 世纪中期的这个黄金时代；唯有如此，这个变革的时代的特质才能更加鲜明地显露出来。经济扩张在其间仍在持续，但支撑引人注目的飞跃式进步的能量和激情已经消散。

　　1873 年的世界更加黑暗也更不稳定。那是一个各国激烈竞争资源和市场的时代，也是侵略性帝国主义和经济民族主义的时代。即时通信和自由贸易本应促进国际主义、普世启蒙与和平，但在托马斯·库克准备出发环游地球的时候，事实看起来恰恰相反。当他在 1873 年返回伦敦时，世界已经陷入新的动乱。

*

　　现实中的库克旅行和虚构的菲利亚·福格旅行，都走了同一条环绕地球的路线，恰好把本书描述过的地方串联起来：芝加哥、伊利诺伊大草原、普拉特河河谷和大平原、旧金山、横滨、上海与香港、中亚和苏伊士。这条通信路线和港口城市之间的阶段性旅行路线被一位世界旅行家称为"盎格鲁 - 撒克逊干线"。在 1851 年之前，走这条环游路线是完全不可能的事情；直到相互间隔只有几个月的四项重大突破出现，它才变得不再艰难。第一项突破发生在 1869 年 5 月 10 日：美国第一条横贯大陆的铁路在犹他的普罗蒙特里峰（Promontory Summit）正式竣工，此时距离其在萨克拉门托动工已有六年之久。和其他许多事情一样，它也先后被美国的区域性分裂和内战延误。[2]

当库克带领他的客户乘坐"大西洋渡轮"从利物浦来到纽约的时候，他可以催促他们坐上火车，然后在短短七天之内赶到旧金山，但前提是他们愿意采用菲利亚·福格式的旅游方式，而不是在尼亚加拉和芝加哥等旅游目的地逗留。托马斯·库克这样形容火车前进在内布拉斯加和怀俄明的时候，他看到的景色："草原的四周都在起火。羚羊、狼群和印第安人让我们始终处于兴奋之中。苏族人明显正在往南部迁移，他们全都骑着马，浩浩荡荡地行走在铁路两边。"之后他看到了落基山脉，"我们都感到很失望"，而且库克抱怨称，防范恶劣天气和雪崩的雪棚长达 50 英里，遮挡了内华达山脉的惊人美景。[3]

尽管如此，库克显然想给潜在的环球旅游顾客留下一种印象——长途旅行已经在一夜之间变成了奢侈消费。更多的人会去读一些关于环游世界的书籍，而不是奢望自己也能亲自走一趟。不过，诸如《八十天环游地球》一类的书的主要吸引力反而不是地形细节，而是奇迹般的现代通信和现象级的速度。你在咀嚼那些精妙细节的时候，对威胁和冒险都可以置之不理，或者只是饶有兴趣地看上一眼。"在穿越大草原、落基山脉和内华达山顶的火车上"，库克及其客户可以品尝到"各色各样的美食和水果"。在 19 世纪 70 年代，人们以一种全新的方式来观察和感受世界，而这种方式在我们眼里就是现代的方式。[4]

在游览了加利福尼亚之后,只需三个星期,人们就可以从旧金山前去东京湾①和横滨港。在菲利亚·福格看来,对破纪录的快速环球旅行来说,日本和美国太平洋铁路一样重要,因为穿越太平洋的船只需要到那里补充燃煤。日本对外开放是导致快速环球旅行成为可能的第二项重大发展。尽管马休·佩里早在 1854 年就已经"打开"日本的大门,西方游客踏上这个禁忌之国的土地仍需冒着生命危险。1867 ~ 1869 年的血腥内战导致了将军的倒台和天皇权力的恢复,现代日本就此诞生。德川幕府统治末期的强烈排外情绪让步于尽可能多和尽快地向西方学习的欲望,只有这样日本才能立足于世界一流国家之列。横滨迅速扩展成为世界最大和最繁忙的港口之一。

397

第一批进入日本的游客因那里的新鲜气息和异国情调陶醉不已。大多数 19 世纪 70 年代的游客在离开的时候都表达了深深的遗憾之情。对于西方而言,此时的日本帝国是一个充满惊奇和魅力的地方;在这个正在经历从古老到现代的快速转变的时代,很少有地方能像日本这样留下如此之多的记录照片。一个从内战中崛起、迫切渴望学习西方和实现现代化的日本可以用来证明西方入侵亚洲的正当性。"回望山峦之上……梯田里种满庄稼……再看肥沃的河谷,处处是勤劳、满足和幸福的人民,他们在我们的视野中逐渐远去。"一位游客如此写道,"日本是一个拥有光明未来的国家。"5

西方军队把守之下的横滨是一个国际港口,也是"盎格鲁-撒克逊干线"上的一块跳板;上海同样是。从此以后,在游客抵达地中海前,用一位美国旅客的话来说,"一路上几

---

① 江户在 1868 年更名为东京。——作者注

乎都是英国、英国、英国"。据凡尔纳《八十天环游地球》的描述，"香港看起来就像是肯特郡或萨里郡的一个繁忙城镇，被人从地球的另一边搬过来，放在这块中国的土地上"。不同之处是这里有成群结队的中国人、日本人、犹太人、印度人、帕西人和欧洲人，但这反而使它"跟孟买、加尔各答或新加坡没什么分别……所以，换句话说，这些地方就像是环绕地球的一条英国城市带"。[6]

环游世界的游客在加尔各答的胡格利河（Hooghly）离船，然后登上火车，这是他们在离开旧金山之后第一次看到火车。在近二十年的时间里，铁路总长度增加了数千英里，它们穿过丛林，跨过河流，爬上高山又越过平原。当连接加尔各答和孟买的铁路终于在1870年3月竣工的时候（比美国横贯大陆的铁路早十个月），达尔豪斯的革命进入了高潮。这条铁路大大减少了西方到东方的旅行时间。美国众议员詹姆斯·布鲁克斯（James Brooks）曾于1871年环游世界，途中花在印度次大陆的时间达到了可能的最小值。"印度'完啦'！"他用菲利亚·福格的方式感叹道，"只需一周！从加尔各答到孟买，1420英里，只需六十五个小时！还有谁能打破这个纪录！"[7]

在美国横贯大陆的铁路和印度贯穿次大陆的铁路相继完工的期间，苏伊士运河——第四个帮助实现世界环游的重大突破——对世界航运开放了。对于旅行者来说，运河的完工对提高他们的速度没有帮助，因为早在1858年，连接地中海与红海的铁路就已开通了。然而，这条运河提供给货轮一条捷径，使它们能够免去绕行好望角的3300英里路程。不过，甚至在此之前，东西方的贸易就已经发生了重大的改变。1866年，蒸汽货轮"阿伽门农"号只用了五十八天就完成了从福州到利物浦的行程，比飞剪船创下的世界纪录还要少三十天。在此之前，轮船仍然无法跟飞剪船竞争；它们必须要牺牲很多空间来存放燃料，而且半路还要经常停下来补充燃煤。

"阿伽门农"号改变了一切。利物浦的长途贸易商人艾尔弗雷德·霍尔特（Alfred Holt）把他新发明的节能混合蒸汽机应用在这艘船上，使船能够连续航行 8500 英里而无须添加燃煤。如此一来，它不仅能够在速度上大大超越最快的飞剪船，而且能携带三倍于飞剪船的货物。以蒸汽为动力的长途货轮和苏伊士运河一起大大提高了亚洲融入世界贸易的程度，直布罗陀与横滨之间的一系列港口因此崛起。散装货轮、铁路和苏伊士运河的出现改变了成千上万农民的生活：运费的下降鼓励了他们采取集约种植的方式给世界市场供应棉花、大米、烟草、咖啡、橡胶、黄麻、植物油等经济作物。空间距离已经得到克服，时间距离也是。

托马斯·库克在槟城（Penang）继续环球之旅时，到电报局花了 5 英镑发出一条包含两个词语的信息："一切安好。"信息在当地时间 1872 年 12 月 21 日早上 10 点发出，然后在同一天的格林尼治时间早上 7 点，收信人就在伦敦读到了这条信息。

库克在 1872～1873 年环游的世界已经被海底电报电缆环绕。他可以在旅途中的任意一个地方——旧金山、横滨、上海、香港、新加坡、印度或者苏伊士——发送电报。如果他想去澳大利亚探险，照样可以发电报。他选择在槟城发电报，只是因为他刚好要在那里过圣诞节，想赶在节日之前发出信息。

洲际通信在因南北战争而中断了一段时间之后，终于取得了突破。屡败屡战的赛勒斯·韦斯特·菲尔德一直没有放弃铺设跨大西洋电报电缆的梦想。在南北战争接近尾声的时候，海底电报

399

科学取得了很大的进步，而且巨型的"大东方"号是铺设电缆的理想之选。在伦敦，昔日的棉花大亨约翰·彭德（John Pender）促成了电缆制造商古塔波胶公司与电缆芯制造与电缆铺设商格拉斯和埃利奥特公司的合并。合并之后的新公司名为电报建设与维护有限公司（Telegraph Construction and Maintenance Co., Ltd.），它制造了一条技术含量远高于 1856 年的新电缆。

1866 年跨大西洋电报电缆铺设成功之后，世界电报网络的建设开始加速。约翰·彭德开始在康沃尔郡的波斯科诺（Porthcurno）与孟买之间铺设一系列的海底电缆，它们于1870 年完工。每一次的技术突破都进一步加快了建设的进程。一年之后，蜘蛛网状的电缆网络已经跨越大陆和大洋，将槟城、新加坡市、香港、上海、长崎和符拉迪沃斯托克连接起来。在之后两年，阿德莱德、里约热内卢、哈瓦那和巴拿马城也加入这一世界网络。至此，通过 65 万英里长的大陆和海底电报电缆，伦敦已经能够和世界上超过 2 万个城镇和城市即时通信。

航线、铁路和电报线路纵横交错，新闻随之铺天盖地而来，鲜有地方能够置身事外。环游世界的议员布鲁克斯在1871 年从旧金山出发到横滨的时候，曾经十分期待太平洋的"黑暗世界"。然而，这次"远离蒸汽或电报"的假期很快就化为泡影，因为在茫茫海上的孤寂之中，他乘坐的船遇上了一艘太平洋邮轮，它竟然携有刚刚通过电报发到上海的国际新闻。欢迎来到现代世界。[8]

*

从火车或轮船的窗子看出去，游客眼中的世界越发光明

了。新兴的城市、闪亮的铁路、更快的船只和绵延不断的电报

线，所有这些都证明，如今就是世界历史上的爆发时代——世界经历了长达二十年的高速发展和激烈变革。

富有的世界旅行者沉醉于现代性的温暖光辉，并和其他游客一样走马观花，与沿途所遇国家和民族的接触只停留在表面。使这一切成为现实的是"盎格鲁－撒克逊干线"：这条路的特色是西方的铁路、西方的船只、西方的租界和西方的殖民城市。只有自己选择偏离这条路，才能看到真正的世界。托马斯·库克曾经带领他的游客到上海老城游玩，对此他深感厌恶："狭小、肮脏和令人反感的街道，憋闷和几乎令人窒息的集市，各种生疮化脓的畸形乞丐反复纠缠；看到的、听到的和闻到的加在一起，使我们不得不中断漫游老城之旅，没有人想再回去，之后我们主要逗留在美国、英国和法国的租界地带。"9

在这条世界要道的临近地区，许多居民的生活都被进步的犁锄连根拔起，发生了翻天覆地的改变。在托马斯·库克看来，横贯美洲大陆的铁路两边的风景，尤其是马上的苏族勇士，堪称如诗如画。但是，当他望向窗外的时候，他不会想到，这条铁路如何压迫着这些已经饱受侵扰的大平原居民。

战争在 19 世纪 60 年代成了北美平原的常态。铁路建设造成的威胁有可能导致美国原住民的最终灭绝。苏族和夏延族的无数族人都做好了反抗准备。1867 年，夏延族的战士发起了一系列的攻击，他们在内布拉斯加的普拉姆克里克（Plum Creek）的一次破坏行动导致了火车的脱轨。在当年夏天，针对铁路工人的突袭一直没有停止。联合太平洋铁路公司（Union Pacific）的首席工程师格伦威尔·道奇（Grenville Dodge）宣称："要么我们就把该死的印第安人清除出去，要么我们就放弃建设联合太平洋铁路。政府也许有自己的抉择。"当亨利·莫顿（Henry Morton，他后来在非洲找到了失联的利文斯通）和威廉·舍曼（William Sherman）将军一起在北普拉特河的时候，前者告诉一个印第安人部落委员会："你们再也不能阻止火车了，正如你们不能阻止太阳或月亮一样，你们必须屈服……如果我们的东部同胞下定决心要跟你们开战，他们就会像北美野牛群一样密密麻麻地拥来，这时你们如果还要继续战斗，就全部都会死掉……现在你们还有一个选择，那就是留在自己家乡，适应白人的生活方式，然后我们会满足你们的所有需求。"[10]

在随后的几年里，越来越多的联邦军队来到西部，防止铁路和电报线路受到破坏。在世界的其他地方，原住民与外来者之间的友好合作破裂了。在 1862 年的明尼苏达，持续多年的违约纠纷最终引发了一场与达科他人的激烈冲突，最后导致 38 名达科他人被绞死。这是美国历史上规模最大的一次处决。与此同时，和明尼苏达一样，处于早期殖民阶段的新西兰也发生了欧洲人与毛利人的冲突。毛利人能够熟练使用火器，而且拥有防御性的堡垒"帕"，这种堡垒直到当时仍然令人畏惧。不仅如此，西方人的粮食、燃料和建筑材料都依靠毛利人提供。但是，随着欧洲移民人口在 19 世纪 50 年代和 60 年代连续翻倍，加上奥塔戈发现的黄金和羊毛生产的起飞，对土地和资源的竞争变得前所未有的激烈和残酷。毛利人与欧裔新西兰人在人口和力量方面的平衡状态开始朝着外来者的方向倾斜。与明尼苏达的情形类似，暴力行为产生于土地所有权和主权概念的矛盾。蒂阿提阿瓦部落（Te Ati Awa）的一位小酋长曾想将塔拉纳基（Taranaki）的 600 英亩土地出售给英国政府，但遭到大酋长维雷姆·金吉（Wiremu Kingi）的否决。殖民者自然十分渴求土地，但是殖民政府决心树立欧裔新西兰政府的权威，连如此微不足道的土地交易都要纳入管理范围。殖民政府出动军队去占领了这块土地。蒂阿提阿瓦人同样立场坚定，要阻止对毛利人土地的蚕食。这起事件引发了帝国军队与毛利人间的一系列战争。英国的正规部队与克里米亚和印度的老兵装备了恩菲尔德步枪、柯尔特手枪和现代火炮，采用焦土战略，击败了顽强的抵抗者。在冲突结束的时候，毛利人的土地已经有 400 万英亩遭到没收。

新西兰的情况在世界各地都很普遍。在北美和澳大拉西亚，在南非、牙买加和南美洲，19 世纪 50 年代的殖民浪潮在接下来的十年里引发了无数野蛮的边疆战争。人们一度认为边疆地区是进步的先锋，拓殖者与当地人的互动交流将会把文明的进程扩展到"蛮荒地带"。但在 19 世纪 60 年代，一种新的看法成了主流：必须用武力来推行文明。这种决不妥协的态度在本书提及的另一个地方达到了顶点：高加索。

402

高加索山区是西方游客热衷前往的另一个旅游目的地。沙米勒及其追随者长期捍卫的这片荒凉之地，到 19 世纪 60 年代变成了运动和登山爱好者的度假胜地。高加索山的壮丽与寂然令人心生敬畏，但在这里已经几乎找不到骄傲的山民和他们的战斗痕迹了。在这个过去法不能及的地方，游客可能连续游历数天都不会遇到一个活人。沙米勒和切尔克斯人最终被俄国人击败，然后在残酷的帝国主义征服进程的收尾阶段，200 万人被驱离该地区。他们被塞入条件恶劣的船里，然后被送到黑海另一侧的土耳其。在可怕的航行之后，幸存下来的人被扔进卫生状况极其糟糕的巨大难民营。[11]

在这条世界环线的其他地方，西方扩张的影响往往难以觉察。以孟买为例，南北战争期间的棉业繁荣彻底改变了这座城市。地产价格暴涨，整座城市都变成了一片喧闹的建筑工地。就像在加利福尼亚和澳大利亚淘金热时期一样，（令人难以置信的）逸事到处流传：曾经一无所有的农民，现在变成了这座繁荣城市的业主，用轮子镶上银边的大车运载粮食，他们的阉牛都被钉上了黄金蹄铁，"在那段时间人们每天都只喝香槟"。[12]

　　一夜暴富的印度人把幸运得来的财富都用来建设新的学校和新的医院。"连芝加哥都没有取得过孟买那样的飞跃。"《克利夫兰社论》的记者报道说。城市的民众和政府都下定决心，要给予孟买与其地位相匹配的伟大建筑，在建设现代化世界大城市的过程中，他们毫不留情地摧毁了古老的地标。崭新的公共建筑排列成行，全部面朝大海，仿佛卖弄一般地巍然矗立在码头上，令西方游客深刻地认识到了孟买之于世界的重要性。[13]

　　"今天的孟买，"来自俄亥俄的一名游客写道，"被我们曾在美国见过的一位君主统治着，他就是'棉花国王'，而且他在这里的统治力比在查尔斯顿或新奥尔良更强。"然而，这是一位反复无常的君主。人们预期 1865 年 4 月南北战争的结束会使南方的棉花重新进入全球市场，棉价因此一度面临崩盘。孟买的地产价格每况愈下，银行破产，百万富翁变成穷光蛋，商业像保龄球一样倒下了。孟买的一位市民调查了经济崩溃留下的废墟："我之前从来没有在其他地方见过分布如此广泛的废墟，也从没见过繁荣之后来得如此之快的灾难。"[14]

　　当托马斯·库克和其他国际游客到达孟买的时候，这座城市已经从萧条中恢复过来，再次焕发出游客期待中的现代光彩。

然而，孟买的大起大落戏剧性地呈现了世界上无数人正面临的困境。全球的商品需求与电报、铁路和苏伊士运河一起，把农民和城市工人跟混乱无序的世界市场紧紧地捆绑在一起，那将是一个令人困惑和痛苦的过程。以贝拉尔为例，正如一份亚洲报纸所说，"一股未知的压力迫使人们大量种植棉花"，抛弃了他们之前赖以为生的多样化农业。进口的曼彻斯特布匹的价格远低于印度布料，这导致纺织工和当地纺织工业的其他从业者大量失业，被迫到棉田干活。当达尔豪斯于 1853 年接管该地区的时候，这里还是一个远离外部世界、以乡村为经济基础的地方。但在短短数年之内，它已经变成地球上的一个棉花富产区。[15]

在 1867 年的一次视察中，英国的棉花专员报告了贝拉尔居民的抱怨，后者称自己的生活已经完全和世界市场上的"棉花价格的（周期性）大起大落"绑在了一起。电缆传来的曼彻斯特交易所的"脉搏跳动"决定了他们的日常生活。沿着洲际电报线路流动的信息和资本瞬息万变，但当地居民只是旁观者，所以他们的眼界仍然停留在农村层面。虽然如此，他们已经与这股陌生而且绝无可能加以控制的远方力量产生了无法解除的关联。单一作物栽培的风险性在 19 世纪 70 年代末暴露无遗。垂直下滑的棉花价格加上日渐上涨的粮食价格导致贝拉尔陷入饥荒。贝拉尔的历史沿革体现了全世界的经济作物种植者——无论他们种的是咖啡、茶叶、黄麻、橡胶，还是棉花——的共同经历。[16]

19 世纪 70 年代的游客注视着环游地球的路线，两眼发光，口中说着进步的话语：他们赞叹时间和距离的泯灭，对这一切的突然发生感到惊奇不已。但是，对于人类共同走向完善的征途，人们已经不再抱有美好的愿望和信念。1851 年充满

图 31　卡姆加奥恩的棉花市场（1870 年）

从图片背景中可以看到将卡姆加奥恩（Khamgaon）接入全球市场的铁路。

图片来源：Alamy.

了期待和乐观主义的气氛，但到 1873 年，这些情绪已经被犬儒主义和黑暗的前景所取代。只需借助现代化的力量和榜样的作用就能使非西方社会得到新生，这样的信念在 19 世纪 50 年代曾盛行一时，现在却被搁置一旁。在随后的十年里，帝国主义法则、商业渗透和大规模移民逐渐盛行，引发了一系列的小型战争和无数的报复行动，多种族合作的梦想也宣告破灭。潜藏在世界旅行者的惊叹之下的是绵延不断的冲突，而且冲突并不局限于西方与其他地区之间，它们也存在于西方世界的内部。

＊

把观光路线倒过来就会看到完全不同的景象。我说的"倒过来"既是字面意义上的"倒过来",也是修辞意义上的"倒过来"。当托马斯·库克和其他人走"盎格鲁－撒克逊干线"穿越北美、太平洋和亚洲的时候,一个高规格的日本使节团在岩仓具视的带领下,依次访问了美国、英国、俄国和欧洲大陆,然后经由埃及和东南亚回国。这条路线与库克的重合,只是方向刚好相反。

一份旧金山报纸称赞,岩仓使节团代表了"世界上最支持进步的国家"。在两年的紧凑行程中,他们深入访问了每一个西方主要国家的工厂、船坞、电报站、博物馆、画廊、议会、大学和法庭。他们在西方工业强国见识、学习到的宝贵知识,对于大政奉还之后的日本现代化至关重要。其中有一场会面比其他任何拜访都更为重要:1873 年 3 月 15 日,岩仓使节团的高级成员受邀前往奥托·冯·俾斯麦在柏林的宫殿。[17]

在晚宴上,这位铁血宰相对他的日本来宾发表演讲。他说:日本就像他年轻时的普鲁士一样弱小,是力量更加强大的国家的欺负对象。世界的法则是强者的法则——强者装作尊重协议,但是如果协议不合心意,他们就会无视权利,践踏弱者。人民的爱国意志已经使普鲁士强大起来。在经历了与丹麦(1864 年)、奥地利(1866 年)和法国(1870 年)的战争后,普鲁士终于带领德国取得了统一。但是,战争不是国家扩张的工具,而是一种必要的防御手段;真正奉行弱肉强食的国家,例如英国和法国,都戴着谦恭有礼和尊重国际法的虚伪面具。在这方面,德国和日本有许多共同点。[18]

与亚洲和美国的游客一样,岩仓具视和他的同伴都不由自主地被现代进步的奇迹吸引;他们在参观工厂设施和观察现代机器时极为仔细,其经历足够写出好几本书来。但是,他们在

1873 年春天与俾斯麦的会面，揭示了在声势浩大的进步背后隐藏着不安和不确定性。几乎在同一时间，查尔斯·金斯利正在礼堂发表演讲，他称达尔文的进化论说明遗传力量"无论对低级植物还是高等动物"都极为重要。科学同样证明，"优势种族……消灭劣势种族，或者起码驱逐他们，利用死亡的威胁来迫使他们适应新的环境——种族与个体之间相互竞争、论功行赏乃……普遍的生物学规律"。[19]

在达尔文理论迅速传播的十年里，"适者生存"被用来为消除帝国前进之路上的障碍的暴力行为辩护：要么适应，要么灭亡。理查德·伯顿在叙述澳大利亚原住民和新西兰毛利人的消亡时说，盎格鲁-撒克逊人"认为有必要消灭那些无法开化的民族——这就是物种自然选择的一个绝佳例子"。同样的，自然竞争的法则也适用于西方国家自身。英国及其附属国和美国在 19 世纪 50 年代的繁荣时期受益最为明显，它们惊人的地理扩张给世界带来最强烈的冲击。然而，许多欧洲国家以其高速扩张的工业产能超越了英美的增长速度。对于比利时、奥地利、法国、德国和皮埃蒙特来说，19 世纪 50 年代是一个变革的时代。英国的蒸汽动力从 1850 年的 130 万马力增长到 1870 年的 400 万马力；而与此同时，德国的蒸汽动力从 26 万马力猛增至 250 万马力。在这些雄心勃勃的国家看来，工业发展必须受到政府的约束和引导。正如拿破仑三世对其人民所说："我们需要开垦大片的荒地、开辟道路、建设港口、疏浚河道、完善运河和铁路网络。这些都是我计划完成的征服目标，而你们所有人……你们就是我的士兵。"俾斯麦的铁血演讲清楚表明，工业发展与民族主义是紧密相连的。[20]

现代国家形成于 19 世纪 50 年代乃至之后的变革熔炉之

中。技术没有分散权力，反而将其集中于中央集权政府的手中；没有促进国际主义，反而强化了民族身份认同。电报和铁路把大国联系在一起，导致了现代媒体的诞生，进而创造了共同的文化，促进了民族主义的大规模兴起。这种过分自信的爱国主义恰逢工业的快速发展，结果两者都被用于军事扩张。

拿破仑三世在 1859 年对奥地利开战的时候，利用了法国国内的工业产能和铁路、电报网络。在这方面，美国内战中的北方做得更好。武器的大规模生产给予这些国家无可比拟的优势。在电报的引导下，铁路能够运载超过 30 万士兵前往战场。德国的高速发展确保它能够战胜妨碍统一的两个超级大国：1866 年的奥地利和 1870 ~ 1871 年的法国。拥有克虏伯公司（Krupps）生产的先进铁路、步枪和火炮，德国军队在战争中获得了压倒性的优势。就像俾斯麦对岩仓使节团所说，相对弱小的国家，例如普鲁士（或者皮埃蒙特和日本）能够很快就变得非常强大。在一个狗咬狗的冷酷世界里，完善现代性的工具能够保证它们击败竞争对手存活下去。

约翰·斯图尔特·密尔在下议院发表的演讲回顾了 19 世纪 50 年代的乌托邦主义。"世界刚刚见证了自由贸易的近期成就"，他说，"刚刚目睹了 1851 年的万国博览会，它们的目的是团结所有国家，用贸易来全面代替战争。"密尔继续说，但是，即便经历了长时间的和平、"前所未有的"国际贸易增长和自由贸易的进展，"我们仍然有许多理由保持悲观"。19 世纪50 年代的希望已经让位于悲观主义和不确定性。曾经给和平带来希望的技术如今成了进行高科技、工业化的新型战争的工具。正如密尔所说，"创造才能"和"现代科学之光"被用来"生产数量年复一年地增多的战争工具，把无数人炸

408

得粉碎"。欧洲大陆列强都在"疯狂竞争"中积极备战、相互防范。日本访客在 1872～1873 年见过的那个欧洲已经分裂了，而且变得越来越军事化且令人不安。这场适者生存的斗争同时也被输出到了欧洲以外的地区。[21]

回到 1851 年，英国不仅是当时最先进的工业国家，而且是唯一能把商业和军事触角伸到地球上每一个角落的国家。不过到了 19 世纪 70 年代初，面对德国和美国，它已经失去了工业优势。此外，其他国家在 19 世纪 50 年代繁荣时期的迅猛进步使得它们十分渴望将自己的势力与贸易扩张到全世界。如果说 19 世纪 60 年代见证了移民与原住民之间的激烈冲突，那么它也见证了世界范围内西方列强的冲突，而且冲突的理由大同小异：经济扩张加剧了资源竞争。许多欧洲的统治者担心国内增长即将到达极限，他们不得不把目光投向海外，投向非洲、太平洋和亚洲，来维持他们的利润。相似的压力也在影响所有从 19 世纪中期的黄金时代中获益的国家：不扩张就会灭亡。

英国在 19 世纪 50 年代达到顶峰时拥护的价值观——自由主义、自由贸易和国际主义——在 19 世纪 70 年代变得越来越无关紧要。许多人曾预言那些徒有其表的帝国将会在自由贸易的世界里逐渐消失，但他们都大错特错了。英国在 19 世纪 50 年代试图对世界进行非正式控制，即除了特定情况外，它一概放弃了直接吞并的做法。巴麦尊在比较传统帝国主义与英式自由贸易帝国主义时说："我们获得过胜利，我们发动过侵略，但是我们采用的方式很不一样。英国人的资本和技术正在扩散到整个地球表面。"这种看不见或者说非正式的力量使得英国成为最强大、最令人畏惧的国家，且无须进行直接的帝国扩张。[22]

但是，随着贪婪的竞争对手在世界各地崛起——俄国在中 409
亚，德国、比利时、意大利和法国在非洲、亚洲和太平洋——
英国被拖入了对土地的争夺。19 世纪中期的昂首阔步的自信
如今变成了对未来的恐惧与忧虑，英国显然已经过了工业、商
业和政治力量的巅峰期。衰落而不是活力和自信的迹象促使英
国变成了一头帝国巨兽。约翰·拉斯金（John Ruskin）在
1870 年直言不讳地说："这就是英国必须做的——要尽快获得
远方的殖民地，否则就会灭亡。"[23]

英国在 19 世纪 50 年代对中国、日本和暹罗等提出要求
时，都会以自由贸易为名。"女王陛下的政府无意在中国为英
国贸易谋取排他性的利益，如果英国商业率先获得了具体的好
处，它愿意与其他任何国家分享。"从表面上看，英国充满理
想主义色彩的自由贸易运动在 19 世纪 50 年代改变了世界。它
在中国、日本、波斯、土耳其、埃及、暹罗和印度都取得了进
展。墨西哥、巴西和阿根廷都积极地向英国的自由主义模式靠
拢。同时，在英国的不断游说下，欧洲的各个国家都降低了关
税。但自由主义的胜利稍纵即逝。19 世纪 70 年代的"新帝国
主义者"更热衷于在非洲和中国获取排他性的经济活动区域，
并将占领土地作为抢先夺得有利可图的市场和资源的新手段。
世界正在遭到瓜分，而不是走向统一。[24]

随着这些纷争和憎恶在世界上日益显露，在 1873 年的时
候，没有人敢说经济、科学和技术的进步能够带来启蒙、理
性、和平和自由。同年 9 月，人类的发展越来越快的观念受到
了致命打击。在 9 月 18 日的黑色星期四，过度投资北太平洋
铁路公司的金融机构杰伊·库克公司（Jay Cooke & Co.）突然
倒下，由此引发了一连串的银行破产，纽约证券交易所也因此

410 暂时关闭。恐慌沿着跨大西洋电报线路一路传到了欧洲。这次经济崩溃比 1857 年的那次还要严重几倍。在短短十二个月之内，掌控着美国 21000 英里铁路的公司纷纷破产，世界产铁区有一半的鼓风炉被关闭，棉花价格腰斩，股票价格迅速下跌，失业率高企。世界经济在 1857 年经济危机之后迅速恢复；但在这一次，衰退一直延续到了下一个十年，在部分地区甚至更加持久。

长时间的萧条造成的影响并不局限于经济方面。陷入困境的欧洲国家比以往任何时候都更加渴望掠夺市场、廉价劳动力和可开发资源。自由贸易也在此时遭受到了连续性的打击。美国的经济民族主义模式——利用关税来保护国内工业——看起来是比英国的开放政策更好的选择。欧洲国家于是退回到保护主义的壁垒后面。派对结束了，代价是最严重的宿醉。

*

难怪成长或出生于 19 世纪 50 年代的人（或者只是缅怀那个时代的人）在回顾这十年的时候，都会把它看成夹在经济停滞和暴力冲突之间的黄金时代。本杰明·迪斯雷利热烈赞颂说："活在那个各种事件令人目不暇接的灿烂年代是一种荣幸。把它看成一个功利的时代是多么错误的做法！那是一个充满浪漫传奇的时代。"[25]

如果从更为长远的视角观察，我们可能会认为 19 世纪 50 年代的盛景有许多阴暗面。随经济扩张而来的是死亡、动乱和剥削；烟雾笼罩着勒克瑙或北京上空，我们闻了后会觉得十分辛辣，当年自负的人却不会这样认为。西方的必胜信念、创造性的破坏行为、对男子气概的歌颂和种族优越感，粗暴地把这个时代的精神置于我们自身价值观的对面。如果你是中国人、非裔美国人、毛利人、南非人、印度人或美洲原住民，你会觉得 19 世纪50 年代和 60 年代的种种事件造成的影响至今仍未消散。

不管怎样，大致发生于 1850～1857 年的令人不可思议的繁荣，导致了以历史上前所未有的密度发生的全球变革。这不只是全球经济的一次周期性上升，它产生的信心和对未来的希望引起了交错的活力、变革、创新和冒险，加速和决定了我们今天所说的现代性的形成。

19 世纪的许多重大突破——尤其是即时通信、蒸汽轮船和长途铁路——都诞生在这段疯狂而短暂的时间里，此后更多是对它们的改良和扩展。它们不仅具有重大的工程学或经济学意义，而且深远地影响了人们互相联系和体验世界的方式。从贝拉尔的种植园工人到德累斯顿（Dresden）的报纸读者，人们因为无形并且经常陷入混乱的全新信息交流网络而彼此相连。远距离的电通信、快速的蒸汽船和横贯大陆的铁路使得世界越来越快，同时越来越小。但是，它们也造成了一种感觉，即人类已经与过去彻底决裂，站到了时间的悬崖上；划时代的变革即将到来，人们必须行动起来，必要时应使用暴力以促成改变的发生。在技术变革的时代发生如此之多的突然事件，包括太平天国运动、印度民族起义、意大利和德国的统一、美国内战、奴隶制和农奴制度的废除以及西方与亚洲的冲突，并不是偶然。经济繁荣和技术革新一起加快了世界各地的猛烈政治变革。

通信革命、全球化、新闻业的重构、对亚洲的军事干涉、债务推动的显著繁荣、灾难性的萧条、固有工作模式的瓦解、超级大国的兴衰、胡子的流行——看到这些我们时代中的相似物让人感到吃惊。不过，说它们是相似物可能不是很准确。19

411

世纪 50 年代的人的经历就是我们现在的经历，也是从那时候开始每一代人都会拥有的经历：人类种族间的联系变得越来越紧密，同时技术的力量使得时间距离和空间距离都逐渐消失。如果说 19 世纪 50 年代的人目睹了一个全球电报（远距离书信）系统的出现，他们的后人则看到了有线电话（远距离声音）通信的开始，而之后是国际性的无线通信。再下一代人又经历了一连串的高速发展：远距离电子影像（电视和视频电话）的传递，然后是无数电脑的联网工作。重大的突破体现在通信设备的商业程度和在家庭中的普及程度中，之后又体现为其便携性的提升。

412

这些变革之所以如此彻底，是因为信息的传播不断摆脱了物理世界的束缚。首先是古塔波胶包裹的铜线能够把文字信息传到无限远的距离之外；之后变成了光纤、卫星，以及在微秒之内分享并用极低的成本储存近乎无限多数据的能力。在这个"永远属于现在"或"永远属于未来"的世界里，我们很容易忘记这些东西都有过去，忘记之前的人也经历过变革的震动，忘记他们也以同样惊人的速度和自得将它们纳入日常生活。在当今这个社交媒体无处不在的时代，我们可能忽略了一个事实，那就是自 19 世纪中以来，电信和高速运输就一直影响着人与人之间的关系。

如果说 19 世纪 50 年代给人以奇怪的熟悉之感，那是因为它标志着现代性的兴起，以及随之而来的不断出现的可能性和问题。但是，技术的历史告诉我们，今天震惊世界的新事物就是明天令人厌倦的陈迹。技术的进步往往令我们忘记了现代性的起源。但我们应该记住，它起源于 1851 年载着实验用电缆穿越英吉利海峡的一艘船。同样值得重获关注的是一种曾经导致电信革命，而今却不复存在的物质——古塔波胶。

图 32　架设有电缆的世界（纽约，1888 年）

这张 19 世纪末的照片反映了被电报线缆覆盖的下曼哈顿天幕，证明了即时通信无处不在。

图片来源：Press Association.

大事年表

1851 年

1 月 11 日	太平天国运动爆发
2 月 6 日	澳大利亚维多利亚,黑色星期四
2 月 10 日	伊利诺伊中央铁路公司特许成立
2 月 12 日	爱德华·哈格雷夫斯声称在澳大利亚发现了黄金
5 月 1 日	万国博览会开幕
7 月 1 日	维多利亚殖民地建立
7 月 23 日	《苏族水道条约》签订
8 月 5 日	《门多塔条约》签订
8 月 22 日	"美洲"号赢得皇家快艇中队比赛,获胜奖杯从此被命名为"美洲杯"
9 月 17 日	《拉腊米堡条约》签订
9 月 18 日	《纽约时报》创刊
9 月 29 日	跨英吉利海峡电报电缆成功铺设
10 月	朱利叶斯·路透在伦敦创立新闻通讯社
10 月 18 日	万国博览会闭幕
11 月 13 日	跨英吉利海峡电报对公众开放
12 月 2 日	巴黎发生政变

1852 年

6 月 12 日	太平军进入湖南
11 月 2 日	富兰克林·皮尔斯(民主党人)当选美国总统
11 月 11 日	威斯敏斯特宫(即议会大厦)完工
11 月 24 日	美国海军准将马休·佩里从弗吉尼亚的诺福克出发前去开启对日关系
12 月 2 日	路易·拿破仑成为法国皇帝

1853 年

3 月 4 日	富兰克林·皮尔斯就任第十四任美国总统

3 月 20 日	太平军攻克南京
4 月 16 日	亚洲第一条铁路在孟买开通
7 月 8 日	马休·佩里到达江户湾
7 月 27 日	德川家定成为日本幕府将军
	《阿特金森堡协议》签订
8 月 12 日	新西兰开始自治
10 月 4 日	俄国与奥斯曼帝国开战
11 月 3 日	威廉·沃克占领拉巴斯
11 月 30 日	俄国舰队摧毁了奥斯曼帝国在锡诺普港的船舰

1854 年

2 月 13 日	威廉·沃克被墨西哥军队打败
2 月 28 日	共和党成立
3 月 3 日	澳大利亚第一条电报线路投入使用
3 月 27 日	英国对俄国宣战
3 月 28 日	法国对俄国宣战
3 月 31 日	佩里与日本签订《神奈川条约》
5 月 30 日	《堪萨斯－内布拉斯加法案》通过
8 月 19 日	格拉顿大屠杀
9 月 20 日	克里米亚战争：阿尔马战役
10 月 9~11 日	布坎南、苏莱和梅森拟定《奥斯坦德宣言》
10 月 25 日	克里米亚战争：巴拉克拉瓦战役
11 月 5 日	克里米亚战争：因克尔曼战役（Battle of Inkerman）
12 月 3 日	维多利亚的巴拉瑞特矿工叛乱在尤里卡金矿的防御用栅栏被平定
12 月 23 日	第一次安政大地震发生，海啸袭击日本
12 月 24 日	第二次安政大地震和海啸

1855 年

1 月 27 日	巴拿马铁路开通
1 月 29 日	阿伯丁伯爵的内阁因在克里米亚战争中的指挥不当而垮台
2 月 5 日	巴麦尊成为英国首相
3 月 2 日	亚历山大二世继承其父亲尼古拉一世之皇位，成为

	俄国沙皇
3 月 30 日	密苏里的"边境暴徒"越过州界进入堪萨斯，选出一个亲奴隶主的立法机关
5 月 3 日	威廉·沃克从旧金山出发，前去干涉尼加拉瓜内战
6 月 15 日	英国废除印花税
7 月 16 日	新南威尔士获准自治
9 月 2 日	阿什霍洛之战
9 月 19 日	克里米亚战争：英法联军攻陷塞瓦斯托波尔
10 月 13 日	沃克占领格拉纳达
11 月 11 日	江户（东京）被第三次安政大地震摧毁
11 月 21 日	堪萨斯爆发冲突

1856 年

2 月 7 日	英国东印度公司吞并奥德
3 月 31 日	克里米亚战争以《巴黎和约》告终
5 月 21 日	堪萨斯的劳伦斯市遭到"边境暴徒"洗劫
5 月 22 日	参议员查尔斯·萨姆纳在参议院被众议员普雷斯顿·布鲁克斯杖击
5 月 24 日	波特瓦托米大屠杀
7 月 12 日	沃克就任尼加拉瓜总统
10 月 8 日	清政府在珠江上扣押了"亚罗"号
10 月 29 日	英国军队进入广州
11 月 1 日	英波战争开始
11 月 4 日	詹姆斯·布坎南（民主党人）当选为第十五任美国总统
12 月 14 日	沃克的军队焚毁了格拉纳达，然后撤退到尼加拉瓜湖

1857 年

3 月 3 日	在对华战争引起的不信任投票之后，英国的巴麦尊内阁垮台
4 月 24 日	巴麦尊赢得被称为"中国选举"的英国大选
5 月 1 日	沃克向美国海军投降
5 月 10 日	密拉特孟加拉兵团中的第三轻骑兵团叛变，印度叛

乱开始

5 月 11 日	印度叛乱：叛军攻占德里
6 月 3 ~ 14 日	印度叛乱：奥德、西北省份、次大陆中部、拉杰普塔纳（Rajputana）先后发生叛变
6 月 6 日	印度叛乱：坎普尔之围开始
6 月 27 日	印度叛乱：坎普尔英军驻地的萨蒂焦拉石阶码头发生大屠杀
7 月 17 日	印度叛乱：哈夫洛克夺回坎普尔
8 月 24 日	俄亥俄人寿保险和信托公司破产，引发了 1857 年大恐慌
8 月 28 日	婚姻法案使得英国人很容易就能离婚
9 月 20 日	印度叛乱：英国军队夺回德里
9 月 23 日	印度叛乱：尼科尔森因伤去世
11 月 24 日	印度叛乱：哈夫洛克在勒克瑙去世

1858 年

1 月 1 日	英法联军占领广州
3 月 21 日	印度叛乱：英国军队夺回勒克瑙
5 月 11 日	明尼苏达成为美国的第三十二个州
6 月 13 ~ 17 日	英国、法国、美国、俄国在天津与中国签订条约
7 月	科罗拉多爆发淘金热
7 月 29 日	美国和日本签订《友好通商条约》
8 月 2 日	英国东印度公司将其在印度拥有的土地转交给英国政府
8 月 5 日	跨大西洋电报电缆铺设成功
8 月 14 日	德川家茂成为第十四代幕府将军
8 月 16 日	布坎南总统向维多利亚女王发去电报

1859 年

3 月 9 日	皮埃蒙特准备对奥地利开战
4 月 25 日	苏伊士运河动工
4 月 29 日	奥地利军队越过提契诺河，进入皮埃蒙特
5 月 26 日	朱塞佩·加里波第带领"阿尔卑斯猎人"在瓦雷泽击败奥地利军队

6月4日	马真塔之战
6月15日	圣胡安爆发"猪战"
6月24日	索尔费里诺战役
6月24日或25日	英法联军在华北的大沽口被击退
7月11日	自由镇协议草签
8月25日	伊玛目沙米勒向巴米亚京斯基亲王投降
8月28日	太阳风暴爆发
10月16日	约翰·布朗袭击哈珀斯费里军火库
11月12日	吉田松阴被处决
11月24日	查尔斯·达尔文的《物种起源》出版；"光荣"号下水
12月2日	约翰·布朗被处决

1860年

3月17日	新西兰爆发第一次塔拉纳基战争
4月4日	巴勒莫起义
5月6日	加里波第带领"千人远征军"奔赴西西里
7月2日	符拉迪沃斯托克建城
9月7日	加里波第攻下那不勒斯
9月12日	威廉·沃克被处决
10月18日	火烧圆明园；英法联军进入北京
10月24日	恭亲王在北京批准《天津条约》
10月26日	加里波第承认维托里奥·埃马努埃莱为意大利国王
11月6日	亚伯拉罕·林肯当选为第十六任美国总统
12月20日	南卡罗来纳退出联邦

1861年

1月9~11日	密西西比、佛罗里达和亚拉巴马退出联邦
1月19日	佐治亚退出联邦
1月26日	路易斯安那退出联邦
2月1日	得克萨斯退出联邦
2月4日	邦联临时议会在亚拉巴马的蒙哥马利成立
2月8日	美利坚联盟国成立
2月9日	杰弗逊·戴维斯当选为美利坚联盟国总统

3月3日	俄国废除农奴制
3月4日	亚伯拉罕·林肯就职总统
3月17日	意大利正式统一
3月21日	邦联副总统亚历山大·史蒂芬斯发表"奠基石演讲"
4月13日	萨姆特堡向邦联军队投降
4月17日	弗吉尼亚退出联邦
5月6日或7日	阿肯色和田纳西退出联邦
5月13日	美国内战：维多利亚女王发表中立声明
5月20日	北卡罗来纳退出联邦
7月21日	第一次布尔渊战役爆发
7月25日	美国国会通过《克里滕登－约翰逊决议》

1862年

4月25日	联邦军队占领新奥尔良
8月17日	达科他冲突在明尼苏达爆发
9月17日	安提塔姆战役
9月22日	亚伯拉罕·林肯发布《解放黑人奴隶宣言》；奥托·冯·俾斯麦被任命为普鲁士首相
10月3日	加里波第发布《致英国人民书》
10月5日	伦敦海德公园爆发骚乱；《解放黑人奴隶宣言》的消息传到欧洲

致　谢

　　与《黄金时代》的主题一样，本书的成书是一个横跨大西洋两岸的过程。感谢我的两位编辑——贝亚·亨明（伦敦）和拉腊·海默特（纽约），他们的支持、见解和热情让我获益匪浅。我还想感谢罗杰·拉布里的策划。克莱尔·康维尔与往常一样，仍然是我最好的代理人和朋友。这本书能够迅速成书，还需要感谢辛迪·巴克、霍利·哈利、林登·劳森、马修·马兰、利娅·斯特克和梅丽莎·韦罗内西的专业意见。约翰·吉尔克斯制作了非常专业的地图。梅里亚姆·贝里博士找到了很多非常有用的材料。

　　非常感谢伦敦图书馆信托基金会以卡莱尔会员的形式提供的财政支持，没有图书馆的慷慨解囊，这本书就不可能完成。

　　谢谢马尼、阿丽亚娜、康拉德和克莱尔，我爱你们。

注　释

序言

1. Herman Merivale, *Lectures on Colonization and Colonies. Delivered before the University of Oxford in 1839, 1840 and 1841* (2 vols, London, 1841), vol. I, p. 134.
2. *Illustrated London News* [*ILN*], 7/6/1851.

导论

1. Jesup W. Scott, 'The Great West', *De Bow's Review*, vol. 15, no. 1 (July 1853), p. 51.
2. William T. Brannt, *India Rubber, Gutta-Percha, and Balata* (Philadelphia, 1900), pp. 230ff.
3. 'A Visit to the Gutta-Percha Works', *The Illustrated Exhibitor and Magazine of Art*, vol. I (London, 1852), pp. 18ff.
4. 关于古塔波胶的用途列表，可参阅 *Allen's Indian Mail*, 4/2/1851, p. 87。
5. *Times*, 15/11/1851.
6. Charles Briggs and Augustus Maverick, *The Story of the Telegraph* (New York, 1858), p. 12.
7. Thomas Hardy, 'The Fiddler of the Reels', in *The Fiddler of the Reels and Other Stories, 1888 – 1900* (London, 2003 edn), p. 191; G. M. Young, *Victorian England: Portrait of an Age* (Oxford, 1936), p. 77.
8. Karl Marx and Friedrich Engels, *Collected Works* (Moscow, 1983), vol. 39, p. 70.
9. *Times*, 22/3/1850, p. 5.
10. Dionysius Lardner, *The Great Exhibition and London in 1851* (London, 1852), pp. 84, 107; *ILN*, 3/5/1851.
11. 'Effects of the Discoveries of Gold', *British Quarterly Review*, vol. XVII (May 1853), p. 546.
12. George F. Train, *Young America Abroad in Europe, Asia and Australia* (London, 1857), p. 2.

13. 论述这场殖民革命的规模和范围的必读文本是 James Belich, *Replenishing the Earth: The Settler Revolution and the Rise of the Angloworld*（Oxford，2009）。

14. William Howitt, *Land, Labour, Gold*（2 vols, London, 1858），vol. I, p. 27.

15. *Times*, 22/3/1850, p. 5.

16. 关于奴隶种植棉花对支撑 19 世纪 50 年代的繁荣的世界性意义，可参阅最近的两部重要著作：Sven Beckert, *Empire of Cotton: A New History of Global Capitalism*（London, 2014）and Edward E. Baptist, *The Half Has Never Been Told: Slavery and the Making of American Capitalism*（New York, 2014）。

17. *Tenth Annual Report of the Aborigines' Protection Society*（London, 1847），p. 9.

18. John Tallis, *Tallis's History and Description of the Crystal Palace*（London, 1852），vol. I, p. 149.

19. 关于技术作为帝国主义工具时的用途，可参阅 Daniel R. Headrick 的以下著作：*The Tentacles of Progress: Technology Transfer in the Age of Imperialism, 1850 – 1940*（Oxford, 1988）；*The Invisible Weapon: Telecommunications and International Politics, 1851 – 1945*（Oxford, 1991）；*Power Over Peoples: Technology, Environments, and Western Imperialism, 1400 to the Present*（Princeton, NJ, 2010）。

20. Karl Marx and Friedrich Engels, *Manifesto of the Communist Party* in *Collected Works*（Moscow, 1983），vol. 1, p. 16.

21. David Gillard, *The Struggle for Asia, 1828 – 1914: A Study in British and Russian Imperialism*（London, 1977），pp. 112 – 113.

第一章　1851 年：奇迹之年

1. Charlotte Brontë, *The Letters of Charlotte Brontë*（ed. Margaret Smith, Oxford, 2000），vol. II, p. 630. 讲述万国博览会的现代著作有：Jeffrey Auerbach, *The Great Exhibition of 1851: A Nation on Display*（NewHaven, CT, 1999）；Michael Leapman, *The World for a Shilling: How the Great Exhibition Shaped a Nation*（London, 2001）；Jeffrey Auerbach and Peter Hoffenberg（eds），*Britain, the Empire and the World at the Great Exhibition*（Aldershot, 2008）；Hermione Hobhouse,

The Crystal Palace and the Great Exhibition （London，2002）。

2. Tallis，vol. I，p. iii；*ILN*，10 May 1851；*Times*，1/5/1851.

3. Tallis，vol. I，p. 207.

4. 同上书，p. 199。

5. 同上书，pp. 159 – 160。

6. Queen Victoria's diary entry for 9/6/1851，http：//www. queenvictorias journals. org.

7. Greeley，*Glances*，p. 31；*Times*，1/5/1851.

8. Tallis，vol. III，pp. 69 – 70；*Times*，1/5/1851.

9. Tallis，vol. I，p. 196.

10. *The North American Review*，vol. LXXV，no. 157（October 1852），p. 358.

11. Fredrika Bremer，*England in the Autumn of 1851*；*or*，*sketches of a tour of England*（Boulogne，1853），pp. 1ff.

12. 同上书，pp. 4 – 6。

13. House of Commons，27/2/1846，col. 242.

14. T. B. Macaulay，*Speeches*（2 vols，London，1853），p. 71.

15. David Kynaston，*The City of London：A World on its Own*，*1815 – 1890* （London，1994），pp. 196 – 197.

16. Auerbach，*Great Exhibition*，pp. 61ff.

17. *Times*，13/10/1851.

18. Greeley，*Glances*，p. 31.

19. *The North American Review*，vol. LXXV，no. 157（October 1852），p. 361.

20. *Times*，15/5/1851；Senate Committee on Military Affairs，*Report*... *as to the relative efficiency of the repeating pistols invented by Samuel Colt*（31st Congress，2nd session，Rep. Con. No 257，1850），p. 2.

21. *Times*，27/5/1851，2/9/1851.

22. Russell Fries，'British Response to the American System：The case of the small-arms industry after 1850'，*Technology and Culture*，vol. 16，no. 3（1975）.

23. *Economist*，18/3/1854，p. 281，quoted in D. C. M. Platt，*Foreign Finance in Continental Europe and the USA*，*1815 – 1870*（London，1984），p. 165.

24. George Russell，*The Narrative of George Russell*（Oxford，1935），pp. 293 – 294.

25. Kynaston, pp. 178, 181.

26. 同上书, p. 167。

27. 关于英国的自由贸易, 可参阅: Anthony Howe, *Free Trade and Liberal England, 1846 – 1946* (Oxford, 1997); Bernard Semmel, *The Rise of Free Trade Imperialism* (Cambridge, 1970); D. C. M. Platt, *Finance, Trade and Politics in British Foreign Policy* (Oxford, 1968); P. J. Cain, *Economic Foundations of British Overseas Expansion, 1815 – 1914* (London, 1980); D. C. M. Platt, *Business Imperialism, 1840 – 1930* (Oxford, 1970); Albert H. Imlah, *Economic Elements in the Pax Britannica: Studies in British Foreign Trade in the Nineteenth Century* (Cambridge, MA, 1958); John Gallagher and Ronald Robinson, 'The Imperialism of Free Trade', *Economic History Review*, 2nd series, vol. VI (1953); Oliver MacDonaugh, 'The Anti-Imperialism of Free Trade', *Economic History Review*, vol. XIV (1962); C. McLean, 'Finance and Informal Empire', *Economic History Review*, vol. XXIX (1978); Peter Cain, 'Capitalism, War and Internationalism in the thought of Cobden', *British Journal of International Studies*, vol. V (1979); P. K. O'Brien and G. A. Pigman, 'Free Trade, British Hegemony and the International Economic Order', *Review of International Studies*, vol. 18, no. 2 (1992)。

28. *Times*, 10/11/1856.

29. Tallis, vol. II, p. 17.

30. *Times*, 29/10/1851.

31. Tallis, vol. I, pp. 55 and 102; vol. II, p. 94.

32. 同上书, vol. I. pp. 92ff. , vol. III, pp. 75 – 76; *Times*, 25/6/1851。

33. *Times*, 18/10/1849.

34. *Edinburgh Review*, vol. xciv, no. cxcii, July-Oct 1851, pp. 596 – 597.

35. Ronald Hyam, *Britain's Imperial Century, 1815 – 1914: A Study of Empire and Expansion* (London, 1976), p. 54.

36. Greeley, *Glances*, pp. 88 – 89.

37. *American Telegraph*, 26/7/1851, p. 2.

38. Hyam, p. 49.

39. Dostoyevsky, *Notes from the Underground*, Part I, chapter VII; *New York Daily Tribune*, 26/1/1856.

40. Tallis, vol. II, p. 94.

41. *ILN*, 7/6/1851.

第二章 大胡子贵族

1. D. T. Coulton, 'Gold Discoveries', *Quarterly Review*, vol. XCI, no. 182 (September 1852), p. 504.

2. John Hunter Kerr, *Glimpses of Life in Victoria* (Edinburgh, 1872), p. 95.

3. Kerr, p. 101; George Butler Earp, *The Gold Colonies of Australia* (London, 1852), p. 173.

4. Kerr, pp. 111 – 112, 119ff.

5. W. E. Adcock, *The Gold Rushes of the Fifties* (Melbourne, 1912), pp. 32, 73.

6. George Butler Earp, *What We Did In Australia* (London, 1853), p. 144; William Craig, *My Adventures on the Australian Goldfields* (London, 1903), pp. 15, 195ff.

7. John Capper, *The Emigrant's Guide to Australia* (Liverpool, 2nd edn, n. d.), p. iv; Geoffrey Serle, *The Golden Age: A History of the Colony of Victoria, 1851 – 1861* (Melbourne, 1963), p. 38.

8. Mrs Charles Clacy, *A Lady's Visit to the Gold Diggings of Australia in 1852 – 52* (London, 1853), pp. 29 – 30; Kerr, p. 128.

9. Clacy, p. 9.

10. Serle, p. 31; Adcock, p. 66.

11. Earp, *Gold Colonies*, p. 175; Earp, *What We Did*, p. 113.

12. Capper, p. 148.

13. Howitt, p. 24.

14. Kerr, p. 130; Howitt, pp. 4 – 5, 34 – 35.

15. Howitt, pp. 8ff; Serle, p. 124, Clacy, p. 17.

16. Howitt, pp. 28 – 29.

17. Charles Stretton, *Memoirs of a Chequered Life* (3 vols, London, 1862), vol. II, pp. 38, 43 – 44, 77; Craig, pp. 44 – 46; Howitt, pp. 259 – 260.

18. Howitt, p. 18; Stretton, pp. 52ff.

19. Clacy, pp. 283 – 284; Capper, pp. 235ff.

20. Clacy, p. 276; Howitt, pp. 248 – 249.

21. Howitt, p. 80.

22. Howitt, pp. 118, 175; Clacy, pp. 79 – 80.

23. Howitt, p. 124; Clacy, p. 183.

24. Henry Brown, *Victoria As I Found It* (London, 1862), pp. 300 – 301; Earp, *What We Did*, pp. 141 – 142.

25. Howitt, pp. 239ff.

26. Brown, *Victoria*, pp. 352ff.

27. Charles Ferguson, *Experiences of a Forty-niner During Thirty-four Years' Residence in California and Australia* (Cleveland, OH, 1888), pp. 242, 249.

28. Howitt, p. 126.

29. 同上书, p. 137; Tallis, vol. I, p. 54。

30. Craig, p. 43.

31. Howitt, pp. 137ff.

32. Brown, *Victoria*, pp. 321ff.; Kerr, p. 210; Serle, pp. 216ff.

33. Kerr, p. 274.

34. Howitt, pp. 267ff.

35. *Times*, 3/1/1855.

36. Howitt, pp. 220ff.

37. Serle, p. 228.

38. Susan H. Farnsworth, *The Evolution of British Imperial Policy* (New York, 1992), p. 259.

39. *Argus* (Melbourne), 10/5/1867; Earp, *What We Did*, p. 10.

40. Brown, *Victoria*, p. 273; Serle, p. 220.

第三章　财富之源

1. Marx to Joseph Weydemeyer, in Karl Marx and Friedrich Engels, *Collected Works*, vol. 39, p. 70.

2. Basil Lubbock, *The Colonial Clippers* (Glasgow, 1921), pp. 29ff.

3. Charles Hursthouse, *New Zealand, or Zealandia, the Britain of the South* (2 vols, London, 1857), vol. I, p. 625.

4. Craufurd D. W. Goodwin, *The Image of Australia: British Perception of the Australian Economy* (Durham, NC, 1974), p. 42.

5. *Neue Rheinische Zeitung Revue*, May-October 1850.

6. Lubbock, pp. 23ff. , 26ff. , 85 – 86.

7. Daniel Cornford, 'Labor and Capital in the Gold Rush', in James L. Rawlsand Richard J. Orsi (eds.), *A Golden State: Mining and Economic Development in Gold Rush California* (Berkeley, CA, 1999), p. 82.

8. Ralph J. Roske, 'The World Impact of the California Gold Rush, 1849 – 1857', *Arizona and the West*, vol. 5, no. 3 (Autumn 1963); Gerald D. Nash, 'A Veritable Revolution: The Global Economic Significance of the California Gold Rush', *California History*, vol. 77, no. 4 (Winter 1998/1999); A. C. W. Bethel, 'The Golden Skein', in Rawls and Orsi (eds), p. 254.

9. George F. Train, *Young America*, vol. I, p. 2; Serle, p. 121.

10. Howitt, pp. 25, 205ff.

11. Train, *Young America*, pp. 387, 471; Robert B. Minturn, *From New York to Delhi, by way of Rio de Janeiro, Australia and China* (New York, 1858), p. 24; Kerr, p. 162.

12. Clacy, p. 240; Lubbock, pp. 34 – 35.

13. Richard McKay, *Donald McKay and His Famous Sailing Ships* (New York, 1928), p. 129.

14. Léon Faucher, *Remarks on the Production of the Precious Metals, and on the Demonetization of Gold* (2nd edn, London, 1853), p. 97.

15. Nathaniel Hawthorne, *Passages from the English Notebooks* (Boston, MA, 1870), p. 10.

16. *Age*, 16/8/1855, p. 4.

17. Hawthorne, pp. 28 – 29.

18. *Household Words*, 17/7/1852, pp. 405 ff.

19. Hawthorne, p. 14.

20. Kerr, p. 347.

21. Serle, p. 321.

22. *Boston Daily Atlas*, 21/9/1852.

23. *Daily Alta California*, 1/4/1851; *ILN*, 22/5/1852; cf. *Times*, 8/4/1852.

24. *Neue Rheinische Zeitung Revue*, May-Oct 1850, https://www. marxists. org/archive/marx/works/1850/11/01. htm.

25. J. D. Borthwick, *Three Years in California* (Edinburgh, 1857), p. 11.

26. 同上书, pp. 10ff. 。

27. Frank Marryat, *Mountain and Molehills*; *or*, *recollections of a burnt journal* (*New York*, 1855), pp. 24 – 25.

28. 同上书, p. 26。

29. Bethel, p. 254.

30. Kynaston, p. 167.

31. *The British Quarterly Review*, 1/5/1853, pp. 551, 555, 562.

32. *Fraser's Magazine*, vol. XLIV, no. CCLX (August 1851), p. 227.

33. *Times* 12/11/1856, p. 6.

34. Henry M. Field, *The Story of the Atlantic Telegraph* (New York, 1892), p. 13.

35. Matthew Maury, 'Submarine Telegraph Across the Atlantic', *De Bow's Review*, vol. 16, no. 6 (June 1854), pp. 626ff.

36. Isabella Field Judson, *Cyrus Field*: *His life and work* (NY, 1896), pp. 61 – 62.

37. Judson, p. 68.

39. *Times*, 14/11/1856, p. 12.

39. *Times*, 12/11/1856, p. 6.

40. *Times*, 12/11/1856.

第四章　在路上

1. Sandra L. Myres (ed.), *Ho for California*: *Women's Overland Diaries* (SanMarino, CA, 1980), p. 93.

2. Elliott West, *The Contested Plains*: *Indians*, *goldseekers*, *and the rush to Colorado* (Lawrence, KS, 1998), p. 193.

3. Ferguson, pp. 48ff.

4. Bayard Taylor, *El Dorado*; *or*, *adventures in the path of empire* (New York, 1854), p. 281.

5. 'Travellers' Books for 1851', *Fraser's Magazine*, vol. XLIV, no. CCLX (August 1851), p. 227; William Kelly, *Across the Rocky Mountains*, *from New York to California* (London, 1852), p. vi.

6. Ferguson, p. 66.

7. Horace Greeley, *An Overland Journey*, *from New York to San Francisco* (NewYork, 1860), p. 272.

8. Myres, p. 177.

9. 关于穿越大陆之行可参阅 John D. Unruh, *The Plains Across: Emigrants, Wagon Trains and the American West* (Champaign, IL, 1979)。

10. Kenneth L. Holmes, *Covered Wagon Women: Diaries and Letters from the Western Trails, 1850* (Lincoln, NE, 1996), p. 85; Unruh, p. 85.

11. Unruh, pp. 391ff.

12. Richard Burton, *The City of the Saints and Across the Rocky Mountains to California* (New York, 1862), pp. 53, 141.

13. West, pp. 208 – 228.

14. Greeley, pp. 47 – 48.

15. Burton, pp. 6, 13, 18 – 19, 64, 70, 148, 276, 321.

16. 同上书, p. 42。

17. Ferguson, p. 21.

18. West, pp. 88ff., 192ff.

19. Unruh, p. 170.

20. James Gamble, 'When the Telegraph Came to California', *The Californian* (1881) http://www. telegraph – history. org/transcontinental – telegraph/index. html; Burton, p. 9.

21. Myres, pp. 106ff.

22. Loretta Fowler, *Arapahoe Politics, 1851 – 1978: Symbols of Crises of Authority* (Lincoln, NE, 1986), p. 32.

23. Leo E. Oliver, 'Fort Atkinson and the Santa Fe Trail, 1850 – 1854', *Kansas History: A journal of the Central Plains*, vol. XL, no. 2 (Summer 1974), pp. 212 – 233; West, p. 200.

24. Burton, p. 32; Oliver, 'Fort Atkinson'; West, pp. 278ff.

25. Thomas Twiss, 'Letter of Thomas S. Twiss, Indian Agent at Deer Creek, U. S. Indian Agency on the Upper Platte', *Annals of Wyoming*, vol. 17, no. 2 (July1945), pp. 148ff.

26. Burton, pp. 32, 46; West, p. 201

27. George Caitlin, *Caitlin's Notes of Eight Years' Travels and Residence in Europe* (New York, 1848), p. 62.

28. West, pp. 256 – 257.

29. 同上书, pp. 1ff. 。

30. J. B. Peires, 'The Central Beliefs of the Xhosa Cattle-Killing', *The Journal of African History*, vol. 28, no. 1 (1987), pp. 43ff.

31. Twiss, pp. 148ff.

32. Burton, p. 3.

33. Walter G. Sharrow, 'William Henry Seward and the Basis for American Empire, 1850 – 1860', *Pacific Historical Review*, vol. 26, no. 3 (August 1967), p. 339.

第五章　帝国恒星

1. Hursthouse, vol. I, pp. 588 – 589.

2. Anthony Trollope, *The New Zealander* (London, 1995), pp. 3ff. ; T. B. Macaulay, 'The Ecclesiastical and Political History of the Popes', *Edinburgh Review*, vol. LXXII (October 1840), p. 228.

3. Earp, *What We Did in Australia*, pp. 26 – 27.

4. Jesup Scott, 'Westward the Star of Empire', *De Bow's Review*, August 1859.

5. Micajah Tarver, 'The Growth of Cities in the United States', *Western Journal of Agriculture, Manufactures, Mechanic Arts, Internal Improvement, Commerce and General Literature*, March 1851; Jesup Scott, 'The Great West', *De Bow's Review*, July 1853; Charles N. Glaab, 'Visions of Metropolis: William Gilpin and Theories of City Growth in the American West', *Wisconsin Magazine of History* (Autumn 1961).

6. E. Sandford Seymour, *Sketches of Minnesota: The New England of the West* (New York, 1850), p. 34.

7. Hursthouse, vol. I, pp. 97 – 98; Sarah Tucker, *The Southern Cross and the Southern Crown* (London, 1855), p. 2; J. Donnelly, 'Minnesota and the NorthWest', *De Bow's Review*, July 1856.

8. Hursthouse, vol. I, pp. 102, 656.

9. J. Donnelly, 'Minnesota and the North West', *De Bow's Review*, July 1856; 'Towns and Statistics of Minnesota', *Western Journal*, May 1851; Carlton C. Qualey, 'A New El Dorado: guides to Minnesota, 1850s – 1880s', *Minnesota History*, vol. 42, no. 6 (Summer 1971), pp. 218, 220 – 221.

10. J. W. Bond, *Minnesota and its Resources* (New York, 1853), p. 24; G. H. Scholefield, *New Zealand in Evolution* (New York, 1909), p. 39.

11. T. Cholmondeley, *Ultima Thule* (London, 1854), p. 4; Hursthouse, vol. I, pp. 192, 637.

12. Hursthouse, vol. I, p. 637.

13. James M. Woolworth, *Nebraska in 1857* (New York, 1857), pp. 16 – 17; cf. 'Emigration', *Western Journal*, January 1849.

14. David Hamer, *New Towns in the New World: Images and Perceptions of the Nineteenth-century Urban Frontier* (New York, 1990).

15. Laurence Oliphant, *Minnesota and the Far West* (Edinburgh, 1855), p. 131; Hamer, p. 103.

16. Hamer, pp. 98ff., 113ff.

17. Oliphant, *Minnesota*, pp. 130ff.

18. Hursthouse, vol. I, p. 359.

19. Hamer, p. 48.

20. Oliphant, *Minnesota*, pp. 159 – 160.

21. 同上书, p. 165。

22. Paul. W. Gates, *The Illinois Central Railroad and its Colonization Work* (NewYork, 1968), pp. 68ff., 73.

23. Gates, *passim*.

24. William Cronon, *Nature's Metropolis: Chicago and the Great West* (NewYork, 1991), pp. 104ff.

25. 同上书, pp. 112, 113 – 114。

26. T. B. Macaulay, *Speeches* (2 vols, 1853), p. 71.

27. *Times* 24/10/1855.

28. Oliphant, *Minnesota*, pp. 241, 244 – 247, 284.

29. C. C. Andrews, *Minnesota and Dakotah* (Washington, DC, 1857), p. 82.

30. Mary Lethert Wingerd, *North Country: The Making of Minnesota* (Minneapolis, MN, 2010), pp. 247 – 248.

31. Oliphant, *Minnesota*, p. 252.

32. Wingerd, pp. 209 – 210.

33. 同上书, pp. 211, 248。

34. Oliphant, *Minnesota*, p. 281.

35. 同上书, pp. 281 – 282; John Fletcher Williams, *A History of the City of St Paul* (St Paul, MN, 1876), p. 377。

36. Oliphant, *Minnesota*, p. 257.

37. Seymour, p. 95.

38. Scholefield, p. 32.

39. James Belich, *Making Peoples: A History of the New Zealanders* (Auckland, 1996), pp. 212ff.

40. Tucker, pp. 1 – 2; Belich, pp. 226ff.

第六章 西方的哈希什

1. Williams, *History*, p. 379.

2. *New York Herald*, 28/5/1856.

3. Frederick Law Olmsted, *The Cotton Kingdom* (2 vols. , New York, 1862), vol. I, pp. 277 – 278.

4. Edward E. Baptist, *The Half Has Never Been Told*, pp. 343ff.

5. 'Interests of the Slave and Free States and the Union', *De Bow's Review*, vol. 19, no. 4 (Oct 1855), p. 378.

6. *Economist*, 17/12/1853. Cf. *Economist*, 15/9/1860; *Edinburgh Review*, vol. 101 (April 1855), pp. 151 – 176; *Times*, 24/11/1857.

7. J. C. N. [Josiah Nott], 'The Future of the South', *De Bow's Review*, vol. 10, no. 2 (1851), pp. 132, 137, 142.

8. Merivale, *Lectures*, vol. I, p. 295.

9. Bonnie Martin, 'Slavery's Invisible Engine: mortgaging human property', *Journal of Southern History*, vol. 76, no. 4 (November 2010), pp. 840 – 841; *Times*, 19/12/1857.

10. Baptist, pp. 352ff; Beckert, p. 110.

11. J. C. N, 'The Future of the South', p. 132.

12. 'What the South is Now Thinking and Saying About the Course of the North', *De Bow's Review*, vol. 19, no. 2 (August 1855), pp. 139 – 140.

13. 'What the South is Now Thinking', pp. 139 – 140.

14. David M. Potter, *The Impending Crisis: America before the Civil War, 1848 – 1861* (NY, 1976), p. 205

15. Thomas Gladstone, *The Englishman in Kansas: or, squatter life and border warfare* (NY, 1857), pp. 40 – 42.

16. Williams, *History*, pp. 379ff.

17. 同上书, p. 380; *New York Daily Tribune*, 22/3/1856。

18. Wingerd, p. 248; Jocelyn Wills, *Boosters, Hustlers, and Speculators: Entrepreneurial Culture and the Rise of Minneapolis and St Paul* (St Paul, MN, 2005), p. 87.

19. 'The Political Crisis in the United States', *Edinburgh Review*, vol. CIV, no. 212 (October 1856), pp. 561 – 562.

20. Beckert, p. 133; James A. Mann, *The Cotton Trade of Great Britain: its rise, progress and present extent* (London, 1860), pp. 55 – 56, 85.

21. *Westminster Review*, vol. 52 (October 1849 – January 1850), pp. 213 – 214; *Manchester Guardian*, 20/6/1857.

22. Mann, pp. 43, 83 – 86, 87; Arthur Redford, *Manchester Merchants and Foreign Trade* (Manchester, 1934), p. 227; Arthur W. Silver, *Manchester Men and Indian Cotton, 1847 – 1872* (Manchester, 1966), pp. 85ff. ; Beckert, pp. 124ff. ; *New York Tribune*, 7/4/1856; *Morning Advertiser* quoted in the *Caledonian Mercury*, 6/3/1856; *Report of the Special Committee of the House of Representatives of South Carolina, on so much of the message of His Excellency Gov. Jas. H. Adams, as relates to slavery and the slave trade* (Columbia, SC, 1857), p. 47.

23. 'Future Supply of Cotton', *Manchester Times*, 14/3/1857; J. T. Danson, 'On the Existing Connection Between American Slavery and the British Cotton Manufacture', *Quarterly Journal of the Statistical Society of London*, vol. XX (March 1857), p. 7.

24. *Report of the Special Committee*; *The American Cotton Planter*, vol. III, no. 1 (January 1859), pp. 11ff. , vol. III, no. 4 (April 1859), pp. 105ff. ; *New York Herald*, 28/5/1856, 11/6/1856, 6/12/1856.

25. *New York Herald*, 28/5/1856; James Henry Hammond, *Selections from the Letters and Speeches* (New York, 1866), pp. 311 – 312, 316.

第七章 自由的堡垒

1. Fyodor Tyutchev, 'A Russian Geography' in, F. Jude (trans.), *The Complete Poems of Tyutchev in an English Translation* (Durham, 2000), p. 137.

2. Laurence Oliphant, *Episodes in a Life of Adventure: or moss from a rolling stone* (Edinburgh, 1887), p. 93; Oliphant, *Patriots and*

Filibusters, or, incidents of political and exploratory travel (Edinburgh, 1860), pp. 10 – 11.

3. John Milton Mackie, *Life of Schamyl*; *and narrative of the Circassian war of independence against Russia* (Boston, MA, 1856), p. 295.

4. Mackie, pp. 29ff. ; Louis Moser, *The Caucasus and its People* (London, 1856), pp. 29ff.

5. Mackie, p. 7.

6. George Alexander Lensen, *The Russian Push Toward Japan*: *Russo-Japanese Relations, 1697 – 1875* (New York, 1971), pp. 300 – 301.

7. John F. Baddeley, *The Russian Conquest of the Caucasus* (London, 1908), pp. 385 – 410.

8. 同上书, p. 355。

9. Peter Hopkirk, *The Great Game*: *On Secret Service in High Asia* (London, 1990), p. 155.

10. Paul Biriukov [Pavel Ivanovich Biryukov] (ed.), *Leo Tolstoy*: *His Life and Work* (London, 1906), p. 132.

11. Lesley Blanch, *The Sabres of Paradise* (London, 1960), pp. 293ff.

12. Tolstoy, diary entry, 6/1/1852

13. Orlando Figes, *Crimea*: *The Last Crusade* (London, 2010), p. 105.

14. Figes, p. 157.

15. *Times*, 29/10/1851.

16. Sir John McNeill, *Progress and Present Position of Russia in the East* (London, 1838), pp. 142 – 145.

17. *New York Herald*, 1/9/1856; *ILN*, 7/6/1851. On the supposed epochal confrontation between free trade and protectionism, see Richard Cobden, *What Next-and Next?* (1856), in F. W. Chesson (ed.), *The Political Writings of Richard Cobden* (2 vols, London, 1903), vol. II, pp. 461ff.

18. Karl Marx, 'The Real Issue in Turkey', *New York Daily Tribune*, 12/4/1853; Trevor Royle, *Crimea*: *The Great Crimean War, 1854 – 1856* (London, 1999), pp. 44 – 45.

19. 'Schamyl and the War in the Caucasus', *North American Review*, vol. 81, no. 169 (October 1855), pp. 389ff. ; *Daily News*, 9/7/1855; *Morning Post*, 27/7/1855.

20. Mackie, preface, pp. 221ff. ; *ILN*, 26/10/1844, 29/8/1845;
   Manchester Times, 17/3/1852; *Morning Post*, 10/11/1854, 31/1/
   1855; 'Schamyl: the prophet – warrior of the Cauasus', *Westminster
   Review*, 1854, pp. 480ff. ; 'Schamyl and the Caucasus', *Preston Guardian*,
   19/11/1853; 'The Asiatic Theatre of theWar', *Jackson's Oxford Journal*,
   22/7/1854; 'The Caucasus and the Circassians', *Belfast News-Letter*, 25/
   10/1854.

21. Lensen, p. 301.

22. Laurence Oliphant, *Trans-Caucasian Campaign of the Turkish Army
   Under Omer Pasha: a personal narrative* (Edinburgh, 1856), p. 225;
   Royle, *Crimea*, p. 45.

23. Olive Anderson, *A Liberal State at War: English Politics and Economics
   during the Crimean War* (London, 1967), pp. 1 – 4.

24. Anderson, p. 72.

25. *Times*, 31/10/1854, 1/3/1855.

26. *Times*, 17/11/1855; *Edinburgh Review*, April 1856.

27. Figes, pp. 194 – 195.

28. Oliphant, *Trans-Caucasian Campaign*, p. 232; Blanch, pp. 257 – 258.
   出版于克里米亚战争期间的以沙米勒为主题的书籍和论文很多，例
   如：*Lloyds Weekly*, 30/7/1854; *Morning Post*, 17/11/1854 and 31/
   1/1855; *Daily News*, 7/11/1854. E. Spencer, *Turkey, Russia, the
   Black Sea and Circassia* (London, 1855), Mackie, *Life of Schamyl*
   (1856), Moser, *The Caucasus* (1856), Kenneth Mackenzie (ed.),
   *Schamyl and Circassia. Chiefly from materials collected by Dr Friedrich
   Wagner* (London, 1854), John Reynell Morrell, *Russia and England,
   their strength and weakness* (New York, 1854), Baron August von
   Haxthausen, *The Tribes of the Caucasus, with an account of Schamyl
   and the Murids* (London, 1855), Ivan Golovin, *The Caucasus*
   (London, 1854)。关于沙米勒的肖像可参阅 *Times* classified
   advertising 22/9/1854, sales by auction 18/12/1854。相关戏剧有
   Schamyl: The Warrior Prophet and *Schamyl: The Circassian Chief* see
   ILN 11/11/1854; *Times* classified advertising 28/8/1854。关于赛马可
   参阅 *Times* sporting intelligence 28/10/1854, 3/11/1854, 5/1/1855,
   6/1/1855. For the dance see *Times* classified advertising 28/10/1854,

4/11/1854。关于股票市场可参阅 *Times* 16/9/1854。

29. *Morning Post*, 31/1/1855.

30. *York Herald and General Advertiser*, 7/10/1854.

31. *Times*, 10/11/1855.

32. Norman Luxenburg, 'England and the Caucasus During the Crimean War', *Jahrbücher für Geschichte Osteuropas*, December 1968; *Times* 15/9/1854.

33. Blanch, p. 365.

34. Dibir M. Mahomedov, 'Shamil's Last Testament', *Central Asian Survey*, vol. 21, no. 3 (2002), pp. 241 – 242.

第八章 总统

1. James M. McPherson, *Battle Cry Freedom: The Civil War Era* (Oxford, 1988), pp. 115 – 116.

2. J. p. Parry, *The Politics of Patriotism: English Liberalism, National Identity and Europe, 1830 – 1886* (Cambridge, 2006), p. 238.

3. *Times*, 2/2/1856; E. D. Steele, *Palmerston and Liberalism* (Cambridge, 1991), p. 58.

4. *Edinburgh Review*, July 1856, p. 298.

5. *Sacramento Daily Union*, 26/4/1870; Frédéric de Gaillardet, *Sketches of Early Texas and Louisiana* (Austin, TX, 1966), pp. 144ff.

6. For Sanders, his dinner party and the Young America movement see M. E. Curti, 'Young America', *The American History Review*, vol. 32, no. 1 (October 1926), pp. 48ff.

7. Potter, p. 190.

8. McPherson, *Battle Cry*, p. 106.

9. Robert F. Durden, 'J. D. B. de Bow: Convulsions of a Slavery Expansionist', *Journal of Southern History*, vol. 17, no. 4 (November 1951).

10. C. Stanley Urban, 'The Africanization of Cuba Scare, 1853 – 1855', *The Hispanic American Historical Review*, vol. 37, no. 1 (February 1957).

11. McPherson, *Battle Cry*, p. 109.

12. *Times*, 24/3/1855; Royle, *Crimea*, pp. 86, 316ff.

13. *Times*, 28/11/1855.

14. Oliphant, *Minnesota*, pp. 274ff. ; Urban, p. 34.

15. Albert A. Woldman, *Lincoln and the Russians* (Cleveland, OH, 1952), p. 11.

16. Hyam, p. 65.

17. Frank A. Golder, 'Russian-American Relations During the Crimea War', *The American Historical Review*, vol. 31, no. 3 (April 1926), p. 464.

18. *Edinburgh Review*, July 1856, p. 271.

19. J. B. Conacher, 'British Policy in the Anglo-American Enlistment Crisis of 1855 – 1856', *Proceedings of the American Philosophical Society*, vol. 136, no. 4 (December 1992).

20. *Pennsylvanian*, 28/9/1855; Claude M. Fuess, *The Life of Caleb Cushing* (New York, 1923), vol. II, p. 172.

21. *Times*, 10/11/1855; *Edinburgh Review*, July 1856, p. 267.

22. *Age*, 17/4/1856, p. 2; Conacher, pp. 548 – 549, 553 – 544.

23. Conacher, p. 550.

24. Richard W. Van Alstyne (ed.), 'Anglo-American Relations, 1853 – 1857', *American Historical Review*, vol. 42, no. 3 (April 1937), pp. 495 – 497.

25. Conacher, p. 534.

26. *Morning Post*, 6/2, 12/2, 18/2/1856; *Brighton Herald*, 27/10/1855.

27. Conacher, p. 568.

28. *Morning Post*, 12/2, 12/9/1856; *Times* 2/2/1856; Don H. Doyle, *The Cause of All Nations*: *An International History of the American Civil War* (New York, 2015), p. 97.

29. William G. Beasley, *Great Britain and the Opening of Japan*, *1834 – 1858* (London, 1951), pp. 157 – 158; Train, *Young America*, p. 328.

30. *New York Daily Tribune*, 21/4/1856.

31. *Morning Post*, 6/2/1856; *Daily Telegraph*, 29/10/1855; *Boston Chronicle* quoted in *Times*, 13/3/1856.

32. *Hansard*, 16 June 1856.

33. Oliphant, *Patriots*, pp. 172 – 173.

34. 同上书, p. 179。

35. 同上书, p. 181。

36. 'Nicaragua and the Filibusters', *De Bow's Review*, vol. 20, no. 6 (June 1856), p. 673.

37. Oliphant, *Patriots*, p. 193; 'Nicaragua and the Filibusters', *De Bow's Review*, vol. 20, no. 6 (June 1856), p. 673; 'The Experience of Samuel Absalom, Filibuster', *The Atlantic Monthly*, vol. IV, no. 26 (December 1859).

38. C. W. Doubleday, *Reminiscences of the Filibuster War in Nicaragua* (NewYork, 1886), pp. 92 – 93.

39. *New York Herald*, 10/4/1856; Tennessee State Library and Archives: 'Grey-Eyed Man of Destiny': www. tna. gov/tsla/exhibits/walker/index. htm.

40. 'Nicaragua', *De Bow's Review*, vol. 22, no. 1 (1 January 1857); *New York Daily Tribune*, 17/11/1856, 5/12/1856.

41. 'The Experience of Samuel Absalom, Filibuster', *The Atlantic Monthly*, vol. IV, no. 26 (December 1859); *New York Daily Tribune*, 6/5/1856.

42. *New York Daily Tribune*, 23/10/1856.

43. *Morning Post*, 5/12/1856.

44. *New York Daily Tribune*, 6/6/1857; C. A. Bridges, 'The Knights of the Golden Circle: a filibustering fantasy', *Southwestern Historical Quarterly*, vol. XLIV (1941); 'Acquisition of Mexico-Filibustering', *De Bow's Review*, vol. 25, no. 6 (December 1858).

45. 'Late Southern Convention at Montgomery', *De Bow's Review*, vol. 24, no. 6 (June 1858), pp. 603 – 604; 'Speech of Mr [Leonidas W.] Spratt', *De Bow's Review*, vol. 27, no. 2 (April 1859), pp. 210 – 211.

46. Van Alstyne (ed.), pp. 499 – 500; Edward A. Pollard, 'The Central American Question', *De Bow's Review*, vol. 27, no. 5 (November 1859), pp. 550 – 661; *New York Daily Tribune*, 22/12/1856; *Morning Post*, 22/11/1856.

47. 'The Walker Expedition of 1856', *De Bow's Review*, vol. 24, no. 2 (February1858), pp. 150 – 151; *New York Daily Tribune*, 14/4/1856.

48. *Times*, 8/4/1852; Walter LaFeber, *The New Cambridge History of American Foreign Relations: The American Search for Opportunity*, *volume two*, 1865 – 1913 (Cambridge, 2013), p. 8.

第九章　海啸

1. *United States Magazine and Democratic Review*, vol. 30（April 1852），p. 332.

2. M. William Steele, *Alternative Narratives in Modern Japanese History*（London，2003），p. 15.

3. Gregory Smits, ' Shaking Up Japan: Edo society and the 1855 catfish pictureprints', *Journal of Social History*, vol. 39, no. 4（Summer 2006）.

4. William G. Beasley, *Japan Encounters the Barbarian: Japanese Travellers in America and Europe*（London，1995），p. 30.

5. Francis L. Hawks （ed.），*Narrative of the Expedition of an American Squadron to the China Seas and Japan*（Washington，DC，1856），pp. 255 – 256.

6. Smits, p. 1065.

7. Ernest Mason Satow, *Japan 1853 – 1864, or, Genji Yume Monogatari*（Tokyo，1905），p. 6；Beasley, *Japan Encounters*, p. 39.

8. Beasley, *Japan Encounters*, pp. 39 – 40.

9. 同上书，p. 44。

10. Steele, *Alternative Narratives*, chapter 1, *passim*.

11. Marius B. Jansen, *Sakamoto Ryoma and the Meiji Restoration*（Princeton，NJ，1961），p. 83.

12. 同上书，pp. 3 ff. 。

13. 同上书，pp. 77 ff. 。

14. Hawks, p. 17.

15. *Times*, 8/4/1852.

16. Hawks, p. 357.

17. Richard Hildreth, *Japan: as it was and is*（New York，1855），p. 522.

18. Chushichi Tsuzuki, *The Pursuit of Power in Modern Japan, 1825 – 1995*（Oxford，2000），pp. 40 – 41；Marius B. Jensen, *The Making of Modern Japan*（Cambridge，MA，2000），p. 291.

19. Hisao Furukawa, ' Meiji Japan's Encounter with Modernization', *Southeast Asian Studies*, vol. 33, no. 3（December 1995），p. 507.

20. Takehiko Hasimoto, ' Japanese Clocks and the Origin of Punctuality in Modern Japan', in *Historical Essays on Japanese Technology*（Tokyo，2009），pp. 17 ff.

第十章 文明使命

1. Frederic E. Wakeman, *Strangers at the Gate* (Berkeley, CA, 1966), p. 76.

2. Robert Fortune, *A Journey to the Tea Countries of China* (London, 1852), p. 3.

3. Train, *Young America*, p. 76; Albert Smith, *To China and Back* (London, 1859), p. 39.

4. J. D'Ewes, *China, Australia, and the Pacific Islands in the years 1855 – 56* (London, 1857), p. 240.

5. E. J. Eitel, *Europe in China: the history of Hong Kong from the beginning to the year 1882* (Hong Kong, 1895), p. 571.

6. David Todd, 'John Bowring and the Global Dissemination of Free Trade', *The Historical Journal*, vol. 51, no. 2 (June 2008), p. 379.

7. John Bowring, *The Influence of Knowledge on Domestic and Social Happiness* (London, 1842), pp. 3 – 5; Todd, pp. 388 – 389.

8. Eitel, p. 570.

9. Train, *Young America*, p. 71.

10. House of Commons, 3/3/1857, col. 1800.

11. House of Commons, 26/2/1857, col. 1409.

12. Jonathan Spence, *God's Chinese Son: The Taiping Heavenly Kingdom of Hong Xiuquan* (London, 1996), p. 134.

13. 同上书, p. 137。

14. Franz Michael, *The Taiping Rebellion: History and Documents* (3 vols, Seattle, WA, 1971), vol. III, p. 799.

15. George Wingrove Cooke, *China: being The Times Special Correspondence from China in the years 1857 – 58* (London, 1858), pp. 67ff.

16. 同上书, pp. 68 – 69。

17. Christopher Munn, 'Colonialism "in a Chinese atmosphere": the Caldwell affair and the perils of collaboration in early colonial Hong Kong', in Robert Bickers and Christian Henriot, *New Frontiers: Imperialism's New Communitiesin East Asia, 1842 – 1953* (Manchester, 2000), pp. 10ff.

18. Sir John Bowring, *Autobiographical Recollections* (London, 1877), p. 218.

19. Todd, pp. 393 – 395.

20. J. Y. Wong, *Deadly Dreams: Opium, Imperialism and the Arrow War* (Cambridge, 1998), p. 85.

21. Gerald S. Graham, *The China Station: War and Diplomacy, 1830 – 1860* (Oxford, 1978), p. 287; *Argus*, 3/10/1855.

22. J. D. Grainger, *The First Pacific War: Britain and Russia, 1854 – 1856* (Woodbridge, 2008), p. 63.

23. Graham, pp. 290ff.

24. Mark Bassin, 'The Russian Geographical Society, the "Amur Epoch", and the Great Siberian Expedition 1855 – 1863', *Annals of the Association of American Geographers*, vol. 73, no. 2 (June 1983), p. 246.

25. Grainger, pp. 53ff., 173.

26. Norman Saul, 'An American's Siberian Dream', *Russian Review*, vol. 37, no. 4 (October 1978), pp. 405 – 420.

27. Graham, p. 293.

28. Bassin, p. 243.

29. David O. Allen, *India, Ancient and Modern* (Boston, MS, 1856), pp. 353 – 354.

30. Mikhail Volodarsky, 'Persia and the Great Powers, 1856 – 1869', *Middle Eastern Studies*, vol. 19, no. 1 (January 1983).

31. *Times*, 29/12/1859, p. 8; Hopkirk, p. 289.

32. Graham, p. 290.

33. 同上书, p. 298。

34. Stanley Lane-Poole, *The Life of Sir Harry Parkes* (London, 1894), pp. 245, 262.

35. 同上书, p. 262。

36. 同上书, p. 245。

37. House of Lords, 24/2/1857, col. 1220.

38. Theodore Walrond (ed.), *Letters and Journals of James, Eighth Earl of Elgin* (London, 1872), pp. 209, 213.

第十一章　报复

1. E. D. Steele, p. 204.

2. Walrond, p. 250.

3. P. J. O. Taylor, *Chronicles of the Mutiny* (Delhi, 1992), pp. 23 – 24; Laurence Oliphant, *Narrative of the Earl of Elgin's Mission to China and Japan* (New York, 1860), pp. 26 – 27.

4. Taylor, p. 24; George MacMunn, 'Mees Dolly: an untold tragedy of 57', *Cornhill Magazine*, 63 (July-December 1927), pp. 327 – 331.

5. Elizabeth Muter, *Travels and Adventures of an Officer's Wife in India, China and New Zealand* (2 vols, London, 1864), vol. I, pp. 2ff.

6. Jane Robinson, *Angels of Albion: Women of the Indian Mutiny* (London, 1996), p. 33.

7. John Kaye, *A History of the Sepoy War in India, 1857 – 1858* (3 vols, London, 1864), vol. I, p. 595.

8. Edward Vibart, *The Sepoy Mutiny as seen by a subaltern* (London, 1898), pp. 252ff.; 'How the Telegraph Saved India', *Daily News*, 29/9/1897.

9. John Kaye and G. B. Malleson, *Kaye and Malleson's History of the Indian Mutiny* (3 vols, London, 1892), vol. II, p. x.

10. Deep Kanta Lahiri Choudhury, *Telegraphic Imperialism: Crisis and Panic in the Indian Empire* (Basingstoke, 2010), p. 40; Kaye and Malleson, vol. II, p. 193n, vol. VI, p. 71.

11. Manindra Nath Das, *Studies in the Economic and Social Development of Modern India: 1848 – 56* (Calcutta, 1959), pp. 102 – 103.

12. John Clark Marsham, *The History of India: from the earliest period to the close of Lord Dalhousie's administration* (3 vols, London, 1867), vol. III, p. 441.

13. *Railway Times*, 15/1/1853; *ILN*, 4/6/1853.

14. J. G. A. Baird, *Private Letters of the Marquis of Dalhousie* (Edinburgh, 1910), p. 284; Edwin Arnold, *The Marquis of Dalhousie's Administration of British India* (2 vols, London, 1865), vol. II, p. 164.

15. Baird, pp. 169, 348.

16. William Howard Russell, *My Diary in India, in the year 1858 – 9* (London, 1860), vol. I, pp. 253 – 254; cf. Minturn, p. 166.

17. Ferdinand Mount, *The Tears of the Rajas: Mutiny, Money and Marriage in India, 1805 – 1905* (London, 2015), pp. 284ff.

18. Joan Leopold, 'British Applications of the Aryan Theory of Race to India, 1850 – 1870', *EHR*, vol. 89, no. 352 (July 1974), pp. 584 – 585 fn 4. 对 "黑鬼" 一词的其他批评可参阅: *Times* 20/10/1858; G. O. Trevelyan, *Cawnpore* (London, 1865), p. 36; Russell, *My Diary*,

vol. I, p. 194; Robert Montgomery Martin, *The Indian Empire: its history, topography, government, finance, commerce and staple products* (3 vols, London, 1858), vol. II, pp. 11, 123。

19. Kaye, vol. I, pp. 190 – 193.

20. 同上书, p. 472。

21. Kaye and Malleson, vol. I, p. 345.

22. Sita Ram Pande, *From Sepoy to Subedar* (ed. James Lunt, London, 1970), pp. 24 – 25.

23. Pande, pp. 26, 73, 173.

24. J. A. B. Palmer, *The Mutiny Outbreak in Meerut in 1857* (Cambridge, 1966), p. 32.

25. *New York Daily Tribune*, 15/7/1857; 'The Beginning of the End', *United States Democratic Review*, vol. 40, no. 5 (November 1857); *New York Herald*, 31/7/1857, 27/9/1857.

26. Saul David, *The Indian Mutiny* (London, 2002), p. 282; Lawrence James, *Raj: The Making and Unmaking of British India* (London, 1997), pp. 258 – 277.

27. Vibart, pp. 265 – 266.

28. 同上书, p. 252; *Daily News*, 29/9/1897。

29. F. D. Goldsmid, *Telegraph and Travel: a narrative of the formation and development of telegraphic communication between England and India* (London, 1874), pp. 32, 37 – 38.

30. Kaye, *History*, vol. I, pp. 439, 442, 451, 548, 602, 612, 614, 615.

31. Kaye, *History*, vol. II, pp. 121, 151.

32. Goldsmid, pp. 38ff.

33. 同上书, pp. 32ff.; Lord Roberts of Kandahar, *Forty-One Years in India* (2 vols, New York, 1898), vol. I, pp. 115, 141, 297, 405, 456.

34. Kaye and Malleson, vol. II, p. 302; David, pp. 230ff.

35. William Dalrymple, *The Last Mughal: The fall of Delhi, 1857* (London, 2006), p. 315.

36. David, pp. 258 – 259.

37. Dalrymple, pp. 385 – 386.

38. Anne Taylor, *Laurence Oliphant, 1829 – 1888* (Oxford, 1982), p. 50.

39. Walrond, p. 199.

40. 同上书, p. 212。

41. Cooke, *China*, p. 315; Oliphant, *Narrative*, p. 97; Walrond, p. 214.

42. Walrond, p. 215.

43. Cooke, *China*, p. 339.

44. Walrond, pp. 251, 253.

45. 同上书, p. 254。

46. Masataka Banno, *China and the West, 1858 – 1861：The Origins of the Tsungli Yamen*（Cambridge, MS, 1964）, p. 25.

47. 同上书, p. 26。

48. Sherard Osborn, *A Cruise in Japanese Waters*（Edinburgh, 1859）, p. 127; Jansen, *Making of Modern Japan*, p. 283.

49. Walrond, pp. 260, 261, 263, 265, 268, 282.

50. *Times* 2/11/1858.

51. *Times*, 4/2/1859.

52. Jansen, *Making of Modern Japan*, pp. 280ff.

53. Walrond, p. 274.

54. Russell, *My Diary*, vol. I, pp. 218ff.

55. 同上书, pp. 327ff.。

56. Aditi Vatsa, 'When telegraph saved the empire', *The Indian Express*, 19/11/2012; H. C. Fanshawe, *Delhi Past and Present*（London, 1902）, pp. 18, 331; Louis Tracy, *The Red Year：a story of the Indian Mutiny*（New York, 1907）, p. 258.

第十二章　新闻帝国

1. *ILN*, 26/9/1857.

2. *ILN*, 24/8/1861.

3. *Genesee County Herald*, 26/6/1858. 关于美国对这场叛乱的全球意义的认识可参阅其他文献，例如 *New York Herald*, 27/9/1857。

4. *Times* 25/8/1858.

5. *The History of* The Times：*The Tradition Established, 1841 – 1884*（London, 1951）, p. 87.

6. G. A. Cranfield, *The Press and Society：From Caxton to Northcliffe*（London, 1978）, p. 207.

7. 接下来的许多论述都引自 Graham Dawson, *Soldier Heroes: British Adventure, Empire and the Imagining of Masculinities* (London, 1994) and Christopher Herbert, *War of No Pity: The Indian Mutiny and Victorian Trauma* (Princeton, NJ, 2008), pp. 22ff. 。

8. Dawson, pp. 87ff. , 94ff; Herbert, pp. 22ff.

9. Dawson, pp. 98 – 99.

10. *Times*, 17/9/1857; Charles Ball, *The History of the Indian Mutiny* (London, 1858), vol. I, p. 75; Alexander Duff, *The Indian Rebellion: its causes and results* (New York, 1858), pp. 24, 63.

11. Charles Dickens, *Letters from Charles Dickens to Angela Burdett-Coutts, 1841 – 1865* (London, 1953), p. 350; cf. letter to the editor, *Times*, 8/8/1857.

12. Russell, *My Diary*, vol. I, pp. 2, 92, 117.

13. Ball, vol. I, pp. 340ff. , 379n, 380.

14. Dawson, p. 78.

15. John Charles Pollock, *Way to Glory: The Life of Havelock of Lucknow* (London, 1957), p. 153.

16. William Brock, *A Biographical Sketch of Sir Henry Havelock* (London, 1864), pp. 133 – 134; *Times*, 13/1/1858.

17. Roberts, *Forty-One Years*, vol. I, p. 60; 关于尼科尔森的杰出生涯, 可参阅 Charles Allen, *Soldier Sahibs: The Men Who Made the North-West Frontier* (London, 2000)。

18. R. G. Wilberforce, *An Unrecorded Chapter of the Indian Mutiny* (London, 1894), pp. 215 – 216.

19. Kaye and Malleson, vol. III, pp. 301 – 302; Dalrymple, p. 307; Allen, p. 221.

20. Anon. , *The Siege of Delhi. By an officer who served there* (Edinburgh, 1861), p. 224.

21. 'Why Shave?', *Household Words*, 15/8/1853, vol. VII, pp. 560 – 563.

22. 'David', *The Beard! Why do we cut it off? An analysis of the controversy concerning it, and an outline of its history* (London, 1854), p. 7.

23. *ILN*, 17/2/1855.

24. *Times*, 14/11/1857.

25. *Times*, 19/11/1857.

26. David, *The Beard*!, pp. 6 – 7.

27. *Times*, 14/11/1857.

28. 同上。

29. John Tosh, *Manliness and Masculinities in Nineteenth-century Britain* (Harlow, 2005), p. 94.

30. Mrs [Sarah] Ellis, *The Women of England: their social duties and domestic habits* (London, 1839), pp. 12, 16, 22, 28.

31. 同上书, pp. 50ff.。

32. 同上书, pp. 16, 21, 39。

33. 同上书, pp. 39, 50ff.。

34. Robinson, *Angels*, pp. 131ff.; Dawson, p. 97; Herbert, pp. 164ff.

35. R. M. Coopland, *A Lady's Escape from Gwalior and Life in the Fort of Agra* (London, 1859), p. 116.

36. Kaye, *History*, vol. I, p. xii; Ball, *History*, vol. I, p. 81.

37. *Times*, 14/11/1857.

38. Parry, pp. 69ff.

39. *ILN*, 26/9/1857.

40. Parry, p. 10.

41. *Times*, 14/11/1857.

42. *Times*, 20/9/1858.

43. House of Commons, 15/6/1858, col. 2113.

44. *ILN*, 26/6/1858.

45. Henry Adams, *The Education of Henry Adams* (Boston, MS, 1948), p. 59.

第十三章　时间的主人

1. Briggs and Maverick, p. 21.

2. 'The Ocean Telegraph', *Frank Leslie's Illustrated Newspaper*, 21/8/1858; William Howard Russell, *The Atlantic Telegraph* (London, 1866), p. 26.

3. '1858 New York Celebration', http://atlantic – cable. com/1858NY/index. htm.

4. James L. Huston, 'Western Grains and the Panic of 1857', *Agricultural History*, vol. 57, no. 1 (January 1983), p. 16.

5. Oliphant, *Episodes*, p. 74.

6. Kynaston, p. 193.

7. Wills, *Boosters*, p. 93; Hamer, pp. 157 – 158.

8. Williams, *History of the City of St Paul*, p. 385; *Times*, 6/8/1858.

9. 'Memorabilia, Ephemera, and Promotional Material', http: //atlantic – cable. com/Souvenirs/index. htm.

10. *New York Times*, 27/8/1858, p. 1; Huston, p. 19.

11. Briggs and Maverick, pp. 12, 22.

12. *Times*, 25/8/1858; Briggs and Maverick, pp. 14, 20 – 21.

13. Henry M. Field, *The Story of the Atlantic Telegraph* (New York, 1892), p. 220.

14. 同上书, p. 218。

15. *Times*, 25/8/1858.

16. For a digest of world opinion on the Rebellion see the *New York Herald*, 27/9/1857.

17. Donald Read, *The Power of News: The History of Reuters, 1849 – 1989* (Oxford, 1992), pp. 21 – 22.

18. 同上书, pp. 26, 32 – 33。

19. *Times*, 11/1/1859.

20. *Times*, 14/1/1859; 21/1/1859.

21. *Nashville Union and American*, 29/1/1859, p. 3; *New York Daily Tribune*, 29/1/1859, p. 54; Huston, p. 19.

22. Read, p. 25; *Times*, 8/2/1859.

23. Read, p. 26.

第十四章　最美好的时代，最糟糕的时代

1. *New York Times*, 30/8/1859; 5/9/1859; Prescott, *History, Theory and Practice of the Electric Telegraph* (Boston, MA, 1866), pp. 321ff. ; 'The Late AuroraBorealis and the Telegraph', *The Journal of Education for Upper Canada*, vol. XII, no. 9 (September 1859), p. 132; J. L. Green and S. Boardsen, 'Eyewitness Reports on the Great Auroral Storm of 1859', *Advances in Space Research*, vol. 38, no. 2 (2006), pp. 145 – 153; M. A. Shea and D. F. Smart, 'Compendium of the Eight Articles on the "Carrington Event" Attributed to or Written by Elias Loomis in the *American Journal of Science*, 1859 – 1861', 同上书, pp. 313

-385；*Times*，19/9/1859；*ILN*，24/9/1859；*Empire*（Sydney），19/11/1859；*Moreton Bay Courier* 7/9/1859；*Argus*，1/9/1859，3/9/1859；*Bendigo Advertiser*，30/10/1859；*Sydney Morning Herald*，10/9/1859。

2. Alvar Ellegard，*Darwin and the General Reader：The Reception of Darwin's Theory of Evolution in the British Periodical Press*，*1859 - 1872*（Chicago，IL，1958），pp. 43 - 44.

3. 同上书，p. 35。

4. *Westminster Review*，17，1860，p. 166.

5. John K. Fairbank，*Trade and Diplomacy on the China coast：The Opening of the Treaty Ports*，*1842 - 1854*（Cambridge，MS，1953），vol. I，p. 173.

6. Christian Wolmar，*Engines of War：How Wars were Won and Lost on the Railways*（London，2010），p. 31.

7. Imlah，p. 17.

8. Lucy Riall，*Garibaldi：Invention of a Hero*（New Haven，CT，2007），pp. 128ff. ，185ff.

9. Howard R. Marraro，*American Opinion on the Unifi cation of Italy*，*1846 - 1861*（New York，1932），p. 234.

10. Parry，pp. 223，232.

11. *ILN*，21/5/1859，p. 486.

12. Mary J. Philips-Matz，*Verdi：A Biography*（Oxford，1993），p. 394.

13. *Times*，25/1/1859，p. 5.

14. *New York Daily Tribune*，9/12/1859，p. 6.

15. *Times*，27/9/1859.

16. Banno，pp. 110ff. ；*New York Daily Tribune*，15/11/1859，p. 4.

17. *Times*，12/9/1859.

18. 同上。

19. Graham，p. 383.

20. G. J. Wolseley，*Narrative of the War with China in 1860*（London，1862），p. 189.

21. Robert Swinhoe，*Narrative of the North China Campaign of 1860*（London，1861），p. 301.

22. 同上书，p. 306；Wolseley，p. 226。

23. Wolseley，pp. 273 - 274.

24. Walrond，p. 366；Swinhoe，p. 330.

25. Wolseley，p. 280.

26. 同上书，p. 279。

27. Wm. Theodore de Bary，Carol Gluck and Arthur E. Tiedemann（eds），*Sources of Japanese Tradition：volume 2，1600 to 2000*（New York，2005），p. 654；Stephen B. Oates，*To Purge This Land with Blood：A Biography of John Brown*（New York，1970），p. 61；Oliphant，*Episodes*，p. 169.

28. Riall，p. 172；*Times*，26/7/1859，p. 9.

29. *Weekly Arizonian*，27/10/1859，p. 1.

30. 同上；*Times*，14/11/1859。

31. 关于加里波第在他的时代的显赫名声以及相应而来的影响力，可参阅 Riall 的迷人记述，尤其是第六章和第七章；*Times*，14/11/1859。

32. *Harper's Weekly*，9/6/1860，p. 354；Oates，p. 272；de Bary（et al.），pp. 654，656.

33. Oates，p. 351；Beasley，*Japan Encounters*，p. 43.

34. *The Campaign of 1860：comprising the speeches of Abraham Lincoln...*（etc.）（Albany，NY，1860），p. 8；de Bary（et al.），p. 657；Oates，pp. 335，338.

35. James Murdoch，*History of Modern Japan*（3vols，London，1925），vol. III，p. 702.

36. Potter，p. 384.

37. *Times*，31/12/1859，pp. 6 - 7.

38. *The History of* The Times，p. 290；*Times*，13/6/1860.

39. *Times*，13/6/1860，p. 12.

40. *Harper's Weekly*，9/6/1860，p. 354.

41. Oliphant，*Episodes*，pp. 183 - 184.

42. *Harper's Weekly*，9/6/1860，p. 354.

43. McPherson，*Battle Cry*，p. 254.

44. Edward McPherson，*The Political History of the United States of America During the Great Rebellion*（Washington，DC，1865），p. 15.

45. McPherson，*Battle Cry*，p. 237.

46. 同上书，p. 259。

47. Henry Cleveland，*Alexander H. Stephens，in Public and Private：with*

letters and speeches (Philadelphia, PA, 1866), pp. 718, 721.

48. William Howard Russell, *My Diary North and South* (Boston, MS, 1863), pp. 84, 92, 98.

49. Eric Foner, *Free Soil, Free Labour, Free Men: The Ideology of the Republican Party before the Civil War* (Oxford, 1995), p. 223.

50. E. Merton Coulter, *The Confederate States of America, 1861 – 1865* (Baton Rouge, LA, 1950), p. 57.

第十五章　铁、血、棉花、民主

1. Elpis Melena ［Esperanza von Schwartz］, *Recollections of General Garibaldi* (London, 1861), p. 224.

2. *ILN*, 9/2/1861, p. 113.

3. Melena, p. 223.

4. *New York Daily Tribune*, 13/8/1861.

5. Russell, *My Diary North and South*, pp. 453, 467.

6. Doyle, *Cause*, pp. 19ff.

7. 同上书, p. 20。

8. Abraham Lincoln, 'First Inaugural Address, Monday March 4 1861', http: //www. bartleby. com/124/pres31. html.

9. Doyle, *Cause*, p. 24.

10. Frederick Burkhardt (ed.), *The Correspondence of Charles Darwin: volume 9, 1861* (Cambridge, 1994), p. 163.

11. Huston, pp. 23 – 24.

12. W. H. Chase, 'The Secession of the Cotton States: its status, advantages, and its power', *De Bow's Review*, vol. 30, no. 1 (January 1861), pp. 94 – 95; John Henry Hammond, *Selections from the Letters and Speeches*, pp. 316 – 317.

13. Marc-William Palen, 'The Great Civil War Lie', *New York Times*, 5/6/2013.

14. Chase, 'Secession', pp. 93 – 94.

15. *New York Times*, 'The Great Question', 30/3/1861; *Times*, 12/3 and 5/5/1861; Martin Crawford, *The Anglo-American Crisis of the Mid-Nineteenth Century: The Times and America, 1850 – 1862* (Athens, GA, 1987), pp. 93ff.

16. *Times*, 8/3/1861; August Belmont, *A Few Letters and Speeches of the Late Civil War* (New York, 1870), pp. 63 – 64.

17. W. Gilmore Simms, 'Our Commissioners to Europe', *De Bow's Review*, vol. 31, no. 4 (October-November 1861), p. 415.

18. Chase, 'Secession', p. 94.

19. Frederic Bancroft (ed.), *Speeches, Correspondence and Political Papers* of Carl Schurz (6 vols, New York, 1913), vol. I, p. 187.

20. *Times*, 13/5/1861; Stephen R. Platt, *Autumn in the Heavenly Kingdom: China, the West and the epic story of the Taiping Civil War* (London, 2012), pp. 231ff.

21. *Times*, 31/5/1861.

22. 'Democracy on Trial', *Quarterly Review*, July 1861, pp. 256, 283.

23. Malcolm C. McMillan, *The Alabama Confederate Reader* (Tuscaloosa, AL, 1963), p. 103.

24. United States War Department, *The War of the Rebellion*, vols 1 – 8, serial numbers 114 – 121 (Washington, DC, 1897), p. 1107.

25. Russell, *My Diary North and South*, p. 587.

26. Amanda Foreman, *A World on Fire: An Epic History of Two Nations Divided* (London, 2010), pp. 236 – 237.

27. Doyle, *Cause*, pp. 225ff.

28. Sheridan Gilley, 'The Garibaldi Riots of 1862', *Historical Journal*, vol. 16, no. 4 (1973), pp. 697 – 732.

29. *Times*, 3/10/1862, p. 7.

30. *Times*, 9/10/1862, pp. 7 – 8.

31. Doyle, p. 235.

32. 同上书, p. 232。

33. *Times*, 24/1 and 8/4/1861.

34. *Times*, 14/6/1862; Beckert, pp. 256ff.

35. G. W. MacGeorge, *Ways and Works in India* (London, 1894), p. 349.

36. Ian J. Kerr, *Engines of Change: The Railroads that Made India* (Westport, CT, 2007), pp. 40ff.; Richard Temple, *Men and Events of My Time in India* (London, 1882), pp. 255 – 256.

37. Kerr, pp. 46ff.

38. Temple, p. 269.

39. 同上书，pp. 268 – 270；G. E. Tindall, *City of Gold: The Biography of Bombay*（London, 1982），p. 223。

40. William Perry Fogg, *Round the World: letters from Japan, China, India and Egypt*（Cleveland, OH, 1872），p. 198.

41. *Times*, 8/4/1861, 14/6/1862; *Morning Post*, 26/11/1862.

42. *Times*, 14/6/1862.

43. *Times*, 14/6 and 12/12/1862.

44. Beckert, p. 264.

45. George E. Baker（ed.），*The Works of William H. Seward*（5 vols, Boston, MA, 1884），vol. V, p. 363.

46. Seymour Drescher, *The Mighty Experiment: Free Labour Versus Slavery in British Emancipation*（Oxford, 2002）; *Economist*, 21/5/1853, 17/12/1853, 10/10/1857; *Times*, 19/12/1857, 14/6/1862.

47. ［Nassau Senior］, 'Slavery in the United States', *Edinburgh Review*, vol. 101, no. 206（April 1855），p. 331.

48. *Times*, 8/3/1861; Belmont, p. 64.

49. Fogg, p. 162; Charles Dilke, *Greater Britain: a record of travel in English-speaking countries during 1866 and 1867*（London, 1869），pp. 426ff. See also Herbert, *War of No Pity*, pp. 164ff.

50. Platt, pp. 335ff. , 359.

51. Swinhoe, pp. 330 – 331; Erik Baark, *Lightning Wires: The Telegraph and China's Technological Modernisation, 1860 – 1890*（Westport, CT, 1997），p. 69.

52. Derek Beales, *England and Italy, 1859 – 60*（Edinburgh, 1861），pp. 166ff.

53. Parry, pp. 242ff.

54. Read, *Power*, pp. 34 – 35; Steven Roberts, 'Bridging the Gap-News Telegraphs, 1863 – 1870', http: //atlantic – cable. com/Article/NewsTelegraphs/index. htm; JohnEntwisle, 'Fourscore and Seven Years Ago', http: //blog. thomsonreuters. com/index. php/fourscore – and – seven – years – ago/.

尾声　1873 年

1. George F. Train, *My Life in Many States and in Foreign Lands*（New

York, 1902）, pp. 339 – 340.

2. Dilke, p. 196.

3. Thomas Cook, *Letters from the Sea and from Foreign Lands*, *Descriptive of a Tour Round the World* (London, 1873）, p. 13.

4. 同上书, pp. 14 – 15, 17, 22。

5. Fogg, p. 80.

6. James Brooks, *A Seven Months' Run Up*, *and Down*, *and Around the World* (NewYork, 1872）, p. 283.

7. Brooks, p. 314.

8. 同上书, pp. 9, 50 – 51。

9. Cook, p. 31.

10. Stephen E. Ambrose, *Nothing Like it in the World*: *The Men who Built the Transcontinental Railroad*, *1863 – 1869* (New York, 2000）, p. 266.

11. ' The Circassian Exodus ', *Times*, 7/2/1860, p. 6; Charles King, *The Ghost of Freedom*: *A History of the Caucasus* (Oxford, 2008）, pp. 94ff. , 123ff.

12. Tindall, p. 223.

13. Fogg, p. 198.

14. 同上书, p. 198; Temple, p. 273。

15. Beckert, p. 297

16. 同上书, pp. 294 – 297, 302 – 303, 336 – 337。

17. Ian Nish, ' Introduction ', in Ian Nish (ed.), *The Iwakura Mission in Americaand Europe*: *A New Assessment* (Richmond, 1998）, p. 8.

18. Ulrich Wattenberg, ' Germany: ... An Encounter Between Two Emerging Countries ' in ibid. , p. 76.

19. Charles Kingsley, ' The Natural Theology of the Future ', *Scientifi c Lecturesand Essays* (London, 1893）, p. 324.

20. Burton, p. 476n; Robert Tombs, *France*, *1814 – 1914* (Abingdon, 2014）, p. 399.

21. House of Commons, 5/8/1867, cols 876 – 884

22. E. D. Steele, p. 37.

23. Parry, pp. 273 – 274; R. Faber, *The Vision and the Need*: *Late Victorian Imperialist Aims* (London, 1966）, p. 54.

24. A. J. Sargent, *Anglo-Chinese Commerce and Diplomacy* (Oxford, 1907), p. 109.

25. W. G. Wiebe (et al.), *Benjamin Disraeli. Letters, volume 3: 1860 - 1864* (Toronto, 2009), p. 233.

索　引

（索引中页码为本书页边码）

图书在版编目（CIP）数据

黄金时代：英国与现代世界的诞生／（英）本·威尔逊（Ben Wilson）著；聂永光译. －－北京：社会科学文献出版社，2018.11（2022.2 重印）

书名原文：HEYDAY：BRITAIN AND THE BIRTH OF THE MODERN WORLD

ISBN 978 - 7 - 5201 - 2918 - 3

Ⅰ.①黄…　Ⅱ.①本…②聂…　Ⅲ.①世界史 - 近代史 - 研究　Ⅳ.①K141

中国版本图书馆 CIP 数据核字（2018）第 125980 号

黄金时代：英国与现代世界的诞生

著　　者／〔英〕本·威尔逊（Ben Wilson）
译　　者／聂永光

出 版 人／王利民
项目统筹／董风云　廖涵缤
责任编辑／沈　艺　廖涵缤　朱露茜
责任印制／王京美

出　　版／社会科学文献出版社·甲骨文工作室（010）59366527
　　　　　　地址：北京市北三环中路甲 29 号院华龙大厦　邮编：100029
　　　　　　网址：www. ssap. com. cn
发　　行／社会科学文献出版社（010）59367028
印　　装／三河市东方印刷有限公司

规　　格／开本：889mm × 1194mm　1/32
　　　　　　印张：18　插页：0.625　字数：406 千字
版　　次／2018 年 11 月第 1 版　2022 年 2 月第 2 次印刷
书　　号／ISBN 978 - 7 - 5201 - 2918 - 3
著作权合同
登 记 号／图字01 - 2016 - 8264 号
定　　价／89.00 元

读者服务电话：4008918866